와우패스
외환전문역
I종

GUIDE

개인별 Self 맞춤형 학습이 가능한 WOWPASS 문제집!

교재 구성별 학습 단계

01 문제로 보는 출제경향	02 길라잡이 문제	03 출제예상 문제
04 자가학습진단표	05 부록(실전모의고사 등)	

▶ 오직! 와우패스 최종정리문제집만의 Self 메달 학습법!

와우패스 최종정리문제집 구성 중 출제예상 문제는 시험 출제율을 기반으로 하여 각 문제별 중요도를 3단계의 메달 개수로 나타내고 있습니다. 수험생 각자가 목표한 점수에 도달하기 위해서 스스로 문제를 선택하여 풀어볼 수 있습니다. 이처럼 와우패스 최종정리문제집은 메달 개수에 따라 개인별로 셀프 맞춤형 학습이 가능한 신개념 학습교재입니다.
올림픽 경기에서 선수들이 오로지 메달 획득이라는 최종 꿈을 향해 나아가듯이 수험생 여러분도 목표점수와 합격이라는 메달을 획득할 수 있도록 와우패스가 끝까지 응원하겠습니다!

Self 메달 학습법 01 *목표점수 : 90~100점

01 우등생형

▶ 최상위 점수를 목표로 꼼꼼하게 공부한다!
메달 1~3개까지 실전대비 출제예상 문제 모두 풀어보기!

이왕 공부를 시작했으니 만점을 목표로 해야지! 기초부터 심화까지 마스터하자!

Self 메달 학습법 02 *목표점수 : 70~90점

02 안정추구형

▶ 안정적인 합격을 추구한다!
메달 2~3개인 주요 출제예상 문제들 위주로 풀어보기!

만점은 욕심이지만 턱걸이도 불안해.. 안정적인 점수로 합격하고 싶다!

Self 메달 학습법 03 *목표점수 : 60~70점

03 턱걸이형

▶ 고득점보다는 합격에 의의를 둔다!
메달 3개인 중요 출제예상 문제만 집중적으로 풀어보기!

공부할 시간도 부족하고 너무 바쁘다! 제발 합격만 하자!

▶ 더욱 자세한 Self 메달 학습법은 와우패스 홈페이지에서 확인하실 수 있습니다. www.wowpass.com

자격시험 안내

외환전문역(Ⅰ종)이란

금융기관의 외환업무 중 외국환 법규 및 외환거래관리실무를 이해하고 고객의 외화 자산에 노출되는 각종 외환리스크를 최소화시키는 등 주로 개인 외환과 관련된 직무를 담당합니다.

- 주관/접수처 : 한국금융연수원(http://www.kbi.or.kr)
- 시험일정 : 연 3회
- 응시자격 : 제한 없음
- 시험유형 : 객관식 4지선다형 80문항(120분 실시)

시험과목 및 합격기준

- 합격기준 : 전체 100점 만점 기준으로 60점 이상 득점한 자(과목별로는 40점 이상 득점해야 함)

	시험과목		문항수	배점
Ⅰ종	1과목 외환관리실무	외국환거래 일반	35	50
		지급과 자본거래		
		현지금융/해외직접투자		
	2과목 외국환거래실무	은행 및 본지점 간 외환실무	25	30
		대고객 외환실무		
		특수한 외환상품		
		외국환 회계		
		외국환업무와 관련된 컴플라이언스 업무		
	3과목 환리스크관리	외환의 개념	20	20
		환리스크의 개요와 실행방안		
		선물환거래/통화선물/스왑/통화옵션		
	합 계		80	100

※ 외환전문역 Ⅰ종, 외환전문역 Ⅱ종은 별개의 자격으로 각각의 자격증을 따로 발급하며, Ⅰ종 또는 Ⅱ종만 따로 응시하거나 함께 응시할 수 있습니다.
※ 시험의 세부 내역은 변경될 수 있으므로 주관처 홈페이지를 참조하십시오.

구성 및 특징

🔍 학습 전략

학습 시작 전 전반적인 학습 전략을 살펴볼 수 있도록 구성하였습니다.

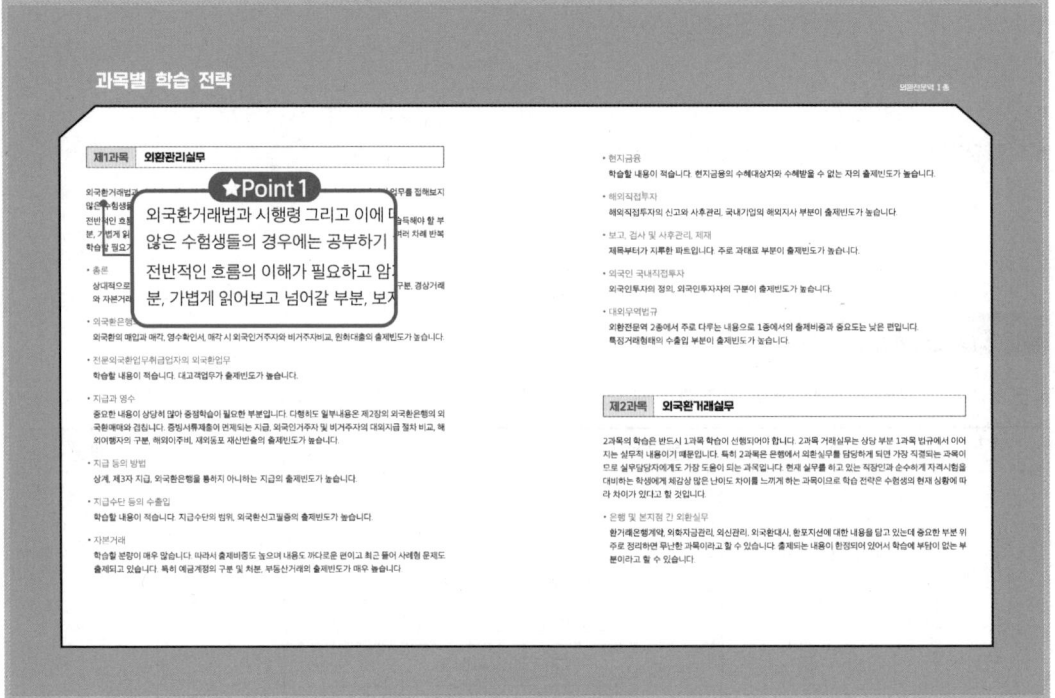

★Point 1   각 과목 및 장에서 중점적으로 학습해야 할 핵심 포인트와 학습 전략을 제공합니다. 본격적으로 학습을 시작하기 전에 꼭 읽어보시기 바랍니다.

외환전문역 Ⅰ종

📖 문제로 보는 출제경향

보다 적합하게 시험을 준비할 수 있도록 해당 단원의 빈출 문제로 구성했습니다.

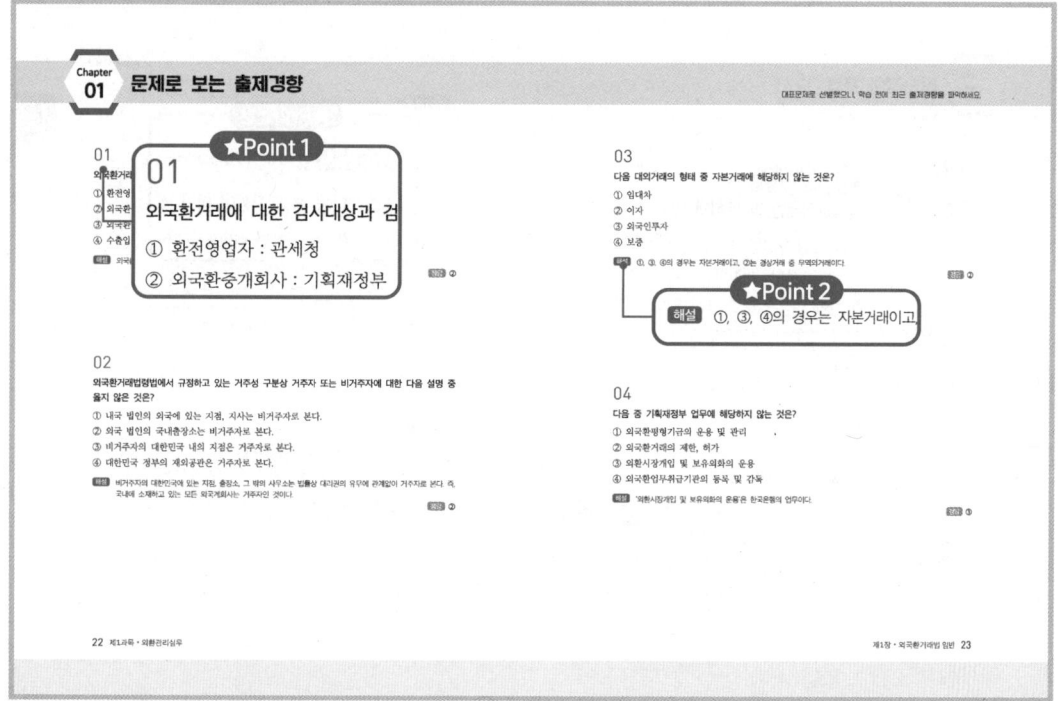

★Point 1   각 장별로 최신 출제경향을 파악할 수 있는 대표 문제들을 선정하였습니다.

★Point 2   핵심만 짚어 주는 해설로 빠르게 출제경향을 파악하고 넘어가도록 구성하였습니다.

구성 및 특징

길라잡이 문제

대표 문제와 해설을 통해 중요 개념을 정리하도록 구성했습니다.

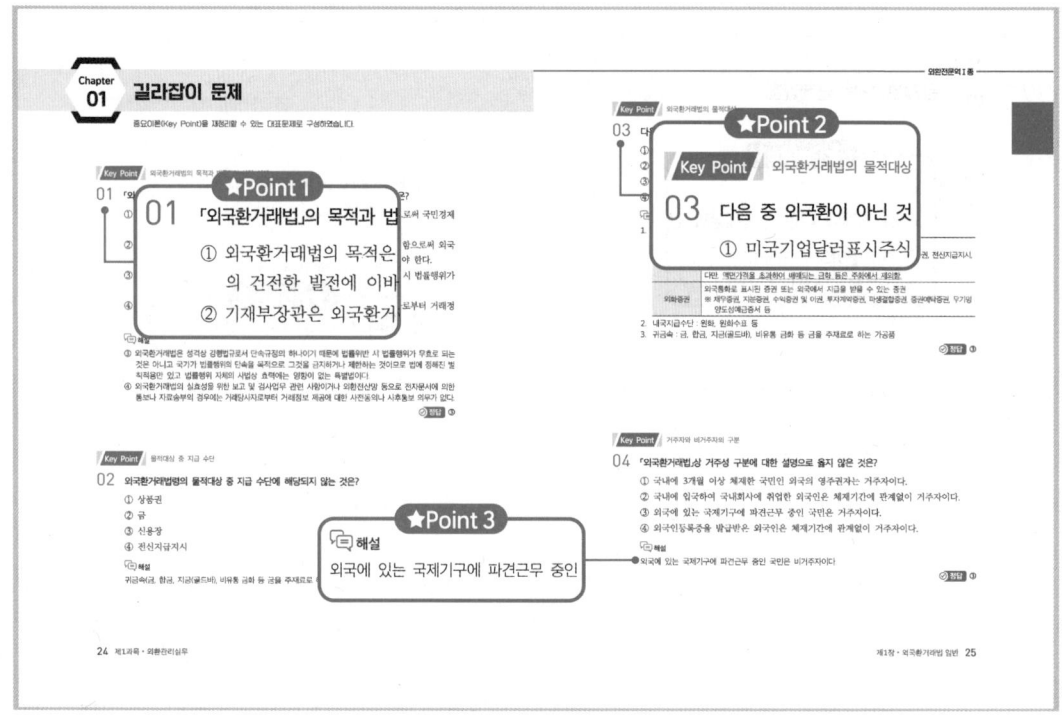

★Point 1   그 장에서 꼭 출제되는 이론과 관련된 문제들을 제시하였습니다.

★Point 2   각 문제마다 핵심적인 Key Point를 짚어주어 효율적인 학습이 가능하도록 하였습니다.

★Point 3   친절한 해설을 통해 중요한 개념을 다시 한 번 정리할 수 있습니다.

출제예상 문제

문제의 중요도에 따라 Self 맞춤형 학습이 가능하도록 구성했습니다.

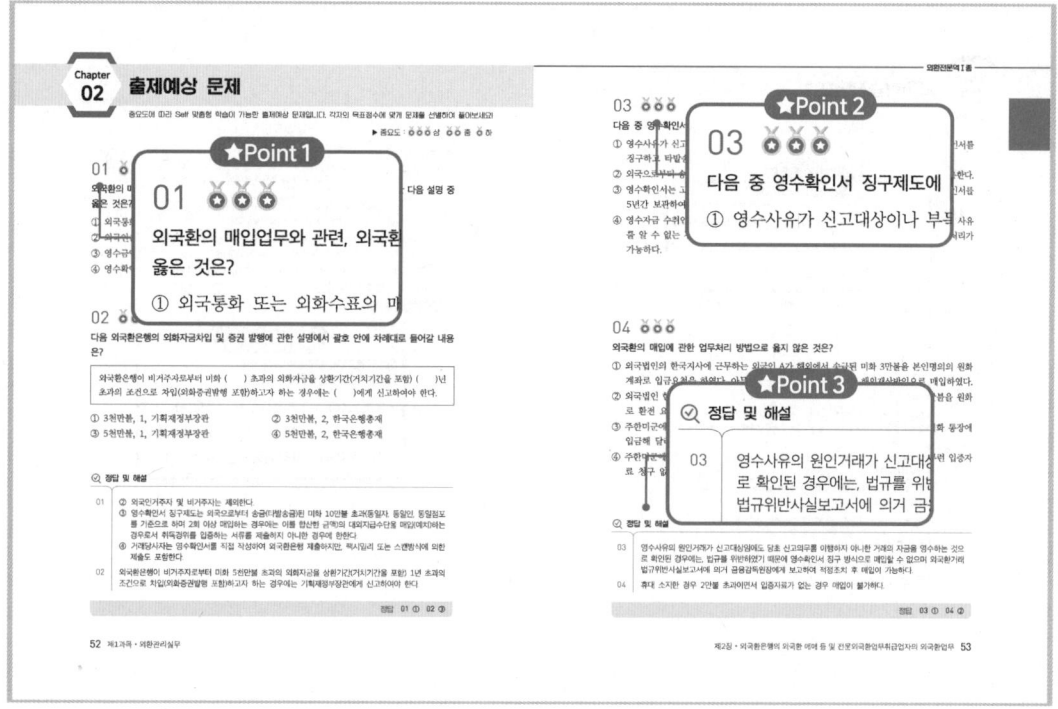

★Point 1 시험 적중률 100%에 도전하며, 시험에 출제될 만한 예상문제들로만 알차게 구성하였습니다.

★Point 2 각 문제마다 메달 개수로 중요도를 표시해주어, 수험생 각자의 목표점수에 맞게 문제를 선별하여 풀어볼 수 있도록 구성하였습니다.

★Point 3 문제풀이 후 빠르게 정답과 해설을 확인할 수 있으며, 친절한 해설로 문제의 키포인트를 파악할 수 있습니다.

구성 및 특징

📄 자가학습진단표

학습성취도가 어느 정도인지 스스로 진단하도록 하는 자기주도학습법입니다.

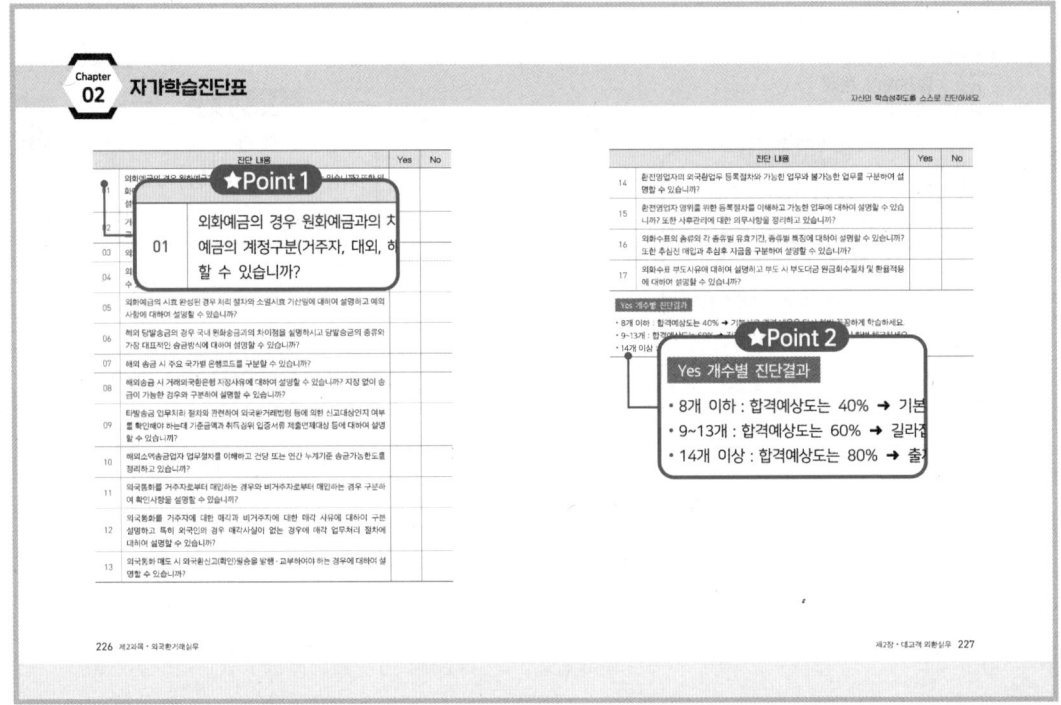

★Point 1 장별 학습을 마무리하며, 학습자 스스로 그동안 학습했던 내용들을 하나하나 되짚어 보며 정리할 수 있도록 하였습니다.

★Point 2 <Yes 개수별 진단결과>에 따라 합격예상 가능성을 예측해봄으로써, 스스로 부족한 부분을 채울 수 있는 완전학습 방법입니다.

실전모의고사

실전과 같이 풀어보는 문제로 합격을 가늠할 수 있습니다.

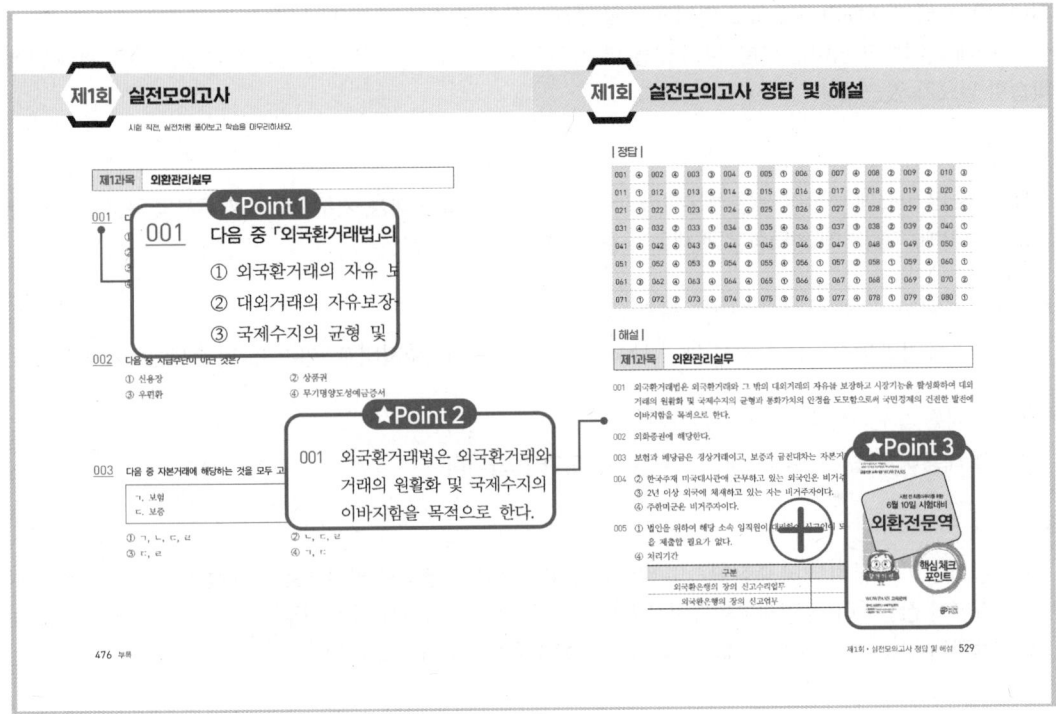

★Point 1 　실제 시험과 동일한 문항수를 배치함으로써 시험 전 실전감각을 기를 수 있습니다.

★Point 2 　문제를 모두 풀어본 후, 핵심만 담은 해설을 확인함으로써 빠르게 자신의 실력을 점검할 수 있습니다.

★Point 3 　추가로 와우패스 홈페이지에서는 시험장에 들고 갈 핵심체크포인트 자료집을 무료로 제공하고 있습니다. (www.wowpass.com) 시험 시작 10분 전 꼭 읽어보시기 바랍니다.

과목별 학습 전략

제1과목 　외환관리실무

외국환거래법과 시행령 그리고 이에 따른 관련 규정들의 내용을 담고 있습니다. 기존에 관련 업무를 접해보지 않은 수험생들의 경우에는 공부하기 힘든 과목이라고 할 수 있겠습니다.

전반적인 흐름의 이해가 필요하고 암기해야 할 부분도 무척 많습니다. 따라서 교재내용을 꼭 습득해야 할 부분, 가볍게 읽어보고 넘어갈 부분, 보지 않을 부분으로 구분하여 이 중 꼭 습득해야 할 부분을 여러 차례 반복 학습할 필요가 있습니다.

- **총론**
  상대적으로 학습에 부담이 적은 부분이라고 할 수 있습니다. 물적대상, 거주자와 비거주자의 구분, 경상거래와 자본거래, 지정거래 외국환은행 제도가 출제빈도가 높습니다.

- **외국환은행의 외국환 매매와 대출 및 보증 등**
  외국환의 매입과 매각, 영수확인서, 매각 시 외국인거주자와 비거주자비교, 원화대출의 출제빈도가 높습니다.

- **전문외국환업무취급업자의 외국환업무**
  학습할 내용이 적습니다. 대고객업무가 출제빈도가 높습니다.

- **지급과 영수**
  중요한 내용이 상당히 많아 중점학습이 필요한 부분입니다. 다행히도 일부내용은 제2장의 외국환은행의 외국환매매와 겹칩니다. 증빙서류제출이 면제되는 지급, 외국인거주자 및 비거주자의 대외지급 절차 비교, 해외여행자의 구분, 해외이주비, 재외동포 재산반출의 출제빈도가 높습니다.

- **지급 등의 방법**
  상계, 제3자 지급, 외국환은행을 통하지 아니하는 지급의 출제빈도가 높습니다.

- **지급수단 등의 수출입**
  학습할 내용이 적습니다. 지급수단의 범위, 외국환신고필증의 출제빈도가 높습니다.

- **자본거래**
  학습할 분량이 매우 많습니다. 따라서 출제비중도 높으며 내용도 까다로운 편이고 최근 들어 사례형 문제도 출제되고 있습니다. 특히 예금계정의 구분 및 처분, 부동산거래의 출제빈도가 매우 높습니다.

- 현지금융
  학습할 내용이 적습니다. 현지금융의 수혜대상자와 수혜받을 수 없는 자의 출제빈도가 높습니다.

- 해외직접투자
  해외직접투자의 신고와 사후관리, 국내기업의 해외지사 부분이 출제빈도가 높습니다.

- 보고, 검사 및 사후관리, 제재
  제목부터가 지루한 파트입니다. 주로 과태료 부분이 출제빈도가 높습니다.

- 외국인 국내직접투자
  외국인투자의 정의, 외국인투자자의 구분이 출제빈도가 높습니다.

- 대외무역법규
  외환전문역 2종에서 주로 다루는 내용으로 1종에서의 출제비중과 중요도는 낮은 편입니다.
  특정거래형태의 수출입 부분이 출제빈도가 높습니다.

제2과목 외국환거래실무

2과목의 학습은 반드시 1과목 학습이 선행되어야 합니다. 2과목 거래실무는 상당 부분 1과목 법규에서 이어지는 실무적 내용이기 때문입니다. 특히 2과목은 은행에서 외환실무를 담당하게 되면 가장 직결되는 과목이므로 실무담당자에게도 가장 도움이 되는 과목입니다. 현재 실무를 하고 있는 직장인과 순수하게 자격시험을 대비하는 학생에게 체감상 많은 난이도 차이를 느끼게 하는 과목이므로 학습 전략은 수험생의 현재 상황에 따라 차이가 있다고 할 것입니다.

- 은행 및 본지점 간 외환실무
  환거래은행계약, 외화자금관리, 외신관리, 외국환대사, 환포지션에 대한 내용을 담고 있는데 중요한 부분 위주로 정리하면 무난한 과목이라고 할 수 있습니다. 출제되는 내용이 한정되어 있어서 학습에 부담이 없는 부분이라고 할 수 있습니다.

과목별 학습 전략

- **대고객 외환실무**

  과목 전체에서 가장 출제비중이 높은 부분 위주로 꼼꼼한 학습이 필요합니다. 1과목 법규에서 다루어지는 내용이 상당 부분 나오는 특징도 있습니다. 외화예금, 송금(당발, 타발), 외국통화 매매(매입, 매도), 여행자수표 판매업무, 외화수표매입업무 등 실무와 가장 직결되는 내용으로 구성되어 있습니다.

- **특수한 외환상품**

  기본교재 구성내용은 많은 반면 출제비중이 높지 않은 장입니다. 국제금융시장 이해, 환율연동상품, 해외펀드상품의 내용을 담고 있는데 중요한 부분 위주의 학습 전략이면 충분하리라 여겨집니다. 특히 펀드의 구조 이해와 해외펀드의 특징 및 투자 유의사항이 중요하고 환율연계상품의 특징을 정리하는 것이 필요합니다. 다만 기본교재에서 금융시장에서 필요한 용어를 많이 담고 있는데 이 부분은 시험의 출제가 거의 없지만 때로는 1문제 정도 출제되는 경향이 있어서 수험생 입장에서 다소 당황할 수 있으나 전체 합격에는 영향을 주는 정도가 아니므로 염려하지 않으셔도 되리라 판단합니다.

- **외국환회계**

  회계 전반을 다루고 있으나 시험에서는 반드시 알아야 할 기본적 회계 내용을 다루고 있습니다. 외국환회계 개요, 주요계정과목 이해(경과계정과 결제계정 구분, 외화자산과 외화부채 구분), 손익계정에 대한 이해 정도로 학습을 대비하면 무난하리라 봅니다.

- **외국환업무 관련 컴플라이언스업무**

  외국환실무 전반을 다루는 내용으로 수험생 입장에서는 학습에 애를 먹는 장입니다. 수출입업무, 무역금융(내국신용장 포함)과 자본거래 등의 내용도 포함되어 있어서 상당 부분 1과목과 중복되는 내용입니다. 1과목에서 정리된 것을 기준을 다시 확인하는 정도의 학습이면 충분하리라 여겨지고, 일부 내용 중에 대고객 외환실무에서 다루지 않은 내용 위주의 보충 학습 전략이 필요합니다.

- **위규사례**

  사례형으로 여러 장에서 다룬 내용 중 은행에서 반복적이고 자주 일어나는 업무 위주의 위규사례 내용을 숙지하는 학습 전략이 필요합니다.

제3과목 | 환리스크관리

전반적으로 수험생들의 현재 상황에 따라 시험 난이도에 대한 체감이 큰 과목입니다. 은행에 근무하는 경우에도 실무를 하는 경우가 많지 않은 부분이고 학생의 경우 파생상품이나 투자론 등의 과목을 사전에 학습한 경우와 그렇지 않은 경우에 난이도에 대한 체감 차이가 크게 다가오는 과목입니다.

- 외환거래와 외환시장

  환율표시방법, 환율고시에 대한 이해, 현물환거래 이해 및 포지션, 환율변동요인에 대한 정리가 필요한 장입니다. 전반적으로 무난하게 출제되는 장이라고 할 수 있습니다.

- 환리스크관리

  이 장에서는 중요한 부분 위주의 학습 전략이 필요합니다. 특히 환리스크 유형, 환리스크관리기법 구분, 환리스크결정요인, 기업의 환리스크 관리체계 과정, VaR 개념이해 위주의 학습 전략이 필요합니다.

- 선물환거래와 외환스왑

  3과목에서 가장 출제비중이 높은 장으로 꼼꼼한 학습이 필요합니다. 특히 중요하게 여겨야 할 부분을 살펴보면 선물환거래 구조 이해, 선물환거래 절차, 선물환율 고시방법, 선물환거래를 이용한 헤지거래, 외환스왑 구조 및 종류와 장점 등에 대한 정리가 반드시 필요합니다.

- 선물

  이 부분은 선물환거래와 외환스왑의 내용과 연결되는데 중요한 내용 위주로 정리하면 무난한 부분입니다. 선도거래와 선물거래의 비교, 선물거래 특징(증거금, 일일정산)이해, 한국거래소 상장 통화선물 거래조건에 대한 준비가 필요합니다.

- 스왑

  이 장은 대부분의 수험생이 생소하게 느끼는 부분이지만 정리해야 할 내용이 많지는 않아 부담을 느낄 필요는 없습니다. 특히 통화스왑에 대한 거래 구조 이해에서 현금흐름에 대한 이해가 가장 중요한 부분이고, 통화스왑의 가격 및 외환스왑과의 거래 차이가 중요하다고 할 것입니다.

- 옵션

  이 부분은 다른 장에 비하여 내용이 까다로운 부분으로 옵션 상품에 대한 구조를 철저히 이해하는 것이 선행되어야 하는 학습 전략이 필요합니다. 기본구조가 이해가 안 되면 다른 내용에 있어서 학습이 어렵습니다. 옵션프리미엄에 대한 이해, 옵션투자전략, 베리어옵션에 대한 이해가 필요하며, 장외 통화옵션전략에서는 레인지포워드전략, 타겟포워드전략 정도만 대비하면 무난하리라 여겨집니다.

Contents

외환관리실무

제1장 외국환거래법 일반
문제로 보는 출제경향   22
길라잡이 문제   24
출제예상 문제   29
자가학습진단표   38

제2장 외국환은행의 외국환 매매 등 및 전문외국환업무취급업자의 외국환업무
문제로 보는 출제경향   40
길라잡이 문제   42
출제예상 문제   52
자가학습진단표   60

제3장 지급과 수령
문제로 보는 출제경향   62
길라잡이 문제   64
출제예상 문제   71
자가학습진단표   78

제4장 지급 등의 방법 및 지급수단 등의 수출입
문제로 보는 출제경향   80
길라잡이 문제   82
출제예상 문제   88
자가학습진단표   94

제5장 자본거래

문제로 보는 출제경향	96
길라잡이 문제	98
출제예상 문제	111
자가학습진단표	130

제6장 현지금융 및 해외직접투자

문제로 보는 출제경향	132
길라잡이 문제	134
출제예상 문제	141
자가학습진단표	146

제7장 보고·검사 및 사후관리·제재
외국인투자촉진법 대외무역법규

문제로 보는 출제경향	148
길라잡이 문제	150
출제예상 문제	154
자가학습진단표	160

Contents

2과목 외국환거래실무

제1장 은행 및 본지점 간 외환실무
문제로 보는 출제경향 　164
길라잡이 문제 　166
출제예상 문제 　172
자가학습진단표 　184

제2장 대고객 외환실무
문제로 보는 출제경향 　186
길라잡이 문제 　188
출제예상 문제 　208
자가학습진단표 　226

제3장 외환 관련상품
문제로 보는 출제경향 　230
길라잡이 문제 　232
출제예상 문제 　241
자가학습진단표 　252

제4장 외국환회계
문제로 보는 출제경향 　254
길라잡이 문제 　256
출제예상 문제 　268
자가학습진단표 　281

제5장 컴플라이언스와 외환관련 규정 위규
문제로 보는 출제경향 　284
길라잡이 문제 　286
출제예상 문제 　301
자가학습진단표 　320

3과목 환리스크관리

제1장 외환 기본이해
문제로 보는 출제경향 … 324
길라잡이 문제 … 326
출제예상 문제 … 338
자가학습진단표 … 348

제2장 환리스크 개요
문제로 보는 출제경향 … 350
길라잡이 문제 … 352
출제예상 문제 … 359
자가학습진단표 … 368

제3장 선물(환)거래
문제로 보는 출제경향 … 370
길라잡이 문제 … 372
출제예상 문제 … 389
자가학습진단표 … 410

제4장 통화옵션
문제로 보는 출제경향 … 412
길라잡이 문제 … 414
출제예상 문제 … 436
자가학습진단표 … 450

제5장 스 왑
문제로 보는 출제경향 … 452
길라잡이 문제 … 454
출제예상 문제 … 462
자가학습진단표 … 474

Contents

부록 실전모의고사

제1회 실전모의고사	476
제2회 실전모의고사	502
제1회 실전모의고사 정답 및 해설	529
제2회 실전모의고사 정답 및 해설	535

1과목
외환관리실무

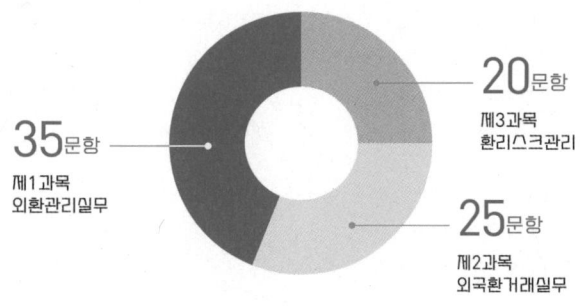

외환전문역 I 종

제1부

인적자원론

제1장

외국환거래법 일반

출제경향분석

외국환거래법 일반에서는 외국환거래법의 대상 및 그 목적에 대한 질문이 자주 출제되고 있습니다. 특히, 인적대상인 거주자와 비거주자의 구분, 물적대상인 대외지급수단을 구별하는 부분은 출제빈도가 매우 높다는 점에 유의하여야 합니다.

Chapter 01 문제로 보는 출제경향

01

외국환거래에 대한 검사대상과 검사기관의 연결로 잘못 연결된 것은?

① 환전영업자 : 관세청
② 외국환중개회사 : 기획재정부
③ 외국환업무취급기관 : 금융감독원
④ 수출입거래 당사자 : 관세청

해설 외국환중개회사의 검사기관은 한국은행이다.

정답 ②

02

외국환거래법령법에서 규정하고 있는 거주성 구분상 거주자 또는 비거주자에 대한 다음 설명 중 옳지 않은 것은?

① 내국 법인의 외국에 있는 지점, 지사는 비거주자로 본다.
② 외국 법인의 국내출장소는 비거주자로 본다.
③ 비거주자의 대한민국 내의 지점은 거주자로 본다.
④ 대한민국 정부의 재외공관은 거주자로 본다.

해설 비거주자의 대한민국에 있는 지점, 출장소, 그 밖의 사무소는 법률상 대리권의 유무에 관계없이 거주자로 본다. 즉, 국내에 소재하고 있는 모든 외국계회사는 거주자인 것이다.

정답 ②

03

다음 대외거래의 형태 중 자본거래에 해당하지 않는 것은?

① 임대차
② 이자
③ 외국인투자
④ 보증

해설   ①, ③, ④의 경우는 자본거래이고, ②는 경상거래 중 무역외거래이다.

정답 ②

04

다음 중 기획재정부 업무에 해당하지 않는 것은?

① 외국환평형기금의 운용 및 관리
② 외국환거래의 제한, 허가
③ 외환시장개입 및 보유외화의 운용
④ 외국환업무취급기관의 등록 및 감독

해설   '외환시장개입 및 보유외화의 운용'은 한국은행의 업무이다.

정답 ③

Chapter 01 길라잡이 문제

중요이론(Key Point)을 재정리할 수 있는 대표문제로 구성하였습니다.

Key Point 외국환거래법의 목적과 법률적인 성격 이해

01 「외국환거래법」의 목적과 법률적인 성격에 관한 다음 설명 중 옳지 않은 것은?

① 외국환거래법의 목적은 국제수지의 균형과 통화가치의 안정을 도모함으로써 국민경제의 건전한 발전에 이바지하는 것이다.
② 기재부장관은 외국환거래법에 따른 제한을 필요한 최소한의 범위에서 함으로써 외국환거래나 그 밖의 대외거래가 원활하게 이루어질 수 있도록 노력하여야 한다.
③ 외국환거래법은 성격상 강행법규로서 단속규정의 하나이므로 법률위반 시 법률행위가 무효로 된다.
④ 외국환거래법의 실효성을 위한 검사업무 관련 사항인 경우 거래당사자로부터 거래정보 제공에 대한 사전동의를 받지 않아도 된다.

해설
③ 외국환거래법은 성격상 강행법규로서 단속규정의 하나이기 때문에 법률위반 시 법률행위가 무효로 되는 것은 아니고 국가가 법률행위의 단속을 목적으로 그것을 금지하거나 제한하는 것이므로 법에 정해진 벌칙적용만 있고 법률행위 자체의 사법상 효력에는 영향이 없는 특별법이다.
④ 외국환거래법의 실효성을 위한 보고 및 검사업무 관련 사항이거나 외환전산망 등으로 전자문서에 의한 통보나 자료송부의 경우에는 거래당사자로부터 거래정보 제공에 대한 사전동의나 사후통보 의무가 없다.

 정답 ③

Key Point 물적대상 중 지급 수단

02 외국환거래법령의 물적대상 중 지급 수단에 해당되지 않는 것은?

① 상품권
② 금
③ 신용장
④ 전신지급지시

해설
귀금속(금, 합금, 지금(골드바), 비유통 금화 등 금을 주재료로 하는 가공품)은 지급 수단에 해당되지 않는다.

 정답 ②

> **Key Point** 외국환거래법의 물적대상

03 다음 중 외국환이 아닌 것은 무엇인가?

① 미국기업달러표시주식
② 외화표시 투자계약증권
③ 액면가격을 초과하여 매매되는 금화
④ 임대차 등으로 인하여 발생한 외화금전채권

💬 해설

1. 외국환 : 대외지급수단, 외화증권, 외화채권, 외화파생상품

대외지급수단	외국통화, 외국통화표시지급수단, 외국에서 사용가능한 지급수단 ※ 정부지폐, 은행권, 주화, 수표, 우편환, 신용장과 환어음, 약속어음, 상품권, 전신지급지시, 전자화폐, 선불전자지급수단 등. 다만, 액면가격을 초과하여 매매되는 금화 등은 주화에서 제외함.
외화증권	외국통화로 표시된 증권 또는 외국에서 지급을 받을 수 있는 증권 ※ 채무증권, 지분증권, 수익증권 및 이권, 투자계약증권, 파생결합증권, 증권예탁증권, 무기명 양도성예금증서 등

2. 내국지급수단 : 원화, 원화수표 등
3. 귀금속 : 금, 합금, 지금(골드바), 비유통 금화 등 금을 주재료로 하는 가공품

✅ 정답 ③

> **Key Point** 거주자와 비거주자의 구분

04 「외국환거래법」상 거주성 구분에 대한 설명으로 옳지 않은 것은?

① 국내에 3개월 이상 체재한 국민인 외국의 영주권자는 거주자이다.
② 국내에 입국하여 국내회사에 취업한 외국인은 체재기간에 관계없이 거주자이다.
③ 외국에 있는 국제기구에 파견근무 중인 국민은 거주자이다.
④ 외국인등록증을 발급받은 외국인은 체재기간에 관계없이 거주자이다.

💬 해설
외국에 있는 국제기구에 파견근무 중인 국민은 비거주자이다.

✅ 정답 ③

Key Point 기타 외국환업무취급기관업무의 이해

05 기타 외국환업무취급기관에 관한 다음 내용 중 맞는 것을 모두 고르시오.

> ㄱ. 기존의 Negative방식에서 Positive방식으로 전환하며 업무영역이 확대되었다.
> ㄴ. 해당 업권별 업무와 직접 관련된 외국환업무는 원칙상 허용하였다.
> ㄷ. 외국과의 지급, 추심, 수령업무도 가능하다.
> ㄹ. 외국과의 예금업무는 불가하다.

① ㄱ, ㄴ, ㄷ, ㄹ
② ㄴ, ㄷ, ㄹ
③ ㄱ, ㄷ, ㄹ
④ ㄴ, ㄹ

해설

ㄱ. 기존의 Positive방식에서 Negative방식으로 전환하며 업무영역이 확대되었다.
ㄷ. 외국과의 지급, 추심, 수령업무는 불가하다.

정답 ④

Key Point 경상거래와 자본거래의 구별

06 다음 중 외국환 대외거래 형태 분류에 따른 자본거래로써 옳지 않은 것은?

① 예금
② 보험
③ 금전대차
④ 임대차

해설

경상거래	무역	물품 등	물품의 수출/수입
	무역 외	서비스/용역	여행, 운수, 보험, 통신, 특허, 기술, 각종 용역/서비스 등
		소득/이자	급료, 임금, 이자, 투자수익
자본거래	예금(신탁), 금전대차, 임대차, 보증, 주식, 채권, 파생상품, 부동산, 해외직접투자, 외국인 투자 등		

정답 ②

Key Point 거래 외국환은행 지정요건의 이해

07 거래 외국환은행 지정 관련 유의사항이 아닌 것은?

① 각 항목당 1개 외국환은행을 지정한다.
② 법인의 경우 업체단위로 하여야 한다.
③ 연간기준은 최종거래에서부터 익년도 해당일까지이다.
④ 비거주자는 여권번호로 지정등록한다.

해설

지정등록 실명번호	• 법인 : 사업자등록번호 • 개인사업자 : 대표자 주민등록번호 • 대한민국 국민(해외이주자, 국민인 비거주자, 비거주자인 재외동포 제외) : 거래당사자의 주민등록번호 • 외국인, 비거주자, 비거주자인 재외동포(해외이주자 포함) : 여권번호
관련 유의사항	• 1개의 외국환은행(취급점 단위)을 지정하여 거래함 • 법인의 경우 거래외국환은행의 지정은 부득이한 경우를 제외하고는 업체단위로 함(공장, 지점 또는 사업부 단위로 할 수 없음) • 연간 금액의 관리기준은 매년도 1월 1일 - 12월 31일로 함

정답 ③

Key Point 거래외국환은행 지정등록대상 거래

08 거래외국환은행 지정등록대상 거래에 해당하는 것을 모두 고르시오.

ㄱ. 해외교포여신	ㄴ. 비거주자의 원화증권 취득
ㄷ. 상호계산 실시	ㄹ. 거주자의 외화증권발행

① ㄱ, ㄴ, ㄷ, ㄹ   ② ㄴ, ㄷ, ㄹ
③ ㄱ, ㄷ, ㄹ   ④ ㄴ, ㄷ

해설
'비거주자의 원화증권 취득'은 해당하지 않는다.
[거래외국환은행 지정등록대상 거래]
① 거주자의 증빙서류 미제출 지급(연간 10만불), 거주자의 자본거래 영수(연간 10만불)
② 해외체재비, 해외유학경비
③ 외국인/비거주자의 국내보수/소득/연금지급
④ 현지금융신고, 해외교포여신
⑤ 해외지사 설치, 외국기업 국내지사 설치, 해외직접투자

⑥ 상호계산 실시, 거주자의 자금통합관리
⑦ 거주자의 외화증권발행, 비거주자의 국내증권발행
⑧ 거주자의 해외부동산 취득, 거주자의 해외예금
⑨ 거주자의 (비거주자로부터)외화, 원화자금 차입
⑩ 해외이주비, 재외동포 국내재산 반출
⑪ 환전영업자

정답 ③

Key Point 신고서의 유효기간 관련사항 이해

09 신고서의 유효기간에 관한 설명 중 옳지 않은 것은?

① 유효기간이라 함은 신고인이 신고 내용에 따라 당해 지급 또는 영수를 완료하여야 하는 기간을 말한다.
② 해외직접투자신고서 및 해외부동산취득신고수리서의 유효기간은 1년이 원칙이다.
③ 유효기간 이내에 신고한 행위를 하지 않은 경우 그 신고는 무효이다.
④ 신고대상인 외국환거래에 대해서는 3개월 이내에서 유효기간을 정할 수 있다.

해설
신고대상인 외국환거래에 대해서는 6개월 이내에서 유효기간을 정할 수 있다.

정답 ④

Key Point 외국환 관련문서의 보존기간 이해

10 외국환 관련문서의 보존기간에 대한 설명으로 옳지 않은 것은?

① 영수확인서는 5년간 보존해야 한다.
② 외국환 관련문서는 신고일로부터 2년간 보존해야 한다.
③ 외국환은행 지정을 요하는 신고 관련 문서는 지정일로부터 2년이다.
④ 지급신청서는 5년간 보존해야 한다.

해설
외국환은행 지정을 요하는 신고 관련 문서는 지정취소 시까지 보존해야 한다.

정답 ③

Chapter 01 출제예상 문제

중요도에 따라 Self 맞춤형 학습이 가능한 출제예상 문제입니다. 각자의 목표점수에 맞게 문제를 선별하여 풀어보세요!

▶ 중요도 : ●●● 상 ●● 중 ● 하

01 ●●●

다음 중 외국환거래법의 '외국환'에 해당하는 것을 모두 고르시오.

| ㄱ. 지금(골드바) | ㄴ. 외화파생상품 |
| ㄷ. 외화수표 | ㄹ. 무기명양도성예금증서(외화표시) |

① ㄱ, ㄴ, ㄷ, ㄹ
② ㄴ, ㄷ, ㄹ
③ ㄱ, ㄷ, ㄹ
④ ㄱ, ㄷ

02 ●●

다음 중 「외국환거래법」의 주된 목적으로 가장 적합한 것은?

① 편법적인 외화자금의 대외 유출 방지
② 대외거래의 원활화 및 국제수지의 균형
③ 국제적인 자금세탁거래의 방지
④ 외국환의 합리적인 조정 및 관리

정답 및 해설

01 외국환 : 대외지급수단, 외화증권, 외화채권, 외화파생상품
귀금속 : 금, 합금, 지금(골드바), 비유통 금화 등 금을 주재료로 하는 가공품

02 외국환거래법은 외국환거래 및 기타 대외거래의 자유를 보장하고 시장기능을 활성화하여 대외거래의 원활화 및 국제수지의 균형과 통화가치의 안정을 도모하여 국민경제의 건전한 발전에 이바지함을 목적으로 한다.

정답 01 ② 02 ②

03 ⭐⭐⭐

다음 중 "외국환거래법"의 적용대상이 아닌 것?

① 국내기업인 D사가 해외수출을 위해 국내기업으로부터 부품을 구입하고 외화로 결제한 경우
② 국내기업인 B사가 해외에서 자금을 조달하여 국내로 송금 받으려고 하는 경우
③ 미국소재법인 C사가 해외에서 외화증권을 발행하려고 하는 경우
④ 외국시민권자인 A가 본인명의의 국내재산을 미국으로 가지고 나가려고 하는 경우

04 ⭐⭐

「외국환거래법」이 적용되는 행위가 아닌 것은?

① 대한민국 내에서 행하는 외국환거래
② 대한민국과 외국 간의 거래 또는 지급이나 영수
③ 비거주자 간의 대한민국 통화로 표시되거나 지급받을 수 있는 거래
④ 외국에서 외국통화로 표시되거나 지급받을 수 있는 거래

05 ⭐⭐

다음 중 「외국환거래법」의 적용대상이 아닌 것은?

① 비거주자의 원화거래
② 대한민국 내에서 거주자 간의 원화거래
③ 대외지급수단
④ 외국통화로 표시되거나 외국에서 지급받을 수 있는 증권

정답 및 해설

03	"미국소재법인 C사가 해외에서 외화증권을 발행하려고 하는 경우"는 외국환거래법의 적용대상이 아니다.
04	「외국환거래법」을 적용받을 수 있는 행위는 대한민국 내에서 행하여지는 외국환거래 및 외국에서 국내통화로 거래되는 행위가 적용대상이다.
05	대한민국 내에서의 거주자 간의 원화거래는 「외국환거래법」의 적용대상이 아니다. 「외국환거래법」의 적용대상은 적용범위와 인적 대상, 물적 대상으로 나뉜다.

정답 03 ③ 04 ④ 05 ②

06 ★★★

다음 중 지급수단에 해당하지 않는 것은 무엇인가?
① 환어음
② 상품권
③ 유동화증권(ABS)
④ 전자화폐

07 ★★★

「외국환거래법」상 거주성에 대한 다음 설명 중 옳지 않은 것은?
① 외국환거래법상 거주성 구분과 소득세법상 거주성 구분은 동일하다.
② 외국에 본사가 있는 회사의 국내 지사는 거주자이다.
③ 국민인비거주자였던 자로서 입국하여 국내에 3개월 이상 체재하고 있는 자는 거주자이다.
④ 대한민국에 입국한 후 바로 국내에서 취업한 외국인은 거주자이다.

08 ★★★

외국환거래법령상에서 규정하고 있는 거주성 구분상 거주자 또는 비거주자에 대한 다음 설명 중 옳지 않은 것은?
① 외국의 국제기구에 근무하고 있는 국민은 비거주자로 본다.
② 국내기업의 해외소재 현지법인은 거주자에 해당한다.
③ 국내에 있는 외국정부의 공관은 모두 비거주자로 본다.
④ 국내소재 외국인투자기업은 거주자로 간주한다.

정답 및 해설

06	유동화증권(ABS)은 증권에 해당한다. 나머지는 지급수단이다.
07	외국환거래는 외국환거래법령상의 거주성 구분을 따르며, 소득세법에서 정한 과세를 위한 거주성 구분(비거주자 판정기준)과는 많은 차이가 있다.
08	외국에서 영업활동에 종사하고 있는 자, 즉 국내기업의 해외소재 현지법인은 비거주자에 해당한다.

정답 06 ③ 07 ① 08 ②

09 ★★★

다음 중 외국환거래법 시행령상 거주성에 대한 설명으로 옳은 것은?

① 국내에서 사업체를 운영하고 있는 외국인은 거주자이다.
② 한국주재 미국대사관에 근무하고 있는 외국인은 거주자이다.
③ 미국에서 3년째 유학생활을 하고 있는 대한민국 국민은 거주자이다.
④ 주한미군에 근무하고 있는 외국인은 거주자이다.

10 ★★★

다음 중 거주자가 아닌 자는 누구인가?

① 국내에 주소 또는 거소를 둔 개인
② 재외공관 및 이에 근무할 목적으로 파견되어 외국에 체재하고 있는 국민
③ 2년 이상 외국에 체재하고 있는 국민
④ 비거주자의 국내지점에 근무하고 있는 개인

🔍 정답 및 해설

09	② 한국주재 미국대사관에 근무하고 있는 외국인은 비거주자이다. ③ 2년 이상 외국에 체재하고 있는 자는 비거주자이다. ④ 주한미군에 근무하고 있는 외국인은 비거주자이다.
10	2년 이상 외국에 체재하고 있는 국민은 비거주자이며, 2년 이상 외국에 체재하고 있으면서 일시 귀국의 목적으로 국내에 입국하여 3개월 이상 체재하고 있는 자가 거주자이다.

정답 09 ① 10 ③

11 ✪✪✪

다음 중 거래외국환은행 지정대상 거래는?

① 외국인직접투자
② 비거주자의 국내부동산 취득
③ 거주자의 외국부동산 취득
④ 수출입대금 지급

12 ✪✪

기획재정부장관은 외국환거래법의 시행을 위하여 필요하다고 인정되는 범위 내에서 자신의 권한 중 일부를 법령이 정하는 바에 의하여 관계기관의 장에게 위임, 위탁하고 있는데 이에 해당하는 기관으로 옳은 것은?

① 산업통상자원부
② 외교부
③ 국세청
④ 금융위원회

정답 및 해설

11	나머지는 거래외국환은행 지정대상 거래가 아니다.
12	기획재정부장관의 외국환거래법에 따라 권한을 위임, 위탁하고 있는 기관은 관세청장, 금융위원회(금융감독원), 한국은행총재, 외국환업무취급기관 등이다.

정답 11 ③ 12 ④

13 ✪✪✪

다음 중 환전영업자등록증을 교부하는 외국환 관리기관에 해당하는 것은?

① 국세청
② 관세청
③ 기획재정부
④ 외국환은행

14 ✪✪✪

외국환거래 신고 시 대리위임장 제출이 필요 없는 경우를 모두 고르시오.

> ㄱ. 법인(단체, 조합, 개인기업 등을 포함)을 위하여 해당 소속 임직원이 대리하여 신고인이 되는 경우
> ㄴ. 외국인 또는 비거주자가 국내에서의 고용에 따라 취득한 국내 보수송금과 관련하여 고용주가 대리 지급신청하는 경우 및 해외인력 송출기관의 국내사무소가 일괄지급하는 경우
> ㄷ. 외국에 있는 자 또는 비거주자인 당사자나 본인을 위하여 국내에 있는 자가 신고인이 되는 경우(해외유학생경비, 해외체재비, 해외이주비, 재외동포재산반출 등)
> ㄹ. 해외지점 또는 해외사무소인 당해 당사자 또는 본인의 행위나 거래에 관하여 그 본사 또는 본점이 신고인이 되는 경우

① ㄱ, ㄴ, ㄷ, ㄹ
② ㄴ, ㄷ, ㄹ
③ ㄱ, ㄷ, ㄹ
④ ㄱ, ㄷ

정답 및 해설

| 13 | 환전영업자의 등록, 변경, 폐지를 담당하는 곳은 관세청이다. |
| 14 | 모두 맞는 내용이다. |

정답 13 ② 14 ①

15 ✪✪✪

다음 중 거래외국환은행 지정대상이 아닌 것은?

① 국민인 거주자의 증빙서류 미제출 지급
② 재외동포 국내재산 반출
③ 사후송금방식 수입거래에 대한 지급
④ 외국인, 비거주자의 국내보수, 소득, 연금지급

16 ✪✪✪

거래당사자의 외국환거래에 관한 외국환은행 신고와 이에 따른 외국환은행의 업무처리 중 옳지 않은 것은?

① 거래당사자가 노약자로서 그 가족이 대리하여 신고하는 경우에는 대리인이 대리위임장을 제출할 필요가 없다.
② 거래외국환은행을 지정하고자 하는 개인사업자는 대표자의 주민등록번호로 지정등록하여야 한다.
③ 외국환은행의 장의 신고수리업무인 경우 2영업일 이내에 처리하여야 한다.
④ 해외직접투자 신고인이 신고내용에 따라 지급 또는 영수를 완료하여야 하는 유효기간은 1년을 원칙으로 한다.

정답 및 해설

15	나머지는 거래외국환은행 지정대상이다.
16	외국환은행의 장의 신고수리업무인 경우 7영업일 이내에 처리한다. 외국환은행의 장의 신고업무인 경우 2영업일 이내에 처리한다.

정답 15 ③ 16 ③

17 ★★★

대외거래 형태에서 경상거래에 대한 설명으로 옳지 않은 것은?

① 유럽 지역으로의 수출을 위해 해운사에 대한 운송경비를 송금하였다.
② 일본에 현지법인을 설립하고 그에 대한 배당금을 받았다.
③ 자금 조달을 위해 중국 소재 기업으로부터 자금을 차입 받았다.
④ 미국 진출을 위해 미국 소재 기업에 미국 내 의약품 시장정보를 받는 대가로 송금을 하였다.

18 ★★★

다음 중 지정거래 외국환은행의 지정업무 처리절차에 대한 설명으로 옳지 않은 것은?

① 해외이주예정자의 지정등록은 여권번호로 지정하여야 한다.
② 법인의 경우 거래외국환은행 지정은 지점 단위로 지정하여야 한다.
③ 개인사업자의 지정등록은 대표자의 주민등록번호로 지정하여야 한다.
④ 거주자의 증빙서류미제출 지급을 위한 거래외국환은행 지정은 해당연도 말까지 관리되므로 매년 신규로 지정하여야 한다.

정답 및 해설

17	자금차입은 금전대차거래로서 자본거래에 해당한다.
18	법인의 경우 거래외국환은행의 지정은 부득이한 경우를 제외하고는 업체단위로 하여야 한다. 공장, 지점 또는 사업부 단위로 할 수 없다.

정답 17 ③ 18 ②

19 ⭐⭐

거래외국환은행 지정 등록 대상에 해당하지 않는 것은?

① 국내에서 통신업을 영위하는 B상사는 중국에 지점을 설치하여 운영할 계획이다.
② 영국 소재 A주식회사는 한국에서 외화표시 채권을 발행하고자 한다.
③ 미국 소재 회사에 근무하는 홍길동은 자기 명의의 예금을 미국으로 송금할 예정이다.
④ 미국 소재 K주식회사는 이번에 한국에 지점을 만들 계획이다.

20 ⭐⭐⭐

외국환거래법규의 사무절차에 대한 내용 또는 설명 중 옳지 않은 것은?

① 거래외국환은행을 지정한 자는 지정 관리기간 내에 거래외국환은행 지정을 취소할 수 없으며, 다른 외국환은행으로의 변경만 허용된다.
② 연간 금액을 관리해야 하는 경우의 연간 기준은 매년 1월 1일부터 12월 31일까지로 한다.
③ 외국에 있는 자 또는 비거주자인 당사자 본인을 위하여 국내에 있는 자가 신고인이 되는 경우에 반드시 본인의 위임장을 함께 제출하여야 한다.
④ 신고 시 제출서류는 별도로 정한 경우를 제외하고 원본을 제출함을 원칙으로 한다. 다만 부득이한 경우에는 사본을 제출 받아 이를 원본으로 갈음할 수 있다.

◯ 정답 및 해설

19	비거주자가 자기 명의의 예금을 해외로 송금하는 경우는 거래외국환은행 지정 등록 대상이 아니다.
20	외국에 있는 자 또는 비거주자인 당사자 본인을 위하여 국내에 있는 자가 신고인이 되는 경우에는 그 대리인이 신고인이 될 수 있으므로 대리위임장을 제출할 필요가 없다.

정답 19 ③ 20 ③

Chapter 01 자가학습진단표

자신의 학습성취도를 스스로 진단하세요.

	진단 내용	Yes	No
01	「외국환거래법」의 목적을 설명할 수 있습니까?		
02	「외국환거래법」의 적용대상(인적, 물적, 행위)을 설명할 수 있습니까?		
03	외국환업무취급기관의 업무범위를 구별할 수 있습니까?		
04	「외국환거래법」상 거주자와 비거주자를 구분할 수 있습니까?		
05	「외국환거래법」상 경상거래와 자본거래를 구분할 수 있습니까?		
06	지정거래외국환은행 관련 유의사항을 설명할 수 있습니까?		
07	지정등록 실명번호를 연결할 수 있습니까?		
08	신고서의 유효기간에 대하여 설명할 수 있습니까?		
09	외국환 관련문서의 보존기간을 알고 있습니까?		

Yes 개수별 진단결과

- 4개 이하 : 합격예상도는 40% ➡ 기본서로 관련 내용을 다시 한번 꼼꼼하게 학습하세요.
- 5~6개 : 합격예상도는 60% ➡ 길라잡이 문제를 통해 주요 내용을 다시 한번 체크하세요.
- 7개 이상 : 합격예상도는 80% ➡ 출제예상 문제를 통해 100% 합격에 도전하세요.

제2장

외국환은행의 외국환 매매 등 및 전문외국환업무취급업자의 외국환업무

출제경향분석

외국환은행의 외국환 매매와 관련하여서는 일정하게 나오는 부분이 정해져 있을 정도로 수험생들에게 쉽게 다가설 수 있는 부분입니다. 영수확인서, 외국환의 매입과 매각 등 꾸준하게 출제되고 있는 문제들이 많습니다. 환전영업자의 경우에는 등록과 그 업무에 대한 문제가 자주 출제되고 있습니다.

Chapter 02 문제로 보는 출제경향

01

영수확인서에 대한 설명으로 옳은 것은?

① 반드시 고객이 직접 내점하여 작성한다.
② 대상은 거주자 및 비거주자이다.
③ 외화수표 매입 시 취득경위 입증서류를 제출하지 않으면 징구대상이다.
④ 영수확인서에 기재된 사유에도 불구하고 단순이전거래로 간주하여 매입한다.

> **해설** ① 직접 작성하지만, 팩시밀리 또는 스캔방식에 의한 제출도 가능하다.
> ② 외국인거주자 및 비거주자는 제외한다.
> ③ 외화수표 매입인 경우 영수확인서 징구대상이 아니다.
>
> **정답** ④

02

'외국인거주자 및 비거주자로부터 외국환의 매입'에 대한 다음 설명 중 옳지 않은 것은?

① 해외로부터 송금된 미화 3만불을 매입요청받았으나 처분목적이나 사유를 알 수 없는 경우에는 매입이 불가하다.
② 동일자, 동일인 합산 기준 미화 2만불 이하인 경우에는 매입에 제한이 없다.
③ 주한 외국 외교관으로부터 매입하는 경우에는 금액에 제한이 없다.
④ 일반 외국인으로부터 미화 3만불의 외화현찰을 매입요청 받은 경우 외국환신고(확인)필증 또는 대외지급수단매매신고필증을 확인해야 한다.

> **해설** 처분목적이나 사유를 알 수 없는 경우에는 '해외재산반입자금'으로 간주하여 매입할 수 있다.
>
> **정답** ①

03

외국인에 대한 외국환 매각에 대한 설명으로 옳지 않은 것은?

① 국내에서 취득한 외국인근로자의 급여는 매각 및 대외지급이 가능하다.
② 외국인 거주자 앞 해외여행경비 매각은 미화 1만불 이내로 가능하다.
③ 비거주자 자유원계정을 처분하여 대외계정에 예치하기 위한 매각이 가능하다.
④ 5년 이상 국내 거주한 외국인은 소지 목적의 매각이 가능하다.

해설 외국인거주자는 대상이 아니다.

정답 ④

04

일반환전영업자의 등록과 폐지, 대고객거래, 대외국환은행거래에 대한 다음 설명 중 옳지 않은 것은?

① 환전업무의 등록과 폐지는 관세청장의 소관사항이다.
② 환전영업자는 거주자와 비거주자로부터 외국환을 매입할 수 있다.
③ 환전영업자는 비거주자에 대해서만 외국환을 매각할 수 있고 당초 매각한 실적범위 내에서 재환전만 가능하도록 제한하고 있다.
④ 지정거래 외국환은행은 환전영업자로부터 외국통화 및 여행자수표(T/C)를 제한 없이 매입할 수 있다.

해설 일반환전영업자는 거주자와 비거주자 모두에게 외국환을 제한 없이 매입할 수 있고, 매각도 동일자 2천불 이하에서는 제한 없이 가능하다. 하지만, 동일자 2천불 초과의 외국환 매각은 비거주자에게만 허용되고 또 이 비거주자가 당초 매각한 실적 범위 내에서 재환전만 가능하도록 제한하고 있다.

정답 ③

Chapter 02 길라잡이 문제

중요이론(Key Point)을 재정리할 수 있는 대표문제로 구성하였습니다.

Key Point 외국환은행의 업무상 제한 또는 금지사항의 이해

01 외국환은행의 업무상 제한 또는 금지사항에 대한 다음 설명 중 옳지 않은 것은?

① 외국환은행은 외국환거래 당사자가 외국환거래법령에 의한 신고 등을 회피하고자 하는 거래를 중개 또는 알선해서는 안 된다.
② 금융기관 직원은 외환 및 파생상품거래 등에서 고객의 불법 또는 변칙적인 거래행위를 지원하거나 관여하는 행위를 해서는 안 된다.
③ 외국환은행은 금융실명거래 및 비밀보장에 관한 법률에 따라 고객의 거래 또는 지급 등이 외국환거래법에 의한 허가나 신고 대상인지 여부를 일일이 확인할 의무가 없다.
④ 외국환업무에 종사하는 자는 당해 업무와 관련하여 알게 된 정보를 법에서 정한 경우를 제외하고는 용도 외로 사용하여서는 안 된다.

해설
외국환은행은 그 고객과 외국환거래법의 적용을 받는 거래를 함에 있어 고객의 거래 또는 지급 등이 외국환거래법에 의한 허가를 받았거나 신고를 하였는지의 여부를 확인하여야 한다.

정답 ③

Key Point 선물환거래의 정의

02 다음 괄호 안에 들어갈 숫자로 옳은 것은?

> 선물환거래란 대외지급수단 매매계약일의 제( )영업일 이후 장래의 약정한 시기에 거래 당사자 간에 매매계약 시 미리 약정한 환율에 의하여 대외지급수단을 매매하고 그 대금을 결제하는 거래로서 "자본시장법"에 따른 파생상품시장 또는 해외파생상품시장에서 이루어지는 거래를 제외한 거래를 말한다.

① 1
② 2
③ 3
④ 4

해설
선물환거래란 대외지급수단 매매계약일의 제3영업일 이후 장래의 약정한 시기에 거래 당사자간에 매매계약 시 미리 약정한 환율에 의하여 대외지급수단을 매매하고 그 대금을 결제하는 거래로서 "자본시장법"에 따른 파생상품시장 또는 해외파생상품시장에서 이루어지는 거래를 제외한 거래를 말한다.

정답 ③

Key Point 대고객외환 매매율체계의 이해

03 외국환 매매 업무 시 적용되는 대고객 매매율의 연결이 옳지 않은 것은?

① 여행자수표 판매 시 - 전신환매도율
② 외화현찰 매도 시 - 현찰매도율
③ 해외로 송금할 때 - 전신환매도율
④ 해외로부터 송금을 받을 때 - 전신환매입률

해설
고객이 여행자수표가 필요한 경우 원화를 대가로 여행자수표를 판매할 때 적용하는 환율로 판매위탁회사로부터 위탁수수료 및 관리비용을 감안하여 일정수수료를 가산하여 결정하므로 통상 전신환매도율보다 높고 현찰매도율보다 낮은 환율로 정한다.

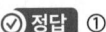 정답 ①

Key Point 외국환매입업무의 이해

04 외국환 매입과 관련된 설명으로 옳지 않은 것은?

① 타발송금의 외국환 매입 시 영수확인서 징구대상에서 비거주자는 제외된다.
② 일정 경우를 제외하고 외국환 매입 시 동일자 미화 1만불을 초과하면 국세청에 통보된다.
③ 동일자, 동일인 매입금액이 미화 5만불 이하는 취득사유 확인을 면제받을 수 있다.
④ 외국인과 비거주자는 외국환 매입 후 1회에 한해서 외국환매입증명서를 발급받을 수 있다.

해설
동일자·동일인 기준 미화 2만불 이하 대외지급수단의 매입은 취득경위 확인 면제거래이다.

 정답 ③

Key Point 영수확인서 징구제도의 이해

05 다음 중 영수확인서에 대한 설명으로 옳은 것은?

① 징구대상 거래는 동일자, 동인일 기준 미화 10만불을 초과하는 타발송금거래, 외국통화 또는 외화수표 매입거래이다.
② 거주자를 대상으로 징구하며 외국인거주자를 포함한다.
③ 영수사유의 원인거래가 신고 등의 대상임에도 당초 신고의무를 이행하지 아니한 거래의 자금을 영수하는 것으로 확인되는 경우에 징구한다.
④ 팩시밀리나 스캔방식으로 제출해도 무방하다.

해설

① 외국통화 또는 외화수표의 매입인 경우 영수확인서 징구대상이 아니며, 외국으로부터 송금된 타발송금의 매입 및 외화예치(외화예금)업무에 적용한다.
② 거주자를 대상으로 하며 외국인거주자 및 비거주자는 제외한다.
③ 영수사유의 원인거래가 신고대상임에도 당초 신고의무를 이행하지 아니한 거래의 자금을 영수하는 것으로 확인된 경우에는, 법규를 위반하였기 때문에 영수확인서 징구방식으로 매입할 수 없다.

대상자	• 거주자(외국인거주자 및 비거주자는 제외)
대상거래 및 사유	• 외국으로부터 송금(타발송금)된 미화 10만불 초과의 대외지급수단을 매입(예치)하는 경우로서 취득경위를 입증하는 서류를 제출하지 아니한 경우에 한함 • 외국통화 또는 외화수표의 매입인 경우 영수확인서 징구대상이 아님에 유의 • 외국으로부터 송금된 타발송금의 매입 및 외화예치(외화예금)업무에 적용
제출방법	• 거래당사자는 영수확인서를 직접 작성하여 외국환은행 제출 • 팩시밀리 또는 스캔방식에 의한 제출 포함
영수사유	• 영수확인서에 기재된 영수사유(무역, 무역외, 자본 등)에도 불구하고 단순 이전거래로 간주하여 매입(예치) 처리함 • 다만, 영수자금 수취인의 소재불명 또는 연락두절로 인하여 송금된 날로부터 3영업일 이내에 영수사유를 알 수 없는 경우에는 징구를 생략하고 역시 단순 이전거래로 간주하여 매입처리 가능함

정답 ④

Key Point 외국환 매입업무절차의 이해

06 외국환은행의 외국인거주자 및 비거주자로부터 외국환 매입업무절차에 대한 설명이다. 다음 중 틀린 것은 무엇인가?

① 국내 체류 중인 외국 외교관으로부터 매입하는 경우에는 매입제한이 없다.
② 외국인거주자 앞으로 미화 3만불의 타발송금이 내도하였으나 처분목적이나 사용내역을 알 수 없다면 매입이 불가하다.
③ 동일자·동일인 기준 미화 2만불 이하 대외지급수단 매입의 경우에는 매입제한이 없다.
④ 매입 후 1회에 한하여 외국환매입증명서, 영수증, 계산서 등을 발행하여 매각실적 증빙자료로 사용할 수 있다.

해설
비거주자나 외국인거주자가 해외로부터 송금된 자금 또는 외화예금에 예치된 자금을 원화로 매입 요청하는 경우, 동일자·동일인 기준 미화 2만불 초과 시에는 처분사유를 확인하여야 하며, 신고 등의 절차가 필요한 경우에는 해당절차를 사전 이행하여야 한다. 다만, 처분목적이나 사유를 알 수 없는 경우에는 '해외재산반입자금'으로 간주하여 매입할 수 있다.

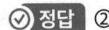 ②

Key Point 소지목적 외국환 매각의 대상, 한도, 통보

07 소지목적의 외국환 매각에 대한 다음 설명 중 옳지 않은 것은?

① 외국인거주자는 대상에서 제외된다.
② 지정거래은행은 필요치 않다.
③ 미화 1만불 초과 시 국세청 및 관세청에 통보된다.
④ 여행자수표는 매각할 수 없다.

해설
- 지정거래 및 한도 폐지
- 대상 : 국민인거주자(외국인거주자 제외), 국내소재 법인 및 단체 포함
- 한도 : 제한 없음(지정거래은행 불요), 외화현찰은 물론 여행자수표도 가능
- 통보 : 동일자 1만불 초과 시 국세청 및 관세청 통보

 ④

Key Point 외국인거주자에 대한 외국환의 매각을 비거주자와 비교

08 다음 '외국인거주자에 대한 외국환의 매각'에 관한 설명 중 옳지 않은 것은?

① 취득경위 입증서류 없는 외국인거주자도 지정거래 외국환은행을 통해 일정부분 국내소득 등의 대외지급을 위한 매각이 가능하다.
② 매각실적 입증자료가 있다면 국내 입국시기에 관계없이 국내에서 외국환을 매각한 실적범위 내에서 매각이 가능하다.
③ 비거주자 자유원계정을 처분하여 대외계정에 예치하기 위한 매각이 가능하다.
④ 외국인거주자에게는 일반 해외여행경비 명목으로 매각이 허용되지 않는다.

해설
일반 해외여행경비의 1만불까지 매각이 가능하며, 여권에 매각사실을 기재하여야 한다. 다만, 1백만원 상당 이하 외국통화 매각 시에는 표시 제외한다.

정답 ④

Key Point 외국통화 매도 시 유의사항

09 외국통화 매도 시 유의사항에 관한 다음 내용 중 맞는 것을 모두 고르시오.

> ㄱ. 외국인거주자를 대상으로 비거주자 자유원계정을 처분하여 대외계정에 예치하기 위한 매각이 가능하다.
> ㄴ. 외국인비거주자를 대상으로 최근 입국일 이후 당해 체류기간 중 외국환을 매각한 실적범위 내까지 재매각이 가능하다.
> ㄷ. 소지목적으로 외국환을 매각하는 경우 국민인거주자 및 국내소재 법인 및 단체를 대상으로 매각이 가능하다.
> ㄹ. 외국환은행이 거주자에게 동일자, 동일인 기준 미화 1만불을 초과하는 외국통화를 매각하는 경우 동 내용을 국세청에 통보하여야 한다.

① ㄱ, ㄴ, ㄷ, ㄹ
② ㄴ, ㄷ, ㄹ
③ ㄱ, ㄷ, ㄹ
④ ㄱ, ㄷ

해설
모두 맞는 내용이다.

정답 ①

Key Point 외국환은행이 비거주자에게 대출할 시 신고사항의 이해

10 외국환은행이 비거주자를 차주로 대출을 취급할 때에 다음 중 한국은행총재에게 신고해야 할 경우는?

① 자기신용으로 원화대출 50억원 취급
② 비거주자 본인의 자기담보로 원화대출 10억원 취급
③ 자기담보로 외화대출 미화 50만불 취급
④ 거주자의 담보제공으로 외화대출 미화 10만불 취급

해설

거주자의 담보제공이나 보증이 있는 경우에는 대출을 받고자 하는 비거주자가 한국은행총재에게 신고하여야 한다.

1. 외국환은행의 대출

외화대출	거주자	• 외국환거래규정상 신고예외 대상으로 원칙상 금액 또는 용도에 제한 없으나 세칙에서 용도를 제한
	비거주자	• 원칙 : 제한 없음. 단, 다른 거주자의 담보제공이나 보증이 있는 경우에는 대출을 받고자 하는 비거주자가 한은총재 신고
원화대출	거주자	• 제한 없음 • 외국인거주자도 제한 없이 원화대출을 받을 수 있으나, 해외송금 시에는 한국은행 신고
	비거주자	• 신고예외 : 동일인 기준 10억원(국내 외국환은행 합계금액) 이하 • 외국환은행 신고 : 동일인 기준 10억원 초과 300억원 이하(거주자가 담보 또는 보증 제공시는 한국은행 신고), 금전의 대차계약신고서 • 한국은행 신고 : 동일인 기준 300억원 초과 시 한은총재 신고, 금전의 대차계약신고서

2. 비거주자 중 원화대출 금액제한 예외대상자
   • 국민인비거주자에 대한 원화자금 대출
   • 비거주자인 국내소재 외국공관 및 공관원 등에 대한 원화자금 대출

정답 ④

Key Point 외국환은행의 보증 시 신고사항의 이해

11 외국환은행의 보증에 관하여 신고예외사항이 아닌 것은?

① 교포 등에 대한 여신과 관련하여 차주 동일인당 50만불 이내에서 보증하는 경우
② 거주자(채권자)와 비거주자(채무자)의 인정된 거래에 관하여 거주자(채권자)에 대하여 보증을 하는 경우로서 비거주자가 보증 또는 담보를 제공하는 경우
③ 거주자(채무자)와 비거주자(채권자)의 인정된 거래에 관하여 비거주자(채권자)에 대하여 보증을 하는 경우
④ 비거주자 간 거래에 관하여 비거주자로부터 국내재산을 담보로 제공받아 보증하는 경우

해설
비거주자 간 거래에 관하여 비거주자로부터 국내재산을 담보로 제공받아 보증하는 경우는 국부유출이 발생할 수 있어 한국은행 신고사항이다.

 ④

Key Point 역외계정에 관한 이해

12 역외계정에 관한 다음 내용 중 맞는 것을 모두 고르시오

> ㄱ. 외국환은행이 비거주자로부터 외화자금을 조달하여 비거주자를 상대로 운용하는 역외계정은 일반계정과 구분계리하여야 한다.
> ㄴ. 역외계정과 일반계정과의 자금이체는 기재부장관에게 신고해야 한다.
> ㄷ. 외국환은행이 역외계정에의 예치목적으로 미화 5천만불을 초과하는 외화증권을 발행하고자 하는 경우 기재부장관에게 신고하여야 한다.

① ㄱ, ㄴ, ㄷ
② ㄴ, ㄷ
③ ㄱ, ㄷ
④ ㄱ

해설
ㄴ. 역외계정과 일반계정과의 자금이체는 기재부장관의 허가를 받아야 한다.
ㄷ. 외국환은행이 역외계정에의 예치목적으로 미화 5천만불을 초과하는 1년 초과기간의 외화증권을 발행코자 하는 경우 기재부장관에게 신고하여야 한다.

 ④

Key Point 일반환전영업자의 업무이해

13. 일반환전영업자에 대한 다음 설명 중 틀린 것은?

① 일반환전영업자(개인사업자의 경우를 포함)는 사업자등록번호로 1개의 외국환은행에 지정등록 후 외국환매매거래를 하여야 한다.
② 거주자나 비거주자로부터 원화를 대가로 외국통화 및 여행자수표를 매입할 수 있다.
③ 동일자 2천불 초과의 매각은 비거주자에게만 한한다.
④ 일반환전영업자가 발행하는 환전증명서의 금액은 정정할 수 없으며, 폐기된 환전증명서를 지정거래외국환은행에 반납하여야 한다.

해설
환전영업자가 법인사업자인 경우 사업자등록증번호로 지정등록을 하며, 개인사업자인 경우에는 대표자 실명증표(주민등록증 등)번호로 지정등록한다.
※ 원칙 : 환전영업자는 지정거래 외국환은행을 통해서만 외국환의 매매거래를 하여야 한다.

대고객 업무	외국통화 매입	• 거주자나 비거주자 모두로부터 원화를 대가로 외국통화 및 여행자수표 매입 가능 • 외국인거주자 또는 비거주자로부터 외국통화 등을 매입하는 경우에는 1회에 한하여 외국환매입증서를 발행 및 교부함(미화 2천불 이하는 면제)
	외국통화 매각 (재환전)	• 외국환 매각은 동일자 2천불 이하로 가능 • 동일자 2천불 초과의 외국환 매각은 비거주자에게만 한하고 또 이 비거주자가 당초 매각한 실적 범위 내에서 재환전만 가능

정답 ①

Key Point 환전영업자의 업무 이해

14. 일반환전영업자 업무에 관한 설명으로 옳은 것은?

① 3천불(단, 환전장부 전산관리업자는 4천불) 이하는 환전증명서 사용을 생략한다.
② 금액정정 시 확인인 날인과 사유를 기재한다.
③ 지정거래외국환 은행은 환전영업자에게 수출통화, 여행자수표를 매각할 수 있다.
④ 관세청장은 환전영업자에 대한 수시검사와 실지검사를 할 수 있다.

해설
① 2천불(단, 환전장부 전산관리업자는 4천불) 이하는 환전증명서 사용을 생략한다.
② 환전증명서의 금액은 정정할 수 없으며 정정이 필요한 경우에는 폐기하고 다음 번호의 환전증명서를 사용하여야 한다.
③ 매각 가능한 외국환은 외국통화(외화현찰)에 한하며, 여행자수표 매각은 불가하다.
④ 관세청장은 기획재정부장관으로부터 위탁받은 환전영업자에 대한 수시검사 또는 실지검사를 통해 위규 사항에 대하여 제재조치를 취할 수 있다.

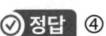 ④

Key Point 비대면환전영업자의 업무 이해

15 비대면환전영업자에 관한 다음 내용 중 틀린 것은?

① 무인환전기기 환전영업자는 동일자 동일인 미화 2천불 이내에서 매입이 가능하다.
② 무인환전기기 환전영업자는 동일자 동일인 미화 2천불 이내에서 매각이 가능하다.
③ 온라인 환전영업자는 동일자 동일인 미화 2천불 이내에서 매각이 가능하다.
④ 온라인 환전영업자는 동일자 동일인 미화 2천불 이내에서 매입이 불가하다.

해설
[무인환전기기 환전영업자와 온라인 환전영업자]
동일자 동일인 미화 2천불 이내에서 매입, 매각 가능

정답 ④

Key Point 소액해외송금업자의 외국환업무

16 소액해외송금업자의 외국환업무에 관한 다음 내용 중 틀린 것은?

① 금감원장을 경유하여 기재부장관에게 등록신청하여야 한다.
② 자기명의로 은행에 개설된 전용계좌를 통해서만 고객에게 자금을 지급하거나 수령할 수 있다.
③ 건당 지급 및 수령범위는 각각 미화 5천불 이하로 연간누계 각각 미화 5만불까지이다.
④ 법규위반 시 적용되는 제재업무는 금융위원회에서 담당한다.

해설
법규위반 시 적용되는 제재업무는 기재부에서 직접 담당한다.

정답 ④

Key Point 외국환은행의 비금융회사(소액외화이체업자)에 대한 지급 등 사무위탁

17 외국환은행의 비금융회사(소액외화이체업자)에 대한 지급 등 사무위탁에 관한 다음 내용 중 맞는 것을 모두 고르시오.

> ㄱ. 외국환은행이 환전영업자, 국내기업 또는 외국기업 국내지사에 외국환업무를 위탁하여 소액거래를 할 수 있게 하였다.
> ㄴ. 외국환은행으로부터 실명거래확인을 지원받아 지급 등의 신청서 접수 및 지급 등 업무를 할 수 있다.
> ㄷ. 지급, 수령별 건당 5천불, 동일인 누계 연간 5만불 이내 지급 등이 가능하다.
> ㄹ. 지정거래 외국환은행 등록대상 업무인 경우에는 수탁사무에서 제외한다.

① ㄱ, ㄴ, ㄷ, ㄹ
② ㄴ, ㄷ, ㄹ
③ ㄱ, ㄷ, ㄹ
④ ㄱ, ㄷ

해설
모두 맞는 내용이다.

정답 ①

Key Point 기타 외국환의 매매위탁, 지급 등 사무위탁 및 중개

18 기타 외국환의 매매위탁, 지급 등 사무위탁 및 중개에 관한 다음 내용 중 맞는 것을 모두 고르시오.

> ㄱ. 외국환은행, 환전영업자가 국내회사 등에 외국환매매 업무를 위탁한 경우 동일자 동일인 5천불 이하의 소액환전업무 수행이 가능하다.
> ㄴ. 소액해외송금업자가 전자금융보조업자 등에게 지급 등 업무위탁이 가능하다.
> ㄷ. 증권회사, 상호저축은행, 소액해외송금업자가 다른 증권회사, 상호저축은행, 소액해외송금업자에게 지급, 수령별 건당 5천불 내에서 외국협력자(외국송금회사)와 지급지시 교환 및 해당자금의 정산업무를 수행할 수 있다.

① ㄱ, ㄴ, ㄷ
② ㄴ
③ ㄱ, ㄷ
④ ㄴ, ㄷ

해설
ㄱ. 5천불이 아니라 2천불 이하의 소액환전업무 수행이 가능하다.

정답 ④

Chapter 02 출제예상 문제

중요도에 따라 Self 맞춤형 학습이 가능한 출제예상 문제입니다. 각자의 목표점수에 맞게 문제를 선별하여 풀어보세요!

▶ 중요도 : ★★★상 ★★중 ★하

01 ★★★

외국환의 매입업무와 관련, 외국환거래규정에서 정한 '영수확인서' 징구제도와 관련한 다음 설명 중 옳은 것은?

① 외국통화 또는 외화수표의 매입인 경우 영수확인서 징구대상이 아니다.
② 외국인을 포함하여 모든 거주자가 제출 대상자이다.
③ 영수금액 기준은 연간 영수누계 미화 5만불 초과인 경우이다.
④ 영수확인서는 반드시 본인이 작성한 원본만을 제출해야 한다.

02 ★★★

다음 외국환은행의 외화자금차입 및 증권 발행에 관한 설명에서 괄호 안에 차례대로 들어갈 내용은?

> 외국환은행이 비거주자로부터 미화 (　) 초과의 외화자금을 상환기간(거치기간을 포함) (　)년 초과의 조건으로 차입(외화증권발행 포함)하고자 하는 경우에는 (　)에게 신고하여야 한다.

① 3천만불, 1, 기획재정부장관　　② 3천만불, 2, 한국은행총재
③ 5천만불, 1, 기획재정부장관　　④ 5천만불, 2, 한국은행총재

정답 및 해설

01　② 외국인거주자 및 비거주자는 제외한다.
　　③ 영수확인서 징구제도는 외국으로부터 송금(타발송금)된 미화 10만불 초과(동일자, 동일인, 동일점포를 기준으로 하며 2회 이상 매입하는 경우에는 이를 합산한 금액)의 대외지급수단을 매입(예치)하는 경우로서 취득경위를 입증하는 서류를 제출하지 아니한 경우에 한한다.
　　④ 거래당사자는 영수확인서를 직접 작성하여 외국환은행 제출하지만, 팩시밀리 또는 스캔방식에 의한 제출도 포함한다.

02　외국환은행이 비거주자로부터 미화 5천만불 초과의 외화자금을 상환기간(거치기간을 포함) 1년 초과의 조건으로 차입(외화증권발행 포함)하고자 하는 경우에는 기획재정부장관에게 신고하여야 한다.

정답　01 ①　02 ③

03 ✪✪✪

다음 중 영수확인서 징구제도에 대한 설명으로 옳지 않은 것은?

① 영수사유가 신고대상이나 부득이한 사유로 신고의무를 이행하지 못한 경우에는 영수확인서를 징구하고 타발송금을 지급할 수 있다.
② 외국으로부터 송금된 타발송금을 원화대가로 매입하거나 외화예금에 예치하는 업무에 적용한다.
③ 영수확인서는 고객이 직접 작성하여야 하며 외국환은행은 고객으로부터 징구한 영수확인서를 5년간 보관하여야 한다.
④ 영수자금 수취인의 소재불명 연락두절로 인하여 송금된 날로부터 3영업일 이내에 영수 사유를 알 수 없는 경우에는 영수확인서 징구를 생략하고 단순 이전거래로 간주하여 매입처리가 가능하다.

04 ✪✪✪

외국환의 매입에 관한 업무처리 방법으로 옳지 않은 것은?

① 외국법인의 한국지사에 근무하는 외국인 A가 해외에서 송금된 미화 3만불을 본인명의의 원화계좌로 입금요청을 하였다. 아무런 입증자료를 제출하지 않아 해외재산반입으로 매입하였다.
② 외국법인 한국지사에 근무하는 외국인 B가 미국 출장을 다녀왔다며 미화 현찰 3만불을 원화로 환전 요청하였다. 입증자료를 제출하지 않아 해외재산반입으로 매입하였다.
③ 주한미군에 근무하는 외국인 C가 해외로부터 송금된 미화 3만불을 본인 명의의 외화 통장에 입금해 달라고 요청하였다. 입증자료 징구 없이 외화 통장에 입금하였다.
④ 주한미군에 근무하는 외국인 D가 미화 3만불을 원화로 환전해달라고 요청하여 아무런 입증자료 청구 없이 매입처리 하였다.

◉ 정답 및 해설

03	영수사유의 원인거래가 신고대상임에도 당초 신고의무를 이행하지 아니한 거래의 자금을 영수하는 것으로 확인된 경우에는, 법규를 위반하였기 때문에 영수확인서 징구 방식으로 매입할 수 없으며 외국환거래 법규위반사실보고서에 의거 금융감독원장에게 보고하여 적정조치 후 매입이 가능하다.
04	휴대 소지한 경우 2만불 초과이면서 입증자료가 없는 경우 매입이 불가하다.

정답 03 ① 04 ②

05 ⭐⭐⭐

외국환의 매각은 외국환거래규정에서 구분하는 거래주체에 따라 매각사유와 절차가 상이하다. 다음 중 국민인거주자에 대한 매각사유에 해당하지 않는 것은?

① 소지목적 매각
② 해외유학경비 매각
③ 최근 입국일 이후 국내 체류기간 중 매각한 실적 범위 내 매각
④ 거주자계정 외화예금에 예치하기 위한 내국지급수단을 대가로 한 매각

06 ⭐⭐⭐

소지목적 매각에 관한 업무 처리로 옳지 않은 것은?

① 국내소재 국내법인에 근무하는 국민인거주자 A에게 소지목적으로 미화 100만불을 매각하였다.
② 국내소재 국내법인에 근무하는 외국인 B에게 소지목적으로 미화 100만불을 매각하였다.
③ 국내소재 국내법인에 소지목적으로 미화 100만불을 매각하였다.
④ 외국기업의 한국법인에 소지목적으로 미화 100만불을 매각하였다.

정답 및 해설

05	최근 입국일 이후 국내 체류기간 중 매각한 실적 범위 내까지 매각은 비거주자에게 대한 매각사유이다.
06	소지목적 매각의 대상자는 국민인거주자(외국인거주자는 제외)이며, 국내소재 법인 및 단체도 포함한다.

정답 05 ③ 06 ②

07 ✪✪✪

외국환(대외지급수단)의 매각에 대한 설명으로 옳지 않은 것은?

① 외국인거주자에게 일반 해외여행경비로 1만불까지 매각 가능하다.
② 비거주자의 국내 소득 등의 대외지급을 위한 매각에 있어 제출증빙서류가 없다 하더라도 지정거래 외국환은행의 관리하에서 연간 미화 10만불 이내에서는 대외지급을 허용한다.
③ 거주자가 외국통화, 여행자수표 및 여행자카드를 단순히 소지하기 위한 목적으로 환전하는 것은 용도를 제시할 필요가 없다.
④ 거주자에게 건당 미화 1만불을 초과하여 매각하는 경우 국세청 및 관세청에 통보된다.

08 ✪✪✪

다음 중 외국환은행으로부터 원화 대출을 받고자 하는 차주가 외국환은행의 장에게 신고하여야 하는 경우는?

① 대한민국 국민이 아닌 외국인비거주자가 본인의 담보를 제공하여 200억 원을 대출받는 경우
② 외국소재법인인 비거주자가 자기 담보를 제공하여 400억 원을 대출받는 경우
③ 외국인거주자인 개인이 본인의 신용으로 20억 원을 대출받는 경우
④ 국민인비거주자가 본인의 신용으로 20억 원을 대출받는 경우

정답 및 해설

07	10만불이 아니라 5만불이다.
08	1. 외국환은행의 대출

원화 대출	거주자	• 제한 없음 • 외국인거주자도 제한 없이 원화대출을 받을 수 있으나, 해외송금 시에는 한국은행 신고
	비거주자	• 신고예외 : 동일인 기준 10억원(국내 외국환은행 합계금액) 이하 • 외국환은행 신고 : 동일인 기준 10억원 초과 300억원 이하(거주자가 담보 또는 보증 제공시는 한국은행 신고), 금전의 대차계약신고서 • 한국은행 신고 : 동일인 기준 300억원 초과 시 한은총재 신고, 금전의 대차계약신고서

2. 비거주자 중 원화대출 금액제한 예외대상자
   • 국민인비거주자에 대한 원화자금 대출
   • 비거주자인 국내소재 외국공관 및 공관원 등에 대한 원화자금 대출

정답 07 ② 08 ①

09 ✦✦✦

다음 중 외국환은행의 대출 관련 외국환거래법규 내용에 대한 설명으로 옳지 않은 것은?

① 거주자에 대한 외화대출은 외국환거래규정상 제한이 없으나 한국은행의 외국환거래업무 취급세칙에서 용도를 제한하고 있다.
② 비거주자에 대한 외화대출은 원칙상 제한이 없으나 다른 거주자의 담보제공이나 보증이 있는 경우 한국은행총재에게 신고하여야 한다.
③ 거주자에 대한 원화대출은 제한이 없으며 외국인거주자도 제한 없이 원화대출을 받을 수 있다.
④ 비거주자에 대한 원화대출은 동일인 기준 100억원(국내 외국환은행 합계금액) 이하의 경우 신고예외사항이다.

10 ✦✦✦

「외국환거래법」에서 정하고 있는 외국환은행의 대출업무에 대한 설명으로 옳은 것은?

① 외국인거주자에게 10억원 초과하는 원화대출을 하고자 하는 경우에는 대출을 받고자 하는 외국인거주자가 한국은행총재에게 신고하여야 한다.
② 외국인비거주자에게는 원화대출을 취급할 수 없다.
③ 국민인비거주자에게 원화대출을 하고자 하는 경우에는 한도에 제한이 없다.
④ 비거주자에게 외화대출을 하고자 하는 경우에는 원칙상 제한이 없으나 다른 거주자의 담보제공이 있는 경우에는 대출을 받고자 하는 비거주자가 지정거래외국환은행의 장에게 신고하여야 한다.

정답 및 해설

09	비거주자에 대한 원화대출은 동일인 기준 10억원(국내 외국환은행 합계금액) 이하의 경우 신고예외사항이다.
10	① 외국인거주자도 제한 없이 원화대출을 받을 수 있으나 해외송금 시에는 한국은행신고를 거쳐야 한다. ② 외국인비거주자에게도 원화대출을 취급할 수 있다. ③ 국민인비거주자가 원화자금 대출에 있어서는 금액제한을 받지 않는다. ④ 비거주자가 외화대출을 받고자 하는 경우에는 원칙상 제한이 없으나 다른 거주자의 담보제공이나 보증이 있는 경우에는 대출을 받고자 하는 비거주자가 한국은행총재에게 신고하여야 한다.

정답 09 ④ 10 ③

11 ✪✪✪

외국환은행이 교포 등에 대한 여신과 관련하여 차주 동일인당 미화 50만불 이내에서 보증(담보관리승낙을 포함)하는 경우 신고 기관은?

① 신고예외 ② 외국환은행
③ 한국은행 ④ 기획재정부

12 ✪

다음 중 외국환 매입초과 포지션에 관한 내용을 모두 고르시오.

> ㄱ. 환율상승 시 환차익이 발생한다.
> ㄴ. 환율상승 시 환차손이 발생한다.
> ㄷ. 원화유출이 발생한다.
> ㄹ. 원화유입이 발생한다.

① ㄱ, ㄴ, ㄷ, ㄹ ② ㄴ, ㄹ
③ ㄱ, ㄷ, ㄹ   ④ ㄱ, ㄷ

정답 및 해설

11	50만불 이내는 신고예외(차주는 이와 별도로 지정거래외은에 신고해야 함), 50만불 초과 시 한은신고(차주는 이와 별도로 한은에 신고해야 함)
12	ㄱ, ㄷ은 외국환 매입초과 포지션에 관한 내용이다.

정답 11 ① 12 ④

13 ★★

외국환은행의 일반환전영업자와의 거래에 대한 사례 내용으로 가장 옳지 않은 것은?

① 타행에 지정등록된 환전영업자로부터 의뢰받은 은행직원은 지정등록된 해당 은행에서 거래하도록 안내하였다.
② 지정거래외국환은행 담당직원은 환전영업자에게 비거주자 앞 재환전용으로 여행자수표를 매각하였다.
③ 외국인거주자 또는 비거주자로부터 미화 3천불을 매입하고 외국환매입증명서를 발행 및 교부하였다.
④ 지정거래은행 담당직원은 환전증명서 소요량 배부신청서를 제출받아 적정량의 환전증명서를 교부하였다.

14 ★★★

다음 중 환전영업자에 대한 설명으로 옳은 것은?

① 환전업무를 하고자 하는 자는 한국은행총재에게 등록신청하여야 한다.
② 지정거래외국환은행이 환전영업자에게 매각 가능한 외국환은 외국 통화뿐만 아니라 여행자수표도 매각 가능하다.
③ 환전영업자는 거주자와 비거주자 모두에게 외국환을 금액 제한 없이 매입할 수 있다.
④ 환전영업자는 환전장부, 환전증명서 등 환전관계서류를 해당 연도 이후 10년간 보관하여야 한다.

정답 및 해설

13	② 지정거래은행이 매각 시 매각용도는 비거주자 앞 재환전용으로 매각하는 것이고, 매각 가능한 외국환은 외국통화(외화현찰)에 한하며, 여행자수표매각은 불가하다. ③ 외국인거주자 또는 비거주자로부터 외국통화 등을 매입하는 경우에는 1회에 한하여 외국환매입증명서를 발행 및 교부한다(미화 2천불 이하는 면제).
14	① 환전업무를 하고자 하는 자는 관세청장에게 등록신청하여야 한다. ② 여행자수표 매각은 불가하다. ④ 환전영업자는 환전장부, 환전증명서 등 환전관계서류를 해당 연도 이후 5년간 보관하여야 한다.

정답 13 ② 14 ③

15

다음은 일반환전영업자의 대고객 업무에 대한 내용이다. 옳은 것을 모두 고른 것은?

가. 거주자로부터 원화를 대가로 외국통화를 매입할 수 있다.
나. 비거주자로부터 원화를 대가로 여행자수표를 매입할 수 있다.
다. 거주자에게 2천불 초과 외국통화를 매각할 수 있다.
라. 비거주자에게 미화 1만불 이내의 해외여행경비로 외국통화를 매각할 수 있다.

① 가, 나
② 나, 다
③ 가, 다
④ 다, 라

16

소액해외송금업자에 관한 다음 내용 중 맞는 것을 모두 고르시오.

ㄱ. 금감원의 경유확인을 받은 후 기재부에 등록신청한다.
ㄴ. 건당 지급 및 수령범위는 미화 5천불 이하로 연간누계 미화 5만불까지이다.
ㄷ. 자기명의로 은행에 개설된 전용계좌를 통해 고객에게 자금을 지급, 수령한다.
ㄹ. 동 업무에 따른 지급은 거래외국환은행 지정, 외국인 거주자 또는 비거주자의 보수 또는 소득 등의 지급(증빙서류미제출 연간 5만불 포함), 해외여행경비(일반, 유학, 체재, 단체)의 규정을 적용받지 않고 별도 업무처리가 가능하다.

① ㄱ, ㄴ, ㄷ, ㄹ
② ㄴ, ㄷ, ㄹ
③ ㄱ, ㄷ, ㄹ
④ ㄱ, ㄷ

정답 및 해설

15 | 일반환전영업자는 지정거래 외국환은행을 통해서만 외국환의 매매거래를 하여야 하므로 지정거래은행이 아닌 은행에 외국환매매신청을 해서는 안 되며, 외국환은행 또한 환전영업자 지정거래 외국환은행으로 등록된 영업점에서만 거래가 가능하다.
• 외국환 매입 : 지정거래 외국환은행은 환전영업자로부터 외국통화 및 여행자수표 제한 없이 매입 가능
• 외국환 매각 : 지정거래은행이 매각 시 매각용도는 대고객 환전용으로 매각, 매각 가능한 외국환은 외국통화(외화현찰)에 한하며 여행자수표 매각은 불가함에 유의

16 | 모두 맞는 내용이다.

정답 15 ① 16 ①

Chapter 02 자가학습진단표

자신의 학습성취도를 스스로 진단하세요.

	진단 내용	Yes	No
01	외국환의 매입 중 취득경위 확인 면제거래를 설명할 수 있습니까?		
02	영수확인서 징구제도에 대하여 설명할 수 있습니까?		
03	외국환은행의 대출에 있어 거주자와 비거주자로 나누어 설명할 수 있습니까?		
04	외국환의 매각에 있어 소지목적 매각에 대하여 설명할 수 있습니까?		
05	외국환의 매각에서 외국인거주자와 비거주자에 대한 매각을 설명할 수 있습니까?		
06	환전영업자를 관리하는 기관에 대하여 알고 있습니까?		
07	일반환전영업자의 대고객업무에 대하여 설명할 수 있습니까?		
08	비대면환전영업자와 소액해외송금업자의 업무에 대하여 설명할 수 있습니까?		
09	외국환의 매매위탁, 지급 등 사무위탁 및 중개업무를 이해하고 있습니까?		

Yes 개수별 진단결과

- 4개 이하 : 합격예상도는 40% ➡ 기본서로 관련 내용을 다시 한번 꼼꼼하게 학습하세요.
- 5~6개 : 합격예상도는 60% ➡ 길라잡이 문제를 통해 주요 내용을 다시 한번 체크하세요.
- 7개 이상 : 합격예상도는 80% ➡ 출제예상 문제를 통해 100% 합격에 도전하세요.

제3장

지급과 수령

출제경향분석

증빙서류제출이 면제되는 지급과 그 처리방법, 해외여행자의 구분이 가장 많이 출제되고 있습니다. 특히 해외이주비와 재외동포재산반출은 매번 시험에 나올 정도로 가장 많이 출제되는 문제 중에 하나임을 생각하고 시험에 대비해야 합니다.

Chapter 03 문제로 보는 출제경향

01

거주성별 지급 등의 절차에 있어 증빙서류제출이 면제되는 지급 등에 대한 설명이다. 틀린 것은?

① 대상자는 거주자(외국인 포함)인 개인, 법인, 단체 등이다.
② 지급은행은 거래외국환은행으로 지정하여 이 은행을 통해 송금이 가능하다.
③ 지급한도는 연간누계 미화 10만불 이하이다.
④ 건당 5천불 초과 송금 연간누계가 1만불 초과 시에는 국세청에 통보된다.

[해설] 외국인은 제외된다.

[정답] ①

02

해외체재비 및 해외유학경비에 대한 설명이다. 다음 중 틀린 것은?

① 해외체재자 및 해외유학생이 해외여행경비를 지급하고자 하는 경우에는 거래외국환은행을 지정하여야 한다.
② 해외유학생은 이후에도 매 연도별로 외국교육기관의 장이 발급하는 재학증명서 등 재학사실을 입증할 수 있는 서류를 제출하여야 한다.
③ 해외유학생의 경우 학력은 국내에서 초등학교를 졸업하여야 한다.
④ 거래외국환은행은 1만불 초과하여 휴대 출국하는 경우 외국환신고확인필증을 발행·교부하여야 한다.

[해설] 국외유학에 관한 규정의 저촉을 받지 않으므로 학력제한이 없으며, 연령에 따른 지급금액의 제한도 모두 폐지되었다.

[정답] ③

03

다음 중 해외이주비의 지급을 위해 외국환은행에 제출하는 서류의 종류에 해당하지 않는 것은?

① 비자 사본 또는 영주권 사본
② 해외이주신고확인서
③ 거래외국환은행지정(변경)신청서
④ 부동산매각자금확인서

해설 현지이주확인서, 지급신청서, 세대별 지급누계총액이 10만불 초과 시 관할 세무서 발행 자금출처확인서 등이 있다.

정답 ④

04

재외동포 중 비거주자의 재산반출에 대한 다음 설명 중 옳지 않은 것은?

① 재산반출은 지정거래 외국환은행을 통한 송금방식으로만 가능하며, 외화현찰 방식은 불가하다.
② 본인명의 부동산의 임대보증금도 지급이 가능하다.
③ 건당 1만불 초과 시 국세청 및 금감원 통보 대상이다.
④ 예금 등의 경우 금액에 관계없이 자금출처 확인서를 제출해야 한다.

해설 반출신청금액은 지정거래 외국환은행을 통하여 지급하여야 하며, 송금방식 또는 외화현찰이나 여행자수표로도 지급할 수 있다. 동 자금을 해외이주자계정에 예치하는 경우에는 담보활용도 가능하다.

정답 ①

Chapter 03 길라잡이 문제

중요이론(Key Point)을 재정리할 수 있는 대표문제로 구성하였습니다.

Key Point 지급과 수령 시 외국환은행의 확인의무

01 지급과 수령 시 외국환은행의 확인의무에 관한 다음 내용 중 틀린 것은?

① 건당 미화 5천불을 초과하는 지급 또는 미화 2만불을 초과하는 영수에 대해서는 신고 등 대상인지 확인해야 한다.
② 지급 등 제출서류 중 지급신청서를 제외한 기타서류는 신청인에게 반환하고 사본을 보관해야 한다.
③ 송금방식에 의한 수출대금영수 및 수입대금지급의 경우 증빙서류를 사본으로 확인할 수 있다.
④ e-LC 또는 전자계약서는 금액과 상관없이 사본으로 확인할 수 있다.

해설
지급 등 제출서류 중 지급신청서를 제외한 기타서류는 신청인에게 반환해야 한다(사본도 보관할 필요가 없다). 그러나 다음의 서류는 보관해야 한다.
• 신고, 신고수리 사항
• 확인사항 중 지정거래대상인 경우

정답 ②

Key Point 거주자의 증빙서류미제출 송금

02 다음은 거주자의 증빙서류 미제출 송금에 대한 설명이다. 괄호 안 숫자의 합은 얼마인가?

> 지급한도는 연간누계 미화 (　)만불이며, 건당 (　)천불 초과 송금 연간누계가 (　)만불 초과 시 국세청에 통보된다.

① 6　　　　　　　　　　　　　② 9
③ 16　　　　　　　　　　　　 ④ 13

해설

지급한도는 연간누계 미화 10만불이며, 건당 5천불 초과 송금 연간누계가 1만불 초과 시에는 국세청에 통보된다.

목적	• 해외 친지 등에게 생활보조금이나 경조사비 지급, 회사 간의 소액 경상대가 지급, 기타 소액자본 거래대가의 지급을 목적으로 함
대상자	• 거주자(외국인 제외)인 개인, 법인, 단체 등
지급은행	• 거래외국환은행으로 지정하여 이 은행을 통해 송금이 가능함
지급한도	• 건당 5천불 초과 연간누계 미화 10만불(10만불 초과 시 지급확인서 제출대상임)
통보제도	• 건당 5천불 초과 송금 연간누계가 1만불 초과 시 국세청, 금융감독원 통보 • 건당 5천불 초과 시에는 관세청 통보대상 • 연간 : 1월 1일부터 12월 31일까지 • 건당 5천불 이하 송금은 송금누계에 포함하지 않고, 지정거래대상에도 제외

정답 ③

Key Point 사전지급제도의 이해

03 외국환거래법령에서는 사전에 지급금액을 확정할 수 없고 사후에 정확한 지급금액이나 소요경비가 확정 계산되는 경우를 감안하여 이 경우에도 대외지급할 수 있도록 사전지급을 허용하고 있다. 이러한 사전지급에 대한 설명 중 옳지 않은 것은?

① 해외이주비 지급 등에 주로 활용된다.
② 지급신청일로부터 60일 이내에 지급증빙서류를 제출하여 정산하여야 한다.
③ 부득이한 경우 외국환은행의 장은 사후정산에 필요한 적정기간을 부여할 수 있다.
④ 정한 기간 내에 정산자료를 제출하지 아니한 경우 금융감독원에 보고된다.

해설

주된 대상 거래	• 외국에서 영화촬영 또는 광고물 제작 시 소요경비를 사전에 정확히 예측할 수 없어 진행상황과 여건에 따라 지급비용이 달라지는 경우
예외 거래	• 해외여행경비, 해외이주비 및 재외동포의 국내 재산 반출은 동 제도를 적용할 수 없음
내용	• 지급신청일로부터 60일 이내에 지급금액을 증빙하는 서류 등을 징구하여 정산하여야 하며 부득이하다고 인정되는 경우에는 그 지급금액의 10% 이내에서 정산의무를 면제할 수 있음

정답 ①

Key Point 외국인거주자가 대외지급 시 절차 이해

04 외국인거주자가 자신의 자금을 대외지급 시, 외국환거래규정에서 정한 절차와 관련한 다음 설명 중 옳지 않은 것은?

① 인정된 거래에 따른 투자과실을 모두 지급할 수는 없다.
② 외국환을 매각한 실적 범위 내에서 재매각하여 지급할 수 있다.
③ 보수, 소득은 증빙서류가 없는 경우 연간 누계 5만불 범위 내에서 지급할 수 있다.
④ 해외여행경비로 1만불까지 지급할 수 있으며 여권에 거래내역을 기재하여야 한다.

해설
예금, 금전대차, 증권이나 부동산투자 등 자본거래 규정에 따른 신고 등의 정상적인 절차를 거쳐 국내에 투자한 경우 투자수익금을 포함한 투자과실의 대외지급은 모두 허용되어 있다.

정답 ①

외환전문역 I 종

Key Point 해외체재자의 정의

05 아래 자료와 괄호 안에 차례대로 들어갈 알맞은 내용을 보기 중에서 고르시오.

> 해외체재자란 상용, (가), 공무 및 기술훈련을 목적으로 외국에 체재하는 자로서 체재기간이 (나)을/를 초과하는 자를 말하며, 국내 거주기간이 (다) 미만인 외국인거주자는 제외한다.

보기

ㄱ. 연수	ㄴ. 여행
ㄷ. 문화	ㄹ. 3개월
ㅁ. 30일	ㅂ. 60일
ㅅ. 6개월	ㅇ. 1년
ㅈ. 3년	ㅊ. 5년

① ㄷ, ㅁ, ㅊ
② ㄴ, ㅂ, ㅅ
③ ㄱ, ㅅ, ㅈ
④ ㄷ, ㄹ, ㅇ

해설

일반해외여행자	• 해외체재자 및 해외유학생에 해당하지 아니하는 거주자인 해외여행자
해외체재자	• 다음에 해당하는 외국에 체재하는 자로서 체재기간이 30일을 초과하는 자 ① 상용, 문화, 공무 및 기술훈련을 목적으로 외국에 체재하는 자. 　　다만, 국내 거주기간이 5년 미만인 외국인거주자는 제외함 ② 6월 미만의 기간에 걸쳐 국외연수를 목적으로 외국에 체재하는 자. 　　다만, 국내 거주기간이 5년 미만인 외국인거주자는 제외함 ③ 국내기업 및 연구기관 등에 근무하는 자로서 근무기관의 업무를 위하여 외국에 체재하는 국내 거주기간이 5년 미만인 외국인거주자는 해외체재자에 해당함
해외유학생	• 외국의 교육기관·연구기관 또는 연수기관에서 6월 이상의 기간에 걸쳐 수학하거나 학문·기술을 연구 또는 연수할 목적으로 외국에 체재하는 아래의 하나에 해당하는 자로서 6개월 미만 연수목적으로 체재하는 국외연수생과 구분함 ① 국민 또는 국내 거주기간이 5년 이상인 외국인인 경우 ② ①에 해당되지 않은 자로서 유학경비를 지급하는 부 또는 모가 국민인 거주자인 경우

정답 ①

제3장 · 지급과 수령　67

Key Point 해외여행경비 지급

06 해외여행경비 지급절차에 대한 설명 중 옳지 않은 것은?

① 일반해외여행경비는 송금이 원칙적으로 불가하다.
② 여행업자의 단체해외여행경비는 하나의 지정거래외국환은행을 통하여 지급하여야 한다.
③ 해외유학경비는 규정상 해외유학생의 연령이나 지급금액의 한도에 제한이 없다.
④ 일반해외여행경비는 법인명의로 환전하여 임직원들이 개별로 휴대반출할 수 있다.

해설

여행업자의 단체해외여행경비관련 지정거래외국환은행제도는 폐지되었다.

[해외여행경비 지급]

구분	특징	세관신고	송금	통보
일반해외 여행경비		1만불 초과 휴대출국	지급증빙서류를 제출하는 경우 가능, 나머지는 불가	1만불 초과 시 국세청, 관세청 통보
법인명의 여행경비 (환전)	소속 임직원의 일반여행경비에 한함	1만불 초과 휴대출국	불가	법인명의 환전 국세청, 관세청통보 : 동일자 1만불 초과
해외체재비 (유학생, 국외연수생 포함)	※ 외국환신고 (확인)필증 교부	은행발행(확인)필증 금액을 초과하여 추가 휴대 금액이 1만불 초과하는 경우 세관신고	가능	국세청 및 금융감독원 통보 : 연간누계 10만불 초과 시
단체해외여행 (연수)경비 (여행사, 어학원)	※ 외국환신고 (확인)필증 교부 지정거래제도폐지	신고불요	가능	대리환전불가 : 여행사명의 환전 국세청, 관세청통보 : 동일자 1만불 초과

① 모두 금액제한 없으며 휴대 가능하다.
② 해외체재비, 해외유학경비는 거래외은을 지정하고 입증서류를 제출하여야 한다.
③ 해외유학생은 매년 재학사실을 입증할 수 있는 서류를 제출하여야 한다.

정답 ②

Key Point 해외이주비와 재외동포재산반출 비교

07 해외이주비 지급기한이 바르게 짝지어진 것은?

| (가) 국내이주자 | (나) 현지이주자 |

① (가) 송금일로부터 3년
　(나) 현지이주신고확인서 발급일로부터 3년
② (가) 송금일로부터 3년
　(나) 거주여권발급일로부터 3년
③ (가) 해외이주신고확인서 발급일로부터 3년
　(나) 해외이주신고확인서 발급일로부터 3년
④ (가) 해외이주신고확인서 발급일로부터 3년
　(나) 현지이주신고확인서 발급일로부터 3년

해설
국내이주, 현지이주 : 해외이주신고확인서 발급일로부터 3년
해외이주예정자 : 거래외국환은행을 지정한 날로부터 3년

정답 ③

Key Point 재외동포 반출대상 국내재산

08 다음 중 재외동포 중 비거주자의 재산 반출대상이 아닌 것은 무엇인가?

① 본인 또는 배우자 명의 부동산 처분대금
② 본의 명의 증권매각 대금
③ 본인 명의 부동산 임대보증금
④ 본인 명의 예금을 담보로 하여 외국환은행으로부터 취득한 원화대출금

해설
반출대상 재산은 ① 본인 명의 부동산 처분대금(부동산을 매각하여 금융자산으로 보유하고 있는 경우를 포함), ② 부동산 처분대금 이외의 본인의 국내재산(예금 등)이다. 본인의 국내재산에는 본인 명의 국내예금(외화예금 포함), 신탁계정관련 원리금, 증권매각대금, 본인 명의 예금 또는 부동산을 담보로 하여 외국환은행으로부터 취득한 원화대출금, 본인 명의 부동산 임대보증금, 국내보수, 소득 등이 있다.

정답 ①

Chapter 03 출제예상 문제

중요도에 따라 Self 맞춤형 학습이 가능한 출제예상 문제입니다. 각자의 목표점수에 맞게 문제를 선별하여 풀어보세요!

▶ 중요도 : ✪✪✪ 상 ✪✪ 중 ✪ 하

01 ✪✪✪

지급과 영수 시 외국환은행의 확인의무에 대한 설명으로 옳은 것은?

① 전년도 수입미화 5백만불 이상 규모의 기업은 송금방식 수입대금 지급 시 증빙서류 제출을 면제받을 수 있다.
② 지급 등 제출서류 중 지급신청서와 기타서류를 반드시 보관해야 한다.
③ 지급신청서는 5년간 보관하여야 한다.
④ 건당 미화 2천불을 초과하는 지급에 대해 신고 등 대상인지 확인해야 한다.

02 ✪✪✪

다음 중 거주자의 연간 미화 10만불 이내 증빙서류미제출 송금 항목으로 옳지 않은 것은?

① 소액 수입물품 대가 송금
② 해외 친지 등에 대한 생활보조금 지급
③ 거주자의 해외 예금 거래에 따른 송금
④ 거주자의 해외직접투자 자금 지급

🔍 정답 및 해설

01	① 전년도 수입미화 3천만불 또는 수출미화 3천만불 이상 규모의 기업은 송금방식 수입대금 지급 시 증빙서류 제출을 면제받을 수 있다. ② 지급 등 제출서류 중 지급신청서는 보관해야 하나 기타서류는 반환해야 하는 경우가 있다. ④ 건당 미화 5천불을 초과하는 지급에 대해 신고 등 대상인지 확인해야 한다.
02	해외직접투자, 해외지사 및 해외부동산취득 관련 자금은 증빙서류제출이 면제되는 지급 등에 포함되지 아니한다.

정답 01 ③ 02 ④

03 ✪✪✪

다음 중 거주자의 증빙서류 미제출 송금에 대한 설명으로 옳지 않은 것은?

① 대상자 중 외국인거주자는 거주자의 증빙서류 미제출의 송금으로 처리할 수 없다.
② 송금금액은 건당 5천불 초과 연간누계 미화 10만불까지 가능하다.
③ 거래외국환은행 지정대상이 아니다.
④ 다른 지정항목과 달리 매년 신규 지정하여야 한다.

04 ✪✪

다음 중 증빙서류 제출이 면제되는 대상이 아닌 것은?

① 해외이주비 사전지급
② 전년도 수출실적 3천만불 이상인 기업의 무역대금 영수
③ 정부 또는 지방자치단체의 지급
④ 소액 자본거래 영수

정답 및 해설

| 03 | 거래외국환은행 지정대상이다. |
| 04 | 해외여행경비, 해외이주비 및 재외동포의 국내 재산 반출은 동 제도를 적용하지 아니한다. |

정답 03 ③ 04 ①

05 ✦✦✦

외국환거래법령에서 말하는 거주자의 지급증빙서류미제출송금에 대한 설명으로 옳지 않은 것은?

① 거주자의 증빙서류미제출송금은 생활보조금이나 회사 간 소액 경상거래대가 지급이 포함되며 해외직접투자(해외지사 포함) 및 해외부동산취득 자본거래대가지급은 소액이라 할지라도 포함되지 않는다.
② 건당 미화 5천불을 초과하는 송금의 국세청 통보 기준 금액은 연간 송금누계 미화 1만불을 초과하는 경우이다.
③ 건당 미화 5천불 이하는 송금누계에 포함하지 않으며 지정거래 대상에서도 제외하여 소액송금은 자유롭게 거래할 수 있다.
④ 연간 미화 10만불까지 가능하며 연간은 최초 지정거래일로부터 1년간을 말한다.

06 ✦✦✦

외국인거주자의 지급에 관한 다음 설명 중 옳지 않은 것은?

① 해외여행경비로 매각 시는 미화 1만불 이내에서 가능하며 여권상에 환전사실을 기재하여야 한다.
② 급여입증서류를 제출하지 않은 경우라도 연간 미화 5만불 이내에서는 환전 또는 송금이 가능하다.
③ 5년 이상 한국에 거주한 경우에는 해외체재비 지급도 가능하다.
④ 외국으로부터 송금받은 자금을 외국환은행에 매각한 실적이 있는 경우 동 자금 범위 내에서 송금 또는 재환전이 가능하다.

정답 및 해설

05	연간은 1월 1일부터 12월 31일까지이다.
06	증빙서류가 없는 경우 등 기타의 사유에도 불구하고 지정거래외국환은행에서 연간 누계 미화 10만불(신용카드 등으로 외국에서 사용 및 현금인출 포함) 범위 이내인 경우에 한하여 지정거래은행 등록만으로 대외지급이 가능하다. 단, 송금과 대외계정 예치는 허용하지만 환전지급은 불가하다.

정답 05 ④ 06 ②

07

다음 중 해외여행경비 구분에 따른 지급방법 및 지급한도 등에 대한 설명으로 옳지 않은 것은?

① 해외체재자 및 해외유학생이 해외여행경비를 지급하고자 하는 경우에는 거래외국환은행을 지정하여야 한다.
② 외국에서의 치료비와 같이 증빙서류가 있는 일반해외여행경비는 휴대수출뿐만 아니라 송금도 가능하다.
③ 해외유학경비의 연간지급누계가 미화 10만불을 초과하는 경우 국세청 및 금융감독원에 통보된다.
④ 외국인거주자는 국민과 달리 1만불 이내까지 해외여행경비를 지급할 수 있으며 환전은 불가하고 송금은 가능하다.

08

해외유학생에 대한 다음 설명 중 옳은 것은?

① 외국시민권의 비거주자도 일정 조건에 부합되면 지정할 수 있다.
② 연간 지급누계가 1만불 초과 시 국세청에 통보된다.
③ 외국의 교육기관에서 30일 초과하여 수학하는 경우에 지정할 수 있다.
④ 재학사실 입증서류는 최초 등록 시 1회에 한해 징구한다.

정답 및 해설

07 외국인거주자의 여행경비는 국민과 달리 1만불 이내까지 해외여행경비를 지급할 수 있으며, 환전 또는 송금 모두 가능하다. 또한 외국인거주자는 국내 보수, 소득 등을 지급하는 지정거래 외국환은행을 통하여 국내보수, 소득 등과 합산하여 연간누계 미화 5만불 이내까지는 본인의 신용카드 등으로 해외여행경비를 지급할 수 있다.

08 ① 외국의 교육기관·연구기관 또는 연수기관에서 6월 이상의 기간에 걸쳐 수학하거나 학문·기술을 연구 또는 연수할 목적으로 외국에 체재하는 아래의 하나에 해당하는 자로서 6개월 미만 연수목적으로 체재하는 국외연수생과 구분한다.
  - 영주권자가 아닌 국민 또는 국내 거주기간이 5년 이상인 외국인인 경우
  - 위에 해당되지 않는 사람으로서 유학경비를 지급하는 부모가 영주권자가 아닌 국민인거주자인 경우
② 국세청 및 금융감독원 통보 : 연간누계 10만불 초과 시
③ 해외체재자이다.
④ 해외유학생은 매년도별로 외국교육기관의 장이 발급하는 재학증명서 등 재학사실을 입증할 수 있는 서류(직전학기 성적증명서 등)를 제출하여야 한다.

정답 07 ④ 08 ①

09 ✪✪✪

다음 중 해외여행경비 구분에 따른 지급방법 및 지급한도 등에 대한 설명으로 옳지 않은 것은?

① 증빙서류가 없는 일반해외여행경비의 지급한도는 동일자 동일인 합산 기준 미화 1만불이다.
② 외국에서의 치료비와 같이 증빙서류가 있는 일반해외여행경비는 휴대수출뿐 아니라 송금도 가능하다.
③ 해외유학경비의 연간 지급누계가 미화 10만불을 초과하는 경우 국세청 및 금융감독원에 통보된다.
④ 여행업자와의 계약에 의한 단체해외여행경비는 외국환은행을 통하여 송금할 수 있으며 휴대수출도 가능하다.

10 ✪✪✪

해외여행경비에 관한 다음 설명 중 옳지 않은 것은?

① 해외유학생이 해외여행경비를 지급하고자 하는 경우에는 거래외국환은행을 지정하여야 한다.
② 단체해외여행경비는 환전 또는 송금이 가능하며, 여행자 개개인 명의로 거래가 가능하다.
③ 법인명의 해외여행경비는 소속 임직원의 일반해외여행경비로만 환전 가능하며 송금은 불가하다.
④ 해외여행자가 해외에서 신용카드, 직불카드, 선불카드로 사용하여 물품구매 등을 한 경우 동 금액은 일반해외여행경비에 포함된다.

정답 및 해설

09
① 일반해외여행자는 신분증만 있으면 금액제한 없이 여행경비를 환전할 수 있으며, 1만불 초과 시 출국 세관에 신고하고 출국하여야 한다.
④ 여행업자와의 계약에 의하여 해외여행을 하고자 하는 해외여행자는 해외여행경비의 전부 또는 일부를 여행업자에게 맡겨 외국환은행을 통하여 지급할 수 있으며, 여행업자는 동 경비를 외국의 숙박업자나 여행사 등에 지정거래외국환은행을 통하여 송금하거나 휴대수출하여 지급할 수 있다.

10
② 단체해외여행경비의 지급은 지정거래은행에서 여행사 명의로만 지급이 가능하며 여행자별 개별 환전은 안 된다(대리환전금지).

정답 09 ① 10 ②

11 ⭐⭐⭐

해외여행경비지급에 관한 설명 중 휴대반출 및 송금이 모두 가능한 항목은?

① 단체 해외여행경비, 법인명의의 여행경비
② 법인명의의 여행경비, 일반 해외여행경비
③ 일반 해외여행경비, 해외체재비
④ 해외체재비, 단체 해외여행경비

12 ⭐⭐⭐

다음 중 해외이주비의 지급에 대한 설명으로 옳지 않은 것은?

① 해외이주자에게는 해외여행경비를 지급할 수 없다.
② 해외이주자의 세대별 지급누계총액이 미화 10만불 초과 시 관할 세무서 발행 자금출처 확인서를 제출하여야 한다.
③ 해외이주비 지급기한은 해외이주신고확인서 발급일로부터 1년 이내이다.
④ 해외이주비는 송금을 하거나 여행자수표 또는 외화현찰의 휴대출국도 가능하다.

13 ⭐⭐⭐

재외동포 중 비거주자의 반출대상 재산에 해당하는 것을 모두 고르시오.

> ㄱ. 본인명의 부동산 처분대금
> ㄴ. 배우자명의 부동산 처분대금
> ㄷ. 본인명의 부동산 또는 예금을 담보로 외국환은행에서 받은 원화대출금
> ㄹ. 본인명의 부동산 임대보증금

① ㄱ, ㄴ, ㄷ, ㄹ   ② ㄴ, ㄷ, ㄹ
③ ㄱ, ㄷ, ㄹ   ④ ㄱ, ㄷ

정답 및 해설

11	법인명의 여행경비와 일반 해외여행경비는 휴대반출은 가능하나 송금은 불가하다.
12	해외이주자비 지급기한은 해외이주신고확인서 발급일로부터 3년 이내이다. 단, 해외이주신고확인서 발급일로부터 1년(유효기간)내 이주하지 않으면 무효이다.
13	본인명의여야 한다.

정답 11 ④ 12 ③ 13 ③

14 ✦✦✦

재외동포의 재산반출 시 반출대상 재산에 대한 설명으로 틀린 것은?

① 본인 명의 부동산 처분대금은 반출대상 재산에 포함된다.
② 본인 명의 부동산을 매각하여 금융자산으로 보유하고 있는 경우에는 반출대상 재산에 포함되지 않는다.
③ 부동산 처분대금 이외의 본인의 국내재산도 반출대상 재산에 포함된다.
④ 본인명의 부동산의 임대보증금도 반출대상 재산에 포함된다.

15 ✦✦✦

외국환거래에 대한 관세청장 앞 통보대상에 관한 설명이다. ( ) 안에 들어갈 알맞은 숫자는?

- 건당 미화 ( )천불 초과 증빙서류 미제출 송금 시
- 건당 미화 ( )만불 초과 해외이주비 지급 시
- 신용카드나 직불카드 사용금액이 연간 미화 ( )만불 초과 시

① 2, 1, 1 ② 5, 1, 1
③ 5, 2, 2 ④ 2, 2, 2

정답 및 해설

14	부동산을 매각하여 금융자산으로 보유하고 있는 경우를 포함한다.
15	• 건당 미화 5천불 초과 증빙서류 미제출 송금 시 • 건당 미화 1만불 초과 해외이주비 지급 시 • 신용카드나 직불카드 사용금액이 연간 미화 1만불 초과 시

정답 14 ② 15 ②

Chapter 03 자가학습진단표

자신의 학습성취도를 스스로 진단하세요.

	진단 내용	Yes	No
01	증빙서류제출이 면제되는 지급 등을 설명할 수 있습니까?		
02	사전지급에 대하여 설명할 수 있습니까?		
03	외국인거주자와 비거주자의 지급에 대하여 설명할 수 있습니까?		
04	해외여행자를 구분할 수 있습니까?		
05	해외여행경비의 지급한도에 대하여 설명할 수 있습니까?		
06	해외이주비의 지급에 대하여 설명할 수 있습니까?		
07	재외동포재산반출에 대하여 설명할 수 있습니까?		
08	해외이주비와 재외동포재산반출에 대하여 비교할 수 있습니까?		

Yes 개수별 진단결과

- 4개 이하 : 합격예상도는 40% ➜ 기본서로 관련 내용을 다시 한번 꼼꼼하게 학습하세요.
- 5~6개 : 합격예상도는 60% ➜ 길라잡이 문제를 통해 주요 내용을 다시 한번 체크하세요.
- 7개 이상 : 합격예상도는 80% ➜ 출제예상 문제를 통해 100% 합격에 도전하세요.

제4장

지급 등의 방법 및 지급수단 등의 수출입

출제경향분석

지급 등의 방법에서는 상계와 제3자지급, 외국환은행을 통하지 아니하는 지급 등 어느 하나를 특정할 수 없이 다양하게 매번 출제되고 있는 경향을 보이며, 지급수단 등의 수출입에서는 지급수단의 범위와 외국환신고(확인)필증 관련 문제가 자주 출제되는 모습을 보입니다.

Chapter 04 문제로 보는 출제경향

01

다음 중 상계에 대한 내용으로 옳은 것은?

① 상계를 실시한 자는 관련증빙서류를 5년간 보관하여야 한다.
② 중계무역 관련 수출입 대금을 상계하는 경우는 별도의 신고가 필요 없다.
③ 일방의 금액이 미화 2천불 이하인 소액 상계는 외국환은행 신고대상이다.
④ 거주자 간에 외화표시 채권 또는 채무를 상계하고자 하는 경우에는 한국은행 신고대상이다.

해설 ② 중계무역에 의한 상계는 신고예외사항이 아니므로 신고기관에 신고하여야 한다.
③ 일방의 금액이 미화 5천불 이하의 소액상계는 신고예외 대상이다.
④ 거주자 간에 외화표시 채권 또는 채무를 상계하고자 하는 경우 신고예외대상이다.

정답 ①

02

다음 중 제3자 지급 등의 방법에 따른 신고대상 거래는?

① 외국인투자법인 근무자의 우리사주 취득을 위해 동기업이 직원을 대신하여 해외본사 앞 대금을 지급하는 경우
② 물품수입대금을 해외수출상이 지정한 해외 타업체의 계좌로 송금하는 경우
③ 해외부동산 취득 자금을 해외부동산 중계인에게 지급하는 경우
④ 해외현지법인 설립 자금을 해외 대리인에게 송금하는 경우

해설 ②를 제외한 나머지는 신고예외이다.

정답 ②

03

외국환거래법령은 원화 또는 외화현찰 여행자수표 등 지급수단을 휴대하여 수출하거나 수입하고자 하는 경우에 그 원인거래에 대한 신고여부와는 별도로 신고 등의 규정을 두고 있다. 신고예외대상을 제외하고 지급수단의 수출입에 관한 신고는 누구에게 하여야 하는가?

① 외국환은행의 장
② 한국은행총재
③ 금융감독원장
④ 관할 세관장

정답 ④

04

다음 중 지급수단 등의 수출입 신고 대상금액 산정 시에 포함되지 않는 것은?

① 내국통화
② 원화표시 여행자수표
③ 원화표시 자기앞수표
④ 원화당좌수표

해설 내국통화, 원화표시 여행자수표, 원화표시 자기앞수표는 포함하되 원화당좌수표 등은 제외한다.

정답 ④

Chapter 04 길라잡이 문제

중요이론(Key Point)을 재정리할 수 있는 대표문제로 구성하였습니다.

Key Point 상계

01 다음 중 외국환거래규정상 상계신고를 하고자 하는 경우 한국은행총재 신고대상으로 옳은 것은 무엇인가?

① 수탁가공무역에 의한 수출대금과 관련 수입대금을 상계하고자 하는 경우
② 거주자 간에 외화표시 채권 또는 채무를 상계하고자 하는 경우
③ 외국항로에 취항하고 있는 국내 선박회사가 외국 선박회사와 공동운항 계약을 체결하고 선복 및 장비의 상호사용에 따른 채권과 채무를 상계하고자 하는 경우
④ 다국적기업의 상계센터를 통하여 상계하는 경우

해설

외은신고 또는 처리 후 1개월 내 사후보고	• 신고대상기업 - 거주자가 수출입, 용역거래, 자본거래 등 대외거래 시 비거주자에 대한 채권 또는 채무를 비거주자에 대한 채무 또는 채권으로 상계하고자 하는 경우 • 연계무역, 위탁가공무역 및 수탁가공무역에 의하여 수출대금과 관련 수입대금을 상계하고자 하는 경우에는 신고예외사항임. 다만, 중계무역에 의한 상계는 신고예외사항이 아님
한국은행총재 신고	• 다국적기업의 상계센터를 통하여 상계하거나 다수의 당사자의 채권 또는 채무를 상계하고자 하는 경우에는 한국은행총재에게 신고하여야 함 • 국내기업(외국기업의 국내지사 포함)과 외국기업(국내기업의 해외지사 포함) 간의 채권 또는 채무를 일괄하여 상계하고자 하는 등 실질적 상계(다자간 상계 등)인 경우에도 신고대상에 포함

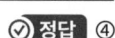 ④

Key Point 상호계산

02 상호계산의 결산에 관한 다음 내용 중 맞는 것을 모두 고르시오.

> ㄱ. 회계기간의 범위 내에서 월단위 등으로 결산주기를 정하여 실시하여야 한다.
> ㄴ. 필요 시 결산주기를 달리 정할 수 있다.
> ㄷ. 대차기 기장내역을 매월말마다 마감해야 한다.
> ㄹ. 적어도 1달에 1회 이상 결산해야 한다.

① ㄱ, ㄴ, ㄷ
② ㄱ, ㄴ, ㄷ, ㄹ
③ ㄱ, ㄷ, ㄹ
④ ㄱ, ㄷ

해설
ㄹ. 적어도 1년에 1회 이상 결산해야 한다.

정답 ①

Key Point 계약건당 10만불 초과 수출, 수입대금 중 한은신고 거래

03 계약 건당 미화 10만불을 초과하는 다음과 같은 수출 거래를 하고자 하는 경우 신고 기관은?

> 계약건당 10만불을 초과하는 수입대금을 선적서류 또는 물품의 영수 전 1년을 초과하여 송금방식에 의하여 지급하고자 하는 경우(다만 선박, 철도차량, 항공기, 대외무역법에 의한 산업설비의 경우는 제외)

① 신고예외
② 관세청장
③ 외국환은행의 장
④ 한국은행총재

해설
[계약건당 10만불 초과 수출, 수입대금 중 한은신고 거래]
① 계약건당 10만불을 초과하는 수출대금을 물품의 선적 전 1년을 초과하여 영수하고자 하는 경우
② 계약건당 10만불을 초과하는 수입대금을 선적서류 또는 물품의 영수 전 1년을 초과하여 송금방식에 의하여 지급하고자 하는 경우(다만, 선박, 철도차량, 항공기, 대외무역법에 의한 산업설비의 경우는 제외)

정답 ④

Key Point 제3자 지급 시 외국환은행 신고대상

04 제3자 지급등의 방법에 있어 외국환은행 신고대상인 것은 무엇인가?

① 거주자와 비거주자 간 거래의 결제를 함에 있어 당해 거래의 당사자인 거주자가 그 거래의 당사자기 아닌 비기주자로부터 영수하는 경우
② 거주자와 비거주자 간 거래의 결제를 함에 있어 당해 거래의 당사자가 아닌 거주자가 그 거래의 당사자인 비거주자로부터 영수하는 경우
③ 해외부동산 취득 신고수리를 득한 거주자가 부동산취득 대금을 부동산 소유자가 아닌 부동산매매 중개인에게 지급하는 경우
④ 신고예외를 제외하고 미화 5천불 초과 1만불 이내의 금액을 제3자에게 지급하는 경우

해설
외국환은행 신고대상이며, 미화 5천불 초과 1만불 이내의 금액을 제3자에게 지급하는 경우에는 외국환은행에 신고하여야 한다(분할지급은 합산한 금액임).

정답 ④

Key Point 외국환신고확인필증 지참의무 대상요건의 이해

05 다음은 정해진 절차에 따라 미화 3만불의 외국통화를 외국환은행에서 매입한 출국예정자들이다. 다음 중 출국공항에 도착할 때 외국환신고확인필증을 소지하지 않은 자는?

① 일반해외여행자 ② 해외유학생
③ 해외이주자   ④ 재외동포 재산반출 신청자

해설
1만불 초과 시에는 관할세관의 장에게 신고하여야 하지만, 외국환신고확인필증 지참의무는 없다.

정답 ①

Key Point 외국환은행을 통하지 아니하는 지급 등의 방법

06 다음 중 거주자가 외국환은행을 통하지 아니하는 지급의 방법과 관련하여 건당 거래금액이 외화 2만불인 경우 신고예외사항으로 옳지 않은 것은?

① 여객기 내에서 승객이 승무원으로부터 물품을 구입하고 대금을 직접 지급하는 경우
② 골프대회 상금을 입상자에게 지급하기 위해 외국환신고(확인)필증을 교부받는 경우
③ 외국에서 해외여행경비 용도로 본인명의 신용카드로 지급(결제)하는 경우
④ 해외에서 물품 수입거래에 따른 대금을 외화현찰로 직접 지급하는 경우

해설

물품 또는 용역의 제공, 권리의 이전 등으로 비거주자와의 채권·채무를 결제하는 경우에는 한국은행총재에게 신고하여야 한다. 물품수입대금(무역거래), 중개수수료(무역외거래), 해외투자금(자본거래) 등을 휴대반출하여 외국에서 직접 지급하고자 하는 경우에는 사전에 한국은행에 지급 등의 방법신고를 하고 그 신고필증을 교부받아야 한다.

물품의 매매	• 외항운송업자와 승객 간에 외국항로에 취항하는 항공기 또는 선박 안에서 매입·매각한 물품대금을 외화 현찰이나 외화수표로 직접 지급 또는 영수하는 경우
여행경비 지급	• 해외여행자(여행업자 및 교육기관을 포함) 또는 해외이주자가 해외여행경비 또는 해외이주비를 은행에서 환전하여 외국에서 직접 지급하는 경우
지급절차를 거친 후 외국환신고(확인)필증을 휴대한 경우	• 영화, 음반, 방송물 및 광고물을 외국에서 제작함에 필요한 경비를 거주자가 대외지급수단을 휴대수출하여 외국에서 직접 지급하는 경우 • 스포츠 경기, 현상광고 등과 관련한 상금을 입상자에게 직접 지급하는 경우
기타	• 국내 및 해외예금으로 인정된 외화자금을 직접 예치·처분하는 경우 및 인정된 거래에 따른 대가를 예금기관이 발행한 외화수표 또는 신용카드 등으로 국내에서 직접 지급하는 경우 • 거주자와 비거주자 간 또는 거주자와 다른 거주자 간의 건당 미화 1만불 이하의 경상거래에 따른 대가를 대외지급수단으로 직접 지급하는 경우

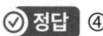 정답 ④

Key Point 지급수단에 해당하는 것과 아닌 것

07 다음 중 지급수단 등에 해당되지 않는 것은 무엇인가?

① 채권(債權)
② 외화증권
③ 내국지급수단
④ 원화증권

해설

'지급수단 등'은 대외지급수단, 내국지급수단, 원화증권, 외화증권이다.
따라서 증권에 속하는 채권(債券)은 해당하지만 돈 받을 권리인 채권(債權)은 해당되지 않음에 유의하여야 한다.

정답 ①

Key Point 지급수단 등의 수출입 시 출입국세관의 장에게 신고가 면제되는 경우

08 지급수단 등의 수출입 시 출입국세관의 장에게 신고가 면제되는 경우를 모두 고르시오.

ㄱ. 거주자가 미화 5만불 상당액 이내의 내외국통화를 수집용, 기념용으로 수출입하는 경우
ㄴ. 약속어음, 환어음, 신용장을 수입하는 경우
ㄷ. 미화 1만불 이하의 지급수단 등을 수입하는 경우
ㄹ. 외국환신고필증이 발행된 대외지급수단을 수출하는 경우

① ㄱ, ㄴ, ㄷ, ㄹ
② ㄴ, ㄷ, ㄹ
③ ㄱ, ㄷ, ㄹ
④ ㄱ, ㄷ

해설

모두 맞는 내용이다.
[주요 신고예외]
① 미화 1만불 이하의 지급수단 등을 수입하는 경우
   다만 내국통화, 원화표시 자기앞수표 및 여행자수표 이외의 내국지급수단 제외한다.
   즉, 1만불 계산에서 원화당좌수표 등은 제외한다.
② 미화 1만불 이하의 지급수단(대외 지급수단, 내국통화, 원화표시 자기앞수표 및 여행자수표)을 수출하는 경우
③ 외국환신고필증이 발행된 대외지급수단을 수출하는 경우
④ 약속어음, 환어음, 신용장을 수입하는 경우 (금액과 무관)
⑤ 외국공관, 국제기구 및 외교관, 국내주둔군인 등 인정된 비거주자가 대외 지급수단을 수출입하는 경우
⑥ 거주자가 미화 5만불 상당액 이내의 내외국통화를 수집용, 기념용으로 수출입하는 경우
⑦ 거주자가 수출대금 및 용역대금의 영수를 위하여 외국통화표시 수표를 휴대수입 이외의 방법(예 : 국제우편)으로 수입하는 경우

정답 ①

Key Point 출입국 시 관할세관장 신고대상

09 출입국 시 관할세관장에게 신고에 관한 다음 내용 중 틀린 것은?

① 모든 입국자는 원화, 외화를 합산하여 미화 1만불 초과 수입 시 관할세관장에게 신고해야 한다.
② 국민인거주자가 미화 1만불을 초과하는 지급수단(대외 지급수단, 내국통화, 원화표시 자기앞 및 여행자수표)을 휴대수출하는 경우 관할세관장에게 신고해야 한다.
③ 외국인거주자와 비거주자는 미화 1만불 초과하는 원화현찰 및 원화자기앞수표를 휴대수출하는 경우 관할세관장에게 신고해야 한다.
④ 외국인거주자와 비거주자가 정당하게 소지한 외화는 1만불 초과 시 외국환신고필증을 휴대하고 있을 것이기 때문에 별도의 신고절차는 필요 없다.

해설
외국인거주자와 비거주자는 미화 1만불 초과하는 원화현찰 및 원화자기앞수표를 휴대출국할 수 없다.

정답 ③

Chapter 04 출제예상 문제

중요도에 따라 Self 맞춤형 학습이 가능한 출제예상 문제입니다. 각자의 목표점수에 맞게 문제를 선별하여 풀어보세요!

▶ 중요도 : ★★★ 상 ★★ 중 ★ 하

01 ★★★

다음은 상계거래에 대한 설명이다. 다음 중 한국은행총재 신고대상은 무엇인가?

① 양 당사자 간의 상계
② 신용카드 발행업자가 외국에 있는 신용카드발행업자로부터 수령할 금액과 지급할 금액을 상계하고자 하는 경우
③ 일방의 금액이 미화 5천불 이하의 소액상계인 경우
④ 다국적기업의 다수의 당사자의 채권 또는 채무를 상계하고자 하는 경우

02 ★★★

다음 중 상계처리 시 신고대상에 해당하는 것을 모두 고르시오.

> ㄱ. 다국적기업의 상계센터를 통하여 상계하는 경우
> ㄴ. 물품의 수출입대금과 당해 수출입거래에 직접 수반되는 중개수수료를 상계하는 경우
> ㄷ. 거주자 간에 외화표시 채권 또는 채무를 상계하는 경우
> ㄹ. 위탁가공무역에 의하여 수출대금과 관련 수입대금을 상계하는 경우

① ㄱ, ㄴ, ㄷ, ㄹ
② ㄴ, ㄷ, ㄹ
③ ㄱ, ㄷ
④ ㄱ

정답 및 해설

01 | 다국적기업의 상계센터를 통하여 상계하거나 다수의 당사자의 채권 또는 채무를 상계하고자 하는 경우에는 한국은행총재에게 신고하여야 한다.
02 | 나머지는 신고예외에 해당한다.

정답 01 ④ 02 ④

03 ★★★

상계처리와 관련하여 다음 중 신고예외대상 상계거래에 해당하는 것을 모두 고르시오.

> ㄱ. 연계무역, 위탁가공무역 및 수탁가공무역에 의하여 수출대금과 관련 수입대금을 상계하고자 하는 경우
> ㄴ. 물품의 수출입대금과 당해 수출입거래에 수반되는 중개 또는 대리점 수수료 등을 상계하고자 하는 경우
> ㄷ. 외국항로에 취항하는 국내의 항공 및 선박회사가 외국에서 취득한 외국항로의 항공임 및 선박임과 경상운항경비를 상계하는 경우
> ㄹ. 일방의 금액이 미화 1만불 이하의 소액상계

① ㄱ, ㄴ, ㄷ, ㄹ
② ㄱ, ㄴ, ㄷ
③ ㄱ, ㄷ, ㄹ
④ ㄱ, ㄷ

04 ★★★

다음 중 상계에 대한 내용으로 옳지 않은 것은?

① 상계를 실시한 자는 관련 증빙서류를 5년간 보관하여야 한다.
② 중계무역 관련 수출입 대금을 상계하는 경우는 별도의 신고가 필요 없다.
③ 일방의 금액이 미화 5천불 이하인 소액 상계는 신고예외거래이다.
④ 거주자 간에 외화표시 채권 또는 채무를 상계하고자 하는 경우에는 신고예외거래이다.

정답 및 해설

03 ㄹ. 일방의 금액이 미화 5천불 이하의 소액상계가 해당한다.
04 연계무역, 위탁가공무역 및 수탁가공무역에 의하여 수출대금과 관련 수입대금을 상계하고자 하는 경우에는 신고예외사항이지만, 중계무역 관련 수출입 대금을 상계하는 경우에는 신고사항이다.

정답 03 ② 04 ②

05 ★★

다음 괄호 안에 알맞은 것을 고르시오.

> 상호계산계정의 기장은 해당 거래가 물품의 수출입 또는 용역의 제공을 수반하는 경우에는 그 수출입 또는 용역제공의 완료 후 (   )일 이내, 기타의 경우에는 채권·채무의 확정 후 (   )일 이내에 행하여야 한다.

① 10, 10
② 10, 30
③ 30, 30
④ 30, 10

06 ★★★

다음에 설명하는 거래가 발생한 경우 신고절차에 대한 설명으로 옳은 것은?

> 외항운송업자와 승객 간에 외국항로에 취항하는 항공기 안에서 매입·매각한 물품대금을 외화현찰로 직접 지급 또는 영수하는 경우

① 관세청에 신고함
② 국세청에 신고함
③ 외국환은행에 신고함
④ 신고대상 아님

정답 및 해설

06 | 외항운송업자와 승객 간에 외국항로에 취항하는 항공기 또는 선박 안에서 매입·매각한 물품대금을 외화현찰이나 외화수표로 직접 지급 또는 영수하는 경우에는 신고예외 지급대상이다.

정답 05 ③ 06 ④

07

다음 중 미화 5만불을 휴대하여 세관을 통과하는 경우 반드시 관할 세관장에게 신고하여야 하는 항목은?

① 해외유학생 경비
② 해외이주비
③ 일반해외여행경비
④ 영화 제작비

08

다음은 제3자 지급 등에 관한 설명이다. 한국은행총재 신고사항은?

① 해외현지법인을 설립하고자 하는 거주자가 동 자금을 비거주자인 대리인에게 지급하고자 한다.
② 개인사업자인 고객은 일본 여행사에게 국내 여행 시장정보를 제공하고 계약서에 명시된 대로 그 회사의 싱가폴 대리인으로부터 용역 대금을 수령하고자 한다.
③ 국내기업 A사는 중국기업 B사로부터 미화 20만불 상당의 물품을 수입하고, 쌍방간 맺은 계약서에 명시된 계좌 명의인인 현지 중국기업C사 앞으로 물품대금을 송금하고자 한다.
④ 국민인거주자가 해외부동산 취득대금을 매도인이 아닌 부동산 중개업자에게 송금하고자 한다.

09

외국환은행을 통하지 아니하는 지급 등의 방법에서 신고 예외 대상에 해당되지 않는 것은?

① 거주자와 비거주자 간의 건당 미화 1만불 이하의 경상거래에 따른 대가를 대외지급수단으로 직접 지급
② 영화 또는 음반 제작비의 휴대반출 지급
③ 해외여행경비의 휴대반출
④ 물품수입대금의 휴대반출 지급

정답 및 해설

07	일반해외여행자는 1만불초과 휴대수출 시 세관신고해야 하지만, 나머지는 외국환신고필증지참시 세관신고대상이 아니다.
08	나머지는 신고예외 사항이다.
09	'물품수입대금의 휴대반출 지급'은 한은신고대상이다.

정답 07 ③ 08 ③ 09 ④

10 ⭐⭐⭐

다음 중 외국환은행이 미화 1만불을 초과하여 외국환을 매각한 경우 외국환신고(확인)필증 발행대상 거래로 옳지 않은 것은?

① 일반해외여행경비로 매각한 자금
② 해외이주비 항목으로 매각한 자금
③ 스포츠 경기 상금을 입상자에게 직접 지급하기 위해 매각한 자금
④ 비거주자가 최근 입국일 이후 외국으로부터 영수하거나 휴대수입한 외화금액 범위 내에서 1만불 초과 재환전 시

11 ⭐⭐

지급수단 등의 수출입에 있어 증권과 관련한 신고면제사항이 아닌 것은 무엇인가?

① 미화 2만불 이하의 증권의 수입
② 자본거래의 허가 또는 신고된 바에 따른 기명식 증권의 수출입
③ 외국인투자촉진법에 의해 취득한 기명식 증권 수출입
④ 외국기업 국내지사 등에 근무하는 거주자가 취득한 본사 주식이나 국제 수익증권 등의 수출입

12 ⭐⭐⭐

다음 중 지급수단 등의 수출입과 관련하여 세관신고를 해야 하는 경우는?

① 미화 1만불 이하의 지급수단 등을 수입하는 경우
② 외국공관 등 인정된 비거주자가 대외지급수단을 수출입하는 경우
③ 외국환은행을 통하지 아니하는 지급 등의 방법 규정에 의거하여 대외지급수단을 수출하는 경우
④ 거주자가 미화 1만불을 초과하는 지급수단 등을 휴대 수입하는 경우

정답 및 해설

10	일반해외여행경비의 경우 발행대상이 아니다.
11	미화 1만불 이하의 증권의 수입만 신고가 면제된다.
12	관할세관장 신고사항이다. 나머지는 신고면제사항이다.

정답 10 ① 11 ① 12 ④

13 ✦✦✦

지급수단의 수출입 시 세관신고예외에 해당되지 않는 거래는?

① 자본거래의 신고를 한 자가 그 신고된 바에 따라 기명식증권을 수출입하는 경우
② 거주자가 미화 5만불 상당액 이내의 외국통화를 지급수단으로 사용하지 않고 기념용 화폐수집을 위하여 수출입하고자 하는 경우
③ 거주자가 수출대금의 영수를 위하여 1만불 초과의 외국통화표시 수표를 휴대수입의 방법으로 수입하는 경우
④ 외국인투자촉진법에 의하여 취득한 기명식증권을 수출입하는 경우

14 ✦✦✦

다음 외국환신고(확인)필증에 대한 설명 중 외국환은행의 발행·교부대상으로 틀린 것은?

① 거래처에 근무하는 C부장이 해외로 발령을 받아 출국하면서 해외체재비로 미화 4만불을 환전하였다.
② 미국 시민권자인 고객 A에게 대외계정자금으로 미화 4만불을 현찰로 인출하였다.
③ 고객 K에게 해외이주비로 미화 5만불을 환전하였다.
④ 거래처 직원이 미국 출장을 간다며 일반 해외여행경비로 미화 2만불을 환전하였다.

정답 및 해설

| 13 | 관할세관장 신고사항이다. 나머지는 신고면제사항이다. |
| 14 | 일반 해외여행경비의 경우 발행대상이 아니다. |

정답 13 ③ 14 ④

Chapter 04 자가학습진단표

자신의 학습성취도를 스스로 진단하세요.

	진단 내용	Yes	No
01	상계의 신고대상 예외에 대하여 설명할 수 있습니까?		
02	상호계산과 상계의 차이점에 대하여 설명할 수 있습니까?		
03	제3자 지급 등의 방법에 있어 한국은행총재 신고대상을 설명할 수 있습니까?		
04	외국환은행을 통하지 아니하는 지급 등의 방법에서 신고예외 대상을 나열할 수 있습니까?		
05	지급수단 등의 수출입에 있어 지급수단을 나열할 수 있습니까?		
06	외국환은행의 외국환신고(확인)필증 발행 및 교부대상을 설명할 수 있습니까?		
07	지급수단 등의 수출입에 있어 신고예외대상을 설명할 수 있습니까?		

Yes 개수별 진단결과

- 3개 이하 : 합격예상도는 40% ➡ 기본서로 관련 내용을 다시 한번 꼼꼼하게 학습하세요.
- 4~5개 : 합격예상도는 60% ➡ 길라잡이 문제를 통해 주요 내용을 다시 한번 체크하세요.
- 6개 이상 : 합격예상도는 80% ➡ 출제예상 문제를 통해 100% 합격에 도전하세요.

제5장

자본거래

출제경향분석

자본거래는 가장 많이 출제되는 파트임과 동시에 수험생들이 가장 까다로워하는 부분입니다. 특히 예금계정의 구분 및 처분, 증권의 취득에 있어 거주자와 비거주자의 투자절차, 부동산의 취득 및 신고, 기타 자본거래와 관련하여서 다양한 분야에 걸쳐 시험문제가 출제되고 있어 고득점을 노리기 위한 수험생이라면 이 부분에 특히 주목해야 합니다.

Chapter 05 문제로 보는 출제경향

01

다음 중 외국인비거주자가 재원확인이 되지 않은 원화자금으로 외국환은행에 예치하고자 하는 경우 개설이 가능한 계정은?

① 대외계정
② 비거주자원화계정
③ 해외이주자계정
④ 투자전용계정

해설 대외계정의 경우에는 비거주자, 외국인거주자 및 재외공관 직원이 개설하는 외화예금계정으로 예치에 제한이 있는 반면, 처분 시에 제한을 두지 않는다.
비거주자원화계정은 비거주자가 국내 사용하기 위하여 원화로만 개설하는 계정으로 투자전용계정을 제외하고 예치 시에 재원확인이 필요 없다. 해외이주자계정은 해외이주비지급, 재외동포 재산반출용으로 필요시 개설한다.

정답 ②

02

거주자가 비거주자로부터 외화자금을 차입하고자 한다. 다음의 보기를 보고 괄호 안의 숫자가 바르게 짝지어진 것을 고르시오.

> (가) 국내 영리법인이 미화 (　　) 상당액 이하 금액을 차입하고자 하는 경우 신고기관은 (　　)이다.
> (나) 개인사업자가 미화 (　　) 상당액을 초과하여 차입하고자 하는 경우 신고기관은 (　　)이다.

① (가) 5만불, 외국환은행　　(나) 3천만불, 한국은행
② (가) 5만불, 한국은행　　(나) 3천만불, 한국은행
③ (가) 5천만불, 외국환은행　　(나) 10만불, 한국은행
④ (가) 3천만불, 한국은행　　(나) 5만불, 한국은행

해설 국내 영리법인이 미화 5천만불 상당액 이하의 금액을 차입하고자 하는 경우에는 외국환은행장 신고사항이지만, 5천만불을 초과하여 차입하고자 하는 경우에는 기획재정부장관 신고사항이다.
개인(개인사업자 포함) 및 비영리법인이 비거주자로부터 장·단기 외화자금을 차입하고자 하는 경우에는 지정거래 외국환은행을 경유하여 한국은행총재에게 신고하여야 한다.
다만, 계약건당 차입금액이 미화 10만불 이하이고 연간 누계금액이 미화 10만불을 초과하지 않는 경우에는 한국은행에 신고할 필요 없이 거래 외국환은행에 지정등록 후 외화 차입자금을 영수할 수 있다.

정답 ③

03

증권의 발행과 관련된 신고절차에 대한 다음 설명 중 가장 옳지 않은 것은?

① 거주자가 국내에서 외화증권을 발행하고자 하는 경우에는 신고를 요하지 아니한다.
② 거주자가 외국에서 1천만불 상당의 외화증권을 발행하고자 하는 경우에는 지정거래외국환은행의 장에게 신고하여야 한다.
③ 비거주자가 국내에서 외화증권을 발행하고자 하는 경우에는 신고를 요하지 아니한다.
④ 비거주자가 외국에서 외화증권을 발행하는 것은 외국환거래법의 적용과 거리가 멀다.

해설 비거주자가 국내에서 외화증권을 발행하고자 하는 경우에는 기획재정부장관에게 신고하여야 한다.

정답 ③

04

비거주자의 국내부동산 취득에 관한 다음 설명 중 옳지 않은 것은?

① 비거주자가 종업원의 거주용으로 국내에 있는 부동산을 임차하는 경우는 별도의 신고가 필요 없다.
② 비거주자가 국내 보유 원화자금으로 부동산을 취득하는 경우는 외국환은행의 신고사항이다.
③ 국민인비거주자가 국내에 있는 부동산을 취득하는 경우는 별도의 신고가 필요 없다.
④ 외국인이 국내의 토지를 취득하는 경우에는 계약체결 후 일정기간 이내에 시장 등 해당 관청의 장에게 신고하여야 한다.

해설 국내원화자금으로 비거주자가 국내 부동산을 취득하려고 하는 경우에는 한국은행총재에게 신고하여야 한다.

정답 ②

Chapter 05 길라잡이 문제

중요이론(Key Point)을 재정리할 수 있는 대표문제로 구성하였습니다.

Key Point 예금계정별 차이점 비교

01 외국환거래규정에서 정하고 있는 국내예금거래에 대한 설명으로 옳지 않은 것은?

① 비거주자 자유원계정은 취득경위가 입증된 자금에 한하여 예치가 가능하며 계정 내 예금의 종류에는 당좌예금, 보통예금, 정기예금, 정기적금, 기업자유예금이 있다.
② 대외계정은 대외송금에 제약이 없다.
③ 외국인거주자는 비거주자 자유원계정 개설은 가능하나 비거주자 원화계정 개설은 불가하다.
④ 외국인거주자 개인사업자는 개인명과 회사명을 부기하여 거주자계정을 개설할 수 있다.

해설

구분	계정	개설자	특징
외화예금	거주자 계정	• 거주자(외국인거주자의 개인사업자 계정 포함)가 개설하는 외화예금계정	
	대외계정	• 비거주자, 외국인거주자 및 재외공관 직원이 개설하는 외화예금계정 • 예치에 제한이 있고 처분 시 제한 없음	
	해외이주자 계정	• 해외이주비지급, 재외동포 재산반출용으로 필요시 개설	
비거주자 원화예금	비거주자 자유원계정	• 비거주자(외국인거주자 포함)가 개설하는 원화계정 • 대외계정처럼 대외송금에 제약이 없는 대신 예치 시 제한이 있으므로 예치재원은 취득경위가 입증된 자금에 한함	정기적금불가
	비거주자 원화계정	• 비거주자(외국인거주자 제외)가 국내 사용하기 위하여 원화로만 개설하는 계정 • 투자전용계정을 제외하고 예치 시에 재원 확인이 필요 없으나 처분하여 대외지급 시 각종 제한이 있다는 점이 자유원계정과 다름	
금전신탁 계정	거주자 외화신탁계정	• 거주자계정과 개설대상, 예치와 처분 등이 동일한 계정	
	비거주자 외화신탁계정	• 대외계정과 개설대상, 예치와 처분 등이 동일한 계정	
	비거주자 원화신탁계정	• 비거주자 자유원계정과 개설대상 및 계정이 성격이 동일함	

정답 ①

Key Point 원화, 외화예금의 특성 비교

02 거주자 및 비거주자와의 외화 및 원화 예금거래에 대한 다음 설명 중 옳지 않은 것은?

① 외화예금은 거주자계정, 대외계정, 해외이주자계정으로 구분된다.
② 외국인거주자는 대외계정은 개설할 수 있으나 거주자계정은 개설할 수 없다.
③ 비거주자 원화예금은 비거주자 자유원계정과 비거주자 원화계정으로 구분된다.
④ 외국인거주자는 비거주자 자유원계정 및 비거주자 원화계정 개설이 가능하다.

해설
외국인거주자는 비거주자 원화계정의 개설이 불가하다.

정답 ④

Key Point 비거주자 자유원계정의 특징

03 다음 예금계약 설명 내용 중 예치 및 처분에 대한 사항과 가장 일치하는 예금의 종류는?

> • 예치 : 거주자로부터 경상거래대금으로 취득한 내국지급수단
> • 처분 : 자유로운 해외송금, 국내에서 내국지급수단으로 지급 시 허용된 경우에 한해 인출 가능

① 거주자계정　　　　　　　② 대외계정
③ 비거주자 원화계정　　　　④ 비거주자 자유원계정

해설
비거주자 자유원계정은 해외에서 송금된 자금이나 휴대수입 자금 또는 본인 명의 대외계정자금이거나 특히 국내에서 받은 내국통화표시 경상거래대금인 경우는 예치가 가능하나 자본거래 대금은 인정된 경우가 아니면 처분이 제한되어 있다.

정답 ④

Key Point 해외예금 및 해외신탁

04 다음 중 거주자의 해외예금 거래에 대한 설명으로 옳지 않은 것은?

① 인정된 거래에 따른 지급을 위하여 외화예금계정을 처분하는 경우 신고예외사항이다.
② 외국부동산취득 신고자가 취득대금을 해외 본인명의 계좌로 송금 시 한국은행 신고사항이다.
③ 외국에 체재 중인 국민인거주자는 해외예금 거래 시 신고예외대상이다.
④ 국내에서 송금한 자금으로 건당 미화 5만불을 초과하여 예치하고자 하는 경우 한국은행 신고사항이다.

해설
외국부동산취득 신고자가 취득대금을 해외 본인명의 계좌로 송금 시 신고예외사항이다.
반면, 국내에서 송금한 자금으로 건당 미화 5만불 이하로 예치하고자 하는 경우 외국환은행 신고사항이다.

정답 ②

Key Point 거주자가 비거주자로부터 해외차입 시 신고

05 거주자가 비거주자로부터 해외차입거래를 할 때의 신고에 관한 설명으로 옳지 않은 것은?

① 영리법인의 5천만불 이하 장기 및 단기 해외차입은 지정거래 외국환은행의 장에게 신고해야 한다.
② 비영리법인은 해외차입에 대해 지정거래 외국환은행을 경유하여 한국은행총재에게 신고해야 한다.
③ 정유회사의 수입대금 결제를 위한 단기 해외차입은 해당 외국환은행에 신고로 가능하다.
④ 외국인투자기업 중 고도 기술업체의 투자금액의 100% 이하인 단기 해외차입은 지정거래 외국환은행을 경유하여 한국은행총재에게 신고해야 한다.

해설
지정거래외국환은행에 신고를 통하여 차입이 가능하다.

차주구분		차입기간	차입금액	신고기관
지자체, 공공기관 영리법인		제한없음	5천만불 이하	외국환은행(지정)
			5천만불 초과	기획재정부
비영리법인/개인/ 개인사업자			제한없음	한국은행
정유(원유)/액화 천연가스 수입업자		단기	제한없음	외국환은행 (지정거래 제외)
외국인 투자기업	고도 기술업체		투자금액의 100%	외국환은행(지정)
	일반 제조업체		투자금액의 50%	

정답 ④

Key Point 교포 등에 대한 여신

06 다음 사례의 신고 등의 절차로 옳은 것은?

> **사례** 미국에서 수년간 본인이 전액 출자하여 설립한 법인을 운영하고 있는 영주권자가 사업의 확장을 위해 국내의 본인명의 부동산을 담보로 국내은행의 미국지점에서 미화 60만불 대출을 받기 위해 은행을 방문하였다.

① 신고예외
② 외국환은행의 장에게 신고
③ 한국은행총재에게 신고
④ 기획재정부장관에게 신고

해설
국민인비거주자이고 교포 등에 대한 여신에 해당되나 50만불 한도를 초과하였으므로 한국은행 신고사항이다.
[교포 등에 대한 여신]
1) 수혜대상자
  ① 외국에 체재중인 국민인거주자(일반여행자는 제외)
  ② 국민인비거주자로서 외국에 체재중인 영주권자, 해외주재원, 해외유학생 등
  ③ 국민인비거주자가 전액 출자하여 설립한 법인
2) 절차
  ① 차주 동일인 50만불까지는 외은신고, 초과는 한은신고
  ② 국내은행의 해외지점, 현지법인 및 자회사만 가능(현지의 교포은행은 불가)

정답 ③

Key Point 외국의 골프회원권 매입 시 신고절차

07 ○○회사는 중국에 위치한 골프장의 회원권을 매입하고자 한다. 이때 신고를 해야 하는 대상은?

① 해당사항 없음
② 한국은행총재
③ 기획재정부장관
④ 외국환은행장

해설

거주자가 비거주자와 외국의 부동산·시설물 등의 이용·사용 또는 이에 관한 권리의 취득에 따른 회원권의 매입거래를 하고자 하는 경우에는 외국환은행의 장에게 신고하여야 한다.
[대외지급수단, 채권·기타의 매매 및 용역계약에 따른 자본거래]

신고면제	• 거주자 간의 거래 ① 거주자와 다른 거주자 간 물품 기타의 매매, 용역계약에 따라 외국통화로 지급 받을 수 있는 채권의 발생 등에 관한 거래 ② 거주자 간에 지급수단으로 사용목적이 아닌 화폐수집용 및 기념용으로 외국통화를 매매하는 거래(올림픽등 기념주화의 매매) ③ 거주자 간 매매차익을 목적으로 하지 않는 동일자 미화 5천불 이내의 대외지급수단 매매 • 거주자와 비거주자 간의 거래 ① 거주자가 국내 또는 외국의 부동산·시설물 등의 이용·사용과 관련된 회원권 등을 비거주자에게 매각하고 동 매각자금을 외국환은행을 통하여 국내로 회수하는 경우 ② 거주자가 비거주자에게 매각한 국내의 부동산·시설물 등의 이용·사용과 관련된 회원권 등을 비거주자로부터 재매입하는 경우
외국환은행 신고사항	• 거주자가 거주자 또는 비거주자와 외국의 부동산·시설물 등의 이용 또는 이에 관한 권리의 취득에 따른 회원권의 매입거래를 하고자 하는 경우 • 거주자 간 양수도 거래 : 외국의 부동산·시설물 등의 이용·사용 또는 이에 관한 권리의 취득에 따른 회원권을 취득한 거주자로부터 다른 거주자가 취득하는 경우 • 건당 10만 달러 초과 시 국세청 및 관세청, 건당 5만 달러 초과 시 금융감독원에 통보

정답 ④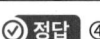

Key Point 증권의 발행

08 국내 영리법인인 A기업은 설립 후 처음으로 외국에서 미화 500만불 상당의 외화표시 전환사채(CB)를 발행하여 외화자금을 조달하고자 한다. A기업이 증권발행을 하기 전에 외국환거래규정상 거쳐야 할 신고 등의 절차로 옳은 것은?

① 신고예외
② 지정거래 외국환은행의 장에게 신고
③ 한국은행총재에게 신고
④ 금융감독원장에게 신고

해설

발행주체	장소	통화	적용여부
거주자	국내	원화	적용대상 아님
		외화	신고예외
	외국	원화	기재부 신고
		외화	거주자의 외화자금차입 관련 규정 준용 (지정거래 외국환은행장 신고 또는 기재부 신고)
비거주자	국내	원화	기재부 신고
		외화	
	외국	원화	
		외화	적용대상 아님

정답 ②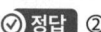

Key Point 비거주자의 국내증권투자

09 국내 신발 제조업체인 A사는 금번에 미국기업으로부터 5억원 상당의 미화 자금을 투자받으면서 의결권이 있는 비상장 내국통화표시 주식 8%를 넘겨주기로 하였다. 외국환거래규정상 거쳐야 할 신고 등의 절차로 옳은 것은?

① 거주자의 외화자금차입 신고
② 거주자의 증권발행 신고
③ 비거주자의 증권취득 신고
④ 외국인투자촉진법에 의한 외국인투자 신고

해설
상기의 경우 증권투자전용계정이 아니면서, 외국인투자촉진법에서 정한 외국인 투자에 해당하지 아니하는 경우이므로 외국환은행에 비거주자의 증권취득 신고를 하여야 한다.
 - 투자자금은 전액 외국으로부터 도입
 - 국민인비거주자는 신고예외 가능
(1) 상장증권 : 투자전용계정(신고예외)
(2) 비상장증권
  ① 주식 : 외국환은행신고
      단, 10% 이상 and 1억원 이상이면 외국인투자촉진법상 수탁은행본점에 외국인투자신고
  ② 채권 등 : 한국은행신고

 ③

Key Point 거주자의 외화증권투자

10 거주자가 해외 외화증권에 투자하고자 하는 경우의 투자절차에 대한 설명으로 옳지 않은 것은?

① 투자대상증권은 외국의 국공채나 상장증권으로 제한한다.
② 투자중개업자를 통하여 매매위탁방식으로 취득하여야 한다.
③ 투자자명의의 외화증권투자전용의 외화계정을 통하여 투자자금을 수수하여야 한다.
④ 외국집합투자증권은 투자중개업자를 통해 취득하여야 한다.

해설
2006년 3월부터 비상장 또는 비등록증권 취득도 제한 없이 자유롭게 취득할 수 있게 되었다.

 ①

Key Point 거주자의 비거주자로부터 증권취득

11. 외국기업 국내지사에 근무하는 박○○ 씨는 스톡옵션 계약에 따라 본사의 주식을 취득하게 되어 주식취득 자금을 해외로 송금하고자 한다. 다음 중 신고 등의 절차가 옳은 것은?

① 외국환은행의 장에게 신고한 후 자유롭게 송금이 가능하다.
② 외국환은행의 장에게 신고한 후 본인명의 투자전용계정을 통하여 송금하여야 한다.
③ 지정거래 외국환은행을 경유하여 한국은행총재 앞 신고한 후 송금하여야 한다.
④ 별도의 증권취득 신고 없이 계약서 등에 의하여 송금이 가능하다.

해설
거주자가 국내유가증권시장에 상장 또는 등록된 외화증권을 비거주자로부터 취득하거나 부여된 권리행사에 따른 주식 또는 지분을 취득하는 경우에는 신고예외거래이다.

신고면제	① 거주자가 규정에 정하는 바에 따라 외화증권에 투자하는 경우 ② 거주자가 비거주자로부터 상속·유증·증여로 인하여 증권을 취득하는 경우 등
한은 신고대상	거주자가 국내 유가증권시장에 상장된 주식을 대가로 하여 비거주자로부터 해외적격거래소에 상장 또는 등록된 주식을 취득하는 경우(주식스왑거래의 제한) 등

정답 ④

Key Point 비거주자의 비상장증권취득의 이해

12. 외국인 비거주자가 국내 A사 비상장주식(전체지분의 8%)을 6억원에 매입하였다. 신고 등의 절차는?

① 신고예외 ② 외은신고
③ 한은신고 ④ 기재부신고

해설
비상장주식이며 10% 미만이므로 외은신고 대상이다.
[비거주자의 비상장증권 취득]
① 주식 : 외국환은행신고
　단, 10% 이상 and 1억원 이상이면 외국인투자촉진법상 수탁은행본점에 외국인투자신고
② 채권 등 : 한국은행신고

정답 ②

제5장 · 자본거래 **105**

Key Point 투자전용계정을 통한 투자절차

13 다음 중 투자전용 비거주자 원화계정의 예치 및 처분에 관한 설명으로 틀린 것은?

① 본인 명의의 투자전용 대외계정으로의 이체가 가능하다.
② 외국인투자자의 국내 체재에 수반하는 생활비 등을 위해 원화로 인출하는 것은 불가하다.
③ 본인 명의의 다른 투자전용 비거주자 원화계정에서 이체되어 온 자금은 예치가 가능하다.
④ 본인 명의의 다른 투자전용 비거주자 원화계정으로의 이체가 가능하다.

해설

외국인투자자의 국내 체재에 수반하는 생활비 등을 위해 원화로 인출하는 것이 가능하다.
[투자전용계정을 통한 투자절차]
① 외국인 투자자의 투자전용계정은 여러 은행에 개설할 수 있다(지정거래×).
② 투자전용대외계정과 투자전용 비거주자 원화계정이 있다.
③ 반드시 본인의 자금인지 여부를 확인한다.
④ 원화인출은 원칙상 증권취득용도에 한한다(단, 투자전용 비거주자 원화계정의 경우 외국인투자자의 국내 체재에 수반하는 생활비 등을 위해 원화로 인출하는 것은 가능하다).
⑤ 이체방식 이외에는 인출을 제한하는 등 예치처분에 제약이 많다.

정답 ②

Key Point 거주자의 외국부동산 취득절차 이해

14 다음 중 거주자의 외국부동산 취득과 관련하여 신고수리 대상 부동산의 종류와 신고수리 기관, 신청자격의 적정성 등에 대한 설명이 옳지 않은 것은?

① 신고자뿐만 아니라 취득 명의인에 대해서도 '신용정보의 이용 및 보호에 관한 법률'에 의한 신용관리대상자인지 여부를 심사하여야 한다.
② 단순보유 목적 소유권 취득은 지정거래 외국환 은행장의 신고수리 사항이다.
③ 법인의 투자목적 외국부동산 취득은 허용되지 않는다.
④ 보증금 1만불을 초과하는 부동산 임차권의 취득은 지정거래 외국환 은행장의 신고수리 사항이다.

해설
법인의 투자목적 해외부동산취득도 외국환은행에 신고수리 절차를 거치면 취득이 허용된다.

신고수리의 기본요건	• 신청자격의 적정성 - 신용관리대상자인지 여부 - 조세체납자인지 여부 - 해외이주 수속 중인 개인 또는 개인사업자인지 여부
신고수리 기관	• 외국환은행 : 부동산 소유권, (보증금 1만불 초과하는) 임차권 • 한국은행 : 부동산 소유권, 임차권 을 제외한 부동산에 대한 물권 등 유사한 권리취득의 경우
해외부동산 소유권 취득 대상자	• 주거 외 목적(투자 등 목적) : 거주자(개인, 법인 등) • 주거용 : 거주자 본인 또는 본인의 배우자 • 임차용 : 거주자(개인, 법인 등)
대상 부동산	• 단순 보유 또는 투자목적 부동산으로서 해외부동산의 소유권(투자목적 부동산의 분양권 포함) 취득 • 거주자 본인 또는 거주자의 배우자가 해외에서 2년 이상 체재할 목적의 주거용 주택의 소유권 • 주거용 및 투자목적 부동산을 중복하여 취득하는 것이 가능
한도	• 제한 없음
신고인	• 투자 등 목적용 : 거주자(본인) • 주거용 주택 - 거주자 본인 명의로 해외 주택을 취득하는 경우 : 거주자(본인) - 거주자가 '해외에 체재하는 배우자 명의'로 주택을 취득하고자 하는 경우 : 거주자 본인(취득자금 보유자) ※ 비거주자인 배우자 또는 자녀는 동 주택에서 실제 거주여부와 관계없이 신고인이 될 수 없음

정답 ③

Key Point 거주자의 외국부동산 취득과 관련하여 취득부동산의 변경에 대한 이해

15 거주자의 외국부동산 취득과 관련하여 취득부동산의 변경에 관한 다음 내용 중 틀린 것은?

① 거주자가 다른 거주자에게 취득부동산 소유권을 양도하는 경우 양수인은 신규 신고수리 절차에 준하여 신고하여야 한다.
② 당초 신고한 부동산과 다른 타 부동산 변경취득의 경우 변경신고 절차에 준하여 신고하여야 한다.
③ 최초 주택취득 시 배우자명의인 경우 당초 신고자인 거주자로 변경코자 하는 경우 변경보고 한다.
④ 취득 부동산을 비거주자에게 증여하는 경우 한은에 기타자본거래신고 후 사후관리 외은에 처분(변경)보고서를 제출해야 한다.

📝 **해설**
당초 신고한 부동산과 다른 타 부동산 변경취득의 경우 신규 신고수리 절차에 준하여 신고하여야 한다.

 정답 ②

Key Point 비거주자의 국내부동산취득

16 다음은 비거주자의 국내부동산 취득에 대한 설명이다. 옳은 설명으로만 짝지어진 것은?

> 가. 외국인비거주자가 상속, 유증, 증여에 의한 취득 시 외국환은행장 신고대상이다.
> 나. 이미 취득한 비거주자로부터 취득하는 경우 외국환은행장 신고대상이다.
> 다. 국민인비거주자가 국내에 있는 부동산 또는 이에 관한 권리를 취득하는 경우 외국환은행장 신고대상이다.
> 라. 부동산담보대출 자금으로 취득하는 경우에는 한국은행총재 신고대상이다.

① 가, 다　　　　　　　　② 가, 라
③ 나, 다　　　　　　　　④ 나, 라

📝 **해설**
비거주자의 국내부동산 취득은 외국환은행 또는 한국은행 신고제로 전환하였다. 현재 외국인 개인 또는 법인의 구분 없이 취득을 허용하고 있으며, 업무용 또는 비업무용의 용도제한, 취득면적의 제한도 없다.
외국인비거주자가 상속, 유증에 의한 취득 시 신고예외대상이나, 증여에 의한 취득은 한국은행총재 신고대상이다. 국민인비거주자가 국내에 있는 부동산 또는 이에 관한 권리를 취득하는 경우 신고예외대상이다.

 정답 ④

Key Point 외국기업 국내지사의 영업기금 요건

17 외국기업 국내지사의 영업기금과 결산순이익금에 대한 설명 중 옳지 않은 것은?

① 영업기금으로 인정받으려면 지정거래 외국환은행을 통해 영수한 자금이거나 휴대수입한 자금이어야 한다.
② 국내지사의 본사가 국내 거주자와의 계약이행을 위하여 송금한 자금 등은 영업기금으로 인정되지 않는다.
③ 결산순이익금 송금 시 1억원을 초과하는 경우에는 공인회계사의 감사증명서가 필요하다.
④ 원화자금은 영업기금으로 인정할 수 없다.

해설
휴대수입한 자금인 경우 영업기금으로 인정할 수 없다.

영업기금의 도입	영업기금의 인정	• 외국기업 국내지사가 외국의 본사로부터 영업기금을 도입하는 경우로서 반드시 본사로부터 지정거래은행 앞 직접 송금한 외화자금에 한함은 물론 자금의 용도도 영업기금에 해당하는 경우에만 인정
	영업기금으로 인정할 수 없는 경우	• 지정거래 외국환은행 이외의 은행을 통하여 자금을 영수한 경우 • 휴대수입한 자금인 경우 • 원화자금인 경우 • 송금처가 본사가 아닌 경우 • 자금용도가 영업기금에 해당되지 않는 경우

정답 ①

Key Point 기타 자본거래

18 다음 거래 중 신고예외사항에 해당하는 것은?

① 거주자가 비거주자로부터 부동산 이외의 물품을 무상으로 임차하는 경우
② 거주자가 비거주자에게 부동산 이외의 물품을 무상으로 임대하는 경우
③ 거주자가 비거주자로부터 부동산 이외의 물품을 유상으로 임차하는 경우
④ 거주자가 비거주자에게 부동산 이외의 물품을 유상으로 임대하는 경우

해설

"② 거주자가 비거주자에게 부동산 이외의 물품을 무상으로 임대하는 경우"는 한은 신고대상이며, "③, ④ 거주자가 비거주자로부터 부동산 이외의 물품을 유상으로 임대차하는 경우"는 계약 건당 미화 3천만불 이하는 외은, 초과는 한은신고대상이다.

[기타자본거래]
① 임대차, 담보, 보증, 보험, 조합, 사용대차, 채무의 인수 기타 이와 유사한 계약에 따른 채권의 발생 등에 관한 거래(자본거래 해당내용은 제외)
② 상속, 유증, 증여에 따른 채권의 발생 등에 관한 거래
  1) 거주자 간 외화표시 기타자본거래 : 신고예외
  2) 거주자와 비거주자 간 기타자본거래
    ① 신고예외
      • 거주자가 이 규정에 의한 신고 등의 절차를 통하여 취득한 외국에 있는 부동산을 인정된 거래에 따라 비거주자에게 외화표시 임대하는 경우
      • 거주자가 비거주자로부터 부동산 이외의 물품을 무상으로 임차하는 경우(반대의 경우는 한은신고)
      • 거주자가 비거주자로부터 상속, 유증, 증여에 의한 채권의 발생 등의 당사자가 되는 경우
      • 비거주자가 거주자로부터 상속, 유증을 받은 경우
    ② 외은신고
      • 거주자와 비거주자 간에 계약 건당 3천만불 이하인 경우로서 부동산 이외의 물품임대차계약(소유권을 이전하는 경우를 포함)을 체결하는 경우
      • 소유권이전의 경우를 제외하고 국내의 외항운송업자와 비거주자 간에 선박이나 항공기를 임대차기간이 1년 이상인 조건으로 외화표시 임대차계약을 체결하는 경우
    ③ 한은신고
  3) 비거주자 간 내국통화표시 자본거래 : 대부분 신고예외, 일부 한은신고

정답 ①

Chapter 05 출제예상 문제

중요도에 따라 Self 맞춤형 학습이 가능한 출제예상 문제입니다. 각자의 목표점수에 맞게 문제를 선별하여 풀어보세요!

▶ 중요도 : 🏅🏅🏅상 🏅🏅중 🏅하

01 🏅🏅🏅

다음은 외환거래 당사자를 분류한 것이다. 보기 중 대외계정 개설이 가능한 당사자를 모두 포함한 것으로 옳은 것은?

| 가. 외국인비거주자 | 나. 국민인비거주자 |
| 다. 외국인거주자 | 라. 국민인거주자 |

① 가
② 가, 나
③ 가, 나, 다
④ 가, 나, 다, 라

02 🏅🏅🏅

거주자와 비거주자의 원화예금 또는 외화예금 거래 시 착안사항으로 옳지 않은 것은?

① 외화예금은 신규 시 계정구분을 명확히 하여 개설해야 된다.
② 외국인거주자는 비거주자 자유원계정과 비거주자 원화계정 개설이 가능하다.
③ 비거주자는 원칙적으로 원화적금이 허용되어 있지 않다.
④ 계정의 구분이 명확하지 않은 경우에는 별단예금으로 처리한다.

⊘ 정답 및 해설

| 01 | 대외계정은 비거주자, 외국인거주자 및 재외공관 직원이 개설하는 외화예금계정으로 예치에 제한이 있고 처분 시에 제한을 두지 않는다. 당좌예금, 보통예금, 통지예금, 정기예금, 정기적금이 있다. |
| 02 | 외국인거주자는 비거주자 자유원계정 개설은 가능하나, 비거주자 원화계정 개설은 허용되어 있지 않다. |

정답 01 ③ 02 ②

03 ★★★

예금계약에 따른 자본거래에 관한 설명이다. 다음 중 틀린 것은 무엇인가?

① 대외계정은 외국인거주자를 포함한 거주자가 계설하는 외화예금계정이다.
② 비거주자는 원화적금이 허용되어 있지 않다.
③ 외국인거주자의 개인사업자 계정은 개인명과 회사명을 부기하여 거주자계정으로 개설하여야 한다.
④ 거주자 계정에 원화재원으로 예치 시에는 제한사항이 없다.

04 ★★★

다음 중 비거주자 자유원계정에 예치 가능한 자금을 모두 고르시오..

> ㄱ. 본인명의 대외계정에 예치된 자금
> ㄴ. 해외에서 송금되어 온 자금
> ㄷ. 국내에서 받은 내국통화표시 경상거래대금

① ㄱ, ㄴ, ㄷ ② ㄴ, ㄷ
③ ㄱ, ㄷ ④ ㄱ, ㄴ

정답 및 해설

03	대외계정은 비거주자, 외국인거주자 및 재외공관의 직원이 개설하는 외화예금계정이다. 거주자가 개설하는 외화예금계정은 거주자계정이다.
04	모두 비거주자 자유원계정에 예치 가능하다.

정답 03 ① 04 ①

05 ✪✪

다음 중 통지예금을 가입할 수 없는 예금계정은?

① 거주자계정
② 대외계정
③ 해외이주자계정
④ 비거주자 원화계정

06 ✪✪

다음 계정 간 국내이체에 대한 자금이동표시 중 별도의 제한사항이 있는 경우는?

① 비거주자원화계정(예금주 : A) ⇒ 대외계정(예금주 : A)
② 대외계정(예금주 : A) ⇒ 대외계정(예금주 : B)
③ 거주자계정(예금주 : A) ⇒ 거주자계정(예금주 : B)
④ 대외계정(예금주 : A) ⇒ 비거주자자유원계정(예금주 : A)

정답 및 해설

05	외화예금은 통지예금이 가능하나 비거주자원화예금은 통지예금이 불가하다.
06	비거주자원화계정은 국내에서 사용하기 위한 자금으로 간주되므로 대외계정으로 이체는 인정된 거래에 한함

정답 05 ④ 06 ①

07 ✪✪✪

미국으로 이민 간 후 1년간 미국현지에서 편의점을 운영하고 있는 영주권자 김OO가 은행을 방문하여 외화통장과 원화통장 개설을 의뢰하였다. 개설 가능한 계정을 모두 고르면?

| ㄱ. 거주자계정 | ㄴ. 대외계정 |
| ㄷ. 비거주자 원화계정 | ㄹ. 비거주자 자유원계정 |

① ㄱ, ㄴ, ㄷ, ㄹ ② ㄴ, ㄷ, ㄹ
③ ㄴ, ㄷ ④ ㄱ

08 ✪✪✪

국내에서 1년간 직장생활 중인 미국 시민권자가 은행을 방문하여 외화통장과 원화통장 개설을 의뢰하였다. 개설 가능한 계정을 모두 고르면?

| ㄱ. 거주자계정 | ㄴ. 대외계정 |
| ㄷ. 비거주자 원화계정 | ㄹ. 비거주자 자유원계정 |

① ㄱ, ㄴ, ㄷ, ㄹ ② ㄴ, ㄹ
③ ㄴ, ㄷ ④ ㄱ

정답 및 해설

07 | 국민인비거주자이므로 대외계정, 비거주자 원화계정, 비거주자 자유원계정 개설이 가능하다.
08 | 외국인거주자이므로 대외계정, 비거주자 자유원계정 개설이 가능하다.
    | 비거주자 원화계정은 외국인거주자는 개설이 불가하다.

정답 07 ② 08 ②

09 🏅🏅🏅

대외계정의 예치 및 처분에 대한 다음 설명 중 옳지 않은 것은?

① 휴대한 외화자금을 예치하는 경우에는 금액제한이 없고 확인 서류도 필요하지 않다.
② 동일인, 동일자 미화 2만불 초과 외화현찰인 경우에는 외국환신고(확인)필증이나 한국은행 발행 신고필증으로 본인의 정당한 자금임을 확인받아야 예치할 수 있다.
③ 미화 1만불 초과 외화현찰을 인출하는 경우에는 외국환신고(확인)필증을 발행 교부하여야 한다.
④ 외국인거주자의 미화 1만불 이내의 해외여행경비(여권기재) 금액은 대외계정예치대상에서 제외된다.

10 🏅🏅

다음은 거주자가 해외에서 비거주자와 외화예금 거래를 하고자 하는 경우로 해외직접예치 보고 절차에 대한 설명이다. ( ) 안에 들어갈 내용으로 올바르게 짝지어진 것은?

> 해외에서 예금거래를 하는 자(기관투자가 제외)가 해외에서 건당 (A)을 초과하여 입금한 경우 또는 국내로 회수하여야 하는 대외채권을 회수하지 않고 해외에서 직접 입금한 경우에는 입금일부터 (B) 이내에 해외입금보고서를 지정거래외국환은행의 장에게 제출하여야 한다.

① A : 미화 1만불 / B : 30일
② A : 미화 5만불 / B : 30일
③ A : 미화 1만불 / B : 60일
④ A : 미화 5만불 / B : 60일

정답 및 해설

09 | 외국으로부터 타발송금된 외화자금이나 대외지급이 인정된 외화자금(대외지급 신고 등의 절차를 이행한 자금에 한함)이 예치대상이므로 자금의 출처를 확인하여 제한적으로 예치가능하다.

정답 09 ① 10 ①

11 ⭐⭐⭐

다음 중 거주자의 해외예금 거래에 대한 설명으로 옳지 않은 것은?

① 외국부동산취득 신고자가 취득대금을 해외 본인명의 계좌로 송금 시 신고예외사항이다.
② 해외에서 수출대전이나 회수의무가 있는 대외채권을 국내로 회수하지 않고 현지에서 직접예치는 불가하다.
③ 거주자가 비거주자와 해외에서 신탁거래에 따른 예치를 하고자 하는 경우 한국은행 신고사항이다.
④ 국내에서 송금한 자금으로 예치하고자 하는 경우 지정거래 외국환은행을 통하여야 한다.

12 ⭐⭐⭐

다음 중 해외예금 거래 시 신고해야 하는 경우는?

① 거주자가 해외직접투자와 관련된 해외예금 거래를 하는 경우
② 외국에 체재하고 있는 해외유학생이 해외예금 거래를 하는 경우
③ 해외건설업자가 해외 공사와 관련된 해외예금 거래를 하는 경우
④ 거주자가 해외부동산 취득과 관련된 해외예금 거래를 하는 경우

정답 및 해설

11	해외에서 수출대전이나 회수의무가 있는 대외채권을 국내로 회수하지 않고 현지에서 직접예치가 가능하다.
12	③은 지정거래외은 신고대상이며, 나머지는 신고 면제대상이다.

정답 11 ② 12 ③

13 ✪✪✪

개인인 국민인 거주자가 국내에서 송금한 자금으로 해외에 예금을 신규 예치하려고 한다. 다음 중 한국은행총재 신고대상 기준으로 맞는 것은?

① 동일자, 동일인 기준 건당 미화 1만불 초과
② 동일자, 동일인 기준 건당 미화 5만불 초과
③ 동일자, 동일인 기준 건당 미화 10만불 초과
④ 금액제한 없음

14 ✪✪✪

거주자의 외화자금 차입에 관한 설명 중 한국은행총재 신고사항인 경우는?

① 외국인투자촉진법에 의하여 일반제조업을 영위하는 B사가 비거주자로부터 외국인투자 금액의 50% 범위 내인 1년 이하의 단기외화자금 1천만불을 차입하는 경우
② 천연에너지 수입회사인 국내 기업 A사가 수입대금 결제를 위하여 1년 이하의 단기 외화자금 1천만불을 차입하는 경우
③ 미국으로 수출하는 개인사업자가 해외로부터 외화 1천만불을 차입하는 경우
④ 국내 영리법인인 수출기업이 해외로부터 외화 1천만불을 차입하는 경우

정답 및 해설

13	동일자, 동일인 기준 건당 미화 5만불 초과
14	나머지는 외국환은행 신고대상이다. 영리법인의 경우 과거 1년간 누계 5천만불 이하는 외국환은행, 초과는 기재부 신고대상이며 개인, 개인사업자, 비영리법인의 경우 한국은행 신고대상이다.

정답 13 ② 14 ③

15 ★★★

국민인거주자 홍길동은 지인(미국인, 비거주자)으로부터 미화 30만불을 빌리고자 한다. 다음 중 신고기관으로 맞는 것은?

① 외국환은행신고
② 지정거래 외국환은행 신고
③ 지정거래 외국환은행을 경유하여 한국은행총재에게 신고
④ 신고예외 항목으로 별도의 신고가 필요 없음

16 ★★★

다음 중 외국환거래법령상 교포 등에 대한 여신 항목을 적용할 수 있는 당사자로 옳지 않은 것은?

① 해외유학생
② 캐나다 영주권자(재외동포)
③ 중국에서 여행 중인 일반여행자
④ 호주 영주권자(국민)가 전액 출자하여 현지에 설립한 법인

정답 및 해설

| 15 | 개인, 개인사업자, 비영리법인이 비거주자로부터 차입 시 한은신고 |
| 16 | 교포 등에 대한 여신의 수혜자는
1. 외국에 체재 중인 국민인거주자(일반여행자는 제외)
2. 국민인비거주자로서 해외에 체재하고 있는 영주권자, 해외사업, 해외출장 또는 파견근무 목적으로 해외에 체재하고 있는 자, 해외주재원, 특파원 등으로 체재하고 있는 자, 해외유학생 등
3. 국민인비거주자가 전액 출자하여 설립한 법인이다. |

정답 15 ③ 16 ③

17 ✪✪✪

다음 사례에 대한 설명으로 옳은 것은?

> 국민인거주자 홍길동은 미국시민권자(비거주자)인 지인이 국내 소재 아파트를 매수할 때(매매금액 30억원) 계약금 3억원을 빌려주었다.

① 홍길동은 계약금을 빌려줄 때에 외국환은행의 장에게 신고해야 한다.
② 홍길동은 계약금을 빌려줄 때에 한국은행총재에게 신고해야 한다.
③ 지인은 계약금을 빌릴 때에 한국은행총재에게 신고해야 한다.
④ 지인은 아파트를 매수할 때 외국환은행의 장에게 비거주자의 부동산취득 신고를 해야 한다.

18 ✪✪✪

거주자인 A사가 미국에 기설립한 현지법인 앞으로 미화 60만불을 상환기간 6개월간 금전대여로 대부채권을 취득하는 경우 다음 중 맞는 것은?

① 자본거래에 해당되어 해외직접투자 동일 지정거래 외국환 은행의 장에게 금전대차계약 보고를 한다.
② 자본거래에 해당되어 해외직접투자 지정거래 외국환은행을 경유하여 한국은행 총재에게 금전대차계약 신고를 한다.
③ 해외직접투자 동일 지정거래 외국환은행의 장에게 해외직접투자 대부채권 취득 신고한다.
④ 지정거래 외국환은행을 경유하여 한국은행 총재에게 해외직접투자 대부채권 취득 신고한다.

정답 및 해설

17
- 거주자의 비거주자에 대한 대출 시 거주자가 한은신고
  단, 10억원 초과 원화대출과 다른 거주자의 보증 등이 있는 경우 비거주자가 직접 신고
- 비거주자가 국내원화자금(예금, 부동산 담보대출자금 등)으로 국내부동산을 취득하는 경우 한은신고

18 상환기간이 1년 미만이므로 자본거래에 해당되어 해외직접투자 동일 지정거래 외국환 은행의 장에게 금전대차계약 보고를 한다.

정답 17 ② 18 ①

19 ✪✪✪

거주자인 A사는 최근 공장시설 증축 자금 미화 7천만불을 중국인 투자자(비거주자)로부터 차입하기로 결정하였다. 신고 절차에 대한 설명으로 맞는 것은?

① 한국은행 총재에게 신고해야 한다.
② 지정거래 외국환은행의 장에게 신고해야 한다.
③ 신고면제 사항이다.
④ 지정거래 외국환은행을 경유하여 기획재정부장관에게 신고해야 한다.

20 ✪✪

외국인투자촉진법에 의한 외국인투자기업에 근무하는 자가 본사와의 스톡옵션계약에 의하여 본사의 주식 또는 지분을 취득하고자 하는 경우 신고에 관한 내용이 옳은 것은?

① 신고예외
② 외국환은행의 장에게 신고
③ 지정거래외국환은행의 장에게 신고
④ 한국은행총재에게 신고

정답 및 해설

19	영리법인, 지자체, 공공기관이 비거주자로부터 미화 5천만불 초과 차입 시 기재부에 신고
20	이 경우는 국부유출 우려가 없어 신고예외이다.

정답 19 ④ 20 ①

21

다음 중 외국인투자자의 국내 원화증권 투자절차에 대한 설명으로 옳지 않은 것은?

① 외국인투자자에는 외국인비거주자, 해외영주권자인 재외국민, 외국인 거주자가 포함된다.
② 영주권자인 국민인비거주자 및 외국인거주자는 신고할 필요가 없다.
③ 기 투자등록 외국인의 외국인투자자 식별수단은 여권번호이다.
④ 외국인 투자자의 투자전용계정은 여러 은행에 개설할 수 있다.

22

국내 영리법인인 A기업은 설립 후 처음으로 외국에서 미화 6천만불 상당의 외화표시 회사채를 발행하여 외화자금을 조달하고자 한다. A기업이 증권발행을 하기 전에 거쳐야 할 신고 등의 절차로 옳은 것은?

① 신고예외
② 지정거래 외국환은행의 장에게 신고
③ 한국은행총재에게 신고
④ 기획재정부장관에게 신고

정답 및 해설

21	기 투자등록 외국인의 외국인투자자 식별수단은 기 발급된 외국인 투자등록증이다.
22	영리법인의 5천만불 초과 해외 외화증권발행은 기재부 신고대상임

정답 21 ③ 22 ④

23 ⭐⭐⭐

증권의 발행에 있어 기재부장관 신고사항은 무엇인가?

> ㉠ 거주자의 외국에서의 원화증권 발행
> ㉡ 비거주자의 국내에서 외화증권 발행
> ㉢ 비거주자의 국내에서 만기 1년 이상의 원화증권 발행
> ㉣ 거주자의 국내에서 외화증권 발행

① ㉠, ㉡, ㉢, ㉣
② ㉠, ㉡, ㉢
③ ㉠, ㉢, ㉣
④ ㉡, ㉢

24 ⭐⭐⭐

거주자의 외국부동산 취득에 관한 설명으로 옳지 않은 것은?

① 거주자가 비거주자로부터 상속, 유증, 증여로 인하여 외국부동산을 취득하는 경우에는 신고를 요하지 않는다.
② 법인에게는 투자용 또는 단순 보유용 외국부동산 취득을 허용하지 않고 있다.
③ 신고인의 배우자 명의로 주거용 부동산을 취득할 때에는 본인뿐만 아니라 배우자의 납세증명서도 제출하여야 한다.
④ 취득가액 및 송금한도는 주거용과 투자목적 부동산을 불문하고 한도에 제한이 없다.

정답 및 해설

23	거주자가 국내에서 외화증권을 발행하는 경우는 신고의 면제사항이다.
24	① 거주자가 비거주자로부터 상속, 유증, 증여로 인하여 외국부동산을 취득하는 경우에는 신고예외사항이다. ② 주거용 및 투자 등 부동산을 중복하여 취득할 수 있다. ③ 주거목적 취득의 경우에 한하여 신고인과 그 배우자와의 공동명의 취득이 가능하며, 그 외에는 공동명의 취득을 허용하지 않고 있다. ④ 주택취득가액에 대하여 주거용 또는 투자 등 목적을 불문하고 한도제한은 없으며, 국내송금한도도 주거용과 투자등 목적의 구분없이 한도제한이 없다.

정답 23 ② 24 ②

25 ✪✪✪

다음 중 거주자의 외국부동산 취득에 대한 설명으로 옳지 않은 것은?

① 보증금 1만불을 초과하는 부동산 임차권의 취득은 지정거래 외국환은행장의 신고수리 사항이다.
② 주거용 부동산과 주거 외 목적 부동산은 중복하여 취득할 수 없다.
③ 소유권을 인정하지 않는 특정 국가의 부동산 장기 사용권은 소유권 취득으로 간주한다.
④ 부동산 취득 이후 발생하는 주택수리비, 관리비, 제세공과금은 무역외거래 중 용역대가 항목으로 처리하여야 한다.

26 ✪✪✪

다음 중 거주자의 외국 부동산 취득과 관련하여 신고수리 대상 부동산의 종류와 신고수리기관, 신청 자격의 적정성 등에 대한 설명이 옳지 않은 것은 무엇인가?

① 거주자의 해외부동산취득 목적이 개인의 주거용 주택의 소유권인 경우 한국은행총재의 신고수리대상이다.
② 해외부동산을 주거 외 목적으로 소유권을 취득하는 경우 소유권 취득 대상자는 거주자이다.
③ 소유권을 인정하지 않는 특정 국가의 부동산의 장기 사용권은 소유권취득으로 간주한다.
④ 주거목적 취득의 경우에 한하여 신고인과 그 배우자와의 공동명의 취득을 허용한다.

정답 및 해설

25	중복하여 취득하는 것이 가능하다.
26	거주자의 해외부동산 취득 목적이 개인의 주거용 주택의 소유권인 경우, 그리고 개인 및 법인 등을 포함하여 해외 단순보유 또는 투자목적의 부동산의 소유권 취득의 경우에는 모두 지정거래 외국환은행의 신고수리 사항이다.

정답 25 ② 26 ①

27

거주자의 외국부동산 취득신고에 대한 확인내용으로 옳지 않은 것은?

① 본인 및 취득예정자의 신용조회를 통하여 신용관리대상자 여부를 확인하여야 한다.
② 관할세무서장 발행 납세증명으로 조세체납자 여부를 확인하여야 한다.
③ 해외이주 수속 중인지 여부
④ 신용카드 및 여신 연체 여부

28

거주자의 외국부동산 취득 신고를 수리한 외국환은행의 사후관리 절차에 대한 설명 중 옳지 않은 것은?

① 사후관리 불이행 시 30일 이내에 이행을 독촉하여야 하며 독촉 후 60일 이내에도 불이행시에는 금융감독원장에게 보고하여야 한다.
② 부동산을 처분하거나 명의변경한 경우 처분일 또는 명의변경일로부터 3개월 이내에 해외부동산처분(변경)보고서를 징구하여야 한다.
③ 신고수리일 기준으로 매년마다 부동산 계속 보유사실입증서류를 징구하여야 한다.
④ 부동산 취득대금송금 후 3개월 이내에 부동산취득보고서를 징구하여야 한다.

정답 및 해설

28 | 신고수리일 기준 매2년 마다 1회 징구하면 된다.

정답 27 ④ 28 ③

29 ✪✪✪

외국환거래규정상 거쳐야 할 신고 등의 절차로 옳은 것은?

> **사례** 미국에 거주 중인 시민권자인 폴이 은행을 방문하여 서울의 아파트를 구입 하는데 부동산담보대출이 가능한지를 문의해왔다. 부동산 대금의 80%는 미국에서 본인 명의의 외화계좌로 송금을 받고 10%는 국내에 있는 본인 명의의 원화통장에 있는 자금으로, 나머지 10%를 부동산담보대출로 취급하기로 확정하였다.

① 신고예외
② 외국환은행의 장에게 신고
③ 한국은행총재에게 신고
④ 기획재정부장관에게 신고

30 ✪✪✪

다음 각 거래별 신고기관으로 맞는 것은?

> 국민인거주자가 주거의 목적으로 외국소재 부동산을 취득(가)하고, 해당 부동산 취득자금에 사용하기 위해 동 부동산을 담보로 해외 금융기관으로부터 모기지론을 받는(나) 경우

	가	나
①	외국환은행의 장	외국환은행의 장
②	외국환은행의 장	신고예외
③	한국은행총재	외국환은행의 장
④	한국은행총재	신고예외

정답 및 해설

29
- 외국으로부터 휴대수입 또는 송금, 대외계정에 예치된 자금으로 취득하는 경우 외국환은행에 신고하여야 한다.
- 국내원화자금, 부동산담보대출, 부동산임대보증금을 포함하면 한국은행에 신고하여야 한다.

30 국민인거주자가 외국소재 부동산을 취득신고하고, 해당 부동산 취득자금에 사용하기 위해 동 부동산을 담보로 해외 금융기관으로부터 모기지론을 받는 경우는 별도로 신고할 필요가 없다.

정답 29 ③ 30 ②

31 ✪✪✪

다음 중 거주자가 외국 부동산을 취득할 경우 신고(수리) 예외사항이 아닌 것은?

① 미국 유학중인 B씨가 본인 거주 목적으로 미국에 있는 주택을 임차하는 경우
② 국민인거주자인 A씨가 미국시민권자인 아버지로부터 미국에 있는 주택을 상속받게 되어 소유권을 취득하는 경우
③ 국민인거주자인 C씨가 독일 유학중인 자녀의 거주 목적으로 독일에 있는 주택을 취득하고자 하는 경우
④ K자산운용이 해외자산운용 목적으로 영국 부동산을 매수하여 임대하는 경우

32 ✪✪✪

다음 거주자의 외국 부동산 취득 사례에서 취득부동산의 내용변경 신고수리 절차로 틀린 것은?

① A씨는 외국 부동산(대지) 취득 후 대지 위에 건물을 신축하고자 금액을 증액하고자 한다.
② B씨는 외국 부동산 취득 시 취득 금액을 미화 80만불로 신고수리하였으나, 구조변경 비용을 안하여 취득 금액을 미화 100만불로 사후 변경하고자 한다.
③ C씨는 미국 하와이 소재 주택을 취득 후(신고수리 완료), 더 넓은 평형으로 이사하고자 다른 주택으로 변경 취득하고자 한다.
④ D씨는 주거용 부동산으로 취득 신고수리하였으나, 주거 이외의 목적으로 변경하고자 한다.

정답 및 해설

31	③은 지정거래 외은신고(수리) 사항이다.
32	기 취득 부동산을 처분 후 타부동산을 취득할 경우에는 신규 신고수리 절차에 의해야 하며 잔여재산이 있는 경우 국내로 회수하여야 한다.

정답 31 ③ 32 ③

33 🏅🏅🏅

국민인거주자가 해외골프장 회원권을 구매하기 위해 송금요청 시 외국환은행에서 안내하는 다음 설명 중 옳지 않은 것은?

① 송금하기 전 회원권매입에 대해 외국환은행인 당점에 먼저 신고를 해야 한다.
② 신고 시에는 매매신고서 및 매매계약서와 매매대상물 취득 증빙서류를 제출해야 한다.
③ 취득금액이 건당 미화 10만불 초과 시에는 국세청장에게 신고 내역이 통보된다.
④ 취득한 회원권을 거주자 간 양도 및 양수하는 경우 양수자는 별도로 신고할 필요가 없다.

34 🏅🏅🏅

다음 중 외국기업 국내지사에 해당하는 내용을 모두 고르시오.

> ㄱ. 외국인투자촉진법에 의한다.
> ㄴ. 자금도입방법은 송금, 휴대 모두 가능하다.
> ㄷ. 과실송금은 모든 은행에서 가능하다.
> ㄹ. 과실송금은 지정거래은행에서만 가능하다.

① ㄹ
② ㄴ, ㄷ, ㄹ
③ ㄱ, ㄷ, ㄹ
④ ㄱ, ㄷ

정답 및 해설

33	회원권을 취득한 거주자로부터 취득한 거주자는 신규 취득자(양수자)가 매매신고서 이외에 거주자 간 양수도계약서 등 매매대상물 증빙서류, 양도인의 매매신고필증을 첨부하여 외국환은행의 장에게 신고하여야 한다.
34	나머지는 외국기업 국내법인에 해당하는 내용이다.

	외국기업 국내지사	외국기업 국내법인
형태	지점 또는 사무소	국내법인
관계법령	외국환거래법	외국인투자촉진법
자금도입방법	영업기금	송금, 휴대 가능
과실송금방법	지정거래은행	모든 은행

정답 33 ④ 34 ①

35 ♛♛

다음 사례에서 거쳐야 할 신고 등의 절차로 옳은 것은?

> 사례 국내 부동산 개발업을 하고 있는 A개발은 경기도지역의 대규모 아파트 개발사업을 앞두고 미국의 투자자로부터 투자금을 받기로 합의하였다. 투자자금의 상환기간은 총 5년이며 대규모 아파트 개발 이후 발생되는 수익의 30%를 투자자에게 송금하기로 약정하였다.
> 투자지분은 증권취득이 아닌 공동사업에 대한 계약상의 권리로 투자조합의 형태이다.

① 신고예외
② 외국환은행의 장에게 신고
③ 한국은행총재에게 신고
④ 기획재정부장관에게 신고

36 ♛♛

다음 중 거주자와 비거주자 간의 기타 자본거래와 관련하여 설명한 내용으로 옳지 않은 것은?

① 계약 건당 미화 3천만불 이하 부동산 이외의 물품 임대차계약 체결 시 와국환은행장앞 신고사항이다.
② 거주자가 비거주자로부터 부동산 이외의 물품을 무상으로 임차하는 경우 신고예외 사항이다.
③ 비거주자가 거주자로부터 상속 증여를 받은 경우 신고예외 사항이다.
④ 거주자가 비거주자에게 부동산 이외의 물품을 무상으로 임대하는 경우 한국은행총재 앞 신고사항이다.

정답 및 해설

35	거주자와 비거주자 간의 임대차계약, 담보, 보증, 보험, 조합, 사용대차, 채무의 인수, 화해 기타 이와 유사한 계약에 따른 채권의 발생 등에 관한 거래는 '기타자본거래'에 해당되며 한은신고사항이다.
36	비거주자가 거주자로부터 상속, 유증을 받은 경우는 신고예외 사항이나 증여를 받은 경우는 한국은행총재 신고사항이다.

정답 35 ③ 36 ③

37 ♛♛♛

거주자와 비거주자 간 기타 자본거래와 관련한 다음 사례 중 신고예외 거래가 아닌 것은?

① B교회가 미국소재 교회에 선교 자금을 지급하는 경우
② 비영리법인이 해외구호활동에 필요한 자금을 지급하는 경우
③ 국민인거주자 A씨가 미국시민권자(비거주자)인 자녀에게 국내아파트를 증여하는 경우
④ 외국인들이 국제신용카드로 영업점에서 원화 현금서비스를 받는 경우

38 ♛♛♛

거주자와 비거주자 간에 계약 건당 미화 3천만불 이하인 경우로서 부동산 이외의 물품임대차계약(소유권을 이전하는 경우를 포함)을 체결하는 경우 신고기관은?

① 한국은행총재
② 외국환은행의 장
③ 기획재정부 장관
④ 신고면제

정답 및 해설

37	거주자가 비거주자에게 증여하는 경우 한은신고사항이다.
38	외국환은행의 장에게 신고해야 한다.

정답 37 ③ 38 ②

Chapter 05 자가학습진단표

자신의 학습성취도를 스스로 진단하세요.

	진단 내용	Yes	No
01	예금신탁에 있어 계정의 구분을 설명할 수 있습니까?		
02	예금거래 시 착안사항에 대하여 설명할 수 있습니까?		
03	각 예금계정별 예치 및 처분에 대하여 설명할 수 있습니까?		
04	해외예금에 있어 예치한도에 제한이 없는 자를 설명할 수 있습니까?		
05	해외차입에 있어 신고대상별로 나열할 수 있습니까?		
06	증권의 발행에 있어 기획재정부장관 신고사항을 나열할 수 있습니까?		
07	거주자의 외화증권투자절차와 비거주자의 국내원화증권투자절차를 비교하여 설명할 수 있습니까?		
08	부동산거래에 있어 신청자격의 적정성의 요건을 설명할 수 있습니까?		
09	해외부동산의 단순 투자 등 목적과 주거용주택의 취득요건을 비교할 수 있습니까?		
10	거주자와 비거주자 간 기타 자본거래에 있어 신고예외사항을 설명할 수 있습니까?		
11	영업기금으로 인정할 수 없는 경우를 나열할 수 있습니까?		

Yes 개수별 진단결과

- 4개 이하 : 합격예상도는 40% ➡ 기본서로 관련 내용을 다시 한번 꼼꼼하게 학습하세요.
- 5~7개 : 합격예상도는 60% ➡ 길라잡이 문제를 통해 주요 내용을 다시 한번 체크하세요.
- 8개 이상 : 합격예상도는 80% ➡ 출제예상 문제를 통해 100% 합격에 도전하세요.

제6장

현지금융 및 해외직접투자

출제경향분석

현지금융에서는 현지금융의 수혜자와 현지금융을 받을 수 없는 자의 구분이 높은 빈도로 출제되고 있습니다. 해외직접투자의 경우에는 모든 부분이 어려우므로 심도 있는 학습이 필요합니다.

Chapter 06 문제로 보는 출제경향

01

현지금융에 대한 설명이다. 다음 중 틀린 것은 무엇인가?
① 현지금융이란 외국에서 사용하기 위해 외국에서 외화자금을 차입하거나 지급보증을 받는 것을 말한다.
② 해외지점이 없는 국내 거주자가 해외에 계좌를 개설해 놓고 거주자의 보증 등을 통하여 직접 자기 명의로 현지 차입하여 예치 후 사용하는 것도 현지금융에 해당된다.
③ 현지금융으로 조달한 자금은 원칙적으로 국내유입이 가능하다.
④ 현지금융은 거래외국환은행을 지정하여 신고해야 하고 잔액관리 등으로 사후관리를 이행하도록 되어 있다.

해설 인정된 경상거래에 따른 결제자금의 경우를 제외하고는 국내유입이 불가하다.

 ③

02

현지금융신고절차에 있어 신고 전 확인사항에 대한 다음 설명 중 틀린 것은 무엇인가?
① 수혜자격을 확인하여야 한다.
② 보증 등의 방법을 확인하여야 한다.
③ 외국환은행보증서 발급 여부를 확인하되 여신취급에 따른 여신한도는 별도 확인이 필요 없다.
④ 해외직접투자신고수리한 지정거래은행 또는 해외지점설치신고를 필한 지정거래은행이 어디인지 확인한다.

해설 여신취급에 따른 여신한도 등을 별도로 점검하여야 한다.

 ③

03

다음 중 해외직접투자 신고 및 사후관리 절차에 대한 설명으로 옳지 않은 것은?

① 현지법인의 투자지분양도 및 투자금액 증액은 신규에 준하여 해외직접투자 신고하여야 한다.
② 현지법인 앞 대부투자한 자금을 부득이하게 1년 이내에 중도 회수하는 경우 내용변경 보고대상이다.
③ 비거주자 앞 지분 전액 매각은 해외직접투자청산절차에 따라 처리하여야 한다.
④ 투자 후 또는 대여자금 제공 후 6개월 이내 외화증권(채권) 취득보고서를 제출하여야 한다.

해설 현지법인의 투자지분양도는 내용변경 사후보고 대상이며, 투자금액 증액은 신규에 준하여 해외직접투자 신고하여야 한다.

정답 ①

04

해외 사무소 설치 자격으로서 다음 괄호 안에 들어갈 내용으로 옳은 것은?

• 과거 (가) 외화 획득실적이 (나) 이상인 자

	가	나
①	2년간	30만불
②	2년간	100만불
③	1년간	30만불
④	1년간	100만불

해설 과거 1년간 외화획득 실적이 30만불 이상인 자가 해외사무소 설치자격이 있다.

정답 ③

Chapter 06 길라잡이 문제

중요이론(Key Point)을 재정리할 수 있는 대표문제로 구성하였습니다.

Key Point 현지금융 신고

01 다음 중 현지금융 수혜대상자가 아닌 것은?

① 국내법인
② 국내법인의 대표이사가 설립한 현지법인
③ 국내법인의 현지법인
④ 국내법인의 해외지점

해설

현지금융의 수혜대상자는 거주자인 국내법인이다. 개인(개인사업자 포함)인 거주자이거나, 개인(개인사업자 포함)이 설치하거나 설립한 해외지점 및 현지법인인 경우에는 현지금융을 수혜받을 수 없다.

현지금융의 수혜대상자	• 거주자(개인 및 개인사업자 제외) • 거주자(개인 및 개인사업자 제외) 및 해외지점 • 거주자(개인 및 개인사업자 제외)의 현지법인(현지법인이 50% 이상 출자한 자회사 포함) → 거주자는 국내법인을 말함
현지금융을 수혜받을 수 없는 자	• 개인(개인사업자 포함)인 거주자이거나, 개인(개인사업자 포함)이 설치하거나 설립한 해외지점 및 현지법인 • 해외사무소 : 영리활동을 하지 않기 때문
신고자 (지정거래 외은)	• 현지금융 신고자는 현지법인 또는 해외지점을 설치한 국내 기업, 거주자(거주자의 현지금융 시)가 신고하여야 하며, 다만, 다른 거주자(계열사 등)의 보증이나 담보제공이 있는 경우 그 보증 또는 담보제공자가 직접 신고자가 됨
기재부 장관 신고	• 거주자가 외화증권 발행방식에 의하여 미화 5천만 달러를 초과하여 현지금융을 받고자 하는 경우

 정답 ②

Key Point 현지금융 내용변경신고

02 다음 중 현지금융 내용변경신고에 해당하는 것을 모두 고르시오.

> ㄱ. 합병으로 인한 차주 또는 보증인(담보제공자)변경
> ㄴ. 합병 이외의 차주 또는 보증인(담보제공자)변경
> ㄷ. 대출금리변경
> ㄹ. 기한연장

① ㄱ, ㄴ, ㄷ
② ㄴ, ㄷ, ㄹ
③ ㄱ, ㄷ, ㄹ
④ ㄱ, ㄷ

해설
- 내용변경신고 : 담보종류, 상환방법, 대출금리, 합병으로 인한 차주 또는 보증인(담보제공자)변경, 기한연장
- 신규신고 : 합병 이외의 차주 또는 보증인(담보제공자)변경, 증액

정답 ③

Key Point 해외직접투자의 정의

03 거주자의 해외직접투자에 관한 다음 내용 중 틀린 것은?

① 개인사업도 가능하다.
② 투자비율 10% 미만으로서 1년 이상인 원자재 또는 제품의 매매계약 체결된 경우 해당한다.
③ 1인당 투자금액이 1억원 이상이어야 한다.
④ 투자비율 10% 이상인 경우 해당한다.

해설
'1인당 투자금액이 1억원 이상'은 해당없다.
[해외직접투자]
① 투자비율 10% 이상
② 투자비율 10% 미만으로서 다음에 해당하는 경우
　- 임원파견
　- 1년 이상인 원자재 또는 제품의 매매계약 체결
　- 기술제공, 공동연구개발 계약 체결
　- 해외건설 및 산업설비공사수주 계약 체결
③ 증액투자 : 이미 투자한 외국법인 대상
④ 대부투자(1년 이상의 금전대여) : 이미 투자한 외국법인 대상
⑤ 개인사업영위
⑥ 해외자원개발사업 또는 사회간접자본 개발사업을 위한 자금(자원개발을 위한 조사자금 및 해외자원의 구매자금은 제외)

정답 ③

Key Point 해외직접투자의 수단

04 다음 중 해외직접투자의 수단에 해당하는 것을 모두 고르시오.

㉠ 펀드(수익증권)	㉡ 현지법인의 이익유보금
㉢ 자본재	㉣ 산업재산권
㉤ 대외채권	㉥ 상대방인 외국의 상장(또는 등록)주식

① ㉠, ㉡, ㉢, ㉣, ㉥
② ㉡, ㉢, ㉣, ㉤, ㉥
③ ㉡, ㉢, ㉣
④ ㉡, ㉢, ㉣, ㉤

해설
펀드(수익증권)는 해당하지 않는다.

정답 ②

Key Point 해외직접투자 내용변경신고

05 해외직접투자의 내용변경 신고 또는 보고에 관한 다음 내용 중 맞는 것을 모두 고르시오.

ㄱ. 유효기간연장은 내용변경 사후보고 대상이다.
ㄴ. 현지법인의 자회사 및 손자회사 설립보고와 사후관리제도는 폐지되었다.
ㄷ. 거주자에게 투자지분 양도 시 양수자는 신규신고 대상이다.
ㄹ. 투자자의 투자금 변동 없이 지분율이 변동한 경우에는 보고대상에서 제외한다.

① ㄱ, ㄴ, ㄷ, ㄹ
② ㄴ, ㄷ, ㄹ
③ ㄱ, ㄷ, ㄹ
④ ㄱ, ㄷ

해설
ㄱ. 유효기간연장은 내용변경 신고 대상이다.

정답 ②

Key Point 해외직접투자의 사후관리 보고서 제출기한

06 해외직접투자의 사후관리 보고서 제출기한으로 옳지 않은 것은?

① 해외직접투자 송금보고서 – 송금 후 즉시
② 외화증권(채권)취득보고서 – 투자 후 6월 이내
③ 연간사업실적보고서 – 회계기간 종료 후 6개월 이내
④ 해외직접투자 청산보고서 – 청산자금 영수 후 즉시

해설

해외직접투자 송금보고서는 송금 후 즉시 제출하며, 연간사업실적보고서는 회계기간 종료 후 5월 이내 제출한다.

해외직접투자(송금)보고서	송금 시, 현물출자 시
외화증권(채권)취득보고서 (현지법인설립보고 포함)	투자 후 6월 이내
연간사업실적보고서	투자금 300만불 초과 시, 회계종료 후 5월 이내 필수첨부서류 없음(현지법인 감사(세무)보고서 제출의무 폐지)
해외직접투자사업 청산 및 대부채권회수보고서	청산자금 수령 또는 원리금 회수 후 즉시 보고 → 인정된 자본거래로 전환 시에도 사전보고 이행하여야 함

 정답 ③

Key Point 비금융기관의 해외사무소 설치 자격요건

07 다음은 비금융기관의 해외사무소 설치 자격요건에 대한 내용이다. 내용이 올바르게 기술된 것으로만 묶은 것은?

> 가. 과거 1년간 외화획득 실적이 미화 30만불 이상인 자
> 나. 무역업을 영위하는 법인으로서 설립 후 6개월이 경과한 자
> 다. 과거 1년간 유치관광객이 8천명 이상인 국제여행 알선업자
> 라. 과거 1년간 외화획득 실적이 미화 10만불 이상인 자

① 가, 다　　　　　　　　　② 가, 라
③ 나, 다　　　　　　　　　④ 나, 라

해설
무역업을 영위하는 법인으로서 설립 후 1년을 경과한 자가 해외사무소 설치자격이 있으며, 가)와 같이 과거 1년간 외화획득 실적이 미화 30만불 이상인 자가 해외사무소 설치자격이 있다.

정답 ①

Key Point 해외지사 설치·운영·확장에 필요한 자금(경비)지급

08 해외지사 설치·운영·확장에 필요한 자금(경비)지급에 관한 다음 내용 중 맞는 것을 모두 고르시오

> ㄱ. 해외지사의 경비, 설치비, 유지활동비 지급은 금액제한이 없지만 송금내역이 모두 국세청, 관세청, 금감원에 통보된다.
> ㄴ. 해외건설 및 용역사업자의 해외지사활동비는 현지보유 외화자금으로 지급이 불가하다.
> ㄷ. 신고 전에 10만불 이내에서 증빙서류미제출송금절차에 따라 지급하였거나 건당 1만불 이하로 휴대지급한 경우 계약성립일로부터 1년 이내에 사후신고 가능하다.

① ㄱ, ㄴ, ㄷ　　　　　　　② ㄴ, ㄷ
③ ㄱ, ㄷ　　　　　　　　　④ ㄱ, ㄴ

해설
ㄴ. 해외건설 및 용역사업자의 해외지사활동비는 지정거래외은에 신고 후 현지보유 외화자금으로 지급 가능하다.

정답 ③

Key Point 국내기업의 해외지사에 대한 사후관리절차

09 국내기업의 해외지사에 대한 지정거래 외국환은행의 사후관리 절차가 옳지 않은 것은?

① 해외지사 설치 확인 서류를 6개월 이내에 징구
② 해외지사의 연도별 영업활동상황을 회계기간 종료 후 5개월 이내에 징구
③ 해외지사 종합관리카드를 비치하여 영업기금, 설치비 등의 내용을 기록관리
④ 해외지사의 부동산 취득 및 처분내용을 회계기간 종료 후 5개월 이내 금융감독위원회에 보고

해설
해외지사가 인정된 업무용 부동산을 취득하거나 처분하는 경우에는 그 취득 또는 처분일부터 6월 이내에 지정거래 외국환은행의 장에게 그 취득 또는 처분내용을 보고하여야 한다.

 정답 ④

Key Point 해외직접투자와 해외지사 설치 비교

10 해외직접투자와 해외지사설치를 비교 설명한 내용이다. 다음 중 옳지 않은 것은?

① 해외직접투자와 해외지사설치 모두 여신최다은행을 거래 외국환은행으로 지정등록해야 한다.
② 해외직접투자는 개인도 가능하나 해외지사는 개인은 원칙상 불가하다.
③ 해외직접투자는 외화획득실적이 없어도 가능하나, 해외지사는 일정금액 이상 외화획득실적이 필요하는 등 자격조건이 있다.
④ 해외직접투자와 해외지사설치 모두 지급금액에 제한이 없다.

해설

구분	해외직접투자	해외지사 설치
개요	• 현지법인	• 해외지점과 해외사무소로 구분
지정거래외은	• 주채권은행, 여신최다은행 순으로 지정	• 거래은행 임의지정 가능
거래형태	• 자본거래	• 무역 외 거래
투자제한	• 개인 : 투자가능 • 비영리법인 : 원칙적 불가	• 개인 : 불가 • 비영리단체 : '사무소'만 가능 • 비영리단체 : 학교법인, 종교단체 등

 정답 ①

Key Point 금융기관의 해외진출신고

11 금융기관의 해외진출신고에 관한 다음 내용 중 금융감독원 신고수리대상은?

① 역외금융회사설립
② 해외지점설치
③ 해외사무소설치
④ 금융, 보험업 영위 현지법인

해설
- 금융위원회 신고수리 : 금융, 보험업 영위 현지법인
- 금융감독원 신고수리 : 해외지점설치

나머지는 금융감독원 신고대상이다.

정답 ②

Chapter 06 출제예상 문제

중요도에 따라 Self 맞춤형 학습이 가능한 출제예상 문제입니다. 각자의 목표점수에 맞게 문제를 선별하여 풀어보세요!

▶ 중요도 : ★★★ 상 ★★ 중 ★ 하

01 ★★★

다음 중 현지금융의 수혜대상자로 옳은 것은?

① 개인사업자가 설립한 현지법인
② 개인사업자
③ 국내 건설사 본사의 현지법인이 50% 이상 출자한 현지 자회사
④ 국내 반도체사의 해외사무소

정답 및 해설

01   현지금융 수혜대상자는
      • 거주자(개인 및 개인사업자 제외)
      • 거주자(개인 및 개인사업자 제외) 및 해외지점
      • 거주자(개인 및 개인사업자 제외)의 현지법인(현지법인이 50% 이상 출자한 자회사 포함)
        → 거주자는 국내법인을 말함

정답 01 ③

02

다음 중 현지금융을 받고자 하는 경우에 외국환은행장 신고사항이 아닌 것은?

① 거주자가 외화증권 발행방식에 의하여 미화 5천만불을 초과하는 현지금융을 받고자 하는 경우
② 거주자가 다른 거주자의 보증 및 담보 제공 없이 당해 거주자 본인이 담보를 제공하는 경우
③ 외국환은행의 보증이 있는 경우
④ 당해 현지법인 설치 거주자 또는 다른 거주자가 보증 등을 하는 경우

03

다음 중 현지금융에 대한 설명으로 옳은 것은?

① 거주자는 현지금융의 수혜대상자에서 제외된다.
② 현지법인 등의 국내 외국환은행의 역외금융대출 수혜 시에도 현지금융 신고 대상이다.
③ 현지법인이 10% 이상 출자한 자회사의 경우에도 수혜대상에 포함한다.
④ 현지금융으로 조달한 자금은 원칙상 국내로 유입이 가능하다.

정답 및 해설

02	기재부장관 신고사항이다.
03	① 현지금융의 수혜대상자는 거주자인 국내법인이다. 개인(개인사업자 포함)인 거주자이거나, 개인(개인사업자 포함)이 설치하거나 설립한 해외지점 및 현지법인인 경우에는 현지금융을 수혜받을 수 없다. ③ 현지법인이 50% 이상 출자한 자회사의 경우에 수혜대상에 포함한다. ④ 현지금융으로 조달한 자금은 현지법인등과 국내 거주자 간의 인정된 경상거래에 따른 결제자금의 국내 유입의 경우를 제외하고는 국내에 예치하거나 국내로 유입할 수 없다.

정답 02 ① 03 ②

04 🏅🏅🏅

해외직접투자의 내용변경 신고 또는 보고에 관한 다음 내용 중 맞는 것을 모두 고르시오.

> ㄱ. 대부투자는 신규신고 대상이다.
> ㄴ. 대부투자 조건변경은 내용변경 사후보고 대상이다.
> ㄷ. 내용변경 사후보고는 사유발생 후 회계기간 종료 후 5개월 이내에 하여야 한다.
> ㄹ. 비거주자에게 투자지분 양도 시 양도가액을 즉시 국내로 회수하여야 한다.

① ㄱ, ㄴ, ㄷ, ㄹ
② ㄴ, ㄷ, ㄹ
③ ㄱ, ㄷ, ㄹ
④ ㄱ, ㄷ

05 🏅🏅🏅

다음 중 해외직접투자항목에 해당하는 내용으로 옳지 않은 것은?

① 해외설립된 법인지분 10% 취득
② 거주자가 해외에서 개인사업 영위
③ 해외법인에 대한 6개월 만기 금전의 대여
④ 5% 지분을 소유하고 있는 해외법인과의 기술제공 계약 체결

정답 및 해설

04	모두 맞는 내용이다.
05	기 투자한 외국법인에 대한 상환기간 1년 이상의 금전대여를 해외직접투자로 본다.

정답 04 ① 05 ③

06

해외직접투자 신고, 보고절차와 관련하여 내용 변경보고 대상에 해당하지 않는 것은?

① 투자지분 감액
② 합병
③ 투자지분 양도
④ 대부투자

07

다음 중 외국환거래법시행령에서 정한 해외직접투자에 해당하지 않는 것은?

① 이미 투자한 외국법인에 대해 상환기간 1년 이상의 금전을 대여하는 것
② 투자비율이 10% 미만이지만 임원을 파견하여 지속적인 경제관계를 수립하는 것
③ 해외 자원개발을 위한 조사자금이나 해외자원의 구매자금을 지급하는 것
④ 이미 투자한 외국법인의 출자지분을 추가로 취득하는 것

08

해외직접투자에 대한 설명 중 옳지 않은 것은?

① 주채무계열 소속 기업체가 아닌 기업인 경우 여신 최다 은행에 신고한다.
② 투자주체가 법인이든 개인이든 투자금액에 제한이 없다.
③ 부동산임대업을 하고자 한다면 개인사업체운영 형태로는 할 수 없고 반드시 현지법인형태로 투자하여야 한다.
④ 산업설비나 기자재 등은 투자의 수단이 될 수 없다.

정답 및 해설

06	기 설립 현지법인에 대한 대부투자의 경우 신규신고절차에 의거하여 처리한다.
07	해외자원개발사업 또는 사회간접자본 개발사업을 위한 자금은 해외직접투자로 인정되지만 자원개발을 위한 조사자금이나 해외자원의 구매자금은 해외직접투자로 인정되지 않는다.
08	산업설비나 기자재 등도 해외직접투자의 목적물이 될 수 있다.

정답 06 ④ 07 ③ 08 ④

09 ✦✦✦

다음 중 해외직접투자 사후관리업무와 관련하여 보고서 제출기한 또는 보고기한의 연결이 잘못된 것은?

① 연간사업실적보고서 - 회계기간 종료 후 5월 이내
② 외화증권(채권)취득보고서 - 투자 후 6월 이내
③ 청산 및 대부채권 회수보고서 - 청산자금 영수 또는 원리금 회수 후 즉시
④ 사후관리 미이행자 금융감독원 앞 제재보고 - 이행독촉일로부터 30일 이내

10 ✦✦✦

해외직접투자 신규신고절차에 의거해 처리해야 하는 경우는 무엇인가?

① 투자지분증액
② 투자지분감액
③ 투자지분양도
④ 유효기간 연장

11 ✦✦✦

해외지점의 업무 중 원칙적으로 한은 신고수리사항이 아닌 것은?

① 부동산취득
② 증권관련거래
③ 비거주자에 대한 1년 초과 차입
④ 비거주자에 대한 1년 초과 대부

정답 및 해설

09	각종 사후관리보고서 등 사후관리절차 미이행자에 대해서는 기한 만료일로부터 30일 이내 사후관리 이행독촉을 하여야 하며 이행독촉일로부터 60일 이내에도 의무를 이행하지 않는 투자자에 대하여는 금융감독원에 보고하여야 한다.
10	증액투자와 대부투자의 경우 신규 시와 동일하게 제출하여야 한다.
11	[해외지점의 업무 중 원칙적인 한은 신고수리사항] • 부동산취득 • 증권관련거래 • 비거주자에 대한 1년 초과 대부

정답 09 ④ 10 ① 11 ③

Chapter 06 자가학습진단표

자신의 학습성취도를 스스로 진단하세요.

	진단 내용	Yes	No
01	현지금융의 수혜대상자에 대하여 설명할 수 있습니까?		
02	현지금융의 신고자를 사안별로 구분할 수 있습니까?		
03	해외직접투자의 목적물을 나열할 수 있습니까?		
04	해외직접투자의 사후관리보고서와 제출시기에 대하여 설명할 수 있습니까?		
05	금융기관의 해외직접투자절차에 대하여 설명할 수 있습니까?		
06	국내기업 등이 해외지사에 대하여 설명할 수 있습니까?		
07	국내기업 등이 해외지사에 대한 지정거래외국환은행의 사후관리 절차를 설명할 수 있습니까?		
08	해외직접투자와 해외지사를 비교할 수 있습니까?		

Yes 개수별 진단결과

- 4개 이하 : 합격예상도는 40% ➡ 기본서로 관련 내용을 다시 한번 꼼꼼하게 학습하세요.
- 5~6개 : 합격예상도는 60% ➡ 길라잡이 문제를 통해 주요 내용을 다시 한번 체크하세요.
- 7개 이상 : 합격예상도는 80% ➡ 출제예상 문제를 통해 100% 합격에 도전하세요.

제7장

보고·검사 및 사후관리·제재 외국인투자촉진법 대외무역법규

출제경향분석

출제비중이 높지는 않지만 꾸준히 출제되고 있으며, 2018년 교재 개정 시 대외무역법규에 관한 내용이 추가되었습니다.

Chapter 07 문제로 보는 출제경향

01
다음은 검사대상 범위에 관한 설명이다. 금융감독원의 검사대상 범위가 아닌 것은?
① 외국환업무취급기관
② 외국환업무취급기관의 해외점포
③ 환전영업자
④ 외국환거래당사자

해설 ③ 관세청장의 검사대상이다.

정답 ③

02
외국환업무취급기관의 해외점포는 누가 검사하는가?
① 기획재정부
② 금융위원회
③ 금융감독원
④ 관세청

해설 금융감독원은 외국환업무취급기관(해외점포 포함), 외국환거래당사자를 검사한다.

정답 ③

대표문제로 선별했으니, 학습 전에 최근 출제경향을 파악하세요.

03

다음 중 외국인 투자자의 범주에 포함되지 않는 것은 무엇인가?

① 외국국적의 개인
② 대한민국 국민 중 외국의 영주권 취득자
③ 외국의 법인
④ 대한민국 국민 중 국내거소증 소지자

해설 국내거소증 소지자는 제외된다.

정답 ④

04

외국인투자촉진법상 외국인이 국내 직접투자 시 최저 투자기준 금액은?

① 없음
② 1인당 5억원
③ 1인당 1억원
④ 1인당 10억원

해설 외국인투자란 외국인이 외국인투자촉진법에 의하여 한국 법인 또는 국민이 영위하는 기업의 경영활동에 참여하는 등 당해 법인 또는 기업과 지속적인 경제관계를 수립할 목적으로 주식 또는 지분을 소유하는 것으로 투자금액이 1억원 이상인 경우를 말한다.

정답 ③

Chapter 07 길라잡이 문제

중요이론(Key Point)을 재정리할 수 있는 대표문제로 구성하였습니다.

Key Point 한국은행의 검사대상범위

01 다음 중 외환거래 검사와 관련하여 외국환중개회사(금융결제원), 외국환거래당사자 등을 대상으로 검사를 이행하는 기관은?

① 한국은행　　　　　　　② 관세청
③ 금융감독원　　　　　　④ 금융위원회

해설

한국은행	• 외국환중개회사(금융결제원), 외국환거래당사자, 금융기관(금융감독원과 공동검사에 한함)
금융감독원	• 외국환업무취급기관(해외점포 포함), 외국환거래당사자
관세청	• 수출입거래 및 용역거래 당사자, 환전영업자

정답 ①

Key Point 제재

02 다음 중 금융위원회(금융감독원장)에 위탁되어 있는 "행정처분" 유형에 해당되지 않는 것은?

① 경고　　　　　　　　② 거래정지
③ 과징금　　　　　　　④ 벌칙

해설

[제재]
(1) 행정처분 : 경고, 거래정지, 과징금(업무정지 대신)
　① 경고
　　 - 신고했으나 유효기간 경과하여 거래
　　 - 신고 등의 절차를 위반한 경우로서 경미한 금액(자본거래는 5만불 이하, 지급 등은 1만불 이하)
　② 거래정지
　　 신고 등의 의무를 5년 이내에 2회 이상 위반한 경우 각각의 위법행위에 대해 1년 이내에서 행위를 정지, 제한하거나 허가를 취소할 수 있다.
　③ 과징금 : 업무제한, 정지에 대신하여 취득한 이익범위 내에서 부과
(2) 행정벌
　① 행정형벌 : 징역, 벌금
　② 행정질서벌 : 과태료(금융위, 금감원, 관세청)

과태료 부과 대상 거래(아래금액 초과 시는 형벌 적용)
- 자본거래 신고위반 : 20억원 이하
- 지급 등의 방법 신고위반 : 50억원 이하
단순경고처분 대상
- 자본거래 위반금액 : 5만불 이하
- 지급 등의 방법 및 지급수단 등의 수출입 위반금액 : 1만불 이하

정답 ④

Key Point 외국인투자촉진법상의 외국인 국내직접투자요건

03 다음 중 외국인투자촉진법상의 외국인 국내 직접투자의 요건에 해당하지 않는 경우는?

① 투자비율 5%, 임원파견, 투자금액 3억원
② 투자비율 10%, 투자금액 1억원
③ 투자비율 50%, 투자금액 5천만원
④ 투자비율 20%, 투자금액 2억원

해설
투자금액 1억원 이상(복수투자자인 경우 1인당 1억원 이상)이면서,
① 투자비율 10% 이상
② 투자비율 10% 미만으로서 다음에 해당하는 경우
 - 임원파견
③ 비영리법인(과학기술, 예술, 교육)에 대한 출연 : 5천만원 이상이고 10% 이상
④ 장기차관(5년 이상) : 기 설립 외국인 투자기업 대상
⑤ 법인설립이 아닌 개인사업 영위는 제한

정답 ③

Key Point 외국인투자촉진법상의 외국인투자의 투자재원

04 다음 중 외국인투자촉진법상 외국인투자의 투자재원으로 볼 수 없는 것은?

① 외국에서 타발송금된 자금   ② 휴대수입한 대외지급수단
③ 국내에서 대출받은 원화자금   ④ 대외계정에 예치되어 있는 자금

해설
외국인투자자가 국내에서 대출받은 자금으로 출자하는 경우에는 외자도입으로 볼 수 없다.

정답 ③

Key Point 외국인투자 시 수탁은행의 본점과 영업점업무 구분

05 외국인투자 시 영업점에서 처리할 수 있는 사항이 아닌 것은?

① 투자자금의 도입
② 외국인투자기업의 등록
③ 투자배당금의 지급
④ 주식양도대금의 대외지급

해설
외국인투자기업의 등록은 수탁은행 본점에서 처리해야 하는 업무이다.

 ②

Key Point 특정거래형태의 수출입

06 다음에서 말하는 내용에 해당하는 무역은?

> "원자재를 거래상대방의 위탁에 의하여 수입하여 이를 가공한 후 위탁자 또는 그가 지정하는 자에게 가공물품을 수출"

① 중계무역
② 중개무역
③ 위탁가공무역
④ 수탁가공무역

해설
[특정거래형태의 수출입]
① 위탁판매수출 : 물품등을 무환으로(대금결제없이) 수출하여 판매된 범위 내에서 대금결제
   수탁판매수입 : 물품등을 무환으로 수입하여 판매된 범위 내에서 대금결제
② 연계무역 : 물물교환 등의 형태에 의하여 수출, 수입이 연계됨
③ 임대수출 : 임대계약에 의해 수출하고 일정기간 후 다시 수입하거나 소유권을 이전
   임차수입 : 임차계약에 의해 수입하고 일정기간 후 다시 수출하거나 소유권을 이전
④ 중계무역 : 수출목적으로 물품수입 후 국내에 반입하지 않고 수출
   중개무역 : 중개수수료만 취하는 거래
⑤ 수탁가공무역 : 원자재를 위탁에 의하여 수입, 가공한 후 위탁자 또는 그가 지정하는 자에게 수출
   위탁가공무역 : 가공임을 지급하는 조건으로 외국에서 가공할 원료를 수출하거나 외국서 조달하여 가공한 후 국내로 수입하거나 외국으로 수출
⑥ 외국인수수입 : 수입대금은 국내에서 지급하지만 물품은 외국에 제공
   외국인도수출 : 수출대금은 국내에서 받지만 물품은 외국에서 타국으로 제공

 ④

Key Point 수출입실적 인정시점

07 일반 통관 수출입실적의 인정시점은?

① 신고수리일　　　　　　　② 대금입금일
③ 대금지급일　　　　　　　④ 대금결제일

해설

[수출입실적의 인정시점]
① 일반 통관 수출입실적 : 신고수리일
② 중계무역, 외국인도수출 : 대금입금일
③ 외국인수수입 : 대금지급일
④ 내국신용장, 구매확인서 : 대금결제일

정답 ①

Chapter 07 출제예상 문제

중요도에 따라 Self 맞춤형 학습이 가능한 출제예상 문제입니다. 각자의 목표점수에 맞게 문제를 선별하여 풀어보세요!

▶ 중요도 : ●●●상 ●●중 ●하

01 ●●

금융기관 직원의 혐의거래보고 의무에 있어 보고기준 금액은 얼마인가?

① 미화 1만불 상당액 이상
② 미화 1천불 상당액 이상
③ 미화 3천불 상당액 이상
④ 없음

02 ●●

「외국환거래법」의 위반자에 대하여 부과되는 과태료를 수탁할 수 있는 권한을 가진 것으로 옳지 않은 것은?

① 금융위원회
② 국세청장
③ 금융감독원장
④ 관세청장

정답 및 해설

01	보고기준 금액은 없다.
02	부과조치는 금융위원회(금융감독원장) 및 관세청장에게 권한이 위탁·위임되어 있다.

정답 01 ④ 02 ②

03 ⭐⭐

다음 중 외국환거래법규 위반에 따른 제재조치에 대한 설명으로 틀린 것은?

① 미화 5만불 이하의 자본거래 신고 위반 시 경고대상이다.
② 미화 1만불 이하의 지급 등의 방법신고 위반 시 경고대상이다.
③ 20억원 초과의 자본거래 신고 위반 시 형벌적용대상이다.
④ 10억원 초과의 지급 등의 방법신고 위반 시 형벌적용 대상이다.

04 ⭐⭐⭐

외국환 법령 위반에 대한 행정처분에 관하여 ( ) 안에 들어갈 내용이 순서대로 짝지어진 것은?

( )년 이내에 신고 등 계약위반은 ( )회 위반 시 ( )년 이내 범위에서 관련 외국환거래 또는 행위를 정지, 제한하거나 허가를 취소할 수 있다.

① 3, 2, 1
② 3, 2, 2
③ 5, 2, 1
④ 5, 2, 2

✓ 정답 및 해설

| 03 | 50억원 초과의 지급 등의 방법신고 위반 시 형벌적용 대상이다. |
| 04 | 5년 이내에 신고 등 계약위반은 2회 위반 시 1년 이내 범위에서 관련 외국환거래 또는 행위를 정지, 제한하거나 허가를 취소할 수 있다. |

정답 03 ④ 04 ③

05 ✦✦✦

다음 중 외국인 직접투자제도에 대한 설명으로 옳지 않은 것은?

① 국내기업의 지분을 10% 이상 취득하거나 또는 자본금에 1억원 이상 투자하는 것을 말한다.
② 지분 10% 미만 취득의 경우에도 임원을 선임할 수 있는 계약 등을 체결했다면 외국인직접투자에 해당한다.
③ 기설립한 외국인 투자기업에게 해외 모기업이 5년 이상 장기 대부하는 경우도 해당한다.
④ 외국인투자자에는 외국법인뿐만 아니라 외국의 영주권을 취득한 대한민국 국민도 해당한다.

06 ✦✦✦

다음 중 외국인투자촉진법령상 외국인투자의 내용으로 옳지 않은 것은?

① 투자로 인한 배당금 지급은 지정된 수탁은행 본점에서만 처리하여야 한다.
② 외국 영주권을 취득하여 현지에 체재 중인 국민인비거주자도 외국인투자자로 가능하다.
③ 1인당 최저 투자금액은 1억원이다.
④ 투자비율은 원칙적으로 10% 이상이어야 한다.

✓ 정답 및 해설

05	외국인 직접투자란 외국인이 한국법인 또는 국민이 영위하는 기업의 경영활동에 참여하는 등 당해 법인 또는 기업과 지속적인 경제관계를 수립할 목적으로 주식 또는 지분을 소유하는 것으로서 투자금액이 1억원 이상이면서 지분을 10% 이상 소유하는 것을 말한다. 1번 보기의 경우 '또는'이 아닌 둘 다를 만족하여야 한다.
06	본점이 아닌 영업점에서 처리가 가능하다.

정답 05 ① 06 ①

07 ⭐⭐⭐

외국기업 국내 직접투자법인에 대한 다음 설명 중 옳지 않은 것은?

① 외국기업 국내 투자법인은 외국인투자촉진법령에서 정하는 바에 따른다.
② 외국기업 국내 투자법인의 형태는 국내법인이다.
③ 외국기업 국내 투자법인의 투자자금 도입은 은행으로 송금된 자금 및 휴대자금도 가능하다.
④ 외국기업 국내 투자법인 투자자금의 취급부서는 수탁은행 본점이다.

08 ⭐⭐

외국인투자 신고의 절차에 대한 순서로 올바른 것은?

가. 법인등기	나. 투자기업 등록
다. 투자신고	라. 투자자금 도입

① 다 - 라 - 나 - 가 ② 다 - 라 - 가 - 나
③ 라 - 다 - 나 - 가 ④ 라 - 다 - 가 - 나

정답 및 해설

07 | 영업점에서 취급한다.
08 | 투자상담(외국인투자 여부, 투자안내) → 투자신고(주식취득신고, 신고필증교부) → 투자자금도입(송금, 휴대, 대외계정, 주금납입계정) → 법인설립등기 및 사업자등록(법인설립등기서류, 사업자등록증) → 투자기업 등록(투자자 ID부여, 투자등록증교부)

정답 07 ④ 08 ②

09 ✦✦✦

다음 중 외국인투자촉진법상 외국인투자의 내용으로 옳지 않은 것은 무엇인가?

① 주식 등으로 생긴 배당금도 외국인투자의 출자목적물이 될 수 있다.
② 지상파방송업의 경우 외국인투자 대상업종으로 분류되어 있다.
③ 타발송금된 투자재원에 대하여는 영업점에서 처리할 수 있다.
④ 주식 등 양도대금의 대외지급은 영업점에서 처리할 수 있다.

10 ✦✦✦

외국인 직접투자 시 수탁은행의 본점에서 할 수 있는 사항만을 모두 고르시오.

가. 투자재원 확인	나. 투자자금 매입
다. 배당금의 지급	라. 투자지분의 양도 신고
마. 투자지분의 감소 신고	바. 주식 등 감소대금 대외지급

① 가, 나, 다
② 가, 나, 다, 라
③ 마, 바
④ 라, 마

정답 및 해설

| 09 | 외국인투자 제한업종은 원자력발전업, 지상파방송업, 라디오 방송업 등 3개 업종이다. |
| 10 | 나머지는 영업점에서 할 수 있는 업무이다. |

정답 09 ② 10 ④

11 ★★

특정거래형태의 수출입에 관한 다음 내용 중 틀린 것은?

① 수탁판매수입은 물품등을 무환으로 수입하여 판매된 범위 내에서 대금결제한다.
② 중개무역은 수출목적으로 물품수입 후 국내에 반입하지 않고 수출한다.
③ 위탁가공무역은 가공임을 지급하는 조건으로 외국에서 가공할 원료를 수출하거나 외국에서 조달하여 가공한 후 국내로 수입하거나 외국으로 수출한다.
④ 수입대금은 국내에서 지급하지만 물품은 외국에 제공하는 것을 외국인수수입이라고 한다.

12 ★★

다음에 설명하는 특정거래형태의 수출입은?

> 수출할 것을 목적으로 물품등을 수입하여 보세구역 및 보세구역외 장치의 허가를 받은 장소 또는 자유무역지역 이외의 국내에 반입하지 아니하고 수출하는 수출입을 말한다.

① 연계무역
② 수탁판매수입
③ 위탁판매수출
④ 중계무역

정답 및 해설

11
- 중계무역 : 수출목적으로 물품수입 후 국내에 반입하지 않고 수출
- 중개무역 : 중개수수료만 취하는 거래

정답 11 ② 12 ④

Chapter 07 자가학습진단표

자신의 학습성취도를 스스로 진단하세요.

	진단 내용	Yes	No
01	금융기관직원의 혐의거래보고의무에 대하여 설명할 수 있습니까?		
02	각 기관별 검사대상범위에 대하여 설명할 수 있습니까?		
03	과태료를 대상별로 구분할 수 있습니까?		
04	과태료부과기관을 나열할 수 있습니까?		
05	외국인투자의 정의를 설명할 수 있습니까?		
06	외국인투자자가 누구인지 나열할 수 있습니까?		
07	외국인투자의 목적물을 설명할 수 있습니까?		
08	외국인직접투자 시 수탁은행 본점과 영업점에 처리하는 사항에 대하여 설명할 수 있습니까?		
09	특정거래형태의 수출입을 이해하고 있습니까?		

Yes 개수별 진단결과

- 4개 이상 : 합격예상도는 40% ➡ 기본서로 관련 내용을 다시 한번 꼼꼼하게 학습하세요.
- 5~6개 : 합격예상도는 60% ➡ 길라잡이 문제를 통해 주요 내용을 다시 한번 체크하세요.
- 7개 이상 : 합격예상도는 80% ➡ 출제예상 문제를 통해 100% 합격에 도전하세요.

2과목
외국환거래실무

35문항
제1과목
외환관리실무

20문항
제3과목
환리스크관리

25문항
제2과목
외국환거래실무

외환전문역 Ⅰ종

제1장

은행 및 본지점 간 외환실무

출제경향분석

본 장에서는 3~4문제 정도 출제되는 경향을 보이고 있는데 중요 부분을 살펴보면, 환거래 은행 계약 시 점검사항을 이해하고 예치환거래은행과 무예치환거래은행에 대한 개념을 구분 이해하여야 합니다.
외화자금관리의 원칙에 대하여 살펴보고 외화자금의 조달방법과 운용방법에 대한 정확한 구분 및 이해가 요구됩니다. 또한 자금조달 방법에서 단기자금조달과 장기자금조달방법을 구분할 수 있어야 합니다.
외화유동성 리스크관리 대상과 감독기관 지도비율을 이해하고 있어야 합니다. 외신관리와 관련하여서는 SWIFT의 내용, SWIFT 메시지타입과 장점을 정확히 이해하는 것이 필요합니다.
외국환대사 절차를 이해하고 미달환 발생 원인(4가지)을 사례별로 정리하여야 합니다.

Chapter 01 문제로 보는 출제경향

01

외국환은행의 외화자금 조달에 대한 다음 설명 중 옳지 않은 것은?

① 중장기자금은 조달시기와 필요시기의 불일치로 인한 금리리스크가 발생하지 않도록 조달시점에 유의하여야 한다.
② 단기자금은 외화예금, Call money, 코레스은행의 Credit line을 활용한 단기 차입 등으로 이루어진다.
③ 장기 프로젝트에 필요한 자금은 차입금리가 상대적으로 낮은 단기자금을 반복적으로 차입하는 방식으로 조달하는 것이 바람직하다.
④ 부족한 외화자금을 만기 90일 이내로 차입하는 것을 콜머니(Call Money)라고 한다.

해설 자금조달은 자금운용과 일치하여 조달하는 것이 갑작스런 금융위기에 안전할 수 있다. 중장기외화자금 조달은 1년 이상의 외화부채가 1년 이상의 외화자산을 초과하는 것을 권장한다.

정답 ③

02

다음은 외화유동성 리스크관리에 대한 설명이다. 옳지 않은 것은?

① 유동성 수준에 대한 정기적인 측정과 분석을 통해 유동성 위기 시에도 안정적인 영업이 가능하도록 하는 것이 목적이다.
② 외화예금 지급, 신규 외화대출 취급 등 은행의 외화자금 수요에 대처할 수 있는 적정 유동성을 유지해야 한다.
③ 국내본지점, 해외지점, 해외현지법인의 모든 외화자산과 부채를 대상으로 한다.
④ 역외계정과 부외거래는 유동성 리스크관리 대상에 포함되지 않는다.

해설 역외계정과 부외거래도 외화유동성 관리대상에 포함된다.

정답 ④

03

한국에 거주하고 있는 홍길동은 미국에 유학 중인 아들에게 유학자금을 보내고자 한다. 송금을 의뢰받은 국내 송금은행이 미국에 있는 지급은행 앞으로 고객송금 지급지시서를 보내는 경우 사용하는 SWIFT Message Type으로 옳은 것은?

① MT103
② MT202
③ MT500
④ MT700

해설 SWIFT Message Type은 3자리로 구성되어 있는데 업무별로 자동 구분이 된다. MT202는 금융기관 간 자금이체, MT700은 화환신용장 개설 SWIFT Message Type이다.

정답 ①

04

국내 수출환어음 매입은행이 예정 대체일에 차기하였으나, 선방은행으로부터 대금이 입금되지 않은 경우 발생하는 미달환 유형은?

① They debited, but we didn't credit
② They credited, but we didn't debit
③ We debited, but they didn't credit
④ We credited, but they didn't debit

해설 환대사(reconcile)에 대한 문제로서 미달환의 원인을 찾기 위해서는 차기(debit)와 대기(credit)의 개념을 알아야 한다. 문제에서는 당방은행이 아직 차기했으나, 선방은행에서 대기하지 않은 경우이다.

정답 ③

Chapter 01 길라잡이 문제

중요이론(Key Point)을 재정리할 수 있는 대표문제로 구성하였습니다.

Key Point 환거래계약(correspondent arrangement) 이해

01 외국환은행 간 환거래계약에 대한 설명이다. 옳지 않은 것은?

① 국내에 있는 외국환은행과 외국의 외국환은행 간에 신용장업무 및 송금업무, 기타 외환업무를 원활하게 수행하기 위하여 맺는 은행 간 계약을 말한다.
② 환거래 계약 체결을 위한 준비사항은 서명감(list of authorized signature), 전신암호문 등이 있다.
③ 환거래은행 선정 시 상대은행의 신용도 및 자금세탁 방지업무 수준 등을 고려해야 한다.
④ 환거래계약 시 대금결제를 위한 자기명의의 예금계좌를 상대은행에 반드시 개설해야 한다.

해설

환거래은행은 국내 외국환은행과 외국의 외국환은행 간에 신용장업무 및 송금업무, 기타외환업무를 원활하게 수행하기 위하여 은행 간 계약을 하는 경우이다.
환거래은행 중에서 상대은행에 예금계좌(당좌계좌)를 갖고 있는 예치환거래은행(depository bank)과 환거래는 체결하였으나 자기명의 예금계좌개설이 없는 무예치환거래은행(non-depository bank)으로 구분한다.
→ 외화수표 매입업무처리 시 환거래은행이 발행한 은행수표는 은행수표로 처리하지만, 환거래은행이 아닌 은행수표는 수표 서명을 확인할 수 없으므로 개인수표에 준하여 업무처리한다.

[환거래은행 구분]
- 예치환거래은행(Depositary Bank) : 환거래은행 중에서 상대은행에 예금계좌(당좌계좌)를 갖고 있는 예치환은행
  → 당방계정(당행이 상대은행에 개설한 계좌)과 선방계정(상대방은행이 당행에 개설한 계좌)
- 무예치환거래은행(Non-Depositary Bank) : 환거래 계약 은행이지만 계좌가 개설되지 않은 은행

정답 ④

Key Point 외국환은행의 외화유동성 리스크관리 개괄

02 금융기관 외화유동성 리스크관리에 대한 다음 설명 중 옳지 않은 것은?

① 금융기관 외화자금은 안정성, 유동성, 수익성의 세 가지 원칙하에 관리하여야 한다.
② 안정성의 원칙이란 일정 시점에서 은행의 모든 외화부채를 상환할 수 있는 재무상태를 유지하는 것을 말한다.
③ 수익성원칙은 안정성, 유동성원칙과 상충관계가 있다.
④ 금융기관이 부족한 장기외화자금을 차입하는 것을 외화콜머니(Call Money)라고 한다.

해설
외화콜머니(Call Money)는 단기자금(90일 이내) 조달방식의 하나이다.
이에 반하여 외화콜론은 은행의 단기 여유자금을 다른 은행에 90일 이내로 빌려주는 단기 자금운용 방식이다. 90일 초과 시에는 은행단기대여금으로 처리한다.
외화자금 관리원칙은 안정성과 수익성, 유동성이 있다. 정리하면 다음과 같다.
① 안정성 : 외화자금 관리에 있어서 가장 우선시해야 하는 기준
② 수익성 : 안정성원칙하에 조달비용과 마진을 고려한 적절한 수익 확보
③ 유동성 : 일정 수준의 현금 유지

정답 ④

Key Point 외화자금관리 중 외화자금 운용 이해

03 다음 중 외화자금의 운용방법에 해당하는 경우가 아닌 것은?

① Call Money ② 외화대출금
③ 매입외환 ④ 외화예치금

해설
Call Money는 단기외화자금 조달방식이고 Call Loan은 단기외화자금 운용방식이다.

외화자금 조달			외화자금 운용	
단기자금 (운전자금)	장기자금 (설비자금)		단기자금	장기자금
외화예금 외화수탁금 Call money Credit Line 외환스왑	국제채 발행 (외국채, 유로채) 은행차입 통화스왑	은행	외국통화 Call Loan 매입외환 외화예치금	외화대출금

→ 외국통화는 무수익 운용자산이므로 적정규모를 유지하는 것이 필요

[참고사항] 유로채(Euro Bond)와 외국채(Foreign Bond) 비교

구분	유로채(Euro Bond)	외국채(Foreign Bond)
의의	채권표시통화≠채권발행국가	채권표시통화 = 채권발행국가
발행규제	없음	발행국의 허가나 신고 등 엄격한 규제
시장의 특성	자금조달비용 저렴	발행국의 지명도 제고
유통시장	주로 장외거래	발행국 거래소 상장, 장내거래나 장외거래

✅ 정답 ①

Key Point 외국환은행 외화유동성 리스크관리 규정 이해

04 다음 중 외국환은행의 '외화유동성 리스크관리'에 대한 설명으로 옳은 것은?

① 유동성 관리대상은 국내 본지점, 해외지점, 해외현지법인의 자산과 부채를 관리대상으로 하며, 외화 LCR은 80% 이상으로 한다.
② 감독기관의 단기 외화유동성지표인 외화유동성 지도비율은 80% 이상이다.
③ 상환기간이 1년 이상인 외화대출 잔액에 대한 상환기간 1년 초과의 외화조달 잔액비율을 말하는 중장기 외화자금조달 감독비율은 50% 이상이다.
④ 잔존만기 1개월 이내에 도래하는 만기불일치비율이 5%가 넘지 않도록 관리한다.

💬 **해설**

외화유동성 리스크관리에 있어서 유동성 관리대상, 유동성 관리기간, 유동성 리스크 측정이 중요하다.
[외화 LCR(유동성 커버리지 비율·Liquidity Coverage Ratio)]
- '시스템위기' 상황에서 30일간의 외화순현금유출액(이하 '순현금유출액')을 감내할 수 있는 외화 고유동성자산(이하 '고유동성자산')의 비율로서 은행의 외화유동성 충격에 대한 대응능력을 측정하는 대표적인 규제지표로 국내에서는 2017년에 도입하였다.
  → 외화유동성 위기로 뱅크런 상황에서 즉시 외화로 현금화할 수 있는 자산의 비율을 점검하는 지표이다.
- 고유동성자산은 현금, 지급준비금, 고신용채권(미국국채 등)에 대해 신용등급·발행주체별로 적용비율을 차등 반영하며, 분모인 순현금유출액(현금유출액 - 현금유입액)은 조달 및 운용 항목별 적용비율을 차등 반영하여 산출된다.

$$외화\ LCR = \frac{고유동성자산}{향후\ 30일\ 간\ 순현금유출액(유출액 - 유입액)} \times 100 \geq 80\%(월평균)$$

② 감독기관의 단기 외화유동성 지도비율은 85% 이상이다.
③ 중장기 외화자금조달비율에 대한 감독비율은 100% 이상이다. (과거에는 7일 이내 도래하는 부채에 대한 만기불일치비율 규제가 있었으나 은행 자율로 폐지됨)
④ 잔존만기 1개월 이내에 도래하는 만기불일치비율이 10%가 넘지 않도록 관리한다.
  → 만기불일치비율이나 유동성비율 산정 시 외화자산별 가중치(금융감독원)를 차등하여 적용하고 있다.
    100% : 현금성자산, 은행간대여금, 국공채(AA 등급 이상)
    90% : 시설자금외화대출금, 회사채(AA등급 이상)
    55% : 상장주식

✅ 정답 ①

Key Point 외신관리 중 SWIFT 이해

05 은행 간 금융 업무처리를 위한 SWIFT Message에 관한 다음 설명 중 옳지 않은 것은?

① SWIFT를 이용하는 경우 텔렉스에 비하여 통신비용이 절약되고 업무처리 양식 표준화(standardized formats)로 업무처리 자동화되어 있다.
② 누구나 가입비용을 지불하면 가입이 가능한 개방형 네트워크이다.
③ SWIFT MT(Message Type)는 3자리 수로 구성되어 있다.
④ 우리나라는 1992년 가입을 통해 외환관련 업무를 시작하였다.

해설

SWIFT[Society For Worldwide Interbank Financial Telecommunication)는 1973년 설립된 국제 은행 간 통신 협회로 은행 간의 국제 금융 거래를 중개하는 벨기에 협동조합이다. 통신처리가 자동 업무처리되어 표준화되어 있고 보안성(security)이 있다. 가입은 금융기관(은행, 투자회사, 보험사)외에도 글로벌기업 등도 가입이 가능하나 개인은 SWIFT 가입이 제한된다.
[SWIFT 코드 구성]
• MT(Message Type) : 3자리 수로 구성
• MT 103 : category(1), message group(0), type(3)
[예시]
• MT 103 : 송금지시서, MT 110 : 송금수표 발행 여부
• MT 202 : 금융회사 자금이체, MT 700 : 신용장 개설

 정답 ②

Key Point 외국환대사(reconcilement) 절차 이해

06 외국환대사 절차를 순서대로 바르게 나열한 것은?

> 가. Shadow 계정과 Actual 계정을 대사(reconcile)
> 나. 예치환은행에서 Statement를 받아 Actual 계정 생성
> 다. 전일자의 거래내역을 확인하여 Shadow 계정 생성
> 라. 미달환명세표(Pending List) 작성

① 가 - 나 - 라 - 다   ② 다 - 나 - 가 - 라
③ 나 - 라 - 가 - 다   ④ 나 - 가 - 다 - 라

해설

외국환대사는 외국환은행 간에 외국환업무처리와 관련하여 입금(Credit), 출금(debit)한 거래에 대하여 상호 비교를 통하여 거래에 따른 자금의 일치 여부를 확인하는 일련의 과정이다.
→ Shadow 계정 생성 : 당행이 입금한 내역(We credit)과 인출한 원장을 만드는 과정이다.
→ Actual 계정 생성 : 지정된 예치환거래은행에서 보내온 내역서를 참조하여 상대방은행이 입금한 내역과 출금한 내역의 원장을 만드는 과정이다.

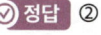 정답 ②

Key Point 외국환대사 과정 미달환 유형

07 다음은 외국환대사 과정에서 발생하는 미달환 유형의 사례이다. 해당하는 미달환유형으로 옳은 것은?

> 당방은행에서 일람급 수출환어음이나 외화수표를 매입하여 그 대금을 고객에게 지급하고 예정대체일에 외화타점예치금계정에서 차기하였으나 선방은행으로부터 대금이 입금되지 않는 경우

① We debited, but they didn't credit
② We credited, but they didn't debit
③ They credited, but we didn't debit
④ They debited, but we didn't credit

📝 **해설**

수출환어음이나 외화수표를 매입하면 추심 등의 과정을 거쳐 일정시점(예정대체일)이 지나면 입금이 되어야 한다. 위 문제의 경우 당행에서 인출하려 하였으나 상대방은행에서 입금하지 않은 경우를 말하는 것이다.
- debit : 차변(계정), 차변에 기입(차기), → 자산의 증가를 차변에 기입하는데, debit(빌려오다)이 차변인 이유는 자산 = 부채 + 자본(equity) 등식에서 자산 증가는 부채의 증가 또는 주주의 몫인 자기자본의 증가가 발생하므로 debit으로 명한다.
- credit : 대변(계정), 대변에 기입(대기), 자산 credit slip(입금표)

※ 차기 : 출금(debit)한 거래, 대기 : 입금(credit)한 거래
① : 당방은행 차기, 선방은행 미대기
② : 당방은행 대기, 선방은행 미차기
③ : 선방은행 대기, 당방은행 미차기
④ : 선방은행 차기, 당방은행 미대기

✅ **정답** ①

Key Point   환포지션(foreign exchange position) 구분 및 환율변화에 대한 위험 이해

08 외국환은행의 외환거래에서 발생하는 환포지션(foreign exchange position)에 대한 설명이다. 옳게 설명한 것으로 연결된 것은?

> 가. 원화를 대가로 매매한 외국환의 매도액과 매입액의 차이를 의미하는데 동일한 통화 간 거래에는 발생하지 않는다.
> 나. 국내은행이 Over Bought Position을 유지하고 있을 때 환율이 상승(원화가치 하락)하면 은행은 이익을 보게 된다.
> 다. 은행은 고객과의 외환거래에서 환포지션에 대하여 능동적 입장이다.

① 가, 나
② 나, 다
③ 가, 다
④ 가, 나, 다

해설

환포지션은 원화를 대가로 매매한 외국환 매도액과 매입액의 차액을 의미하며 동일한 통화 간의 매매에서는 발생하지 않는다. 이런 환포지션은 환리스크 노출규모, 외화매매익 산출, 외화자금 조정을 위한 기초자료로 활용된다.
다. 은행은 고객과의 외환거래에서 환포지션과 관련하여 고객이 원하는 거래를 수용하는 수동적 입장에 있다.

[포지션에 따른 환위험 이해]

구분		상태	환위험
Open Position	매입초과포지션 (over-bought position)	외화자산 > 외화부채	환율 상승 시 환차익 (외국 통화가치 상승＝자국통화가치 하락)
	매도초과포지션 (over-sold position)	외화자산 < 외화부채	환율 하락 시 환차익 (외국 통화가치 하락＝자국통화가치 상승)
Square Position		외화자산 = 외화부채	환율 변화에 따른 손익 변화 없음

정답 ①

Chapter 01 출제예상 문제

중요도에 따라 Self 맞춤형 학습이 가능한 출제예상 문제입니다. 각자의 목표점수에 맞게 문제를 선별하여 풀어보세요!

▶ 중요도 : 상 중 하

01

외국환은행의 환거래계약에 대한 설명으로 옳지 않은 것은?

① 자기명의로 계좌를 개설한 은행에 대해서는 예치환거래은행이라고 하며, 자기명의로 계좌를 개설하지 않고 환거래계약만 체결한 은행에 대해서는 무예치환거래은행이라고 한다.
② 중복계좌로 인해 제3기업이 이를 이용할 수 있다는 취약점이 있으나 자금세탁이 쉽지는 않다.
③ 계약체결 전 환거래은행의 실체, 지배구조 등을 확인하여야 한다.
④ 계약체결 후 실제 거래 시 음영계정과 원계정에서의 금액이 일치하지 않는 경우가 발생할 수 있으므로 환대사 업무를 통해 확인하여야 한다.

정답 및 해설

01 중복계좌란 환거래 요청은행이 환거래은행에 개설한 환거래계좌의 이용 권한을 제3의 금융기관에 부여하면, 제3의 금융기관이 익명으로 환거래은행의 시스템에 접속하여 동계좌(환거래요청은행의 계좌)를 사용할 수 있는 것으로 자금세탁의 위험에 노출되어 있다고 할 수 있다.

정답 01 ②

02 ♦♦♦

외화자금의 관리는 유동성, 안정성, 수익성의 원칙하에 관리되어야 한다. 다음 외화 유동성 관리에 대한 설명으로 맞는 것은?

① 유동성관리대상은 국내본지점, 해외지점, 현지법인의 외화자산이나 외화부채로 하고 부외거래는 관리대상이 아니다.
② 외화부채와 외화자산의 만기가 불일치할 경우 잔존만기 1개월 이내에 도래하는 부채가 자산을 초과하는 비율이 총 외화자산 대비 5% 이내이어야 한다.
③ 외화유동성 비율은 잔존만기 3개월 이하 외화부채에 대한 외화자산의 비율이다.
④ 관리대상의 외화자산에는 선물환 매입, NDF 매입, 외화대출 등이 있다.

03 ♦♦♦

다음 예시 중 외국환은행의 외화자금 조달수단으로 연결된 것은?

가. 외화대출금	나. 외화예금
다. 매입외환	라. call money

① 가, 나
② 나, 다
③ 가, 라
④ 나, 라

정답 및 해설

02 외화유동성관리대상에 부외거래도 포함된다. 외화유동성 비율은 외화자산이 외화부채의 85% 이상을 유지할 것을 권고하고 있으며, NDF는 차액결제선물환거래이므로 원금의 교환이 없기 때문에 자산, 부채 항목에 넣을 수 없고 1개월 이내의 단기 만기불일치의 경우 10% 이내로 관리하도록 감독기관에서는 지도비율을 두고 있다.

03 외화예금, credit line, call money 등은 대표적인 단기 자금조달방식이다. 외화대출금과 매입외환은 외화자금 운용대상이다.

정답 02 ③ 03 ④

04

외국환은행 영업점의 외국통화 보유에 관한 다음 설명 중 옳은 것은?

① 보유하고 있는 외국통화 규모만큼 은행 내부금리에 따른 이자를 부담하므로 적정 규모를 보유하여야 한다.
② 외국통화는 외화자금의 조달 수단이므로 매매실적을 감안하여 유지하여야 한다.
③ 본지점 간에는 현수송수수료가 발생하지 않으므로 외국통화 매매에 따른 수익만을 감안한다.
④ 고객의 매입수요가 많은 외국통화나 강세 외국통화는 단기간 내 자금화할 수 있도록 관리한다.

05

외국환은행의 외화자금 운용에 대한 설명 중 옳지 않은 것은?

① 외화자금 운용 시 안정성을 우선적으로 고려하도록 한다.
② Rollover 리스크가 큰 단기차입금의 비중은 최소한으로 관리해야 한다.
③ 한국은행 수탁금을 재원으로 한 외화대출은 특별외화대출이다.
④ 은행 간 외화대여금은 만기가 30일을 초과하는 대여금을 말한다.

정답 및 해설

04	② 외국통화는 외화자금 운용수단이다. ③ 현수송수수료가 발생한다. ④ 매입수요가 적거나 약세 외국통화의 경우 단기간 내 자금화관리가 필요하다.
05	은행 간 외화대여금은 만기가 90일을 초과하는 대여금을 말한다.

정답 04 ① 05 ④

06 ✪✪✪

외화자금관리에 대한 설명으로 옳지 않은 것은?

① 장기프로젝트에 필요한 소요자금은 차입금리가 상대적으로 낮은 단기자금을 반복적으로 차입하는 방식으로 조달하는 것이 바람직하다.
② 안정성의 원칙이란 일정 시점에서 은행의 모든 외화부채를 상환할 수 있는 재무상태를 유지하는 것을 말한다.
③ 수출업체의 환헤지를 위한 선물환거래를 하기 위해 외화자금을 차입할 필요가 생기기도 한다.
④ 원칙적으로 상환기간 1년 이상인 외화부채보다 상환기간 1년 초과인 외화자금 조달 잔액이 100% 이상이어야 한다.

07 ✪✪

아래 설명은 은행의 유동성리스크와 관련한 '외화유동성커버리지비율(외화LCR)에 대한 설명이다. (   ) 안에 들어갈 적정한 비율은?

> 외화유동성커버리지비율 규제는 2017년부터 단계적으로 상향 조정되어 2019년부터 국내은행은 월평균 (   ) 이상을 유지하여야 한다.

① 50% ② 65%
③ 80% ④ 100%

정답 및 해설

06 장기운용자금은 장기로 조달하는 것이 적절하다.
07 외화유동성커버리지비율은 극단적인 상황에 닥쳐도 충분한 외화유동성을 확보하도록 향후 30일간 외화순유출금액에 대비하여 외화고유동성자산을 80% 이상 보유하도록 하는 단기유동성 규제비율이다.

정답 06 ① 07 ③

08 ★★★

외화자금의 조달 및 운용에 대한 아래 설명 중 옳은 것으로 연결된 것은?

> 가. 단기자금조달의 경우 외화예금이나 시장의 콜머니(Call Money)를 이용한다.
> 나. 장기자금조달의 경우 Credit Line을 확보하는 것이 중요하다.
> 다. 중장기의 경우 자금의 필요시기와 확보시기를 잘 분석하여 위험을 검토하여야 한다.
> 라. 한국은행 외화수탁금은 일반 외화예수금과 달리 수탁한 자금의 용도가 지정되어 있으므로 구분 관리해야 한다.

① 가, 나, 다
② 가, 다, 라
③ 나, 다, 라
④ 가, 나, 다, 라

09 ★★

다음 중 유동성 위기상황계획(contingency planning)의 일환이라 할 수 없는 것은?

① 외화예수금의 중도인출, 만기해지 등 현금유출 증가에 대비한다.
② 단기자금 운용보다는 장기자금 운용이 필요할 때이다.
③ Credit line이나 Derivatives line 한도 축소에 대비해야 한다.
④ 파생금융상품의 트리거 조항 발동 등에 따른 추가담보 요구에 대비해야 한다.

정답 및 해설

08 나. 코레스은행 Credit Line을 활용하여 필요한 단기자금차입이 이루어진다.
09 유동성 위기상황에 대처하기 위해서라도 장기운용 자금은 축소하고 단기금융시장(money market)으로 운용을 하여야 한다.

정답 08 ② 09 ②

10 ❂❂❂

금융회사의 외화유동성 리스크관리에 대한 설명이다. 옳지 않은 것은?

① 유동성과 수익성은 서로 보완관계에 있으므로 유동성이 개선될수록 수익성도 개선된다.
② 유동성 수준에 대한 정기적인 측정과 분석을 통해 유동성 위기 시에도 안정적인 영업이 가능하도록 하는 것이 목적이다.
③ 국내본지점 외에도 해외지점, 해외현지법인의 모든 외화자산과 부채를 대상으로 한다.
④ 역외계정과 유동성에 영향을 미치는 부외거래도 유동성 리스크관리 대상이다.

11 ❂❂

국내 감독기관의 외국환은행에 대한 외화유동성 감독기준에 관한 설명이다. (　) 안에 적절한 것은?

> 국내 외국환은행에 대하여 잔존만기 3개월 미만의 외화자산은 동기간의 외화부채의 (　　)을 유지하도록 감독기관에서 권고하고 있다.

① 85% 이상
② 90% 이상
③ 75% 이상
④ 100% 이상

정답 및 해설

10 　외화자금관리 관련하여 유동성원칙과 수익성원칙은 상호 상충관계에 있다.
11 　85% 이상 유지하도록 권고하고 있다.

정답 10 ① 11 ①

12

은행의 외화유동성비율과 만기불일치비율을 산정할 때 외화자산 유형별 적용 시 가중치가 가장 낮은 자산 유형은?

① 외국통화
② 상장주식
③ 회사채(신용등급AA)
④ 시설자금대출금

13

다음 중 외국환업무 취급에 따른 위험관리에 대한 설명으로 옳지 않은 것은?

① 외국환업무 취급기관은 외국환 매입 매각 초과액의 한도준수 여부를 매월 말 잔액을 기준으로 확인하여야 한다.
② 외국환업무 취급기관은 국가별 위험 거액신용위험 파생금융거래위험 등 외국환 거래에 따르는 위험의 종류별로 관리기준을 자체적으로 설정·운용하여야 한다.
③ 외국환포지션 한도를 위반한 경우 위반한 날로부터 3영업일 이내에 금융감독원장에게 이를 보고하여야 한다.
④ 유동성에 대한 다양한 시나리오에 따른 유동성 갭(Gap)을 산출할 필요가 있다.

정답 및 해설

12	상장주식 가중치는 55%로 보기 중에서 가중치가 가장 낮다. • 100% 가중치 적용 자산유형 : 외국통화, 예치금, 매입외환, 은행간대여금, 국공채(AA등급 이상) • 90% 가중치 적용 자산유형 : 시설자금대출금, 국공채(A~BBB등급), 회사채(AA등급 이상)
13	외국환업무 취급기관은 외국환 매입 매각 초과액의 한도준수 여부를 매영업일 잔액을 기준으로 확인하여야 한다.

정답 12 ② 13 ①

14

SWIFT(Society for Worldwide Interbank Financial Telecommunications)의 장점에 대한 다음 설명 중 적절하지 않은 것은?

① 신속성 : 전문발송 후 수신자에게 신속하게 전달이 가능
② 범용성 : 은행, 기업, 개인 등 관계당사자가 이용할 수 있는 개방형 네트워크
③ 저렴한 비용 : Telex에 의한 전문 송·수신보다 통신비용이 저렴
④ 표준화 : 시스템에 의한 전문분류 등 자동처리에 적합

15

외국환은행 외신관리에 대한 다음 설명 중 옳은 것으로 연결된 것은?

> 가. 전신문은 국내은행 영업시간과 관계없이 상대은행으로부터 수시로 수신되어 SWIFT 시스템은 24시간 가동된다.
> 나. 전신문이 지정 형식이 아니라도 업무별로 자동 분류되어 업무처리가 용이하다.
> 다. 전신문 처리부서에서 전신문을 확인하지 않은 경우 금융사고, 업무지연, 민원 발생 가능성이 있으므로 주의해야 한다.

① 가, 나
② 나, 다
③ 가, 다
④ 가, 나, 다

정답 및 해설

14 | SWIFT는 보안성이 중요하고 은행, 금융회사 간 통신협정이기 때문에 개인이나 일반기업은 쉽게 접근할 수 없다.

15 | SWIFT 전신문이 지정된 형식이 아니거나 관련 중요정보가 없는 경우에는 전신문이 자동 분류되지 않아 담당 관련부서에서 확인 절차를 거쳐야 한다.

정답 14 ② 15 ③

16 ⚫⚫

아래에서 설명하는 SWIFT Message Type은?

> 수표 발행은행이 수표 지급은행에게 수표가 발행되었다는 사실을 알려주는 Message Type

① MT103　　　　　　　　② MT110
③ MT202　　　　　　　　④ MT700

17 ⚫⚫⚫

외국환대사에 대한 다음 설명 중 옳지 않은 것은?

① 환대사를 종료한 후에도 정리가 되지 않고 남아있는 미정리환을 '미달환'이라 한다.
② 은행의 전일자 계정처리 내역으로 Shadow 계정을 생성하여, 예치환거래은행이 송부해 온 statement를 근거로 생성한 Actual 계정과 상호대사한다.
③ 발생 후 6개월이 경과하도록 정리되지 않은 장기미달환은 영업외수익 또는 영업외손실로 계정 처리하여 환대사를 종료한다.
④ 환대사는 은행의 거래내역과 예치환거래은행의 거래내역을 일치시켜 나가는 과정으로, 예치환거래은행별, 통화별로 각각 수행한다.

✅ 정답 및 해설

16	MT103은 고객송금 지급지시서, MT202는 금융기관 간에 자금이체, MT700은 화환신용장 개설 SWIFT Message Type이다.
17	조속 정리되도록 적극적 관리가 필요하다. [미달환 사례] • 수출환매입 후 선방은행에 입금금액은 일반적으로 해외서 발생하는 수수료로 인하여 매입금액과 불일치 • 해외송금 후 반송으로 수취한 송금대금의 경우 수수료가 공제되어 금액이 불일치 발생

정답　16 ②　17 ③

18 🏅🏅🏅

외환포지션에 대한 다음 설명 중 옳은 것은?

① Over bought position인 경우 환율 하락 시 환차익이 발생한다.
② Over sold position인 경우 자국통화 가치가 하락하면 환차손이 발생한다.
③ Over sold position은 외국환 매입이 외국환 매도보다 많은 경우이다.
④ Square position은 외국환이 매매차액은 없으나 환율변동에 민감하다.

19 🏅🏅

다음 환포지션 중 환율이 하락하는 경우 가장 유리한 포지션의 형태는?

① Square 포지션
② Over - bought 포지션
③ Over - sold 포지션
④ Long 포지션

정답 및 해설

18
① over bought position인 경우 환율 하락 시 환차손
③ over sold position은 외국환 매입보다 외국환 매도가 많은 경우
④ square position은 외화자산과 외화부채가 균형상태이므로 환율변동과 무관한 상태

19 Over - sold position 또는 Short position인 경우 환율하락 시 환차익 발생. 그 반대의 경우는 Over - bought position 또는 Long position으로 환율하락 시 환차손이 발생한다.

정답 18 ② 19 ③

20 ✦✦

다음 제시된 사례 중 환포지션 발생 거래에 해당하지 않는 것은?

① 외화예금 통장에서 CAD500를 출금하여 CAD송금수표로 발행을 요청하였다.
② 일본여행 후 남은 JPY1,000,000을 원화로 통장에 입금을 요청하였다.
③ 여행경비조로 원화 1백만원을 대가로 USD 현찰로 환전을 요청하였다.
④ 고객이 EUR500을 가져와 EUR300은 해외송금하고, EUR200은 원화지급을 요청하였다.

21 ✦✦✦

아래에서 설명하는 미달환 유형은?

> 당방은행에서 고객의 송금요청으로 선방은행 계좌로 자금을 입금하였으나 선방은행이 관련 지급지시서(P/O)를 받지 못해 예치금계좌에서 차기하지 못한 경우 발생하는 미달환

① We debited, but they didn't credit
② We credited, but they didn't debit
③ They credited, but we didn't debit
④ They debited, but we didn't credit

정답 및 해설

| 20 | 환포지션은 동일한 통화 간의 매매에서도 발생하지 않는다. |
| 21 | 당방은행이 선방은행계좌에 대기처리하였으나, 선방은행에서 차기하지 않은 경우이다. |

정답 20 ① 21 ②

22 ♦♦♦

국내 외국환은행 A은행이 아래와 같은 거래가 발생하였다. 이에 대한 설명 중 옳은 것은?

- 현물환거래 USD/KRW Long position 5백만불
- 선물환거래 Short position 2백만불

① USD/KRW 환율이 상승하는 경우 A은행은 환차익이 생긴다.
② 현물환은 환율변동에 영향을 받지 않기 때문에 선물환포지션만 영향을 받는다.
③ A은행은 USD/KRW 환율이 하락해야 유리하다.
④ 매도초과포지션 상태이다.

23 ♦

B은행 종로지점에서 외환업무(환전업무 포함)를 담당하고 있는 A대리는 평소와 같이 영업시간 종료 후 외국환 마감업무를 진행하고자 한다. 다음 중 A대리가 반드시 거래 당일 수행하여야 하는 외국환 마감업무에 해당하는 내용 중 가장 거리가 먼 것은?

① 통화별 대체금액 확인
② 외국기업 신용조사
③ 당일 중 미 처리 업무 확인
④ 외국환포지션 정리

정답 및 해설

22 환포지션 산출은 현물환포지션과 선물환포지션의 합을 종합포지션으로 관리해야 한다.
현물환의 만기가 변하지 않는 한 시장변동상황에 따라 영향을 받는다. 현재 외화자산이 3백만불 매입초과포지션 상태이므로 환율상승 시 유리하다.
→ 외국환은행은 보유 외화자산과 부채(역사적 환율로 기입)에 대하여도 매일 매일 평가하여 외환평가손익을 관리 평가한다.

23 마감업무로 외국환전금, 역환 등 당일 처리업무 확인이 필요하며, 외국통화 시재확인, 통화별 대체금액 확인, 외환계정 잔액 확인, 환포지션 정리 업무 등이 마감 시 처리해야 할 업무이다.

정답 22 ① 23 ②

Chapter 01 자가학습진단표

자신의 학습성취도를 스스로 진단하세요.

	진단 내용	Yes	No
01	환거래은행(correspondent banking) 개념에 대하여 이해하고 예금계좌 보유에 따른 구분에 대하여 이해를 하고 있습니까?		
02	환거래은행 계약 체결 시 주요 점검사항에 대하여 정리할 수 있습니까?		
03	은행의 외화자금 조달 및 운용 방법에는 어떤 것들이 있는지 설명할 수 있습니까?		
04	외화자금의 조달과 관련하여 장·단기자금의 차이와 방법에 대하여 구분하여 설명할 수 있습니까?		
05	외화자금 관리대상 및 유동성지표(외화LCR 등)에 대하여 설명할 수 있습니까?		
06	은행의 유동성 위기상황에 대비하는 방법에 대하여 설명할 수 있습니까?		
07	SWIFT의 대한 이해와 장점에 대해 설명할 수 있습니까?		
08	SWIFT 메시지 타입(MT) 구성 및 코드에 대하여 이해하고 있습니까?		
09	외국환대사(Reconcile) 과정에 대하여 음영계정과 실제계정을 구분하여 이해하고 있습니까?		
10	외국환 대사과정에서 발생하는 미달환 발생 원인에 대한 이해를 하고 있습니까?		
11	외환포지션에 대하여 이해하고 있습니까? (균형포지션, 매입초과포지션, 매도초과포지션)		
12	환율 변동에 따른 외환포지션(롱포지션, 숏포지션)의 환차익(손) 변화를 이해하고 있습니까?		
13	은행업무 당일 마감 시 반드시 점검해서 처리해야 할 업무에 대하여 이해하고 있습니까?		

Yes 개수별 진단결과

- 5개 이하 : 합격예상도는 40% ➔ 기본서로 관련 내용을 다시 한번 꼼꼼하게 학습하세요.
- 6~9개 : 합격예상도는 60% ➔ 길라잡이 문제를 통해 주요 내용을 다시 한번 체크하세요.
- 10개 이상 : 합격예상도는 80% ➔ 출제예상 문제를 통해 100% 합격에 도전하세요.

제2장

대고객 외환실무

출제경향분석

본 단원은 2과목에서 출제비중이 가장 높은 단원으로 상세히 학습하는 자세가 필요합니다. 외화예금의 특징 및 외화예금 계정 구분은 출제빈도가 매우 높은 부분입니다. 당발송금의 종류를 정리하여야 하며 적용환율과 퇴결 시 지급절차를 잘 정리하여야 합니다. 또한 당발송금 관련 외국환거래 규정에 관한 부분도 출제비중이 높은 편입니다. 타발송금의 경우 취득경위 입증서류 제출대상 및 지급 시 주의할 사항에 대하여 영수확인서 제도와 연결하여 정리가 필요합니다.

외국통화매매 관련해서는 외국환 관련규정을 잘 정리하고 특히 외국인 재환전에 대하여 정리하여야 합니다. 이 경우 국민거주자와의 거래와 비거주자와의 거래 규정 차이점을 대비하여야 합니다. 환전영업자에 대한 가능 업무도 정리해야 하고, 외화수표에서는 매입 시 유의사항과 수표별 유효기간을 정리해야 하며, 미국법상 부도처리 가능기간 및 부도대금 회수에 대한 이해가 중요합니다.

Chapter 02 문제로 보는 출제경향

01

외화예금 개설 및 거래에 대한 다음 설명 중 옳은 것은?

① 거주자계정은 국민인거주자와 외국인거주자가 개설할 수 있는 계정이다.
② 대외계정은 외국으로부터 송금되어 온 대외지급수단인 경우 예수가 가능하다.
③ 외화예금에 원화로 입금하는 경우에는 입금 당시의 대고객 전신환매입률이 적용된다.
④ 외화예금 이자율은 통화의 종류에 관계없이 동일한 금리가 적용된다.

해설 ① 거주자 계정은 국민인거주자가 개설할 수 있는 계정이다.
③ 외화예금에 원화로 입금하는 경우에는 입금 당시의 대고객 전신환매도율이 적용된다.
④ 외화예금 이자율은 통화별로 예치기간에 해당하는 국제기준금리를 감안하여 적용된다.

정답 ②

02

외국환은행이 타발송금 지급 시 처리방법으로 옳지 않은 것은?

① 수취인 계좌번호가 일치하더라도 수취인명이 상이한 경우에는 지급할 수 없다.
② 동일자, 동일인, 동일점포 미화 2만불 이내의 타발송금 영수의 경우는 동 영수의 사유와 금액을 입증하는 서류를 받지 않고 지급할 수 있다.
③ 외국인 또는 비거주자가 외국으로부터 영수한 대외지급수단을 내국지급수단을 대가로 매입하는 경우로서 처분 목적을 알 수 없는 경우 "해외재산반입"으로 간주하여 매입이 가능하다.
④ 영수 사유가 신고대상인 자본거래의 경우 반드시 신고를 하고 지정거래외국환은행을 통해 지급한다.

해설 영수행위가 신고대상인 자본거래의 경우에도 거래 건당 영수금액이 10만불 이내이고, 연간 영수 누계금액이 10만불을 초과하지 않는 경우에는 신고절차를 생략하고 지정거래외국환은행에서 지급할 수 있다.
다만, 취득경위 입증서류를 제출하는 경우에는 신고절차를 거쳐야 한다.

정답 ④

대표문제로 선별했으니, 학습 전에 최근 출제경향을 파악하세요.

03

외국환은행의 외국통화 매도에 대한 다음 설명 중 옳지 않은 것은?

① 비거주자에게 재환전 증빙서류 없이 미화 1만불 범위 내에서 매각하는 경우에는 최근 입국일 이후 해외여행경비의 환전사실이 있는지 여부를 확인하여야 한다.
② 외국인거주자에 대한 재환전은 최근 입국일 이후 발행된 재환전 증빙서류가 제시된 경우에만 가능하다.
③ 재환전 증빙서류에 의한 재환전의 경우 재환전 증빙서류는 회수하여야 하나 일부금액의 재환전의 경우에는 서류여백에 환전사실을 표기한 후 고객에게 다시 교부한다.
④ 외국인에게 1백만원 이하에 상당하는 외국통화를 매각하는 경우에는 여권에 매각사실 기재를 생략한다.

해설 기본적으로 외국인거주자의 경우 국내에서 매각한 실적 범위 내에서 매각이 가능하나 국내 소득 등의 대외지급 등을 위한 매각에서는 급여 및 소득금액과 보험 또는 연금 금액 내에서 매각이 가능하다. 증빙서류가 없는 경우에는 동일한 지정거래외국환은행의 관리하에 연간 미화 5만불 이하에서는 사유를 불문하고 매각 및 대외지급을 허용한다.

정답 ②

04

외국환은행이 외국환신고(확인)필증 발행·교부 대상 거래가 아닌 것은?

① 국민인거주자에게 해외여행 경비 목적으로 미화 1만불을 초과하여 외국통화를 매각한 경우
② 해외이주비 지급을 위해 미화 1만불을 초과하여 여행자수표를 매각한 경우
③ 해외유학생 경비 목적으로 미화 1만불을 초과하여 외국통화를 매도한 경우
④ 재외동포 국내 재산반출 지급을 위해 미화 1만불을 초과하여 외국통화를 매도한 경우

해설 국민거주자에 대한 일반해외경비의 경우 환전금액에 제한을 두지 않는다. 이 경우 1만불을 초과하여도 외국환확인필증의 교부대상이 아니다.

정답 ①

Chapter 02 길라잡이 문제

중요이론을 재정리할 수 있는 대표문제로 구성하였습니다.

Key Point 국민거주자와 외국인거주자 구분

01 다음 중 '외국환거래법'에서 정한 거주자(국민, 외국인)에 해당하지 않는 경우는?

① 미국소재 한국대사관에 근무할 목적으로 파견되어 체재하고 있는 자
② 6개월 이상 국내에서 체재하고 있는 외국인
③ 국내 주둔 미합중국 군인
④ 국내에서 영업활동에 종사하고 있는 외국인

해설

국내 주둔 미합중국 군인은 외국인비거주자에 해당한다. 국민인거주자는 국내에 주소를 두고 있는 국민 외에 다음과 같다.
- 국민인비거주자이었던 자로서 입국하여 국내에 3개월 이상 체재하고 있는 자
- 대한민국 재외공관에 근무할 목적으로 외국에 파견되어 체재하고 있는 자
- 대한민국 재외공관에 근무하는 외교관
- 국내에 주된 사무소가 있는 단체, 기관, 조직체나 비거주자

구 분	거주자	비거주자
국민	• 대한민국 재외공관에서 근무할 목적으로 외국에 파견되어 3월 이상 체재하고 있는 자 • 국민인비거주자이었던 자로서 입국하여 국내에 <u>3월 이상 체재하고 있는 자</u> • 대한민국에 주소·거소를 둔 개인 • 대한민국에 주된 사무소를 둔 법인	• 외국에서 영업활동에 종사하고 있는 자 • 외국에 있는 국제기구에서 근무하고 있는 자 • <u>2년 이상 외국에 체재할 목적으로 출국하여 외국에 체재하고 있는 자</u> • 2년 이상 외국에 체재하고 있는 자
외국인	• 국내에 있는 영업소 기타의 사무소에 근무하고 있거나 국내에서 영업활동에 종사하고 있는 자 • <u>6월 이상 국내에 체재하고 있는 자</u>(출국한 경우 3월 이내 재입국) • 거주자이었던 외국인으로서 출국 후 6월 이내에 국내에 6월 이상 체재할 목적으로 다시 입국하여 체재하고 있는 자	• 국내에 있는 외국정부의 공관 또는 국제기구에서 근무하는 외교관·영사 또는 그 수행원이나 사용인 • 국내 주둔 미합중국군대 등의 외국군인 및 군속 그리고 초청계약자, 동거가족 • 외국정부 또는 국제기구의 공무로 입국하는 자 • 거주자였던 외국인으로서 출국하여 외국에서 3월 이상 체재중인 자

정답 ③

Key Point 외화예금의 특징과 계정 구분

02 외화예금 거래의 특징에 대한 설명이다. 옳은 설명으로 연결된 것은?

> 가. 통화 종류에 따라 금리가 달리 적용된다.
> 나. 취급 금융기관이 고시하는 통화에 대하여 예금이 가능하다.
> 다. 환율변동에 따른 환리스크 헤지 수단을 제공한다.
> 라. 외화예금의 이자를 계산할 때 지급단위는 예수통화의 보조단위까지로 하며, 보조단위 미만은 절상한다.

① 가, 나, 다
② 나, 다, 라
③ 가, 다, 라
④ 가, 나, 다, 라

해설
[외화예금 특징]
- 개설 시 실명확인 대상
- 원화 대가 거래 시 환율이 개입 → 개설 시 환차익(손) 발생 사실을 사전 통지
  → 외화예금을 원화로 입금하는 경우에는 입금 당시 대고객 전신환매도율을 적용하고, 외화예금의 원리금을 원화지급하는 경우에는 지급 당시 대고객 전신환매입율을 적용한다.
- 예치 가능 통화 : 은행별 외화자금 사정에 따라 결정
- 외화예금의 예치통화는 해당 통화의 유동성, 자금운용 여부 등을 감안하여 외화자금 관련부서에서 결정한다.
- 외화예금의 이자를 계산할 때 지급단위는 예수통화의 보조단위까지로 하며, 보조단위 미만은 절사한다.
- 계정별로 가입 대상 및 예치·처분 사유 지정
  → 외국인거래법령에 따라 거주자계정, 대외계정, 해외이주자계정 등을 구분·관리
- 일정한도 범위 내에서 예금보호
  → 외화예금은 예치에 있어서 확인 및 취득경위 입증확인 등의 절차를 거쳐야 한다.

정답 ①

> **Key Point** 외화예금계정 개설자격 및 환율 적용

03 다음은 외화예금에 대한 설명이다. 옳지 않은 것은?

① 비거주자가 개설할 수 있는 계정은 대외계정이다.
② 거주자계정은 국민인거주자 또는 개인자격의 외국인거주자가 개설할 수 있는 계정이다.
③ 해외이주자계정은 재외동포 또는 해외이주법에 의한 해외이주자가 개설할 수 있는 계정으로 외화예금은 외화당좌예금, 외화보통예금, 외화정기예금에 한한다.
④ 동일자, 동일인, 동일점포를 기준하여 미화 2만불 이하 예치인 경우 신고여부 확인이 생략된다.

해설

거주자계정은 국민인거주자 또는 개인사업자의 외국인거주자가 개설할 수 있는 계정이다.

[외화예금 계정별 가입대상 및 예수가능대상]

구분	가입대상	예수가능대상
거주자계정	• 국민인거주자 • 개인사업자인 외국인거주자가 개인사업자 자격으로 가입	• 취득 또는 보유가 인정된 대외지급수단 • 원화를 대가로 하여 외국환은행 등으로부터 매입한 대외지급수단
대외계정	• 비거주자 • 외국인거주자 순수 개인 자격 • 대한민국 정부의 재외공관 근무자와 그 가족 • 순수 개인자격 외국인거주자	• 외국으로부터 송금 • 보유가 인정된 대외지급수단
해외이주자계정	• 재외동포 • 해외이주자	• 해외이주자의 본인명의의 재산 • 재외동포의 본인명의의 부동산 매각대금과 본인명의의 국내 예금, 신탁계정 관련 원리금

[외화예금 예치 시 확인 생략 대상]
• 미화 2만불 이하인 경우(동일자·동일인·동일점포를 기준)
• 정부, 지방자치단체, 외국환업무취급기관, 환전영업자로부터 예수하는 경우
• 다른 거주자계정 또는 거주자외화신탁계정으로부터 이체되어 오는 경우

정답 ②

Key Point 외화예금계정별 예치가능대상

04 다음 외화예금 계정에 대한 설명으로 옳지 않은 것은?

① 대외계정은 외국으로부터 송금되어 온 대외지급수단만 예치 가능하다.
② 대외계정에서 외국인 또는 국민인비거주자에게 내국지급수단을 대가로 처분하는 경우 외국환 처분 목적을 알 수 없는 경우에는 '해외재산반입'으로 간주하여 처분이 가능하다.
③ 외화예금을 원화로 지급하는 경우에는 지급 당시의 대고객 전신환매입률을 적용한다.
④ 거주자계정 예치 확인 시 취득경위 입증서류로 외국환신고(확인)필증, 계약서 등을 제출받고 실명확인증표에 의해 인적사항을 확인한다.

해설
대외계정은 외국으로부터 송금된 경우나, 보유가 인정된 대외지급수단으로 예치가 가능하다.

정답 ①

Key Point 취득경위입증서류 징구 관련

05 국민인거주자 '홍길동'은 미화 3만불을 외화예금 거주자계정에 예치하고자 한다. 외국환은행의 취득경위 입증서류 제출 요구에 대하여 이를 외국환은행에 제출하지 못하는 경우 은행의 업무처리로 가장 적절한 것은?

① 거주자계정에 예치가 불가능하다고 설명하였다.
② 영수확인서를 징구하고 이전거래로 간주하여 처리하였다.
③ 영수확인서를 징구 없이 이전거래로 간주하여 처리하였다.
④ 미화 2만불까지만 예치가 가능하다고 설명하였다.

해설
외화예금 예치 시 2만불 초과 시 취득경위입증서류(외국환신고필증, 계약서 등)를 징구한다. 제출하지 않은 경우에는 이전거래로 간주하여 예수 가능하다.
영수확인서는 국민인거주자가 외국으로부터 송금된 자금인 경우에 적용한다. 외국통화나 외화수표 매입의 경우는 영수확인서 징구 대상이 아니다.
→ 국민인거주자에게 해외에서 송금되어 온 미화 2만불 초과인 경우를 예치하는 경우 취득경위입증서류가 제출되지 않고 10만불을 초과하는 경우 (동일자, 동일인, 동일점포를 기준으로 하며 2회 이상 매입하는 경우에는 이를 합산한 금액임)영수확인서를 징구한다. 이 경우도 수취인 불명인 경우 송금된 날로부터 3영업일 경과 시는 영수확인서 징구를 생략하고 이전거래로 예치 가능하다.
→ 단, 외국통화 또는 외화표시(여행자)수표의 경우로서 취득경위를 입증하는 서류를 제출하지 않은 경우에는 '이전거래'로 간주하여 예치 가능하며, 이 경우 영수확인서 징구 대상이 아니다.
→ 결론적으로 영수확인서 대상은 국민인거주자, 타발송금대전, 취득경위입증서류를 제출하지 못하는 10만불 이상 금액의 경우에 한하는 것으로 정리하면 된다.

정답 ③

Key Point 외화예금 거래 절차 이해

06 외화예금 거래 절차에 관한 다음 설명 중 옳은 것으로 연결된 것은?

> 가. 외화예금 신규 거래 시 실명확인서류 및 기타 필요한 서류를 받아야 한다.
> 나. 외화예금 거래에 따른 환차손이 발생할 수 있다는 사실을 고객에게 충분히 설명해야 한다.
> 다. 외화보통예금에 외화현찰로 입금하는 경우 외화현찰 매입거래를 선행한 다음에 입금 처리한다.
> 라. 외화당좌예금은 원칙적으로 이자를 지급하지 않으나 수표나 어음발행을 원하는 고객에게 적합하다.

① 가, 나, 다, 라
② 가, 나, 다
③ 가, 다, 라
④ 나, 다, 라

해설

외화당좌예금은 원칙적으로 이자를 지급하지 않으며 원화당좌예금과는 달리 수표나 어음발행이 불가하다.

[외화예금의 종류]
외화보통예금, 외화정기예금, 외화당좌예금 등이 있다.
- 외화보통예금 : 수시입출식 상품이고 외화정기예금은 기한을 정해 예치하고 만기에 원금과 이자를 지급받는 상품
- 외화당좌예금 : 국내 수출입 기업이 주로 이용, 무이자 상품
- 외화정기예금 : 외화를 일정기간 정하여 예치하는 상품

[외화예금 소멸시효]
- 5년간 권리행사하지 않으면 소멸시효된다. 단, 증권투자계좌, 외화당좌예금 제외
- 소멸시효되면 이익금 처리 → 이익금 처리 후 고객이 지급요청 시에는 손실금 처리한다.
- 외화예금별 소멸시효의 기산일 산정 시 입출금이 자유로운 외화예금은 최종거래일로 하고, 거치식 예금은 만기일을 기산일로 한다.

정답 ②

Key Point 외국환은행 외화예금 예치·처분 업무규정

07 외국환은행에서 취급하고 있는 외화예금의 예치·처분에 대한 실무처리 설명이다. 옳은 것으로 연결된 것은?

> 가. 거주자계정의 처분에는 제한이 없다.
> 나. 대외계정에서 외국인거주자 또는 비거주자에게 미화 1만불 초과하는 대외지급수단으로 인출하는 경우에는 외국환신고(확인)필증을 발행·교부한다.
> 다. 대외계정 처분 시 외국환은행장은 1회에 한하여 외국환매입증명서 또는 외국환매입계산서를 발행·교부하여야 한다.
> 라. 외국인 또는 국민인비거주자에게 내국지급수단을 대가로 대외계정을 처분하는 경우 당해 외국환 처분 목적을 알 수 없는 경우에는 '이전거래'로 간주 처분이 가능하다.

① 가, 나, 다　　　　　　　　② 가, 다, 라
③ 나, 다, 라　　　　　　　　④ 가, 나, 다, 라

해설

라. 외국인 또는 국민인비거주자에게 내국지급수단을 대가로 대외계정을 처분하는 경우 당해 외국환 처분 목적을 알 수 없는 경우에는 '해외재산 반입'으로 간주하여 처분이 가능하다.
　→ 대외계정 처분은 외국으로 송금, 다른 외화예금계정으로 이체, 대외지급수단으로 인출, 외국환은행 등에 내국지급수단을 대가로 매각, 기타 인정된 거래에 따른 처분이 가능하다.
• 거주자계정 : 처분에 제한이 없음
• 해외이주자계정 : 해외이주자의 본인명의 재산 처분대금을 송금하는 경우, 재외동포 본인명의 국내재산을 송금하는 경우 처분 가능

 정답 ①

> **Key Point** 외화예금 업무처리기준과 시효완성 외화예금 처리 이해

08 외화예금 업무처리에 대한 다음 설명 중 옳은 것은?

① 고객이 외화예금의 원리금을 원화로 요구하는 경우 적용환율은 지급시점 대고객 전신환매도율이다.
② 원화를 대가로 외화예금을 신규 개설하고 이후 원화를 대가로 외화예금을 인출하는 경우에도 환차익(손)은 발생되지 않는다.
③ 증권투자전용계좌, 외화당좌예금은 시효가 완성되면 이익금으로 처리한다.
④ 외화별단예금으로 예수할 수 있는 대상은 장기 미결된 외화송금, 수취인 불명의 외화송금, 기타 일시 외화예수금으로 원칙적으로 이자를 지급하지 않는다.

해설
① 고객이 외화예금의 원리금을 원화로 요구하는 경우 적용환율은 지급 당시의 대고객 전신환매입률이다.
② 원화를 대가로 외화예금을 신규 개설하고 이후 원화를 대가로 외화예금을 인출하는 경우에 환차익(손)은 발생한다.
③ 증권투자전용계좌, 외화당좌예금은 시효가 완성되어도 이익금으로 처리하지 않는다.

[거래별 환율 적용 이해]

외환거래		적용환율
외화예금	원화로 입금 시	전신환매도율
	원화로 인출하는 경우	전신환매입률
외화수표	매입 후 원화로 지급	전신환매입률 - 환가료
	매입 후 부도대금 회수	회수시점 전신환매도율
당발송금	원화로 송금	전신환매도율
	퇴결 후 반송대금 원화지급	지급시점 전신환매입률
외국통화	매도	현찰매도율
	매입 후 원화지급	현찰매입률
타발송금 대금 원화 지급		전신환매입률

정답 ④

Key Point 당발송금 업무처리절차 이해

09 다음은 당발송금에 대한 설명이다. 적절치 않은 것은?

① 외국환은행은 송금의뢰인으로부터 송금신청서를 받으며, 송금신청서상에는 송금의뢰인 자필로 정확하게 기재를 하여야 한다.
② 원칙적으로 당발송금 업무는 송금의뢰인의 실명을 확인해야 한다. 단, 100만원 이하의 송금은 생략된다.
③ 송금 사유에 따라 거래외국환은행을 지정해야 하며 환율 적용은 외화를 대가로 송금하는 경우 송금 시점의 전신환매입률을 적용한 대금과 송금수수료, 전신료를 받는다.
④ 해외송금 업무처리 시 거래가 의심스럽다고 판단되는 경우 의심스러운 거래보고 의무(STR)를 수행한다.

💬 **해설**

송금 사유에 따라 거래외국환은행을 지정해야 하지만 예외적인 경우(소액송금 등) 거래외국환은행 지정 없이 가능하다. 환율 적용은 외화를 대가로 송금하는 경우 송금 시점의 전신환매도율을 적용한 대금과 송금수수료, 전신료를 받는다.

> [당발송금 업무 흐름도]
> 외국환은행은 송금신청서와 관련 서류 접수 → 실명 확인, 거래외국환은행 지정 대상여부 확인 → 송금 대금 수납 → 전산입력 처리 후 확인 및 송금확인서, 계산서 고객에게 교부

당발송금에는 전신송금과 송금수표, 우편송금방식이 있다.
- 전신송금(T/T : Telegraphic Transfer)은 지급지시서(P/O : Payment Order)를 전신(SWIFT)으로 발송하는 방법으로 송금방식 중에서 가장 일반적으로 사용된다.
- 송금수표(D/D : Demand Draft)는 송금은행 수표를 발행하여 의뢰인이 직접 수취인에게 교부 또는 발송으로 이루어지는데 수출 관련 샘플 대전, 수취계좌가 해외에 없는 경우, 소액을 송금하는 경우에 이용되고 있다.

[거래외국환은행 지정]
증빙서류 미제출 송금거래 지정효력은 매년 새롭게 지정이 필요하다.
[신고를 필요로 하지 않는 거래로서 지급증빙서류를 제출하지 아니하는 지급]
→ 건당 미화 5천불을 초과하는 지급으로서 연간지급누계금액 미화 10만불 이하의 지급
- 국세청장 통보대상 : 지급인별 연간 송금합계금액이 미화 1만불을 초과하는 경우
(필요 서류) 지급신청서, 실명확인증표
(기타) 건당 미화 5천불 이하의 지급은 거래외국환은행 지정 및 연간 지급 한도 관리대상에서 제외함

✅ **정답** ③

> **Key Point** 거래외국환은행 지정 및 송금거래 시 유의사항 이해

10 다음은 당발송금에 대한 설명이다. 옳은 것은?

① 외국으로의 외화송금은 외국환거래법령에서 정하는 "인정된 거래"에 대해서만 송금이 가능하므로, 모든 당발송금은 거래외국환은행을 지정 후 거래가 가능하다.
② 송금대전이 수취인에게 지급되기 전에 송금의뢰인의 송금 취소 요청이 있는 경우 즉시 퇴결 조치를 한다.
③ 당발송금에 대하여 퇴결 처리 시 퇴결 외화대금에 대하여 원화로 지급 시 지급시점의 전신환매입률을 적용하여 송금의뢰인에게 지급해야 한다.
④ 재외동포 국내재산 반출의 경우 10만불 이하의 경우 거래외국환은행 지정 없이 가능하다.

해설

① 거래외국환은행 지정 없이 가능한 송금 : $5,000 이하 소액송금은 거래외국환은행 지정여부 무관, 국세청 통보여부, 송금횟수 무관 송금 가능
② 송금대전이 수취인에게 지급되기 전에 송금의뢰인의 송금 취소 요청이 있는 경우에는 지급은행 앞으로 전문을 발송하여 퇴결 처리 승인 전문을 받고 퇴결해야 한다.
④ 재외동포 국내재산 반출의 경우 거래외국환은행 지정 대상이다.

[국세청 통보기준]

송금 종류	거래외국환은행 지정여부	통보기준
증빙서류 없이 송금	○	지급인별 연간 1만불 초과 시
해외유학생 경비	○	연간 10만불 초과 시 (현지에서 신용카드 사용, 인출 금액 포함)
해외체재자 경비	○	
해외이주비	○	동일자 1만불 초과 시
외국근로자 국내 급여소득 송금	○	동일자 1만불 초과 시
재외동포 국내 재산 반출	○	동일자 1만불 초과 시

[관세청장에 대한 통보]
① 수출입대금의 지급 또는 영수
② 외국환은행을 통한 용역대가 지급 또는 영수
③ 건당 미화 5천불을 초과하는 거주자의 신고를 필요로 하지 않는 거래로서, 지급증빙서류를 제출하지 아니하는 지급
④ 건당 미화 1만불을 초과하는 해외이주비의 지급
⑤ "①" 내지 "④"를 제외하고 건당 미화 1만불을 초과하는 금액을 외국환은행을 통하여 지급(송금수표에의한 지급 포함) 및 영수하는 경우

[금융감독원장에 대한 통보]
① 건당 미화 5천불 초과하는 거주자의 신고를 필요로 하지 않는 거래로서, 지급증빙서류를 제출하지 아니하는 지급 및 해외예금 목적의 송금액이 지급인별로 연간 미화 1만불을 초과하는 경우
② 해외유학생 및 해외체재자의 해외여행경비 지급금액이 연간 미화 10만불을 초과하는 경우
③ "①" 및 "②"를 제외하고 건당 미화 1만불을 초과하는 금액을 외국환은행을 통하여 지급등(송금수표에 의한 지급 포함)을 하는 경우

정답 ③

Key Point 키워드 : 소액해외송금업자 업무

11 '소액해외송금업자'에 관한 다음 설명 중 ( ) 안에 들어갈 적절한 금액은?

> 소액해외송금업자를 통한 소액해외송금 업무의 건당 지급 및 수령한도는 각각 건당 미화 (가)로 하며 동일인당 연간 지급 및 수령 누계한도는 각각 미화 (나)로 한다.

보기	가	나
①	5천불	2만불
②	5천불	5만불
③	1만불	2만불
④	1만불	5만불

해설

소액해외송금업자를 통한 소액해외송금 업무의 건당 지급 및 수령한도는 각각 건당 미화 5천불로 하며 동일인당 연간 지급 및 수령 누계한도는 각각 미화 5만불로 한다.

- 소액해외송금업자
  - 소액해외송금업무를 하고자 하는 경우 금감원을 경유하여 기획재정부에 등록신청서 제출
    (기본요건 : 자기자본 10억원 이상, 부채비율 200% 이내)
  - 기록보관의무 : 관련서류 5년

 정답 ②

Key Point 타발송금 업무처리 방법 이해

12 외국환은행의 타발송금 업무처리 방법에 대한 다음 설명 중 옳지 않은 것은?

① 타발송금 금액인 건당 미화 5천불 초과하는 경우 거주자로부터 동 수령의 사유와 금액에 대하여 신고대상 여부를 확인한다.
② 국민인거주자가 미화 2만불 상당액 이하의 타발송금을 영수한 경우에는 취득경위입증서류 제출을 생략할 수 있다.
③ 타발송금 지급지시서상에 기재된 수취인 계좌번호가 은행에 존재하지만 수취인명이 상이하여 조건변경 처리 전문을 발송하였다.
④ 외국인이 외국으로부터 영수한 대외지급수단을 내국지급수단을 대가로 매입을 요청하자 처분 목적을 알 수가 없어 "이전거래"로 간주하여 매입하였다.

해설

- 외국인거주자, 외국인비거주자 : 외국으로부터 영수한 대외지급수단을 내국지급수단을 대가로 매입을 요청하는 경우 처분 목적을 알 수 없으면 '해외재산반입'으로 간주하여 매입
- 국민거주자 : 2만불 초과 영수 시 - 취득경위 입증서류 징구
  → 만약, 취득경위 입증서류 미제출 시 10만불을 초과한 경우(2023년 7월 개정사항) 영수확인서를 징구하고 '이전거래'로 매입(외국인거주자나 비거주자는 영수확인서 적용대상 아님)
  → 연락불능 시 3일 경과 후 영수확인서 징구 없이 이전거래로 매입 가능함.

[타발송금 지급]
- 타발송금 도착 사실을 수취인에게 통지
- 지급 시에는 취득사유를 확인(5천불 초과)하고 필요한 경우에 서류 징구
- 지급지시서상에 수취계좌명과 수취인과의 일치 여부 확인
- 취득경위 입증서류 : 동일자, 동일인, 동일점포 기준 2만불 초과 영수
- 타발송금 대전을 원화로 지급 시 환율 적용 : 지급 시점 대고객 전신환매입률

[취득경위 입증서류 제출 생략 대상]
- 동일인, 동일자, 동일 점포 미화 2만불 이하의 대외지급수단을 영수하는 경우
- 정부, 지방자치단체, 외국환업무취급기관 및 환전영업자가 영수하는 경우
- 국내에 있는 외국정부의 공관과 국제기구, 미합중국 군대 및 국제연합군, 외국 정부의 공관 및 국제기구에 근무하는 비거주자 → 금액에 관계없이 생략대상

정답 ④

Key Point 타발송금 관련 영수확인서 제도 이해

13 다음 괄호 안에 들어갈 말로 적절한 것은?

> 국내 외국환은행에서는 국민인거주자 홍OO에게 미국으로부터 미화 12만불이 내도된 사실을 통지하고 취득경위 입증서류 제출을 안내하였으나, 갑은 취득경위 입증서류 제출이 불가능하다고 한다. 이 경우 A은행에서는 (가)를 받고 (나)로 간주하여 지급 가능하다.

① 가 - 영수확인서, 나 - 증여거래
② 가 - 영수확인서, 나 - 이전거래
③ 가 - 지급신청서, 나 - 이전거래
④ 가 - 지급신청서, 나 - 증여거래

해설
[영수확인서 징구제도]

대상자	• 국민인거주자(외국인거주자 및 비거주자는 제외)
대상거래	• 외국으로부터 송금(타발송금)된 미화 2만불 초과(동일자, 동일인, 동일점포를 기준으로 하며 2회 이상 매입하는 경우에는 이를 합산한 금액)의 대외지급수단을 매입(예치)하는 경우로서 취득경위 입증서류를 제출받고, 제출받지 못한 경우로 10만불 초과 시 영수확인서 징구
영수사유	• 이전거래로 간주하여 매입(예치) 처리 (영수확인서에 기재된 영수사유 무관)
기타	• 외국통화 또는 외화수표의 매입인 경우 영수확인서 징구대상이 아님 • 영수자금 수취인의 소재불명 또는 연락두절로 인하여 송금된 날로부터 3영업일 이내에 영수사유를 알 수 없는 경우 : 징구를 생략하고, 이전거래로 간주 매입처리 가능

정답 ②

Key Point 외국환은행 외국통화 매입 시 실무 처리

14 외국환은행의 외국통화 매매업무에 관한 설명이다. 잘못된 것으로 연결된 것은?

> 가. 외국통화 매입 시 금액에 관계없이 반드시 실명확인을 하여야 한다.
> 나. 해외체재경비 목적으로 미화 1만불을 초과하여 매도 시 외국환신고(확인)필증을 발행 교부하여야 한다.
> 다. 외국통화 매입 시 지급시점의 대고객 현찰매입률을 적용한 원화를 지급한다.
> 라. 위조지폐 발견 시 고객으로부터 확인서를 징구하고 실물은 고객에게 교부한다.

① 가, 나　　　　　　　　　② 나, 라
③ 가, 라　　　　　　　　　④ 다, 라

정답

가. 외국통화 매입이 가능한 통화는 사전에 외국환은행에서 고시하는 통화에 한하는데 원칙적으로 실명확인 거래이지만 건당 1백만원 이하에 상당하는 외국통화를 매입하는 경우에는 실명확인 생략이 가능하다.
라. 위폐발견 시 : 위폐회수 및 보관증 교부 ⇨ 경찰서 및 한국은행 신고한다.

외국환은행의 외국통화 매매업무처리 시 확인사항은 다음과 같다.

국민거주자로부터 매입	원칙	• 실명 확인 • 환율 적용 : 현찰매입률 적용 • 미화 2만불 초과한 경우 : 취득경위 입증서류 → 제출 못하는 경우 이전거래로 매입(영수확인서 징구대상 아님)
	취득경위 확인 생략대상	• 동일자·동일인 2만불 이하 대외지급수단의 매입 • 정부, 지자체, 외국환업무취급기관 및 환전영업자로부터의 매입 • 거주자로부터 당해 거주자의 거주자계정 등을 매입하는 경우
	통보	동일자 1만불 초과하여 매입하는 경우 모두 국세청에 통보되며 한국은행 외환전산망으로 자동 통보
외국인거주자 및 비거주자로부터의 매입	매입제한이 없는 경우	• 동일자·동일인 2만불 이하 대외지급수단의 매입인 경우 • 비거주자 중 국내 소재 외국공관 및 공관원, 국내 주둔 군대 및 군용부대 시설, 국내 주둔 군인·군속·초청계약자·동거가족 등의 경우
	휴대 소지한 대외지급수단의 매입 제한	동일자 2만불 초과의 경우 외국환신고(확인)필증 → 제출 없는 경우 한국은행 신고 대외지급수단 매매신고필증이 있어야 매입이 가능

정답 ③

Key Point 외국통화 매입관련 위폐 발견 시 업무처리

15 은행이 외국통화 매입 과정에서 위조 외국통화 발견 시 업무처리에 대한 설명으로 옳지 않은 것은?

① 고객으로부터 해당 위폐를 회수한 후 위·변조 외국통화보관증을 교부하고 보관 중 사본은 은행에서 보관한다.
② 위폐 발견 시 위·변조 외국통화 발견 통보서에 의거 본점 주무부서 및 한국은행 국제국 앞으로 보고한다.
③ 위·변조 외국통화 실물을 관할 경찰서에 인도하고 인수증을 받아 보관한다.
④ 관할 경찰서에 인도하기 전에 위·변조 외국통화를 복사해둔다.

해설
외국통화 매입 중 위폐 발견 시는 위폐를 회수하고 고객에게 보관증을 교부하며 경찰서 및 한국은행에 신고한다. 위·변조 외국통화 실물을 관할 경찰서에 인도하고 인수증을 받아 보관하는데 이때 복사를 하지 말고 (지문 채취 불가능) 경찰에 인도한다.

정답 ④

Key Point 외국환은행의 외국통화 매도업무 시 확인 및 유의사항

16 외국환은행의 외국통화 매도에 대한 다음 설명 중 옳지 않은 것은?

① 국민인거주자에게 해외여행경비를 환전할 때 100만원 상당 초과 시에는 실명확인을 해야 한다.
② 국민인거주자에게 일반 해외여행경비를 환전할 때 금액에는 제한이 없으나 미화 1만 불 초과하여 매각하는 경우 외국환신고필증을 발행·교부해야 한다.
③ 해외유학생에게 미화 1만불 초과하여 매각하는 경우 외국환신고필증을 발행·교부해야 한다.
④ 소지목적 환전은 국민인거주자에 한하여 가능하다.

해설

국민인거주자에게 일반해외여행경비 1만불을 초과하여 환전한 경우 본인이 출국 시 세관에 신고해야 한다. 주요 외국통화 매도업무와 관련하여 확인사항은 다음과 같다.

[외국환 매도 관련 이해]

사유	대상	유의사항
소액환전	제한 없음 (국민, 외국인)	• 100만원 상당액 이하 외국통화를 매매하는 경우 제출서류 없음 • 실명확인 생략 가능
(일반)해외여행경비	국민인거주자	• 한도 : 제한 없음 • 동일자·동일인 기준 1만불 초과 시 국세청 통보 • 실명확인증표 • 휴대반출 금액이 1만불 초과 시 본인이 세관 신고 • 거래외국환은행 지정 불필요
	외국인거주자	• 매각사실 증빙서류가 없는 경우는 최근 입국일 이후 미화 1만불 상당액 이내에 한함 • 여권에 의하여 실명확인 및 환전사실 표시
해외체재자, 해외유학생, 해외이주비 재외동포 재산반출	제한 없음	• 미화 1만불 초과하여 매각하는 경우 외국환은행은 외국환신고필증 발행·교부 • 거래외국환은행 지정 필요 • 해외이주자 : 해외여행경비 지급 불가

 ②

Key Point 비거주자와 외국인거주자에 대한 재환전 업무처리

17 외국통화 재환전에 대한 다음 설명 중 옳지 않은 것은?

① 비거주자에게 재환전 증빙서류 없이 미화 1만불 범위 내에서 매각하는 경우에는 최근 입국일 이후 해외여행경비의 환전사실이 있는지 여부를 확인하여야 한다.
② 외국인거주자에 대한 재환전은 최근 입국일 이후 발행된 재환전 증빙서류가 제시된 경우에만 가능하다.
③ 재환전 증빙서류에 의한 재환전의 경우 재환전 증빙서류는 회수하여야 하나 일부금액의 재환전의 경우에는 서류여백에 환전사실을 표기한 후 고객에게 다시 교부한다.
④ 외국인에게 1백만원 이하에 상당하는 외국통화를 매각하는 경우에 여권에 매각사실 기재를 생략한다.

해설

외국인에 대한 재환전의 기준은 다음과 같다.

구분	내용
대상	외국인거주자 또는 비거주자의 외국환은행에 매각한 금액범위 내 외국통화 매도
금액제한	• 비거주자 : 최근입국일 이후 외국환 매각 범위 내 (외국환 매각 실적이 없는 경우 미화 1만불 상당액 이내 : 여권에 표기) • 외국인거주자 : 외국환 매각 범위 내
필요서류	• 여권 • 영수증, 계산서, 외화매입(예치)증명서 또는 외국환신고(확인)필증 등
유의사항	• 재환전 가능금액 전액을 매도하는 경우 : 제출된 외국환매각사실 증빙서류를 회수 • 재환전 가능금액 중 일부만을 매도하는 경우 : 증빙서류에 당해 거래내용을 기재한 후 반환 • 미화 1만불을 초과하여 매각하는 경우 외국환확인(신고)필증을 발행·교부

 정답 ②

Key Point 외국환신고필증 이해

18 아래 제시된 외국환거래 중에서 외국환은행의 외국환신고필증 발행·교부 대상으로 연결된 것은?

> 가. 해외유학생에 대하여 3만불 환전
> 나. 일반 해외여행자에 대하여 4만불 환전
> 다. 재외동포에 대하여 국내재산 반출 관련 3만불 환전
> 라. 해외이주자에 대하여 5만불 환전

① 가, 나, 다
② 나, 다, 라
③ 가, 다, 라
④ 모두 발행·교부 대상이다.

해설

나. 일반 해외여행자의 경우 1만불 초과 환전이라도 외국환신고필증 발행·교부대상이 아니다.

[외국환은행 : 대외기관 통보 및 외국환신고필증 발급]

구분	주요 내용
일반해외여행자	• 1만불 초과 외국환은행이 신고필증을 발행하지 않고 본인이 세관 신고 • 1만불 초과 여행경비 환전 시 국세청 및 관세청 통보
법인 해외여행경비	법인 명의로 전산 거래 등록, 해외여행경비 송금 불가
해외유학생, 체재자	• 연간 10만불 초과 시 국세청 통보, 금감원 통보 • 1만불 초과 환전 시 외국환신고필증 발행·교부
해외이주자	• 1만불 초과 시 국세청 및 관세청 통보, 금감원 통보 • 1만불 초과 환전 시 외국환신고필증 발행·교부
재외동포 국내재산 반출	1만불 초과 시 외국환신고필증 발행·교부
외국인거주자, 비거주자	외국환신고필증 교부 가능(휴대금액 범위 내 재매각, 외국송금 범위 내 재매각)

[해외여행경비 지급]
① 공통제출서류
  1. 지급신청서
     → 단, 해외여행경비 휴대수출을 위하여 매각하는 경우에는 작성 불필요
  2. 해외체재자의 경우 : 소속 법인(단체)의 장의 출장·파견증명서
  3. 해외유학생의 경우 : 당해 수학기관의 입학허가서 등
② 거래외국환은행 지정 등록
  • 해외체재자 및 해외유학생이 해외여행경비를 지급하고자 하는 경우에는 1개의 거래외국환은행을 지정하여야 함
  • 단, 해외체재자 및 해외유학생의 동반가족(동반자녀 포함)은 거래외국환은행 지정등록 대상자가 아님

[해외이주비의 지급]
① 제출서류
  • 지급신청서, 여권 또는 여권 사본, VISA 사본 또는 영주권 사본, 해외이주신고확인서
  • 이주자의 관할 세무서장이 지급한 자금출처 확인서(세대별 해외이주비 지급총액이 미화 10만불을 초과하는 경우)

② 거래외국환은행 지정 등록 : 해외이주자(해외이주예정자 포함)의 해외이주비 지급을 위하여 1개의 거래외국환은행을 지정하여야 함(단, 개별 이주를 제외하고 해외이주자의 세대원은 거래외국환은행 지정등록 대상자가 아님)
③ 유효기간 : 해외이주자 및 해외이주예정자로 인정받은 날(㉠ 국내로부터 이주하는 자는 외교부로부터 해외이주신고확인서를 발급받은 날, ㉡해외이주예정자는 외국환거래은행을 지정한 날)로부터 3년 이내에 지정거래외국환은행의 장에게 신청하여 해외이주비를 지급하여야 함
④ 해외여행경비 : 해외이주자는 해외여행경비를 지급할 수 없음
⑤ 휴대반출 : 해외이주비는 외국통화, 여행자수표 등 대외지급수단으로 휴대반출할 수 있음

정답 ③

Key Point 환전영업자의 외국환업무 지정 및 업무 범위 이해

19 국내 환전영업자의 외국환업무와 관련한 설명이다. 잘못된 것은?

① 사전에 관세청에 등록하고 외국환거래의 신고 및 사후관리를 위해 거래 외국환은행을 지정하여야 한다.
② 거주자로부터 외국통화 매입이나 여행자수표 매입업무를 할 수 있다.
③ 국민거주자에게는 2천불 초과 시에도 매입한 범위 내에서 재환전으로 외국환을 매도할 수 있다.
④ 환전장부 사본을 반기별로 다음달 10일까지 관세청장에게 제출해야 하며, 환전관계서류를 해당연도 이후 5년간 보관하여야 한다.

해설
환전영업자는 국민인거주자에게 2천불 이하일 경우에만 매각할 수 있다. 단, 비거주자에게는 최근 입국일 이내의 매입 범위 내에서는 재환전을 위하여 외국환을 매각할 수 있다.

[환전영업자]
- 등록 : 관세청
- 사후관리 : 거래외국환은행 지정 →지정거래외국환은행은 환전영업자와의 거래내역을 한국은행총재에게 보고
- 환전 관리대장 관리 : 환전장부 등 환전관계 서류를 해당 연도 이후 5년간 보관하여야 한다.

[환전영업자의 가능 업무]

구분	가능업무	비고
거주자	• 외국환 매입(외국통화, 여행자수표) • 2천불 이하 매각(전산처리 4천불)	외화수표 매입 불가
비거주자	• 외국환 매입(외국통화, 여행자수표) • 매각실적범위 재환전 가능	

정답 ③

Key Point 외화수표 매입 시 업무처리 기준 이해

20 외국환은행의 외화수표 업무와 관련한 설명이다. 옳지 않은 것은?

① 환거래은행이 아닌 은행이 발행한 은행수표는 수표에 기재된 서명의 진위여부를 확인할 수 없으므로 개인수표로 간주하여 처리한다.
② 추심후 지급은 외화수표대금을 해외 지급은행에 청구하여 수표대금 회수 후 추심의뢰인에게 지급하는 방식이므로 추심은행의 부담은 전혀 없다.
③ 수표상에 통화가 단지 "$"로만 표시되어 있는 수표는 지급은행 국가 통화로 본다.
④ 외화수표 매입 시 원화를 대가로 매입하는 경우 환율 적용은 전신환매입률이 적용되며 매입금액이 미화 2만불을 초과하는 경우 외국환신고필증 또는 대외지급수단매매 신고필증을 징수하여야 한다.

해설

외화수표는 개인수표, 은행수표, 여행자수표, 미재무성수표 등이 있다.
추심후 지급은 외화수표대금을 해외 지급은행에 청구하여 수표대금 회수 후 추심의뢰인에게 지급하는 방식이지만 추심대금 지급 후에도 사후에 수표 부도대금이 청구될 수 있으므로 회수에 지장이 없는 경우에 한해서 취급해야 한다.

[외화수표 매입 업무]
① 개인수표(Personal check)
  • 국내 당좌수표와 유사, 부도가 빈번함.
  • 원칙적으로 추심 후 지급으로 업무처리
  • 환거래가 체결되지 않은 은행수표는 개인수표에 준하여 처리
  • 유효기간 : 발행일로부터 6개월 이내
② 은행수표(Banker's check)
  • OFFICIAL CHECK 표시
  • 발행인 서명란에 Authorized Signature라는 문구
  • 일반적으로 위변조 보안장치가 있으며, 수표내용이 전산으로 인자
  • 유효기간 : 발행일로부터 6개월 이내
  • 원칙적으로 환거래은행이 발행한 은행수표에 한함
  • 국내 자기앞수표와 유사
③ 미 재무성 수표(Treasury Check)
  • 유효기간 : 발행일로부터 1년 이내
  • 원칙적으로 추심 전 매입 : 추심 후 지급 불가

정답 ②

Key Point 외화수표 추심 전 매입 시 주의사항 및 부도대금 회수

21 다음은 외국환은행의 외화수표 매입 시 업무처리에 대한 설명이다. 옳지 않은 것으로 연결된 것은?

> 가. 고객의 신용이 확실하고 거래상태가 매우 우수한 고객의 경우에 한하여 채권보전에 문제가 없을 경우 추심 전 매입하여 대금을 지급한다.
> 나. 추심 전 매입한 외화수표는 부도처리한 경우에도 매입외환계정으로 보유한다.
> 다. 추심대금을 추심의뢰인 계좌로 수표대금 지급한 이후에 접수된 부도통지는 효력을 인정받지 못한다.
> 라. 부도대금 원금을 원화로 회수할 경우에는 회수시점의 전신환매입률을 적용한다.

① 가, 나
② 다, 라
③ 가, 다
④ 나, 라

해설

다. 미국수표의 경우(미국 상법) 부도반환기간은 수표 앞면 위변조의 경우 결제일로부터 1년, 뒷면 배서 위조의 경우 3년까지 부도반환 가능하므로 대금 입금 후에도 부도반환기간 내 부도 통지가 가능하다.
라. 부도대금 원금을 원화로 회수할 경우에는 회수시점의 전신환매도율을 적용한다.
외화수표 매입은 추심 전 매입(BP : Bills Purchased)과 추심 후 지급(BC : Bills Collected)이 있다.

• 추심 전 매입(BP : Bills Purchased)
  추심 전 매입은 매입은행이 고객의 요청에 의하여 수표대금을 미리 지급하고 수표발행은행으로부터 추후에 대금수취하는 방법으로 고객의 신용이 확실하고 거래상태가 매우 우수한 고객의 경우이거나 환거래은행이 발행한 은행수표의 경우 우수고객이 요청하는 경우에 한하여 취급한다.
• 추심 후 지급(BC : Bills Collected)
  추심 후 지급은 지급은행에 외화수표를 송부 후 대금이 입금된 후에 고객이 지정한 계좌로 입금하는 방식으로 개인수표의 경우나, 환거래가 되어 있지 않은 은행수표, 거래나 신용이 낮은 고객에 대하여 처리하는 방식이다.
• 수표 매입 시 유의사항
  - 환율 적용 : (외화수표금액×매입시점 전신환매입률) - 환가료 = 해당 원화 지급
  - 외화수표를 매입할 때 미화 2만불을 초과하는 경우 : 외국환신고필증 또는 대외지급수단매매 신고필증 징수
  - 외화수표의 유효기간 : 지급은행에 제시되는 일자를 기준으로 함
• 사후관리
  - 외화수표 대외 발송일로부터 60일까지 입금되지 않는 경우 부도 등록 관리
• 부도대금 회수
  - 부도원금 : 외화수표금액×회수시점 전신환매도율 적용
  - 부도이자 : 환가료를 징구한 익일부터 회수일까지(회수시점 외화여신 연체이율을 적용하여 받고, 환율은 회수 당시 전신환매도율을 적용)

정답 ②

Chapter 02 출제예상 문제

중요도에 따라 Self 맞춤형 학습이 가능한 출제예상 문제입니다. 각자의 목표점수에 맞게 문제를 선별하여 풀어보세요!

▶ 중요도 : 🏅🏅🏅상 🏅🏅중 🏅하

01 🏅

다음은 외화예금 거래의 특징에 대한 설명이다. 잘못된 것은?

① 통화의 종류에 따라 금리가 달리 적용된다.
② 외화별단예금은 원칙적으로 이자를 지급하지 않는다.
③ 외화당좌예금은 원화당좌예금과 마찬가지로 수표나 어음을 지급한다.
④ 모든 외화예금은 환율이 개입되어 예치 시와 인출 시 환율 변화에 따른 위험에 노출된다.

02 🏅🏅

외국환은행 외화예금 업무처리에 대한 다음 설명 중 옳지 않은 것은?

① 비거주자가 외화예금을 개설할 때에는 이중과세 방지협약에 의하여 국가에 따라 원천징수세율을 달리하는지를 확인하여야 한다.
② 예금계좌 개설 시뿐만 아니라 해지 시에도 비거주자 판정기준표에 의거 비거주자 해당 여부를 확인하여야 한다.
③ 원천징수는 원화 이자금액에 대하여 각 세율을 곱하여 산출하는 식으로 한다.
④ 외화예금은 예금비보호 대상이다.

📌 정답 및 해설

01	외화당좌예금의 경우 원화당좌예금과는 달리 수표나 어음을 지급하지 않는다.
02	외화예금은 예금보호 대상이다. 보호한도는 원금과 소정의 이자를 합쳐 5천만원까지 보호된다(2025. 9월부터 한도 1억원 확대).

정답 01 ③ 02 ④

03

외화예금 업무처리와 관련한 다음 설명 중 옳은 것으로 연결된 것은?

> 가. 외화예금은 가입주체별로 거주자계정, 비거주자계정, 해외이주자계정으로 구분하여 처리한다.
> 나. 외화예금의 예치통화는 해당 통화의 유동성, 자금운용 여부 등을 감안하여 외화자금 관련부서에서 결정한다.
> 다. 외화예금의 이자를 계산할 때 지급단위는 예수통화의 보조단위까지로 하며, 보조단위 미만은 절상한다.
> 라. 외화예금별 소멸시효의 기산일 산정 시 입출금이 자유로운 외화예금은 최종 이자지급일, 거치식 예금은 만기일을 기산일로 한다.

① 가, 나
② 나, 다
③ 다, 라
④ 나

정답 및 해설

03 가. 외화예금은 가입주체별로 거주자계정, 대외계정, 해외이주자계정으로 구분하여 처리한다.
  다. 외화예금의 이자를 계산할 때 지급단위는 예수통화의 보조단위까지로 하며, 보조단위 미만은 절사한다.
  라. 외화예금별 소멸시효의 기산일 산정 시 입출금이 자유로운 외화예금은 최종거래일로 하고, 거치식 예금은 만기일을 기산일로 하여 소멸시효를 적용한다.

정답 03 ④

04 ✦✦✦

고객의 외화예금 개설 사례에 대한 다음 설명 중 ( )에 들어갈 적절한 계정으로 옳게 연결된 것은?

> 개인인 외국인거주자가 개설할 수 있는 계정은 (가)이며, 비거주자가 개설할 수 있는 계정은 (나)이다.

보기	가	나
①	거주자계정	대외계정
②	대외계정	대외계정
③	대외계정	해외이주자계정
④	거주자계정	해외이주자계정

05 ✦✦✦

아래 거래 내용에서 ( ) 안에 들어갈 적용환율로 적절한 것은?

> 고객이 외화예금을 원화로 입금하는 경우 입금 당시 (가)을 적용하고, 외화예금의 원리금을 원화로 지급하는 경우 지급시점의 (나)을 적용한다.

보기	가	나
①	전신환매입률	전신환매도율
②	전신환매입률	전신환매입률
③	전신환매도율	전신환매도율
④	전신환매도율	전신환매입률

정답 및 해설

04 대외계정은 개인인 외국인거주자나 비거주자, 대한민국 정부의 재외공관 근무자의 동거가족이 개설하는 계정이다.
재외동포의 경우에는 해외이주자계정을 이용한다.

05 고객이 외화예금을 원화로 입금하는 경우 입금 당시 전신환매도율을 적용하고, 외화예금의 원리금을 원화로 지급하는 경우 지급시점의 전신환매입률을 적용한다.

정답 04 ② 05 ④

06 ✪✪✪

외화예금 취급 실무에 대한 설명으로 잘못된 것은?

① 대외계정 예치 시 외국에서 발행한 외화표시(여행자)수표(백지수표 포함)를 휴대 반입한 경우로서 동일자, 동일인, 동일점포 기준 미화 2만불을 초과하여 매입하는 경우에는 관할세무서장이 발행하는 외국환신고(확인)필증을 받아야 한다.
② 대외계정 예치 시 외국환신고필증을 받은 경우 금액 범위 내에서 제한없이 예수가 가능하다.
③ 대외계정 예치 시 동일자, 동일인 기준 미화 2만불 이하의 경우 외국환신고필증을 받지 않고 예수한 경우 연간 미화 10만불 범위 내에서만 예치가 가능하다.
④ 거주자계정의 처분 시 대외지급을 하는 경우가 아니라면 처분에 제한이 없다.

07 ✪✪

다음은 외국환은행 대외계정 외화예금 처분에 관한 설명이다. (   ) 안에 들어갈 말로 연결된 것은?

- 외국인거주자 또는 비거주자에게 미화 (   )을 초과하는 대외지급수단으로 인출하는 경우에는 외국환신고(확인)필증을 발행·교부한다.
- 외국인 또는 국민인비거주자에게 내국지급수단을 대가로 대외계정을 처분하는 경우 당해 외국환 처분 목적을 알 수 없는 경우에는 (   )(으)로 간주 처분이 가능하다.

① 1만불, 이전거래
② 1만불, 해외재산 반입
③ 2만불, 이전거래
④ 2만불, 해외재산 반입

🔍 정답 및 해설

06 대외계정 예치 시 동일자, 동일인 기준 미화 2만불 이하의 경우 외국환신고필증을 받지 않고 예수한 경우 연간 미화 5만불 범위 내에서만 예치가 가능하다.
대외계정 예치 시 동일자, 동일인 기준 미화 2만불 초과하는 경우 외국환신고필증을 받아야 한다. 단, 정부공관, 국제기구에 근무하는 비거주자, 미군부대 구성원의 경우에는 해당되지 않는다. 다만 외국인이 내국지급수단을 대가로 처분하는 경우 2만불 이하인 경우 신고대상이 되지 않는다. 은행의 2만불 초과 외화예금 수령과 상관없이 거주자가 연간 1만불 초과 증빙서류 미제출 수령이 있는 경우 국세청 및 관세청 통보되며 거주자의 건당 1만불 초과 해외입금보고서도 국세청에 통보된다.

07 외국인거주자 또는 비거주자에게 미화 1만불 초과하는 대외지급수단으로 인출하는 경우에는 외국환신고(확인)필증을 발행·교부한다.
외국인 또는 국민인비거주자에게 내국지급수단을 대가로 대외계정을 처분하는 경우 당해 외국환 처분 목적을 알 수 없는 경우에는 '해외재산반입'으로 간주 처분이 가능하다.

정답 06 ③ 07 ②

08 ✦✦✦

외화예금 업무처리 기준에 관한 설명이다. 옳은 것으로 연결된 것은?

> 가. 외화예금 이자율은 통화별로 예치기간에 해당하는 국제기준금리를 감안하여 결정한다.
> 나. 외화예금의 이자를 계산할 때 지급단위는 예수통화의 보조통화까지로 하며 소수점 미만은 절사하여 계산된다.
> 다. 외화예금의 이자 계산 기간은 입금일로부터 지급일까지로 한다.
> 라. 외화정기예금 만기일을 설정하는 경우 월 또는 연 단위로 기간을 정한 때에는 그 기간의 마지막 달의 입금일에 해당하는 날을 만기일로 하고 없는 경우 그 달의 마지막 날을 만기일로 한다.

① 가, 나
② 다, 라
③ 가, 라
④ 나, 라

09 ✦✦

외국환은행의 '소멸시효가 완성된 외화예금 처리'에 대한 다음 설명 중 적절치 않은 것은?

① 최종거래일 또는 만기일로부터 5년이 경과하면 시효가 완성된 외화예금으로 분류한다.
② 외국환거래 규정에서 정한 증권투자전용계좌, 외화당좌예금과 별도로 정한 사항이 있는 경우에는 이익금으로 처리하지 않는다.
③ 시효완성 예금을 이익금 처리할 때 적용하는 환율은 이익금처리 영업일의 매매기준율 또는 재정된 매매기준율로 한다.
④ 시효완성으로 이익금 처리한 예금을 돌려줄 때는 손실금(기타영업외비용)으로 처리하여 지급한다.

정답 및 해설

08 나. 외화예금의 이자를 계산할 때 지급단위는 예수통화의 보조통화까지로 하며 보조단위 미만은 절사한다.
다. 외화예금의 이자 계산 기간은 한편넣기로 입금일로부터 지급일 전일까지로 한다.

09 시효완성 예금을 이익금 처리할 때 적용하는 환율은 이익금처리 직전 영업일의 매매기준율 또는 재정된 매매기준율로 한다.

정답 08 ③ 09 ③

10 🎖🎖🎖

당발송금의 특징에 대한 설명이다. 기장 거리가 먼 것은?

① 원칙적으로 송금자금이 실시간으로 입금되지 않는다.
② 미화 1만불 이하의 소액송금의 경우 거래은행 지정 없이 송금이 가능하다.
③ 원화 대가로 송금하는 경우 전신환매도율이 적용된다.
④ 송금 처리 소요기간이 가장 짧은 것은 전신송금 방식이다.

11 🎖🎖

해외송금과 관련한 주요 국가별 은행고유번호(은행코드) 연결이 옳지 않은 것은?

① 캐나다 : TRANSIT NO
② 영국 : IBAN CODE
③ 호주 : BSB NO
④ 미국 : ROUTING NO

🔍 정답 및 해설

10 | 미화 5천불 이하의 소액송금은 거래외국환은행 지정 없이 송금이 가능하다.
11 | • 영국 : SORT CODE
   | • IBAN CODE : 유럽연합에 속한 나라로 독일, 프랑스 등이다.

국가	코드명	국가	코드명
미국	ABA NO(Fed Wire), ROUTING NO	캐나다	TRANSIT NO
뉴질랜드	별도 명칭 없음	호주	BSB NO
영국	SORT CODE	유럽연합	IBAN CODE

정답 10 ② 11 ②

12 ⭐⭐

국내의 A기업이 독일(EU국가)에 있는 거래업체 B에게 수입 물품대금을 송금하고자 하는 경우, 국가별로 상이한 계좌번호 체계로 인해 발생할 수 있는 지급 지연 또는 미지급 등의 문제를 해결하기 위해 송금은행에 알려줘야 하는 통일된 계좌번호 체계를 의미하는 은행코드로 옳은 것은?

① ROUTING NO
② SORT NO
③ TRANSIT NO
④ IBAN CODE

13 ⭐⭐

송금의뢰인이 수취인에게 송금대금이 지급되기 전에 송금 취소를 요청하는 경우 수취불능에 따른 퇴결처리를 하여야 한다. 퇴결 시 송금의뢰인에게 원화를 대가로 지급한다면 적용되는 환율은?

① 송금 당시의 환율을 그대로 적용하며 퇴결수수료를 공제한 금액만큼 지급한다.
② 퇴결수수료를 공제한 금액에 지급 당시의 매매기준율을 적용한다.
③ 송금요청액 전액을 송금 취급 시 적용했던 환율을 적용한다.
④ 퇴결수수료를 공제한 금액에 지급시점의 전신환매입률을 적용한다.

정답 및 해설

12	IBAN CODE는 유럽연합에 속한 국가 은행코드이다.
13	퇴결 시 퇴결수수료(refund charge)를 제한 금액을 해외 중개은행으로부터 받고 이 금액을 송금의뢰인에게 지급 시점의 대고객 전신환매입률이 적용된 원화금액을 지급한다.

정답 12 ④ 13 ④

14 🏅🏅

다음은 '소액해외송금업자'에 관한 설명이다. 잘못된 것은?

① 사전에 소액해외송금업무를 하기 위하여는 금융감독원장을 경유하여 한국은행에 등록신청서를 제출하여야 한다.
② 건당 연간 5만 달러 이내의 송금한도에 제한을 받고 있다.
③ 등록 내용을 변경하는 경우 필요서류를 첨부하여 금융감독원장에게 제출해야 한다.
④ 소액송금업자의 이행보증금은 원칙적으로 영업개시일로부터 그 다음 월의 말일까지는 3억원 이상으로 하고 있다.

15 🏅

송금수표를 발행하는 주요 사유로 옳지 않은 것은?

① 수취인이 해외은행에 수취계좌를 가지고 있지 않은 경우
② 수취인이 송금대금의 신속한 수취를 요구하는 경우
③ 해외 학교기관 등이 등록금 등을 송금수표로 요구하는 경우
④ 구입비 등 소액을 송금하는 경우

정답 및 해설

14	사전에 소액해외송금업무를 하기 위하여는 금융감독원장을 경유하여 기획재정부장관에 등록신청서를 제출하여야 한다.
15	수취인이 송금대금의 신속한 수취를 요구하는 경우는 전신송금으로 이루어진다.

정답 14 ① 15 ②

16 ✪✪✪

타발송금 업무처리 방법에 대한 다음 설명 중 옳지 않은 것은?

① 외화표시 타발송금을 수취인에게 원화로 지급할 때에는 지급시점의 대고객 전신환매입률로 환산한 원화로 지급한다.
② 정부, 지방자치단체, 환전영업자가 송금을 영수한 경우에는 취득경위 입증서류 제출을 생략할 수 있다.
③ 지급지시서에 명시된 수취계좌번호가 은행에 존재한다면 예금주 이름이 상이하더라도 조건변경이나 확인절차 없이 지급할 수 있다.
④ 국민인거주자가 미화 2만불 상당액 이하의 타발송금을 영수한 경우에는 취득경위 입증서류 제출을 생략할 수 있다.

17 ✪✪✪

다음은 외국환은행 타발송금 업무처리 사례이다. 적절한 업무처리로 연결된 것은?

> 가. 외국환거래법령 등에 의한 신고대상인지 여부를 확인하였다.
> 나. 타발송금 지급 시 증빙서류 징구 없이 취득 사유만 확인하도록 한다.
> 다. 국민인거주자가 미화 2만불 초과의 대외지급수단을 영수하는 경우로서 취득경위 입증서류를 제출하지 않은 경우에는 "이전거래"로 간주하여 매입이 가능하여 처리하였다.

① 가, 나　　　　　　　　　　② 나, 다
③ 가, 다　　　　　　　　　　④ 가, 나, 다

✅ 정답 및 해설

16 타발송금 지급지시서상에 기재된 수취인명과 수취계좌의 예금주명이 일치하는지 여부를 확인하여야 하며, 수취계좌가 일치하더라도 수취인명이 상이한 경우에는 지급할 수 없으므로 반드시 송금은행에서 조건변경 요청 후 전달한다.

17 나. 타발송금 지급 시 취득 사유를 확인하고 필요시 증빙서류를 받아야 한다. 미화 2만불 이하라 할지라도 타발송금 대금을 수출실적으로 인정받기 위해서는 수출신고필증 또는 수출계약서 등을 받고 수출사유코드를 사용하여 처리하여야 한다.

정답 16 ③　17 ③

18 ✪✪✪

국내 외국환은행의 외국통화 매매업무처리에 대한 다음 설명 중 옳은 것으로 연결된 것은?

> 가. 외국통화 매도 업무처리 시 국민인거주자와 외국인거주자를 동일하게 처리한다.
> 나. 해외체재경비 목적으로 미화 1만불 미만의 매도 시 외국환신고필증을 발행·교부해야 한다.
> 다. 비거주자에 대한 재환전 시 재환전 증빙서류는 최근 입국일 이후에 발행된 것임을 확인해야 한다.
> 라. 외국인거주자에게 매각사실 증빙 없이 미화 1만불 범위 내에서 해외여행 경비조로 매각하는 경우에는 여권에 매각사실을 기재해야 한다. 다만 1백만원 이하로 매각하는 경우에는 여권기재를 생략한다.

① 가, 나 ② 다, 라
③ 나, 라 ④ 가, 라

19 ✪✪

다음은 외국통화 환전 시 실명확인과 관련된 설명이다. 옳지 않은 것은?

① 국민인거주자에 대한 환전 시 실명확인증표이면 여권이 아니더라도 무방하다.
② 외국인 및 비거주자에 대한 환전 시 외국인등록증 및 유효기일이 경과한 여권에 대한 환전은 불가능하다.
③ 국민인거주자에 대하여 건당 1백만원 이하에 상당하는 외국통화 환전 시에는 실명확인을 생략할 수 있다.
④ 외국인비거주자의 경우 건당 1백만원 이하의 외국통화 환전거래라 할지라도 실명확인 절차를 반드시 거쳐야 한다.

정답 및 해설

18 가. 외국통화 매도 시 국민인거주자와 외국인거주자는 달리 적용해야 한다.
나. 해외체재경비 목적으로 미화 1만불 초과 매도하는 경우에는 외국환신고필증을 발행·교부해야 한다.

19 건당 1백만원 이하의 외국통화 환전거래 시 거주자, 비거주자 모두 실명확인을 생략할 수 있다.

정답 18 ② 19 ④

20 🏅🏅

외국환은행의 외국환매입업무 절차에 대한 다음의 설명 중 잘못된 것은?

① 외국환 매입 시 국세청 통보기준을 적용하는 경우 동일자, 동일인 기준 미화 2만불 상당액을 초과하는 경우이다.
② 외화예금의 거주자계정에 예치된 외국환을 매입하는 경우 매입에 제한이 없다.
③ 환전영업자로부터 매입하는 경우 취득경위입증서류를 징구하지 않아도 된다.
④ 외국공관으로부터 매입하는 경우 미화 2만불을 초과하는 현찰 매입이라도 외국환신고(확인)필증을 확인할 필요가 없다.

21 🏅🏅

외국환은행이 외국통화 매입 시 유의해야 할 사항에 대한 설명이다. 적절치 않은 것은?

① 은행에서 매입이 가능한 통화는 매입은행이 환율을 고시하는 외국통화로 해야 한다.
② 외국인거주자로부터 미화 2만불 상당액 이하의 외화를 매입할 경우에는 외국환신고(확인)필증의 징구를 생략할 수 있다.
③ 외국통화를 매입할 경우 반드시 지폐의 손상 및 위·변조 여부를 확인하여야 한다.
④ 위폐 발견 시 고객으로부터 해당 위폐를 회수한 후 보관증을 교부하고, 통화 실물을 관할경찰서에 인도하는 경우 실물을 복사 후 인수증을 받아 보관한다.

✅ 정답 및 해설

20 국세청 통보대상은 동일자, 동일인 기준 미화 1만불을 초과하는 경우이다. 영수확인서를 받지 않아도 되는 경우는 미화 10만불 이하이지만, 국세청 통보대상은 미화 1만불 초과하는 경우임을 명심하자. 다만, 새로 개정된 규정에 의거 국내거주자가 환전영업자로부터 동일자 동일인 1만불 초과 시 외국환매각신청서 사본을 동봉하여 관세청에 통보되는 것이 예전과 다르다.

21 위폐 발견 시 고객으로부터 해당 위폐를 회수한 후 보관증을 교부하고, 통화 실물을 관할경찰서에 인도하는 경우 지문 보존에 유의해야 하고 복사하는 경우 지문 채취가 어려우므로 복사하지 말고 인도하여야 하며 인수증을 받아 보관한다.

정답 20 ① 21 ④

22 ✪✪✪

외국환은행이 비거주자로부터 외화를 매입할 경우 외국환거래법에 의해 신고절차를 거쳐야 한다. 다음 ( ) 안에 들어갈 말로 적절한 것은?

> 미화 ( ) 이하의 대외지급수단을 매입하는 경우는 취득경위 입증서류 제출 생략 대상이다.

① 5천불 ② 1만불
③ 2만불 ④ 5만불

23 ✪✪✪

다음의 외국환매입 관련하여 은행직원의 올바른 창구업무처리는?

> 국내 외국정부의 공관에 근무하는 비거주자 외국영사가 미화 3만불 매각 요청을 하는 경우

① 실명확인증표는 여권에 의거 인적사항 확인 후 매입 처리하였다.
② 2만불 초과하므로 취득경위 입증서류를 제출이 필요하다고 안내하였다.
③ 외국환매입증명서는 발행이 불가하다고 안내하였다.
④ 1만불 상당액을 초과하여 매입하는 경우라도 외국정부 공관에 근무하므로 국세청장 통보 제외대상이라고 안내하였다.

정답 및 해설

22 외국통화 매입 시 동일자 동일인 동일점포 기준으로 미화 2만불 이하의 경우 취득경위입증서류 제출 생략대상이다.

23 외국환은행이 비거주자로부터 외국통화 매입 시 다음 절차를 따른다.
1) 실명확인증표에 의거 확인
2) 2만불을 초과하는 경우 원칙적으로 취득경위 입증서류 제출
 → 취득경위 입증서류 확인 생략 대상 : 외국정부 공관 근무자, 국제기구 근무자, 미군부대 근무자
3) 외국환매입증명서 : 1회에 한하여 발행·교부
4) 미화 1만불 초과 시 국세청 통보

정답 22 ③ 23 ①

24 ★★

외국환은행의 외국환 매각업무 절차에 대한 다음 설명 중 적절치 않은 것은?

① 국민인거주자에게 일반 해외여행경비 환전을 위해 $10,000을 초과하여 매각한 경우 본인이 세관신고를 하여야 하며 환전금액 한도에 제한은 없다.
② 외국인거주자나 비거주자에 대하여 매각사실 입증서류가 없는 경우 여행경비 환전은 $10,000을 초과할 수 없으며, 이 경우 원칙적으로 여권에 환전사실을 표기하여야 한다.
③ 비거주자에 대한 재환전일 경우 당초 $10,000 이상의 매입이 있었다면 $10,000 이상의 매각 시에 대외지급매매신고서를 징구하지 않아도 된다.
④ 신용카드로 외국통화 인출액이 연간 1만불을 초과하는 경우에도 국세청에 통보된다.

25 ★★★

다음 중 외화 매도거래 중 외국환은행에서 외국환신고(확인)필증을 발급하여야 하는 거래에 해당하는 경우가 아닌 것은?

① 해외이주자에게 미화 1만불 초과하여 외국통화를 매도하는 경우
② 해외체재자에게 미화 1만불 초과하여 외국통화를 매도하는 경우
③ 재외동포의 국내재산반출을 위해 미화 1만불 초과하여 외국통화를 매도하는 경우
④ 국민인거주자에게 소지를 목적으로 미화 1만불 초과하여 외국통화를 매도하는 경우

정답 및 해설

24 비거주자가 당초 매각한 금액 범위 내의 재환전일지라도 1만불을 초과하는 경우 대외지급매매신고서 또는 외국환신고(확인)필증을 교부받아야 한다.
25 국민인거주자에게 소지 목적 환전의 경우 외국환신고(확인)필증을 발급하여야 하는 거래가 아니다.

정답 24 ③ 25 ④

26 ♦♦

환전영업자의 외환업무에 관련한 다음 설명 중 옳지 않은 것은?

① 환전영업을 하고자 하는 자는 관세청에 등록신청을 하여야 한다.
② 거주자에게 외국통화 매도업무는 미화 2천불 이하로 가능하다.(단, 전산거래에 의한 환전장부 4천불까지)
③ 비거주자에게 외국통화 매도업무는 불가능하다.
④ 지정거래외국환은행은 환전영업자로부터 매 반기별로 익월 10일까지 환전업무 현황을 제출받아 매 반기 익월 20일까지 당해 환전영업자를 관할하는 관세청장에게 보고하여야 한다.

27 ♦♦

다음 중 외화수표에 대한 설명으로 옳지 않은 것은?

① 외화수표의 추심 전 매입은 일종의 여신행위이므로 취급하기 위해서는 고객의 신용도, 외화수표의 종류 등을 면밀히 검토해야 한다.
② 추심 후 지급은 추심 전 매입 방식보다는 안전하나, 지급은행으로부터 대금 지급 후에도 수표 부도로 대금청구가 될 수 있으므로 주의해야 한다.
③ 미재무성 국고수표는 매입이 불가하므로 추심거래만 가능하다.
④ 외화수표는 원칙적으로 양도가 불가하므로 지정수취인으로부터 매입 또는 추심신청을 받아야 한다.

정답 및 해설

26 | 비거주자에게 최근 입국일 이내 매각한 범위 내에서 재환전을 위한 외국통환 매도업무는 가능하다.
[환전영업자 가능 업무]
① 원칙적으로 외국통화 또는 여행자수표 매입 가능
② 거주자에게 2천불 이하 매각
③ 비거주로부터 최근입국일 이후 매각범위 내에서 외국통화 매도 가능
환전영업자가 거주자, 비거주자에 대해 동일자, 동일인 기준 2천불 이하의 외화의 경우 매각을 할 수 있도록 허용하고 있다.

27 | 미재무성 국고수표는 추심 전 매입거래만 가능하다.

정답 26 ③ 27 ③

28

다음 괄호 안에 순서대로 들어갈 용어로 옳은 것은?

(가)는 은행에 예금계좌를 가지고 있는 예금주가 은행을 지급인으로 발행한 수표로서, 우리나라의 당좌수표와 유사한 수표로 매입의뢰를 받은 경우 (나)을 원칙으로 한다.

	가	나		가	나
①	Personal Check	추심 전 지급	②	Personal Check	추심 후 지급
③	Banker's Check	추심 전 지급	④	Banker's Check	추심 후 지급

29

외화수표에 대한 다음 설명 중 옳은 것으로 연결된 것은?

가. 은행수표(Banker's check)는 환거래은행이 발행한 수표로 서명권자가 은행인 수표로 자기앞수표와 유사하다.
나. 개인수표(Personal Check)는 국내 당좌수표와 유사하며, 보편적으로 발행인 서명란 하단에 Authorized Signature 문구가 있다.
다. 머니오더(Money order)는 은행에 예금을 가지고 있는 예금주가 은행을 지급인으로 발행한 수표이다.
라. 외화수표 매입 유효기간은 수표 매입은행이 수표를 매입한 날을 기준으로 하지 않고 지급은행에 수표 제시되는 일자를 기준으로 한다.

① 가, 나
② 다, 라
③ 가, 라
④ 나, 다

정답 및 해설

28 개인수표(Personal Check)는 은행에 예금을 가지고 있는 예금주가 은행을 지급인으로 발행한 수표로서, 우리나라의 당좌수표와 유사한 수표이며 추심 후 지급을 원칙으로 한다.

29 나. 은행수표는 보편적으로 발행인 서명란 하단에 Authorized Signature 문구가 있다. 개인수표는 은행에 예금을 가지고 있는 예금주가 은행을 지급인으로 발행하는 수표이다.
다. Money order란 수표발행 신청인이 수표금액에 해당하는 금액과 수수료를 은행 또는 발행회사에 지불하면 발행해 주는 것을 말한다.

정답 28 ② 29 ③

30

외화수표 매입 및 사후관리에 대한 다음 설명 중 옳은 것으로 연결된 것은?

> 가. 매입 의뢰 받은 외화수표 중 미재무성 수표의 경우 유효기간은 발행일로부터 2년이다.
> 나. 매입한 외화수표 실물을 지급지로 발송해야 하는데 분실 등을 대비해 반드시 수표 실물을 복사하여 사본을 보관하여야 한다.
> 다. 추심 후 지급의 경우에도 고객으로부터 환가료를 징수해야 한다.
> 라. 은행수표의 경우 일반적으로 위변조 보안장치가 있으며, 수표 내용이 전산으로 인자되어 있으므로 이를 확인하여 매입 처리한다.

① 가, 나
② 나, 다
③ 가, 라
④ 나, 라

31

다음 중 외화수표 부도사유 연결이 적절치 않은 것은?

① Stop Payment - 지급 정지
② Sent Wrong - 제3은행으로 추심
③ Refer to Maker - 계약 불이행
④ Forged Endorsement - 배서 불비

정답 및 해설

30
가. 매입 의뢰 받은 외화수표 중 미재무성 수표의 경우 유효기간은 발행일로부터 1년이다. 기타수표는 통상 6개월로 한다.
다. 환가료는 매입은행의 자금 부담에 대한 이자성격의 수수료로 추심 후 지급의 경우에는 사전에 은행이 대금 지급이 없으므로 고객으로부터 환가료를 징수하지 않는다.

31 Forged endorsement : 배서 위조이다. 배서불비는 endorsement missing이다.
- Not sufficient : 잔액 부족
- Signature forged : 서명 위조
- Stale date : 유효기일 경과
- Post date : 선일자 발행

정답 30 ④ 31 ④

32 ★★

외화수표 부도 관련 업무처리 절차에 관한 설명 중 적절하지 않은 것은?

① 해외지급은행에서 부도 사실을 통지받거나, 추심 전 매입한 외화수표가 대외발송일로부터 60일까지 입금되지 않은 경우 부도로 등록한다.
② 미국의 경우 외화수표 앞면 변조의 경우 지급은행의 결제일로부터 1년, 수표 뒷면 배서 위조는 3년까지 부도로 인한 수표대금 반환청구가 가능하다.
③ 추심 전 매입한 외화수표가 부도 처리된 경우 즉시 매입의뢰인에게 부도대금과 부도이자를 회수하여야 한다.
④ 외화수표 부도대금을 원화로 회수하는 경우 원금은 추심 전 매입 거래 시 적용되었던 전신환매도율을 적용한다.

정답 및 해설

32 매입의뢰인에게 부도대금을 청구하여 원화로 받는 경우, 회수 당시의 전신환매도율을 적용한다. 부도이자는 추심 전 매입거래 시 환가료 기일 다음날부터 부도대금 회수 전날까지의 기간에 대해 회수 당시 연체이자율을 적용하여 받는다.

정답 32 ④

33 🏅🏅🏅

수출대금을 외화수표로 수령한 ㈜한국전자는 거래외국환은행을 찾아가 외화수표를 매입 의뢰하여 추심 전 매입하였다. 1개월 후에 외화수표 부도 통보가 되어 거래 은행에 가서 부도대금을 정리하고자 한다. 은행은 부도대금을 원화로 원금회수 시 (가)을/를 적용하고 부도이자는 추심 전 매입거래 시 받았던 환가료 기일 다음 날부터 부도대금 회수의 전날까지의 기간에 대해 회수 당시 (나)을/를 적용한다. 괄호 안에 들어갈 용어로 옳은 것은?

① 가 : 회수시점 전신환매도율,　나 : 외화여신 연체이율
② 가 : 회수시점 전신환매도율,　나 : 환가료율
③ 가 : 매입시점 전신환매도율,　나 : 외화여신 연체이율
④ 가 : 매입시점 전신환매도율,　나 : 환가료율

정답 및 해설

33　외화수표 부도 시 부도대금을 원화로 회수할 때 적용되는 환율은 부도대금 회수시점의 해당 외국통화의 전신환매도율이 된다. 또한 기 징수한 환가료 외에 연체이율을 적용하여 이자를 징수한다.

정답 33 ①

Chapter 02 자가학습진단표

	진단 내용	Yes	No
01	외화예금의 경우 원화예금과의 차이점이 있는데, 이를 설명할 수 있습니까? 또한 외화예금의 계정구분(거주자, 대외, 해외이주자계정)에 따른 가입자격에 대하여 구분 설명할 수 있습니까?		
02	거주자계정에 예수 시 확인사항에 대하여 설명할 수 있습니까? 특히 외국환 취득신고 확인 면제 대상에 대하여 설명할 수 있습니까?		
03	외화예금 대외계정 개설 자격과 예수가능대상 확인사항을 정리하고 있습니까?		
04	외화예금 만기일 산정과 이자계산 방법, 예치 및 인출 시 적용환율에 대하여 설명할 수 있습니까?		
05	외화예금의 시효 완성된 경우 처리 절차와 소멸시효 기산일에 대하여 설명하고 예외사항에 대하여 설명할 수 있습니까?		
06	해외 당발송금의 경우 국내 원화송금과의 차이점을 설명하시고 당발송금의 종류와 가장 대표적인 송금방식에 대하여 설명할 수 있습니까?		
07	해외 송금 시 주요 국가별 은행코드를 구분할 수 있습니까?		
08	해외송금 시 거래외국환은행 지정사유에 대하여 설명할 수 있습니까? 지정 없이 송금이 가능한 경우와 구분하여 설명할 수 있습니까?		
09	타발송금 업무처리 절차와 관련하여 외국환거래법령 등에 의한 신고대상인지 여부를 확인해야 하는데 기준금액과 취득경위 입증서류 제출면제대상 등에 대하여 설명할 수 있습니까?		
10	해외소액송금업자 업무절차를 이해하고 건당 또는 연간 누계기준 송금가능한도를 정리하고 있습니까?		
11	외국통화를 거주자로부터 매입하는 경우와 비거주자로부터 매입하는 경우 구분하여 확인사항을 설명할 수 있습니까?		
12	외국통화를 거주자에 대한 매각과 비거주자에 대한 매각 사유에 대하여 구분 설명하고 특히 외국인의 경우 매각사실이 없는 경우에 매각 업무처리 절차에 대하여 설명할 수 있습니까?		
13	외국통화 매도 시 외국환신고(확인)필증을 발행·교부하여야 하는 경우에 대하여 설명할 수 있습니까?		

자신의 학습성취도를 스스로 진단하세요.

	진단 내용	Yes	No
14	환전영업자의 외국환업무 등록절차와 가능한 업무와 불가능한 업무를 구분하여 설명할 수 있습니까?		
15	환전영업자 영위를 위한 등록절차를 이해하고 가능한 업무에 대하여 설명할 수 있습니까? 또한 사후관리에 대한 의무사항을 정리하고 있습니까?		
16	외화수표의 종류와 각 종류별 유효기간, 종류별 특징에 대하여 설명할 수 있습니까? 또한 추심전 매입과 추심후 지급을 구분하여 설명할 수 있습니까?		
17	외화수표 부도사유에 대하여 설명하고 부도 시 부도대금 원금회수절차 및 환율적용에 대하여 설명할 수 있습니까?		

Yes 개수별 진단결과

- 8개 이하 : 합격예상도는 40% ➡ 기본서로 관련 내용을 다시 한번 꼼꼼하게 학습하세요.
- 9~13개 : 합격예상도는 60% ➡ 길라잡이 문제를 통해 주요 내용을 다시 한번 체크하세요.
- 14개 이상 : 합격예상도는 80% ➡ 출제예상 문제를 통해 100% 합격에 도전하세요.

MEMO

제3장

외환 관련상품

출제경향분석

본 장은 다른 장에 비하여 출제문항 비중은 상대적으로 낮은 부분입니다.
주로 국제금융시장을 장기·단기시장으로 구분할 수 있어야 하며, 직접금융시장과 간접금융시장을 구분할 수 있어야 합니다.
환율연계상품의 특징을 정리해야 하며 유형을 구분할 줄 알아야 합니다.
펀드에서는 수익증권과 뮤추얼펀드를 구분할 수 있어야 하며, 해외뮤추얼펀드의 특성을 정리하셔야 합니다. 해외펀드 투자 시 고려사항도 정리해야 하며 외화연금보험의 특징도 정리가 필요합니다.

Chapter 03 문제로 보는 출제경향

01

고객이 해외이주를 준비하고 있는 상황에서 일정기간 동안 외화를 보유할 예정으로 은행에서 해외 펀드 투자에 대해 상담 중이다. 은행의 입장에서 상담 시 유의할 사항으로 옳지 않은 것은?

① 예금자 보호대상이 아님을 설명한다.
② 원금손실 가능성 및 환율변동에 따른 리스크발생 가능성을 설명한다.
③ 은행은 판매회사이며, 투자에 대한 책임도 은행에게 있음을 설명한다.
④ 일반적으로 판매수수료를 선취한다고 설명한다.

해설   은행은 해외펀드 판매회사이며, 투자에 대한 책임은 고객에게 있음을 설명해야 한다. 최근 불완전판매에 대한 민원이 많아지는 추세에서 해외펀드에 따른 투자위험, 환율위험 등을 사전에 알리고 고객 투자경험, 재산상태 등에 적합한지 파악하는게 어느 때보다 중요하다.

정답 ③

02

다음의 뮤추얼펀드와 수익증권의 비교 중 가장 거리가 먼 것은?

① 뮤추얼펀드의 판매가격은 주당 순자산가치이고 수익증권의 판매가격은 기준가격이다.
② 뮤추얼펀드에 대한 투자자는 수익자로서의 지위를 가지고, 수익증권의 투자자는 주주로서의 지위를 가진다.
③ 뮤추얼펀드는 주주에 의한 자율적 규제가 이루어지고 수익증권은 감독기관의 감독으로 통제된다.
④ 뮤추얼펀드는 주식의 직접거래로 투자수단으로, 수익증권은 통장거래 등으로 저축 수단으로 인식된다.

해설   뮤추얼펀드의 투자자는 회사의 주주로서의 지위를, 수익증권의 투자자는 수익자로서의 지위를 가진다.

정답 ②

03

다음 중 해외펀드(외국펀드)와 해외투자펀드의 공통점에 해당하는 것은?

| 가. 펀드설립 주체 | 나. 펀드등록 지역 |
| 다. 투자대상 지역 | 라. 투자자 모집대상 지역 |

① 가, 나
② 다, 라
③ 다
④ 라

해설 해외펀드는 외국의 투자기관에 의해 외국에 설립되어 전 세계의 투자자로부터 자금을 모아 전 세계를 투자대상 지역으로 투자 운용되는 펀드인 반면, 해외투자펀드는 국내법에 의해 설립된 운용사가 운용하는 펀드로 국내투자자로부터 자금을 모아 해외에 투자하는 펀드이다. 그러므로 양자는 투자대상 지역이 해외라는 공통점이 있으나 펀드설립 주체, 등록지역, 투자자 모집 대상 지역이 다르다는 차이점이 있다.

정답 ③

04

다음 중 '해외 펀드 상담전략'으로 가장 적절하지 않은 경우는?

① 여러 국가를 대상으로 분산하여 투자하세요.
② 장기로 투자하세요.
③ 환율 차익을 목적으로 투자하세요.
④ 시장상황에 따라 펀드의 전환을 적극 활용하세요.

해설 환율 변화는 많은 변수에 영향을 받아 예측하여 투자하기는 매우 어려운 상황이므로 환차익 목적의 해외 펀드 투자는 자제해야 한다.

정답 ③

Chapter 03 길라잡이 문제

중요이론(Key Point)을 재정리할 수 있는 대표문제로 구성하였습니다.

Key Point 단기금융시장 이해

01 다음은 단기금융시장(Money Market)에 대한 설명이다. 옳지 않은 것은?

① 단기금융시장의 금융수단은 만기가 1년 이내의 단기시장이다.
② 단기금융시장은 이자율이 완전경쟁하에 결정되기 때문에 자금의 효율적 배분 및 사용을 촉진해주고 금융의 자동조절기능을 발휘할 수 있는 여건을 마련해준다.
③ 단기금융시장은 발행시장과 유통시장으로 구분된다.
④ 정책수단의 다양화를 뒷받침하여 통화정책의 효과를 제고해준다.

해설

(1) 기간별 금융시장 구분
　① 단기자금시장(Money Market)
　　• 통상적으로 만기가 1년 이내 금융상품이 거래되는 시장
　　• 통화정책 수립·운용 기준이 되는 시장
　　※ 사례
　　• 현지은행의 단기차입(당좌대월), 증권발행 : Treasury - bill, Call, CD(양도성예금증서), CP(기업어음), BA, RP, 매출채권을 담보하여 단기자금 차입(pledging), 할인(수출기한부어음)
　② 장기자본시장(Capital Market)
　　• 만기가 1년을 초과하는 금융상품이 거래되는 시장
　　• 중장기 자본시장은 투자은행(investment bank)이 주축 수행
　　• 조달방법 사례
　　　- 신디케이트론 - 외국채, 유로채 - 해외CB, BW 발행 - 주식발행, 주식예탁증서(DR)
　　　→ 자본시장은 발행시장(1차 시장)과 유통시장(2차 시장)으로 구분된다.
(2) 조달방식에 따른 구분
　① 간접금융 : 자금조달자가 은행(중개기관)을 통한 자금 차입하는 경우 → 일반은행 주도
　② 직접금융 : 자금조달자가 채권, 주식 발행을 통한 자금 조달하는 경우 → 투자은행 주도

정답 ③

Key Point 단기금융시장 기능 이해

02 단기금융시장의 기능 및 시장 구분에 대한 설명이다. 옳지 않은 것은?

① 경제 내의 자금수요자에 대해서는 신속하게 자금을 제공하여 주고, 자금공급자에게는 지급 준비자산의 시장성을 확보해 금융효율을 높여준다.
② 개방경제체제하에서 단기금융시장과 외환시장은 기본적으로 상호 불가분의 상관관계를 유지하고 있다.
③ 단기금융시장은 크게 차관단 대출시장과 국제시장으로 나누어진다.
④ 단기금융시장은 일반은행 주도하에 주로 간접금융 형태를 취하고 있다.

해설
차관단 대출시장과 국제시장은 장기금융시장이다.
금융시장은 다음과 같이 구분된다.

구분		대내시장		대외시장
		국내시장	국제시장	
		내국시장	외국시장	유로시장
직접 금융 시장	자본시장 (Capital Market)	국내 주식, 채권시장	외국채시장 (미국 : 양키본드, 일본 : 사무라이 본드, 영국 : 불독본드, 한국 : 아리랑본드/김치본드, 중국본드 : 팬더본드/딤섬본드)	유로채시장 유로MTN시장
	Money market	국내 CP, CD, RP, BA, T-bill 시장	외국인의 국내시장에서의 CP 발행, 유통시장	유로어음시장 (NIF 및 유로 CP 시장)
간접 금융 시장	중·장기	국내 중·장기 은행대출시장	외국 차입자에 대한 중·장기 은행대출시장	유로 신디케이트 대출시장
	단기	국내 단기 은행대출시장	외국 차입자에 대한 단기 은행대출시장	유로예금시장

 정답 ③

Key Point 환율연동형 상품 이해

03 외국환은행에서 취급하는 환율연동정기예금 상품에 관한 다음 설명 중 옳은 것으로 연결된 것은?

> 가. 환율연동상품은 수익구조에 따라 상승형, 하락형, 범위형이 있다.
> 나. 환율이 큰 폭으로 하락하거나 상승하는 경우 원금 손실의 우려가 있다.
> 다. 정기예금의 일정 이자를 환율 파생상품 등에 투자한다.
> 라. 환율이 원하는 방향으로 변하는 경우 수익은 지속 상승하는 구조이다.

① 가, 나, 다
② 나, 다, 라
③ 가, 다
④ 가, 다, 라

해설
나. 원금보장상품이다.
라. 수익은 사전에 제시되므로 원하는 방향으로 변하는 경우에도 수익은 제한된다.
※ 환율연동상품 특징
(1) 수익구조
　① 환율변동에 따라 수익이 결정
　② 대부분 자산을 안전자산에 운용하고 수익이 예상되는 이자수익 부분을 통화관련 파생상품에 투자하는 상품
　③ 원칙적으로 원금보장상품
(2) 유형 : ① 상승형, ② 하락형, ③ 범위형

정답 ③

Key Point 해외펀드 투자의 특성 이해

04 다음은 해외펀드 투자의 특성에 대한 일반적인 설명이다. 옳지 않은 것은?

① 해외펀드 투자는 장기투자이어야 한다.
② 펀드의 존속기간에 제한이 있으나, 장기투자를 할 경우 보다 안정적인 수익을 얻을 수 있다.
③ 해외펀드 투자는 환율 차익을 목적하는 것은 적절치 못하다.
④ 시장 상황에 따라 펀드의 전환을 적극 활용할 수 있어야 한다.

해설
해외펀드는 다음과 같은 특징이 있다.
- 외국에서 설정되어 국내에서 판매되는 펀드상품은 환매가능형 펀드 판매 가능
- 국제분산투자를 통환 분산투자 효과 증대
- 단기적 관점에서의 접근보다는 장기적 관점에서의 여유자금 투자가 적정
- 해외펀드(외국펀드)의 경우 환율헤지여부 결정 : 환투기 목적으로 고위험으로 투자 지양
- 펀드의 존속기간에 제한 없음

정답 ②

Key Point 해외펀드 상품 이해

05 해외펀드 상품에 관한 다음 설명 중 옳은 것으로 연결된 것은?

> 가. 채권형펀드는 금리상승 추세 시 가입하면 채권가격 상승으로 유리하다.
> 나. 주식형펀드는 펀드의 50% 이상을 주식으로 운용하는 상품으로 주가 상승시기에 가입하는 것이 유리하다.
> 다. 혼합형펀드는 주식관련 편입비율에 따라 탄력적으로 운용되는 상품이다.
> 라. MMF는 투자신탁회사가 고객의 돈을 모아 단기금융시장에 투자하여 수익을 얻는 금융상품을 말한다.

① 가, 나 ② 다, 라
③ 가, 라 ④ 나, 라

해설
가. 채권형펀드는 금리하락 추세 시 가입하면 채권가격 상승으로 유리하다.
나. 주식형펀드는 펀드의 60% 이상을 주식으로 운용하는 상품으로 주가 상승시기에 가입하는 것이 유리하다.

정답 ②

Key Point 해외펀드 상품 구분

06 해외펀드 상품에 대한 다음 설명 중 (   )에 적절한 것으로 연결된 것은?

> 해외펀드 상품은 투자목적에 따라 자산가치 상승에 따른 매매차익 목적의 (가), 배당, 이자소득 목적의 (나), 2가지를 모두 추구하는 균형형으로 구분된다.

	가	나		가	나
①	소득형	배당추구형	②	성장형	배당추구형
③	성장형	소득형	④	소득형	성장형

해설
해외펀드 상품은 투자목적에 따라 자산가치 상승에 다른 매매차익 목적의 성장형, 배당, 이자소득 목적의 소득형, 2가지를 모두 추구하는 균형형으로 구분된다.
해외펀드 상품은 투자지역에 따라 여러 국가에 분산투자하는 글로벌펀드, 특정지역에 투자하는 지역펀드, 특정국가에 투자하는 개별국가펀드 등이 있다.

정답 ③

Key Point 투자신탁과 투자회사 상품 비교

07 투자신탁과 투자회사(뮤추얼펀드)에 대한 다음 설명 중 옳지 않은 것은?

① 투자신탁의 형태는 신탁계약에 의한 신탁관계이며, 뮤추얼펀드는 펀드 자체가 법인 성격을 가진 주식회사이다.
② 투자신탁 투자자의 지위는 수익자이나, 뮤추얼펀드 투자자의 지위는 주주이다.
③ 투자신탁의 발행증권은 수익증권이며, 뮤추얼펀드의 발행증권은 주식이다.
④ 설립에 대한 규제는 둘 다 설립요건이 엄격하며, 감독기관의 통제를 받는다.

해설
뮤추얼펀드는 자체가 서류상 회사로 자체적으로 감사한다.
[투자신탁과 투자회사 비교]

구분	투자신탁(수익증권)	투자회사(뮤추얼펀드)
설립형태	신탁계약	펀드 자체가 주식회사
발행증권	수익증권	주식
기준가격	기준가격	주당순자산가치(NAV)
투자자 지위	수익자(수익자총회)	주주(주주총회)
운용방법 결정	약관	정관
통제 제도	감독기관 엄격규제	자율규제

정답 ④

Key Point 고객과 해외펀드 상담 시 유의사항

08 아래는 은행직원과 고객 간 해외펀드 상담 내용이다. 적절하지 않은 내용으로 상담한 직원으로 연결된 것은?

> 철수 : 장기투자일수록 위험이 적고, 안정적인 수익을 기대할 수 있음을 안내한다.
> 영희 : 원본 손실의 발생가능성을 설명하며, 고객에 맞게 예상수익률을 제시하였다.
> 온유 : 환율변동에 따라 환차익이나 환차손이 발생할 수도 있다고 설명하였다.
> 지온 : 이 상품은 예금자 보호대상이 아니라고 설명한다.

① 철수, 영희 ② 영희
③ 온유 ④ 영희, 지온

해설

펀드 상담 시 예상수익률을 제시할 수 없다.

분류	형태	주요내용
중도 환매	환매가능형	중도에 고객 요청으로 환매 가능(개방형)
	환매금지형	• 폐쇄형 펀드, 단 공모형인 경우 90일 이내 상장 의무 • 부동산펀드, 특별펀드 등
추가 설정	추가형	펀드의 추가적인 매각이 자유롭고 투자자의 증가에 따라 펀드의 규모가 증가 환매가능형펀드의 경우 해당
	단위형	일정기간 모집에 의해 펀드를 설정하고 추가적으로는 펀드의 규모를 증가시키지 않음

정답 ②

Key Point 해외 뮤추얼펀드 투자의 장점 이해

09 해외 뮤추얼펀드 투자의 장점으로 적절치 않은 것은?

① 입출금이 자유로운 개방형 뮤추얼펀드이다.
② 투자자의 성향에 맞는 다양한 투자상품을 제공한다.
③ 펀드 존속기간에 제한이 있다.
④ 직접투자일 때 접근하기 어려운 시장도 간접투자로 가능하게 된다.

해설

펀드 존속기간에 제한이 없다.

구분	해외투자펀드(역내펀드)	해외펀드(역외펀드)
설정	국내법에 의거 설정된 펀드	외국법령의거 설정된 펀드
펀드의 기준가	원화	외화
운용의 주체	국내 자산운용사	해외자산운용사
펀드형태	주로 FoFs	주로 단독 펀드
펀드종류	제한적	매우 다양
환위험관리주체	펀드운용자	투자자
환매기간	다소 짧다	다소 길다(반드시 15일 이내 지급)

- 해외투자펀드 : 국내에서 설정되어 해외에 투자·운용하는 펀드
- 해외펀드 : 외국의 투자기관에 의해 외국에 설립되어 전 세계 투자자로부터 자금을 모아 전 세계를 투자대상 운용하는 펀드
- 외수펀드 : 외국인투자전용 수익증권으로 외국인 투자자들이 국내 주식시장에 간접 투자할 수 있도록 설계된 펀드

정답 ③

Key Point — 재집합투자기구와 선박펀드 이해

10 다음 펀드에 관한 설명 중 거리가 먼 것은?

① 재집합투자기구(Funds of fund)는 다른 집합투자기구가 발행한 집합투자증권에 집합투자재산의 일정 이상을 투자하는 형식으로 분산투자효과가 높다.
② 엄브렐러펀드는 하위 펀드들이 개별적인 투자회사로 운용되나 제3자에 대하여 하나의 회사로 펀드 간 전환수수료가 면제되고 있다.
③ 재집합투자기구(Funds of fund)는 비용면에서 일반펀드에 비하여 유리하다.
④ 선박펀드는 선박투자회사법에 근거하여 다수의 투자자로부터 자금을 모집하여 선박을 취득하고 그 취득한 선박을 해운선사에 용선(임대)함으로써 얻게 되는 용선료(임대료) 수입을 배당하는 실적배당상품으로 원금손실 가능성이 있다.

해설

재집합투자기구(Funds of fund)는 비용면에서 일반펀드에 비하여 불리하다.
재간접펀드의 장·단점은 다음과 같다.

장점	단점
• 상대적 안정성(낮은 변동성) • 과거 운용능력이나 투자성과가 검증된 펀드에 선별 투자 가능 • 한 개의 펀드로 다양한 자산 및 시장으로 분산투자 가능	• 높은 보수 및 수수료(펀드/하위펀드 이중의 보수 부담) • 투자성과 측정의 어려움 • 상대적 정보 접근의 제약성

정답 ③

Key Point 투자펀드 위험지표 이해

11 투자펀드의 특성을 알 수 있는 지표에 대한 다음 설명 중 옳지 않은 것은?

① 주가가 상승국면에 있을 때는 베타계수가 높은 종목을 선택하는 것이 유리하다.
② 표준편차가 클수록 수익률 변동성이 크다.
③ 채권 듀레이션은 값이 클수록 투자금액을 회수하는 데 걸리는 시간이 짧아진다.
④ VaR(Value at Risk)로 측정된 시장위험은 금액으로 표시되어 공용언어로 사용된다.

해설
채권 듀레이션은 값이 클수록 투자금액을 회수하는 데 걸리는 시간이 길어진다.
[펀드위험 측정 지표]
- 표준편차 : 변동성
- 베타계수 : 민감도
- 듀레이션 : 채권위험 지표

$$듀레이션 \uparrow = f(만기\uparrow, 표면이율\downarrow, 채권수익률\downarrow)$$

- VaR(Value at Risk) : 정상시장에서 주어진 신뢰수준하에서 일정기간 동안 발생 가능한 최대 손실금액

정답 ③

Key Point 외화연금보험 이해

12 국내 판매중인 외화연금보험에 관한 설명이다. 옳지 않은 것으로 연결된 것은?

> 가. [보험가입+환율, 금리] 이익으로 인한 외화 증식 목적이다.
> 나. 주로 장기계약으로 비과세 대상이다.(10년 후부터 비과세)
> 다. 보험료와 보험금 모두 외화로 처리하는 상품이지만 환차손 위험이 없다.
> 라. 확정형 금리 상품으로 중도해지하더라도 원금손실 위험은 없다.

① 가, 나   ② 나, 라
③ 가, 다   ④ 다, 라

해설
다. 외화보험은 보험료를 외화로 불입하는 보험상품이며 보험금도 외화로 정해진다. 그러므로 불입 시와 보험금 지급시점 차이에 따른 외화가치 하락 시 환차손을 볼 수 있다.
라. 확정형 금리 상품이지만 중도해지 시 은행 예금과는 달리 원금손실을 볼 수 있다.

정답 ④

Chapter 03 출제예상 문제

중요도에 따라 Self 맞춤형 학습이 가능한 출제예상 문제입니다. 각자의 목표점수에 맞게 문제를 선별하여 풀어보세요!

▶ 중요도 : 🏅🏅🏅 상 🏅🏅 중 🏅 하

01 🏅

국제금융시장에 대한 설명으로 옳지 않은 것은?

① 국제적으로 또는 국가 간에 직접적으로 또는 금융기관을 통하여 간접적으로 장단기금융거래가 대량적, 반복적으로 이루어지는 시장을 말한다.
② 외환시장은 교역국 간에 타 국가의 통화가 교환되고 외환의 가격이 결정되는 것을 의미한다.
③ 국가 간 상품 및 용역의 수출입 대금을 융자해 줌으로써 국제교역을 촉진하는 데 있다.
④ 중장기 자본시장은 금융거래의 목적이 상업 내지 무역금융 또는 운전자금 조달에 있는 경우가 대부분이다.

02 🏅🏅

다음 중 단기금융시장에 해당하는 것으로 연결된 것은?

> 가. 금융 중개기능이 강화된 시장
> 나. 단기 무역금융 또는 운전자금 조달 목적의 시장
> 다. 공개시장조작 등 통화정책의 수립·집행이 용이하게 이루어지는 시장
> 라. 만기 1년 이내의 금융시장

① 가, 나, 다
② 가, 다, 라
③ 나, 다, 라
④ 가, 나, 다, 라

🔍 정답 및 해설

| 01 | 중장기 자본시장(Capital Market)은 시설투자나 장기프로젝트 사업에 필요한 자금을 융통하는 시장을 말하며 무역금융 또는 운전자금 조달의 경우는 단기금융시장을 통해 해결한다. |
| 02 | 모두 단기금융시장의 특징에 대한 설명이다. 참고로 중장기금융시장에서는 자기 계산하의 금융 중개보다는 단순한 직접금융 서비스에 중점을 두고 있다. |

정답 01 ④ 02 ④

03 ⭐

다음은 자금조달과 관련한 설명이다. 옳은 것은?

① 중장기 자본시장에서는 일반은행이 주도하는 간접금융 형태의 운전자금 조달이 주로 이루어진다.
② 금융당국의 경우 단기금융시장보다는 장기금융시장을 통해 통화정책을 시행하고 있다.
③ 단기금융시장은 금융거래의 목적이 단기상업 내지 무역금융 또는 운전자금조달에 있는 반면, 중장기 자금시장은 주로 장기 고정자산 투자자금 조달에 그 주된 목적이 있다.
④ 장기자금시장을 Money Market이라고 한다.

04 ⭐

간접금융시장에 해당하는 것으로 적절하게 연결된 것은?

| 가. 중개시장에 해당한다. | 나. 외국채시장 |
| 다. 국제여신시장 | 라. 유로커런시시장 |

① 가, 나, 다
② 가, 다, 라
③ 나, 다, 라
④ 가, 나, 다, 라

정답 및 해설

03　① 중장기 자본시장에서는 직접금융 형태의 자금 조달이 주로 이루어진다.
　　② 통화당국에서는 주로 단기금융시장을 통해 통화정책을 수행하여 간접적으로 중장기 금융시장에 영향을 미치고 있다.
　　④ 단기자금시장을 Money Market이라고 한다.

04　외국채시장이나 주식시장은 직접금융시장에 해당한다.

정답 03 ③　04 ②

05 ★★

국제금융시장에 대한 다음 설명 중 옳은 것으로 연결된 것은?

> 가. 차입자가 은행을 통하여 자금을 조달한 경우 간접금융이라고 한다.
> 나. 단기금융시장은 일반은행 주도하에 주로 간접금융 형태를 취하고 있다.
> 다. 중장기 자본시장에서는 일반은행보다는 투자은행이 주축 기능을 수행한다.

① 가, 나 ② 나, 다
③ 가, 다 ④ 가, 나, 다

06 ★★

다음에서 설명하고 있는 금융시장으로 가장 적절한 것은?

> 순수한 국제단기금융시장으로 양국통화 간의 금리차이를 획득하기 위한 금리재정거래를 하는 경우 선물환거래나 스왑거래 등의 외환거래를 수반하는 금융시장

① 자본시장 ② 역내시장
③ 역외금융시장 ④ 유로예금시장

정답 및 해설

05 모두 옳은 지문이다.
가. 직접금융은 은행을 통한 차입이 아니라 차입자가 증권 발행을 통해 자금 조달이 이루어지는 시장인 데 반해, 간접금융은 은행을 통해 간접적으로 자금조달이 이루어지는 시장이다.
나. 단기금융시장은 1년 이내의 시장으로 무역금융, 운전자금의 성격을 조달하는 시장이다. 이 경우 일반은행 주도하에 주로 간접금융 형태를 취하고 있다.
다. 주로 단기 금융시장은 일반은행 주도하에, 중장기 자본시장은 투자은행 주도하에 이루어지고 있다.

06 유로예금시장에 관한 설명이다. 자본시장은 장기자금조달시장을 말하며, 역외시장은 통화발행 국가가 아닌 다른 나라에서 규제를 받지 않고 이루어지는 금융거래시장을 말한다.

정답 05 ④ 06 ④

07

환율연동 정기예금 상품에 관한 다음 설명 중 옳지 않은 것은?

① 환율이 변동할 경우 원금 손실의 우려가 있다.
② 환율변동에 따른 수익은 금리형태로 지급한다.
③ 환율연동상품은 수익구조에 따라 상승형, 하락형, 범위형이 있다.
④ 정기예금의 일정 이자를 환율 파생상품 등에 투자한다.

08

펀드 선택 시 절차로 가장 적절한 것은?

가. 펀드 전략 검토	나. 투자설명서 검토
다. 펀드 종류 선택	라. 거래비용 검토

① 가→나→다→라
② 나→가→다→라
③ 다→가→나→라
④ 다→가→라→나

정답 및 해설

07 이자금액을 보통의 외환 옵션매입의 프리미엄 지급에 투자하여 상품설계대로 환율이 움직이면 수익을 얻지만 반대방향으로 가면 옵션프리미엄만큼의 손실이 나게 설계를 하기 때문에 이자율이 부리되지 않는 경우가 있더라도 원금 손실을 보지는 않게 설계를 한다.

08 펀드 선택 시 절차는 펀드 종류 선택 → 펀드 전략 검토 → 거래비용 검토 → 투자계획설명서 검토로 이루어진다.

정답 07 ① 08 ④

09

뮤추얼펀드와 수익증권의 비교 중 사실과 거리가 먼 것은?

① 뮤추얼펀드는 투신운용사와 투자자의 자산위탁관리 계약에 따라 운영되는 투자신탁의 신탁계약의 형태와 달리 법률적 주식회사로 설립된다.
② 뮤추얼펀드에 대한 투자자는 수익자로서의 지위를 갖게 되며, 수익증권의 투자자는 주주로서의 지위를 가진다.
③ 뮤추얼펀드는 법적으로 독립된 회사이나 실제 존재하지 않는 페이퍼컴퍼니이므로 전문적인 자산운용사가 자산을 운용한다.
④ 모두 손실 가능한 상품이다.

10

해외펀드(외국펀드)와 해외투자펀드의 비교이다. 적절치 않은 것은?

	구 분	해외펀드	해외투자펀드
①	투자대상지역	해외	해외
②	투자설립주체	외국의 투자회사	국내운용사
③	등록지역	해외	해외
④	투자자 모집 대상	Global	국내투자자

정답 및 해설

09　뮤추얼펀드의 투자자는 주주로, 수익증권의 투자자는 수익자로의 지위를 가진다.
10　해외투자펀드의 경우 등록지역은 국내가 된다. 참고로 국내에 설정되어 국내에 투자되는 외국인 투자자 전용 수익증권을 외수펀드라고 한다.

정답　09 ②　10 ③

11

다음은 국내투자자가 해외 펀드에 투자하는 경우 이에 대한 주의점이다. 옳게 설명한 것으로 묶인 것은?

> 가. 채권형펀드의 경우 향후 금리가 하락될 것으로 판단될 때 투자하는 것이 좋다.
> 나. 주식형펀드에서 상승장에서는 베타계수가 큰 종목에 투자하는 것이 좋다.
> 다. 안정적인 투자수익을 원하는 경우 Turn - over가 높은 것이 좋다.
> 라. 똑같은 월별수익률을 기록한 상품이지만 하나는 표준편차가 5%이고, 다른 하나는 10%라면 안정적인 투자수익을 원한다고 할 때 표준편차가 높은 상품에 투자하는 것이 좋다.

① 가, 나
② 다, 라
③ 가, 다
④ 나, 라

12

다음은 해외펀드상품에 대한 설명이다. 옳지 않은 것은?

① 적립식펀드는 은행의 적금처럼 매달 일정금액을 펀드에 넣어 주식 등에 투자하는 상품이다.
② 뮤추얼펀드는 고객의 재산으로 형성된 기금을 증권 등에 투자하여 그 수익을 주주에게 배분하는 실적배당상품이다.
③ 펀드재산의 50% 이상을 주식으로 운용하는 상품은 주식형펀드로 분류한다.
④ 환매가능형 펀드는 운용에 들어간 이후라도 추가로 투자자금을 모집할 수 있다.

정답 및 해설

11	다. 회전율(Turn - over)이 높다는 것은 그만큼 거래비용이 커진다는 것으로 고위험자산에 투자하는 것이 아니라면 바람직하지 않다.
	라. 안정적인 투자수익을 원한다고 할 때 표준편차가 낮은 상품에 투자하는 것이 좋다.
12	펀드 재산의 60% 이상을 주식으로 운용하는 상품은 주식형 펀드로 분류한다.

정답 11 ① 12 ③

13 ☆☆

아래에서 설명하는 내용에 부합되는 펀드는?

> 펀드 간 교체투자를 위하여 특정펀드에서 수익자가 펀드를 환매할 경우에는 환매수수료를 적용하지 아니하고, 특정 기간 내 특정 횟수 이하의 전환권 행사가 가능한 펀드로 시장변화에 탄력적 대응이 가능한 펀드

① 엄브렐러펀드
② 재간접형펀드
③ 밸런스펀드
④ 글로벌펀드

14 ☆☆

해외펀드 유형에 관한 다음 설명 중 옳지 않은 것은?

① 펀드오브펀드는 적은 비용으로 다양한 펀드에 투자할 수 있고 여러 개의 펀드에 분산투자함으로써 집중투자 때 생길 수 있는 Country risk를 분산시킬 수 있는 장점이 있다.
② 채권혼합형 글로벌 자산배분펀드는 전 세계 주식과 채권에 투자하여 주로 수익률 극대화를 도모할 것을 목표로 운용되는 펀드이다.
③ 부동산펀드는 투자자금을 자산운용사나 부동산 전문관리회사가 부동산 개발 시행사측에 대출해주거나 관련 유가증권 등에 투자한 뒤 수익금을 분배하는 상품이다.
④ 선박펀드는 만기일이 길고 중도 환매가 불가능하지만 주권이 증시에 상장되기 때문에 언제든지 매매를 통해 현금화가 가능하다.

정답 및 해설

13 엄브렐러펀드에 관한 설명이다.
14 주식·채권 혼합형 펀드에서 위험자산인 주식 편입비율이 높으면 주식형 혼합펀드가 되고 안전자산인 채권 편입비율이 높으면 채권형 혼합펀드가 된다. 아무래도 고수익을 추구하려면 주식형 혼합펀드에 투자하게 되고 안전성을 추구하게 되면 채권형 혼합펀드에 투자하게 된다.

정답 13 ① 14 ②

15 🎖🎖🎖

해외 뮤추얼펀드에 관한 다음 설명 중 옳지 않은 것은?

① 펀드의 존속기간에 제한이 있으나, 장기투자를 하는 경우 좀 더 안정적인 수익을 얻을 수 있다.
② 투자지역별, 투자대상별 및 투자목적별로 다양한 투자상품을 제공한다.
③ 입출금이 자유로운 개방형 뮤추얼펀드이다.
④ 여러 국가에 분산투자를 통하여 위험을 낮출 수 있다.

16 🎖🎖

해외펀드 상품의 주요 타겟 고객으로 보기 어려운 경우는?

① 영업점 거래고객으로 제2금융권도 거래하고 있는 고객
② 기존 은행상품 금리에 만족하는 보수적 성향 고객
③ 해외이주나 유학 예정 중으로 외화에 대한 실수요 고객
④ 외화예금 장기 보유 고객으로 1년 이상 예치가 가능한 고객

정답 및 해설

15	펀드의 존속기간에 제한이 없으며, 장기투자를 하는 경우 좀 더 안정적인 수익을 얻을 수 있다.
16	해외펀드는 변동성이 크고 수익률의 차이가 큰 상품으로 공격적 성향을 가진 고객이거나 외화에 대한 실수요 고객을 타겟으로 하는 것이 기본이다.

정답 15 ① 16 ②

17 ✦✦✦

은행의 해외펀드 상담 시 유의사항으로 옳은 것으로 연결된 것은?

> 가. 예금자 보호 대상이 아님을 설명한다.
> 나. 시장분석을 통하여 예상수익률을 제시한다.
> 다. 은행은 판매회사로 투자에 대한 책임이 있음을 설명한다.
> 라. 환율변동에 따라 위험 발생 가능성을 설명한다.

① 가, 나
② 다, 라
③ 가, 라
④ 나, 다

18 ✦✦

다음에서 설명하는 펀드의 위험지표로 가장 적절한 것은?

> 개별주식 또는 주식포트폴리오 수익이 주식시장 전체의 움직임에 대하여 얼마나 민감한지를 나타내는 수치

① 듀레이션
② 표준편차
③ 베타계수
④ VaR

정답 및 해설

17　나. 해외펀드에 대하여 예상수익률을 제시하면 안 된다.
　　다. 은행은 판매회사 역할을 하며 투자에 대한 책임은 전적으로 고객에게 있음을 설명해야 한다.
　　이외에도 투자설명서의 내용을 설명하고 교부해야 하며, 원금손실가능성을 설명하고 수수료에 관한 설명이 필요하다.

18　베타계수에 대한 설명이다. 표준편차는 펀드의 평균수익률 대비 펀드수익률의 변동성이다.

정답　17 ③　18 ③

19

채권 듀레이션에 대한 설명으로 틀린 것은?

① 다른 조건이 동일한 경우 일반적으로 잔존기간이 긴 채권일수록 듀레이션이 크다.
② 금리 변동에 대한 채권가격의 민감도를 측정하는 수단이기도 하다.
③ 이표채의 경우 표면이율이 높을수록 듀레이션도 짧아진다.
④ 듀레이션이 큰 채권일수록 상대적으로 채권가격 변동위험이 작다.

20

채권수익률과 관련한 다음 설명 중 가장 거리가 먼 것은?

① 실효수익률은 특정채권에 투자하여 실제로 얻는 수익률로 채권의 매입가격, 표면이자율, 이자지급일 간의 간격에 기초하여 계산된다.
② 실질이자율은 명목이자율에서 인플레이션을 차감한 이자율을 말한다.
③ 위험수익률은 무위험자산수익률에 인플레이션을 더하여 계산된다.
④ 액면이자율은 채권의 액면금액에 대한 이자지급액의 비율을 말한다.

정답 및 해설

19	듀레이션이 큰 채권일수록 상대적으로 채권가격 변동위험이 크다.
20	위험수익률은 무위험자산수익률에 위험프리미엄을 더하여 계산된다.

정답 19 ④ 20 ③

21

다음에서 설명하는 채권 유형으로 가장 적절한 것은?

> 비거주자가 채권표시통화와 동일한 해당 국가에서 발행하는 국제채권

① 외국채
② 유로채
③ 전환사채
④ 교환사채

22

1개월 달러/원 매입선물환 가격이 1,055원이고, USD Call/KRW Put 행사가격 1,050원인 옵션을 한 단위 사고, USD Put/KRW Call 행사가격 1,050원인 옵션을 2단위 팔아서 Zero-cost 옵션을 만들었다고 할 때 어떤 전략인가?

① Range forward를 만들기 위한 전략이다.
② Bull spread를 만들기 위한 전략이다.
③ Target forward를 만들기 위한 전략이다.
④ Butterfly를 만들기 위한 전략이다.

정답 및 해설

21 외국채를 말한다. 대표적인 사례로 비거주자가 미달러표시 채권을 미국에서 발행하는 양키본드, 엔화표시 채권을 일본에서 발행하는 사무라이본드, 파운드표시채권을 영국에서 발행하는 불독본드, 위안화표시채권을 중국본토에서 발행하는 판다본드 등이 있다.
이에 반해서 규제를 피하기 위하여 채권표시통화와 다른 국가에서 발행되는 국제채권이 유로채이다. 전환사채는 사채에 사채발행기업의 주식으로 전환할 수 있는 전환권이 부여되어 있는 채권을 말하며 교환사채는 사채발행기업이 보유하고 있는 다른 주식으로 교환할 수 있는 교환권이 부여되어 있는 채권을 말한다.

22 목표선물환(Target forward)에 대한 설명이다. butterfly는 ITM Call과 OTM Call을 각각 1단위 사고 중간 행사가격의 콜옵션 2단위를 매도(=long butterfly)하거나 반대로 ITM Put과 OTM Put을 각각 1단위 매입하고 중간행사가격의 Put을 2단위 매도(=short butterfly)하는 것을 말한다.

정답 21 ① 22 ③

Chapter 03 자가학습진단표

자신의 학습성취도를 스스로 진단하세요.

	진단 내용	Yes	No
01	국제금융시장을 단기금융시장과 중장기금융(자본)시장으로 구분하여 설명하고 각 시장에 대한 특징을 설명할 수 있습니까?		
02	국제금융시장을 간접금융시장과 직접금융시장으로 구분하여 설명할 수 있습니까?		
03	환율연동상품의 특징(원금보장여부)과 종류에 대하여 설명할 수 있습니까?		
04	뮤추얼펀드와 투자신탁(수익증권)을 구분하여 특징을 설명할 수 있습니까?		
05	펀드를 자산운용내역에 따라 구분하여 설명할 수 있습니까? (성장형, 소득형, 균형형)		
06	채권형 펀드나 주식형 펀드에 대하여 적절한 가입시기에 대하여 설명할 수 있습니까?		
07	해외 뮤추얼펀드의 특징과 투자 시 고려사항에 대하여 설명할 수 있습니까?		
08	해외투자펀드와 해외펀드를 구분하여 설명할 수 있습니까?		
09	펀드 투자 시 위험에 관련된 지표(표준편차, 베타, 듀레이션)에 대해 설명할 수 있습니까?		
10	외화연금보험 상품에 대한 특징을 이해하고 있습니까?		

Yes 개수별 진단결과

- 4개 이하 : 합격예상도는 40% ➡ 기본서로 관련 내용을 다시 한번 꼼꼼하게 학습하세요.
- 5~7개 : 합격예상도는 60% ➡ 길라잡이 문제를 통해 주요 내용을 다시 한번 체크하세요.
- 8개 이상 : 합격예상도는 80% ➡ 출제예상 문제를 통해 100% 합격에 도전하세요.

제4장

외국환회계

출제경향분석

본 장은 계정과목을 이해하거나 계정과목에 대한 분류 위주로 출제되는 경향을 보이고 있어 평이한 부분이라고 할 수 있습니다.
외환손익 회계처리기준을 이해하고 결제계정과 경과계정(tunnel account)을 구분·이해하고 계정과목을 분류할 수 있어야 합니다. 또한 외화자산계정과 외화부채계정을 분류할 수 있어야 하며 각 계정과목을 외환업무와 연결하여 이해할 수 있어야 합니다. 간헐적으로 외국통화매매나 송금업무 등과 관련한 회계처리 방법에 대하여 출제되고 있으므로 이해하고 있어야 합니다.
외화자산과 외화부채의 평가대상과 평가기준 등에 대한 정리가 필요하며, 외국환거래 관련 발생이자 및 수수료에 대한 구분 이해도 필요합니다.

Chapter 04 문제로 보는 출제경향

01

외국환회계의 특성에 관한 다음 설명 중 옳지 않은 것은?

① 외국환회계의 가장 기본적이고도 중요한 요소는 환율의 적용이다.
② 외국환은행은 회계처리 절차상 어떤 거래의 결제가 이루어질 때까지 과도기적으로 처리할 수 있는 경과계정(Tunnel A/C)을 가지고 있다.
③ 외국환거래에서 발생하는 손익은 발생 즉시 외화로 평가하여 외화로만 계산하도록 되어 있다.
④ 외국환거래의 손익은 환가료, 매매손익, 운임과 보험료, 수수료 등 복잡한 형태를 갖는다.

해설 외국환거래에서 발생하는 손익은 발생 즉시 거래 당일 매매기준율을 적용하여 원화로 환산하여 계상된다.

정답 ③

02

다음 계정과목 중 외화부채계정이 아닌 것은?

① 외화가지급금
② 외화콜머니
③ 미지급외환
④ 외화선수수익

해설 원화관련 회계 계정과목과 동일하나 그 자산과 부채가 외화로 표시되면 외화자산과 외화부채가 된다. 일반적으로 가지급금이란 지급은 발생하였으나 소속 계정과목이 확정되지 않았거나, 혹은 과목은 확정되었으나 금액이 불확정인 경우 그 과목과 금액이 확정될 때까지 일시적으로 당해 지급금을 처리하는 계정을 말하는 것으로 자산계정에 속한다.

정답 ①

03

외환을 거래하는 은행에서 고객의 요청에 의해 송금수표 발행이 이루어졌다. 실제로 지급되기 전까지 잠정적으로 처리하는 경과계정 과목으로 적절한 것은?

① 매입외환 ② 매도외환
③ 미지급외환 ④ 외화타점예치금

해설 고객의 송금수표 발행 요청에 의해 거래가 이루어지면 당행의 외화타점예치금 계정에서 수수료를 제외한 금액이 지급은행에 지급되기 전까지는 매도외환이라는 경과계정으로 처리하였다가 당행의 외화타점예치금에서 돈이 인출되어 지급은행에 입금이 되는 시점에 그 경과계정이 소멸되게 된다.

정답 ②

04

다음 중 해외에서 타발송금에 대하여 국내 수취인에게 지급하였다. 다음 중 알맞은 회계계정은?

①	(차변)	고객계정 ×××	(대변)	미결제외환 ×××
②	(차변)	미결제외환 ×××	(대변)	고객계정 ×××
③	(차변)	고객계정 ×××	(대변)	미지급외환 ×××
④	(차변)	미지급외환 ×××	(대변)	고객계정 ×××

해설 타발송금 대전을 국내수취인에게 지급하면 외화부채계정 미지급외환은 감소하고 고객계정 부채계정이 증가한다.

정답 ④

Chapter 04 길라잡이 문제

중요이론(Key Point)을 재정리할 수 있는 대표문제로 구성하였습니다.

Key Point 외국환회계 특성 이해

01 외국환회계의 특성에 대한 다음 설명 중 옳지 않은 것은?

① 외국환회계는 별도의 외화재무상태표 작성기준을 마련하고 있으나, 손익계산서는 원화로만 작성된다.
② 외국환거래의 결제가 이루어질 때까지 과도기적으로 처리하는 경과계정이 존재한다.
③ 외국환거래에서 발생하는 손익은 발생 즉시 원화로 평가하여 원화손익으로 반영된다.
④ 외화대출금에 대한 당초 취급 원금이 중도상환 없이 만기까지 간다고 할 경우 외화대출금의 대등 원화금액은 변동되지 않는다.

해설
외국환회계는 환율 변화에 따라 외화자산과 외화부채 가치가 변동한다. 외화재무상태표는 통화별로 작성되지만 관련 손익계정은 당일의 환율을 적용하여 원화 손익으로 반영하므로 외화손익계산서가 별도 작성되지 않는다.

정답 ④

Key Point 외국환 거래손익 구성 이해

02 다음에 해당하는 외환매매손익은?

> 외국환은행이 외국환 매입 시 결제기간까지의 자금부담에 대하여 징수하는 이자손익

① 환가료
② 외화수표 매입수수료
③ 매매손익
④ 외환평가손익

해설
환가료에 관한 설명이다. 외환평가손익은 외환거래에서 발생한 외화자산이나 외화부채에 대하여 취급가액과 결산시점 평가가액과의 가치 변동액으로 발생하는 손익을 말한다.

정답 ①

Key Point 경과계정과 결제계정 구분 이해

03 대고객 외국환거래 시 해당 거래가 종료되지 않은 경우 등 거래의 결제가 완료되는 시점까지 일시적으로 처리하는 외화대차대조표 경과계정과목으로 옳지 않은 것은?

① 매입외환
② 매도외환
③ 미지급외환
④ 외화본지점

해설

경과계정이란 결제계정에 최종적으로 귀착할 때까지 잠정적 처리를 위한 계정과목을 말한다. 결제계정은 외국환거래가 최종적으로 귀착(종결)되는 계정과목을 말하여 외화본지점은 대표적인 결제계정과목이다.

[경과계정 적용 이해]

매입외환	• 수출거래의 수출환어음을 매입한 경우 • 외화수표 매입
매도외환	• 외화송금수표 발행 • 수입어음 결제
미결제외환	신용장 방식의 수입선적서류 접수(추심환)의 경우
미지급외환	타발송금 대금지급 전 임시계정, 외화수표 추심대금 입금

→ 전신방식에 의한 당발송금의 경우 송금취결과 동시 P/O가 송부되므로 매도외환계정을 경과하지 않고 외화타점예치금계정으로 처리
  (고객계정 xxxxx   외화타점예치금 xxxx)

정답 ④

Key Point 외국환 계정과목 이해

04 외국환 거래의 발생 계정과목으로 연결이 적절치 않은 것은?

① 수출환어음 매입 - 매입외환
② 송금수표 발행 - 매도외환
③ 타발송금 접수 - 미지급외환
④ 당행 발행 수입신용장 선적서류 내도 - 매도외환

해설

외국환은행은 회계처리 절차상 어떤 거래의 결제가 이루어질 때까지 과도기적으로 처리할 수 있는 계정을 경과계정(Tunnel A/C)이라고 한다. 대표적으로 매입외환, 매도외환 등의 계정이 있다.
당행 발행 수입신용장 선적서류 내도 시 미결제외환 경과계정이 발생한다.
결제계정에는 외화타점예치금, 외화타점예수금, 외국환본지점이 있다.

정답 ④

Key Point 외화부채계정과 외화자산계정 구분

05 다음 계정과목 중 외화자산계정에 해당하는 것으로 연결된 것은?

| 가. 외화가지급금 | 나. 외화콜머니 |
| 다. 미지급외환 | 라. 외화미수수익 |

① 가, 나 ② 나, 라
③ 가, 다 ④ 가, 라

해설
외화가지급금, 외화미수수익은 외화자산계정이다.
[은행업감독업무시행세칙 ; 외화자산과 외화부채 계정]

구분	계정
외화부채	외화예수금, 매도외환, 미지급외환, 외화콜머니, 외화차입금, 외화본지점, 외화미지급금, 외화가수금, 외화선수수익
외화자산	외국통화, 외화예치금, 매입외환, 미결제외환, 외화지급보증대지급금, 외화본지점, 국내본지점, 외화미수수익, 외화가지급금

정답 ④

Key Point 외국통화 매매에 따른 회계처리 이해

06 외국환은행이 외국통화를 현찰 수납조건으로 원화를 지급하는 경우 맞는 회계처리는?

① 차변) 외국통화 ×××   대변) 현금 ×××
② 차변) 현금 ×××   대변) 외국통화 ×××
③ 차변) 매입외환 ×××   대변) 현금 ×××
④ 차변) 현금 ×××   대변) 매입외환 ×××

해설
외국통화매입으로 자산이 증가한 경우 차변에 기입하고 자산의 감소는 대변에 기입한다.

정답 ①

Key Point 외화재무상태표 자산계정 과목 이해

07 아래에서 설명하고 있는 계정과목으로 적절한 것은?

> 수출환어음 추심 전 매입 대금이 해외외화타점예치금 계정에 입금되었으나, 부족입금분이 발생한 경우 국내의 매입신청인으로부터 동 부족입금액을 결제받을 때까지 일시적으로 처리하는 외화재무상태표 자산계정 과목

① 매입외환 ② 미결제외환
③ 배서어음 ④ 외화예수금

해설
less charge로 미결제외환에 해당한다. 이에 반해 미지급외환은 해외로부터 입금되었으나 국내 수취인에게 지급되지 않은 경우 발생하는 계정이다. 이외에도 경과계정으로 대표적인 매입외환과 매도외환은 다음과 같을 때 발생한다.
- 매입외환 : 국내은행이 고객으로부터 외환매입(수출환어음) → 해외로부터 당방계정에 입금되기 전까지 임시로 처리되는 계정
- 매도외환 : 국내에서 고객의뢰로 해외송금 시 → 해외수취은행에 실제 지급되는데 시차 발생에 다른 임시계정(전신송금 경우 외에 송금수표 발행 시 발생하는 임시계정)

정답 ②

Key Point 매입외환 계정 이해

08 외화자산계정 중 매입외환에 관한 다음 설명 중에서 옳게 연결된 것은?

> 가. 경과계정과목으로 동 계정의 잔액은 자금화되지 않은 미추심 원화금액이다.
> 나. 외국환은행이 수출환어음 매입 시 차변에 기입된다.
> 다. 대금 추심이 완료되어 당방계정 등에 입금되면 대변에 기입된다.

① 가, 나, 다 ② 가, 나
③ 나, 다   ④ 가, 다

해설
매입외환계정은 외국환은행이 매입한 외국환에 대하여 추심 중에 있으나 아직 당방계정이나 해외본지점에 입금이 되기 전 일시적 경과계정으로 수출환어음매입, 외화표시 내국신용장 어음매입 업무에서 발생한다. 동 계정의 잔액은 자금화되지 않은 미추심 외화금액이다.

정답 ③

Key Point 매입환계정 회계처리 이해

09 다음 (   ) 안에 들어갈 적절한 계정과목으로 옳게 연결한 것은?

> 1. 은행이 수출환어음을 추심전매입하여 대금을 외화당좌예금에 입금한 경우
>   (차변) (가) XXX   (대변) 외화당좌예금 XXX
> 2. 예정대체일
>   (차변) (나) XXX   (대변) (가) XXX

	가	나
①	매입외환	외화타점예치금
②	매입외환	외화타점예수금
③	매도외환	외화타점예치금
④	매도외환	외화타점예수금

해설

매입외환 계정의 특징은 다음과 같다.
1) 경과계정
2) 수출환어음 매입 시 차변에 기재, 추심완료시 대변에 기재
3) 동계정의 잔액은 자금화 되지 않은 미추심 외화금액으로 표시

정답 ①

Key Point 미결제외환계정 이해

10 다음 거래 사례 중에서 '미결제외환계정'이 처리되는 거래로 옳게 묶인 것은?

> 가. 상환은행 앞 상환청구가 이루어진 일람불 상환방식 수입신용장 환어음 선적서류 수령 시
> 나. 수출환어음 추심 전 매입 거래 시 개설은행의 수수료 차감 후 매입대금이 입금된 경우 동 미입금액 처리 시
> 다. 수출환어음 추심 전 매입 관련 미입금액을 매입신청인으로부터 결제 받는 경우
> 라. 타발송금 대전에 대하여 국내수취인의 요청에 의해 송금 대금을 수취인 계좌에 입금하는 경우

① 가, 나, 다
② 가, 다, 라
③ 나, 다, 라
④ 가, 나, 다, 라

해설
- 미결제외환은 외국환은행 당방계정에 이미 차기되었으나 귀속주체가 정해지지 않아 미결제 중인 대금을 임시로 경과계정 과목으로 처리한다.
- 라.의 경우는 미지급외환(외화부채계정)이 소멸되는 거래 예시이다.

정답 ①

Key Point 외화조달금리 이해

11 Banker's Usance 방식 수입신용장 거래 관련하여 인수은행 기간 할인료 계산 시 적용되는 기준금리의 경우 영국 금융감독청(FCA)이 LIBOR 산출 중단에 따라 대체금리를 적용한다. 아래 보기 중 시카고상업거래소(CME)에서 고시하는 기간별 달러화(USD) 금리는?

① Term SOFR
② EURIBOR
③ TIBOR
④ Term SONIA

해설

구분	대체지표금리	특징
USD LIBOR	기간물 SOFR (Term SOFR)	SOFR(Secured Overnight Financing Rate) : 미 국채를 담보로 하는 1일물 환매조건부채권(RP) 거래 데이터를 기반으로 매일 산출되는 금리 ※ 미 ARRC(Alternative Reference Rates Committe)에서 CME Group으로 산출기관 산출
	Daily Simple SOFR	이자금액이 사후적으로 확정됨
EUR LIBOR	EURIBOR	이자금액이 사전적으로 확정됨(리보금리와 동일)
GBP LIBOR	Compounded SONIA in arrears	SONIA(Sterling Overnight Index Average) : 익일물 무담보 금리
	기간물 SONIA (TSRR, Term SONIA Reference Rate)	이자금액이 사전적으로 확정됨(리보금리와 동일) ※ 21년 1월부터 공식 산출 중
JPY LIBOR	TIBOR	TIBOR(Tokyo Overnight Average Rate) : 무담보 익일물 콜금리
	기간물 TONA (TORF, Tokyo Term Risk Free Rate)	이자금액이 사전적으로 확정됨(리보금리와 동일) ※ 21년 4월부터 공식 산출 중

정답 ①

Key Point 기타외화자산계정 이해

12 다음에 해당하는 기타외화자산계정은?

> 지급은 외화로 이미 발생하였지만 처리계정과목이 미확정되거나, 금액이 미확정된 경우 일시적으로 처리하는 계정

① 외화미수금 ② 외화미수수익
③ 외화가지급금 ④ 외화선급비용

해설
외화가지급금에 대한 설명이다.
외화미수금은 은행 고유업무 이외에서 발생한 외화미수채권을 처리하는 계정이고, 외화미수수익은 실제로는 현금이 유입되지는 않았지만 발생주의 회계원칙에 따라 결산시점에 수입으로 처리하여 당기손익에 인식하는 계정과목이고, 외화선급비용은 이미 용역대가로 지급되었으나 아직 제공되지 않은 용역으로 선급보험료, 임차료, 지급이자 등이 외화로 발생되는 경우 처리하는 계정과목이다.

정답 ③

Key Point 외화부채계정 및 경과계정 이해

13 다음에 해당하는 외화부채계정은?

> 외국환은행이 여행자수표회사의 여행자수표(T/C)를 수탁 판매한 경우 고객으로부터 수취한 판매대금을 위탁회사에 대금이 결제되는 날까지 기간차이가 발생되므로 일시적으로 대외채무의 부채계정

① 미지급외환 ② 매도외환
③ 외화타점예치금 ④ 외화본지점

해설
매도외환의 경우이다. 이외에 송금수표를 발행한 경우에도 일시적으로 발생하는 계정이다.

정답 ②

Key Point 외화계정 이해

14 다음은 계정과목에 대한 설명이다. 옳은 설명으로 연결된 것은?

> 가. 외화콜론은 외화자산계정이다.
> 나. 은행간 외화대여금은 실무적으로 90일을 초과하는 대차거래를 본 계정으로 처리한다.
> 다. 외화예수금은 외화부채 계정과목으로 입금은 차변에, 인출은 대변에 표시된다.

① 가, 나 ② 나, 다
③ 가, 다 ④ 가, 나, 다

해설
다. 외화예수금은 외화부채 계정과목으로 입금은 대변에, 인출은 차변에 표시되며 잔액은 대변에 표시된다.

정답 ①

Key Point 외국환거래법의 목적과 법률적인 성격 이해

15 해외 거래은행으로부터 의뢰받은 타발송금 대금지급을 하는 경우의 회계처리로 (가)에 공통적으로 들어갈 말은?

> • 해외 예치환거래은행으로부터 타발송금 지급지시서가 내도하는 경우
>   (차변) 외환타점예치금   (대변) (가   )
> • 송금대금을 국내의 송금수취인 계좌에 지급하는 경우
>   (차변) (가   )   (대변) 고객계정

① 매입외환 ② 미지급외환
③ 외화대출금 ④ 외화증권

해설
미지급외환계정은 외국으로부터 송금되어 온 대금에 대하여 임시로 입금해두는 경과계정이다. 국내 수취인 계좌가 확인되면 미지급외환계정에서 고객계정으로 대체입금 처리된다.

정답 ②

Key Point 외화부채계정과목 이해

16 다음에 해당하는 외화부채 계정과목은?

> 특정한 계약에 의하여 확정된 외화부채 중 아직 지급이 이루어 지지 않은 부분을 처리하는 계정과목

① 외화미지급금 ② 외화가수금
③ 외화선수수익 ④ 외화미지급비용

해설
외화미지급금에 관한 설명이다.
외화가수금은 외화자금을 이미 수취 입금되었으나 계정과목이 확정되지 않았거나, 거래금액이 미확정된 경우 처리하는 계정으로 지급 시 대체지급하는 것이 원칙이다.
외화선수수익은 외화자산계정의 선급비용의 반대 개념으로 기간 미경과로 수익이 실현되지 못하여 당기수익에서 공제하기 위한 계정과목이다. 외화미지급비용은 결산 시 현금지급은 없었으나 기간 경과로 인한 비용 인식 처리하는 계정과목이다.

정답 ①

Key Point 국외본지점계정 구분

17 국외본지점계정 중에서 갑계정에 해당하는 것이 아닌 것은?

① 영업자금　　　　② 창업비
③ 본지점 간 자금대여　　④ 운영자금

해설

갑계정은 본지점 간 비교적 장기의 자금 조달 및 운용에 필요한 자금으로 자본금 성격의 거래항목이다. 본지점 간 자금대여, 본지점 간 경상거래는 을계정에 해당한다.
- 외화본지점계정
  - 외화본지점계정은 국내본지점계정과 국외본지점계정(갑/을계정)으로 구분
  - 잔액이 차변일 경우 자산계정, 대변 잔액이면 부채계정
  - 본지점 합산재무제표 작성 시 잔액이 상쇄되어 나타나지 않는 것이 원칙
- 국외본지점계정(갑/을계정)
  - 갑계정 : 영업자금, 창업비, 운영자금 및 비용 충당자금
  - 을계정 : 본지점 경상거래, 본지점 간 자금대여 또는 차입

 정답 ③

Key Point 난외계정 이해

18 난외계정에 관한 설명이다. 잘못된 것은?

① 재무제표 난내에 표시되지 않는 회계정보이다.
② 주석을 통해 제공된다.
③ 부외계정이다.
④ 채무관계가 확정되어 있는 경우로 재무제표 작성상 의무사항이 아니다.

해설

난외계정은 은행의 우발적인 채무관계로 작성해야 하는 중요 원칙 중 하나이다.
난외계정과목으로 미확정외화지급보증(수입신용장발행, 외화표시내국신용장발행, 차관외화보증 등)과 확정외화지급보증(수입화물선취보증, 인수, 기타외화지급보증 등), 배서어음 등이 있다.

 정답 ④

Key Point 매입초과포지션 거래유형 이해

19 환포지션 발생 거래유형 중에서 매입초과포지션 거래에 해당하는 것은?

① 원화로 달러 당발송금
② 매입외환 부도대금 자기자금 결제
③ 여행자수표 원화 대가 판매
④ 타발송금대금 원화지급

해설
타발송금대금 원화지급은 매입초과포지션거래이다. 이외에도 수출환어음 추심 전 매입, 수출환어음 부도 후 입금대금 지급, 외화예금 지급 등이 있다. 보기에서 나머지는 매도초과포지션 거래에 해당한다.

정답 ④

Key Point 외국환거래 발생 수수료 및 이자 이해

20 외환관련 수수료 중에서 신용위험부담 보상적 성격의 수수료로 옳지 않은 것은?

① 수출환어음매입 환가료
② 수출신용장 확인수수료
③ 수입화물선취 보증료
④ 수입신용장 개설수수료

해설
신용위험부담 보상적 성격의 수수료는 수입신용장 개설수수료, 수입환어음 인수수수료, 수출신용장 확인수수료, 수입화물선취 보증료 등이 있다. 수출환어음매입 환가료, 수입환어음 결제이자, 내국신용장 어음 매입이자 등은 자금부담비용 보상 성격이다.

정답 ①

Chapter 04 출제예상 문제

중요도에 따라 Self 맞춤형 학습이 가능한 출제예상 문제입니다. 각자의 목표점수에 맞게 문제를 선별하여 풀어보세요!

▶ 중요도 : ★★★ 상 ★★ 중 ★ 하

01 ★★

외국환회계의 특성에 대한 다음 설명 중 옳지 않은 것은?

① 손익계산서 작성 시 통화별로 작성되는 것이 아니라 발생시점에 원화로 인식하므로 별도의 외화손익계산서가 없다.
② 외국환거래의 결제가 이루어질 때까지 과도기적으로 처리하는 경과계정이 존재한다.
③ 당방계정과 선방계정의 잔액은 상호 일치하지 않는 것이 일반적이므로 환대사를 통해 그 차이를 규명하여야 한다.
④ 외화대출금에 대한 당초 취급 원금이 중도상환 없이 만기까지 간다고 할 경우 외화대출금의 대등 원화금액은 변동되지 않는다.

02 ★★★

다음 대고객 외환거래 중 경과 계정이 발생하는 거래에 해당하는 경우가 아닌 것은?

① 전신 당발송금
② 수출환어음 매입
③ 당발송금(송금수표) 발행
④ 상환방식 일람출금 수입신용장의 선적서류 접수 대금(당방계정에서 선차기된 수입대금)

🔍 정답 및 해설

01 | 환율변화에 따라 외화대출 취급시점과 만기시점과의 환율차이로 원화금액은 변하게 된다.
02 | 전신송금방식은 경과계정 발생 없이 처리된다.
② 수출환어음 = 매입외환
③ 당발송금(송금수표) - 매도외환
④ 상환방식 일람출금 수입신용장의 선적서류 접수 대금(당방계정에서 선차기된 수입대금) - 미결제 외환

정답 01 ④ 02 ①

03 ✦✦✦

해외의 예치환거래은행 등에 있는 외국환은행의 당방계정 또는 외국환은행의 국외본지점계정에서 선차기되었으나 아직 그 귀속주체가 정해지지 않아 미결제되고 있는 대금을 처리하는 계정은?

① 미결제외환(bills unsettled)
② 미지급외환(inward remittance payable)
③ 외화선수수익(unearned revenues in foreign currency)
④ 외화미수수익(accured revenue receivable in foreign currency)

04 ✦✦

외국환회계 '결제계정'에 관한 다음 설명 중 옳은 것으로 연결된 것은?

> 가. 외국환거래가 최종적으로 귀착되는 계정과목이다.
> 나. 외화타점예치금은 외화자산 계정이고, 외화타점예수금은 외화부채 계정이다.
> 다. 당방계정은 두 은행 간의 환결제 원계정(Actual A/C)이다.
> 라. 외화본지점은 잔액이 대변에 기입되는 경우 부채계정이다.

① 가, 나
② 가, 다, 라
③ 가, 나, 라
④ 나, 다, 라

정답 및 해설

03 │ 미결제외환에 대한 설명이고, 미지급외환, 외환선수수익은 부채계정이다. 외화미수수익이란 실제로 현금이 수반되지는 않지만 발생주의원칙에 입각하여 수익으로서 계상함이 타당한 부분을 당기손익에 포함시킴으로써 기간손익의 적정을 위한 결산 정리계정을 말한다.

04 │ 다. 선방계정이 두 은행 간의 환결제 원계정(Actual A/C)이다. 당방계정은 원계정에 대한 투영계정(Shadow A/C)이다.

정답 03 ① 04 ③

05 ★★★

외국환회계에 관한 다음 설명에서 ( ) 안에 적절한 말로 연결된 것은?

- (가) 계정은 수출환어음 매입대금이 예치환거래은행 계좌에 입금될 때 일시적으로 회계처리하는 경과계정이다.
- (나)은 외화표시자산 부채의 취득가액과 현재 환율에 따른 평가가액과의 원화가치 변동액을 의미한다.

	가	나
①	외화타점예수금	외환환산손익
②	매입외환	외환환산손익
③	외화타점예수금	외환평가손익
④	매입외환	외환평가손익

정답 및 해설

05　매입외환 계정은 수출환어음 매입대금이 예치환거래은행 계좌에 입금될 때 일시적으로 회계처리하는 경과계정이다.
외환평가손익은 외화표시자산 부채의 취득가액과 현재 환율에 따른 평가가액과의 원화가치 변동액을 의미한다.

정답 05 ④

06 🏅🏅🏅

다음에서 설명하고 있는 계정과목으로 적절한 것은?

> 외국으로부터 도래한 타발송금 대전이 외국환은행의 외화타점예치금계정에 입금되었으나 국내의 송금수취인에게 지급이 일어나지 않는 경우에 발생하는 계정과목

① 외화미지급금 ② 미지급외환
③ 외화미수수익 ④ 외화가지급금

07 🏅🏅

경과계정에 대한 다음 연결 중 적절하지 않은 것은?

	구 분	거래내용	환종류	계정과목
①	수출거래	수출환어음 매입	매입환	매입외환
②	수입거래	수입선적서류 접수	추심환	외화미지급금(신용장방식)
③	당발송금거래	송금수표, T/C판매	매도환	매도외환
④	타발송금	타발송금의 지급	지급환	미지급외환

정답 및 해설

06　경과계정으로서 미지급외환에 대한 설명이다. 다만 전신환 타발송금의 경우 전신도착과 함께 고객 앞 지급업무가 동시에 일어나는 경우에는 반드시 미지급외환의 경과계정의 과정을 거칠 필요가 없다.

07　미결제외환(bills unsettled)으로서 일람출급수입신용장에 대하여 해외의 매입은행이 미리 지정된 상환은행으로 그 매입대전을 청구하였다고 표시한 환어음 또는 서류를 수령한 경우의 수입대금, Banker's usance 수입신용장에 대하여 해외의 수출업체가 발행한 기한부환어음을 발행은행의 예치환거래은행 등이 인수 및 할인하고 동 인수수수료 및 할인료를 신용장 발행은행의 당방계정에서 선차기한 경우 등이 해당된다.

정답　06 ②　07 ②

08

국내 외국환은행이 거래 수출기업으로부터 제시된 수출환어음을 추심 전 매입한 경우 옳은 회계처리는?

① 차변) 고객계정 ×××　　　　　　대변) 매입외환 ×××
② 차변) 매입외환 ×××　　　　　　대변) 고객계정 ×××
③ 차변) 외화타점예치금 ×××　　　대변) 매입외환 ×××
④ 차변) 매입외환 ×××　　　　　　대변) 외화타점예치금 ×××

09

송금수표 방식의 당발송금을 하는 경우 회계처리로 맞는 것은? (단, 송금수수료 등 수입 항목은 생략한다.)

① 차변) 고객계정 ×××　　　　　　대변) 매도외환 ×××
　　　　매도외환 ×××　　　　　　　　　외화타점예수금 ×××
② 차변) 매입외환 ×××　　　　　　대변) 고객계정 ×××
　　　　외화타점예치금 ×××　　　　　　매입외환 ×××
③ 차변) 매입외환 ×××　　　　　　대변) 고객계정 ×××
　　　　외화타점예수금 ×××　　　　　　매입외환 ×××
④ 차변) 고객계정 ×××　　　　　　대변) 매도외환 ×××
　　　　매도외환 ×××　　　　　　　　　외화타점예치금 ×××

정답 및 해설

08 매입외환은 임시적으로 발생하는 경과계정으로 수출환어음 매입 시 차변에 매입외환이 기입된다.

09 송금수표를 발행하게 되면 매도외환이 발생하며, 수표를 수취인이 수취하기 전까지는 경과계정으로 처리하고 있다가 수표가 수취되면 당방계정에서 그 금액만큼 빠져나가기 때문에 외화예치금계정의 감소가 발생한다.

정답 08 ② 09 ④

10 🏅🏅

국내소재 수입기업의 신청으로 수입신용장을 개설한 외국환은행이 해당 신용장에 대한 선적서류가 은행에 내도한 후, 결제기한 이내(5영업일 이내)에 신용장 개설 의뢰기업으로부터 수입신용장의 환어음 대금을 결제 받은 경우 옳은 회계처리는?

① 차변) 고객계정 ××× 　　　　　대변) 미결제외환 ×××
② 차변) 미결제외환 ××× 　　　　대변) 고객계정 ×××
③ 차변) 외화타점예치금 ××× 　　대변) 매도외환 ×××
④ 차변) 매도외환 ××× 　　　　　대변) 외화타점예치금 ×××

11 🏅🏅

추심의뢰은행이 추심 후 지급 방식으로 당발대금추심어음을 지급할 때 회계처리로 맞는 것은?

① 차변) 외화예치금 ××× 　　　　대변) 미지급외환 ×××
② 차변) 매입외환 ××× 　　　　　대변) 고객계정 ×××
　　　　외화예치금 ××× 　　　　　　　　매입외환 ×××
③ 차변) 외화예수금 ××× 　　　　대변) 고객계정 ×××
　　　　　　　　　　　　　　　　　　　　대금추심수입수수료 ×××
④ 차변) 외화예치금 ××× 　　　　대변) 고객계정 ×××
　　　　　　　　　　　　　　　　　　　　대금추심수입수수료 ×××

✓ 정답 및 해설

10　수입선적서류 내도하여 상환청구가 이루어진 경우 회계처리는 다음과 같다.
　　(차변) 미결제외환 ×××　　(대변) 외화타점예치금 ×××
　　이후에 수입기업이 내도한 수입환어음을 결제하면 미결제외환이 감소하여 대변에 기입된다.

11　은행은 고객의 추심의뢰를 받는 단계에서는 비망기록으로서 당발대금추심어음 기입장 등에 기록만 하여 두면 족하며 별도로 회계처리를 할 필요가 없다(경과계정 불필요). 왜냐하면 어음추심의 수임은 어음의 매입이 아니므로 수임은행의 재산권에 어떠한 변동도 일어나는 것이 아니기 때문이다. 예치환은행으로부터 Credit advice를 접수할 때 ④와 같이 회계처리 한다.

정답　10 ①　11 ④

12

추심 전 매입 방식으로 외화수표를 매입한다고 할 때, 다음의 빈칸에 들어갈 계정과목은?

<외화수표 매입 시>
차변) (A) ×××   대변) 고객계정 ×××
                       환 가 료 ×××

<예정대체일>
차변) (B) ×××   대변) (A) ×××

① A : 외국통화   B : 외화타점예수금
② A : 매입외환   B : 외화타점예치금
③ A : 매입외환   B : 외화타점예수금
④ A : 외국통화   B : 외화타점예치금

13

아래에서 설명하고 있는 외국환회계 계정과목으로 가장 적절한 것은?

- 해당 계정과목의 잔액이 차변에 표시될 수도 있고, 대변에 표시될 수도 있는 양변계정
- 잔액이 차변에 기재된 경우 자산계정, 대변 잔액일 경우 부채계정 과목

① 외화본지점   ② 매입외환
③ 비결제외환   ④ 미지급외환

정답 및 해설

12 외화수표는 추심이 끝나기 전까지는 현금화되지 않기 때문에 매입을 하게 되면 매입외환의 경과계정으로 계정처리하였다가 예정대체일에 추심이 끝나게 되면 수표발행 은행으로부터 외화타점예치금 계정으로 제반 수수료를 제한 금액이 입금된다.

13 외화본지점 계정과목으로 본지점 합산재무제표 작성 시 잔액이 상쇄되어 나타나지 않는 것이 원칙이다.

정답 12 ② 13 ①

14 🏅🏅

Banker's Usance 수입신용장 거래에서, 대외결제 방법에 따른 인수 및 결제 시의 계정 처리가 올바르지 않은 것은?

① 신용장 개설은행(국내은행)이 수입환어음을 인수하고 결제하는 경우
　　(차변) 내국수입유산스　×××　　　　　(대변) 외화타점예치금　×××
② 해외 예치환거래은행에 결제를 위탁하여 동 은행이 수입환어음을 인수하고 결제하는 경우
　　(차변) 내국수입유산스(해외은행)　×××　　(대변) 외화타점예치금　×××
③ 신용장 개설은행 해외지점에 결제를 위탁하여 동 지점이 인수, 결제하는 경우
　　(차변) 내국수입유산스(해외지점)　×××　　(대변) 외화본지점(차입)　×××
④ 결제은행(해외 예치환거래은행) 계정처리
　　(차변) 은행간대여금　×××　　　　　　(대변) 외화타점예치금　×××

정답 및 해설

14　해외 예치환거래은행에 결제를 위탁하여 동 은행이 수입환어음을 인수하고 결제하는 경우
　　(차변) 내국수입유산스(해외은행)　×××　　(대변) 기타외화차입금　×××
　　Banker's Usance L/C는 수입자가 수입신용장을 개설하고, 개설은행이 일정 기간 후 지급(Usance)을 약속하는 방식이다. 외국 수출상은 개설은행이 인수한 환어음을 가지고 즉시 자금을 회수할 수 있고, 수입자는 만기에 대금을 상환하는 방식이다.

정답　14　②

15

외국환회계 처리와 관련한 다음 설명 중 적절하지 않은 것은?

① '외화타점예치금'은 외국환거래 결제자금으로 사용하기 위한 국내외 거래은행에 개설해 놓은 요구불예치금을 처리하는 계정이다.
② '매입외환'은 수출환어음 매입하는 경우 차변에 기재되고, 대금이 추심 완료후에는 대변에 기입된다.
③ '외화지급보증대지급금' 일람불 수입신용장의 경우 선적서류 도착일 다음날로부터 5영업일의 다음 영업일에 처리하는데, 대지급 실행 당시 전신환매입율을 적용하여 원화로 환산하여 금액을 확정하고 있다.
④ '은행간 외화대여금'은 타외국환은행에 외화자금을 90일 초과하여 대여하는 경우 처리하는 계정이다.

16

다음 중 은행의 자금부담비용 보상 성격의 수수료로 옳지 않은 것은?

① 내국신용장 어음 매입이자
② 수입화물선취 보증료
③ 수출환어음매입 환가료
④ 수입환어음 결제이자

정답 및 해설

15 '외화지급보증대지급금' 일람불 수입신용장의 경우 선적서류 도착일 다음날로부터 5영업일의 다음 영업일에 처리하는데, 대지급 실행 당시 전신환매도율을 적용하여 원화로 환산하여 금액을 확정하고 있다.

16 수출환어음매입 환가료, 수입환어음 결제이자, 내국신용장 어음 매입이자 등은 은행의 자금부담 성격에 해당하는 비용이다. 신용위험부담 보상적 성격의 수수료는 수입신용장 개설수수료, 수입환어음 인수수수료, 수출신용장 확인수수료, 수입화물선취 보증료 등이 있다.

정답 15 ③ 16 ②

17 ♦♦

다음에 해당하는 기타외환자산계정은?

> 실제로 현금이 유입되지는 않았으나 발생주의 회계원칙에 입각하여 수익으로서 계상함이 타당한 부분을 당기손익에 포함시킴으로써 기간손익의 적정을 기하기 위한 결산정리계정

① 외화미수금
② 외화미수수익
③ 외화가지급금
④ 외화선수수익

18 ♦♦

다음 난외계정 중에서 미확정외화지급보증 계정과목으로 처리되는 계정에 해당하지 않는 것은?

① 수입신용장발행
② 외화표시내국신용장발행
③ 수입화물선취보증
④ 차관외화보증

정답 및 해설

17 외화미수수익을 말한다.

18 수입화물선취보증은 수입선적서류가 화물 도착 전까지 미도래 시 100% 보증금 적립하여 은행이 발급하는 보증서로 확정외화지급보증 계정에 해당한다.
 • 확정외화지급보증 : 수입물품선취보증, 인수, 차관인수

정답 17 ② 18 ③

19 ☆☆

아래 제시된 외국환거래 관련수수료 중에서 취급수수료 성격의 경우로 옳게 묶인 것은?

> 가. 수출신용장 양도수수료
> 나. 수출신용장 통지수수료
> 다. 수입신용장 개설수수료
> 라. 수출실적증명 발급수수료

① 가, 나, 다 ② 가, 나, 라
③ 나, 다, 라 ④ 가, 나, 다, 라

20 ☆☆

외국환은행이 외국환업무 관련하여 수익과 비용이 발생하는 경우 모든 외화손익은 원화로 환산하여 손익계정에 계산한다. 다음 중 수익에 해당하는 것이 아닌 것은?

① 일람수출환어음 매입이자
② 외환매매수입이자
③ 기한부수출환어음 매입이자
④ 수출환어음 재매입이자

정답 및 해설

19 취급수수료 성격은 수출신용장 양도수수료, 통지수수료, 실적증명발급수수료가 있다. 수입신용장 개설수수료는 신용위험 부담 보상적 수수료이다. 신용위험 부담 보상적 성격수수료는 이외에도 수입환어음 인수수수료, 외화표시 지급보증수수료, 수출신용장 확인수수료 등이 있다.

20 수출환어음 재매입이자는 비용에 해당한다.

정답 19 ② 20 ④

21

포지션계정에 대한 다음 설명 중 옳은 것으로 연결된 것은?

> 가. 달러/원 환율이 상승이 있는 경우 외화자산이 외화부채보다 많은 기업은 환차익이 발생한다.
> 나. 달러의 고정금리와 변동금리를 교환하는 이자율스왑을 한 경우 환포지션이 발생한다.
> 다. 포지션계정은 원화 대가에 의한 외환의 매매거래 발생 시 자동적으로 나타나는 계정으로, 별도의 전표기표에 의해 발생하는 계정이 아니다.

① 가, 나
② 가, 다
③ 나, 다
④ 가, 나, 다

22

국내 외국환은행의 본·지점 간 포지션 정리에 대한 설명으로 옳은 것은?

① 영업점에서 대고객거래가 일어나게 되면, 본부에서 포지션커버를 하기 전에는 외환매매익이 지점의 외화매매익은 확정되지 않는다.
② 대고객 외환 매도거래가 있는 경우 본부와 매도거래를 체결함으로써 헤지를 한다.
③ 건별로 커버 거래를 하지 않은 포지션의 환매리 후 잔액포지션에 대해 당일 매매기준율로 본부와 반대거래를 하는 것을 일괄 커버거래라고 한다.
④ 영업점에서는 대고객거래 시 고시된 대고객 매입·매도율을 반드시 지켜야 한다.

정답 및 해설

21　나. 달러 이자율스왑의 경우 원화는 개입되지 않고, 달러의 이자 구조만 달리 교환되는 거래이기 때문에 환포지션이 발생되지 않는다.

22　영업점에서는 대고객거래가 발행하는 시점, 본부에서 받은 매매기준율과의 차이가 외화매매익으로 계상되고 지점은 본점과 반대거래를 통해 포지션커버를 한다. 대고객 환율은 고객에 따라 약간의 차등을 둘 수 있다.

정답　21　②　22　③

23 ⭐⭐

다음 중 외국환은행의 매도초과포지션 발생 거래는?

① 외화예금 원화지급
② Less charge 원화징수
③ 외국통화 매입
④ 수출환어음 추심 전 매입

24 ⭐⭐

다음 외환거래 중 매입초과포지션을 유발하는 외환거래로 옳게 묶인 것은?

가. 수출환어음 추심 후 지급	나. 수출환어음 부도 후 입금대금 지급
다. 타발송금 대금 지급	라. 외국통화 매입
마. 외화예금 예치	

① 가, 나, 다
② 가, 나, 다, 라
③ 나, 다, 라, 마
④ 가, 다, 라

정답 및 해설

23　Less charge 징수는 매도초과포지션이 발생하며 나머지는 매입초과포지션이 발생하는 거래이다.
　　• 매입초과포지션 사례 : 수출환어음 매입, 수출환어음 추심 후 지급, 수출환어음 부도 후 입금대금 지급, 타발송금 대금 지급, 외국통화 매입, 외화예금 지급

24　• 매입초과포지션 사례 : 수출환어음 매입, 수출환어음 추심 후 지급, 수출환어음 부도 후 입금대금 지급, 타발송금 대금 지급, 외국통화 매입, 외화예금 지급

정답　23 ②　24 ②

Chapter 04 자가학습진단표

자신의 학습성취도를 스스로 진단하세요.

	진단 내용	Yes	No
01	외국환회계의 특징을 (특히 외국환거래에서 발생한 손익 처리에 대하여) 설명할 수 있습니까?		
02	경과계정과 결제계정의 성격적 차이를 설명하고 대표적인 경과계정과 결제계정의 계정과목 등을 열거할 수 있습니까?		
03	외화자산계정과 외화부채계정을 구분하여 설명할 수 있습니까?		
04	주요 계정(매입외환, 매도외환, 미결제외환, 미지급외환)에 대하여 이해하여 설명할 수 있습니까?		
05	외환 주요업무(외국통화매매, 송금수표발행)에 대하여 회계처리에 대하여 설명할 수 있습니까?		
06	외국환거래에서 발생하는 수수료 중에서 신용위험부담 보상적 성격의 수수료와 자금부담비용 보상적 성격의 이자를 구분할 수 있습니까?		
07	환포지션별로 환율변동에 따른 환차익(손)에 대하여 설명할 수 있습니까?		
08	난외계정 중 확정외화지급보증과 미확정외화지급보증 계정을 구분할 수 있습니까?		
09	매입초과포지션이나 매도초과포지션을 발생시키는 거래 사례에 대하여 설명할 수 있습니까?		

Yes 개수별 진단결과

- 4개 이하 : 합격예상도는 40% ➡ 기본서로 관련 내용을 다시 한번 꼼꼼하게 학습하세요.
- 5~6개 : 합격예상도는 60% ➡ 길라잡이 문제를 통해 주요 내용을 다시 한번 체크하세요.
- 7개 이상 : 합격예상도는 80% ➡ 출제예상 문제를 통해 100% 합격에 도전하세요.

MEMO

제5장

컴플라이언스와 외환관련 규정 위규

출제경향분석

본 장은 주로 외환업무처리과정에서 자주 발생하는 업무에 대한 외환관리규정을 출제하거나 업무처리내용을 출제하는 경향을 보이고 있습니다. 그러므로 1과목 외환관리규정 내용과 연계하여 대비가 필요한 부분입니다.

지급·수령신고 사항 및 외국통화, 송금업무와 관련한 부분에서 주로 출제되고 있고, 특히 수출환어음매입에 관련하여서는 서류에 대한 배서부분에서 출제 빈도가 높으므로 잘 정리해두어야 합니다. 수입신용장 개설과 부도처리에 대하여도 출제비중이 높고, 무역금융대상을 정리하고 중계무역 관련하여 유의할 사항을 잘 정리해두어야 합니다. 또한 해외직접투자의 경우 확인할 사항에 대하여도 정리가 필요합니다.

Chapter 05 문제로 보는 출제경향

01

외국통화 매입 시 유의해야 할 사항에 대하여 정리한 것 중 바르지 않은 것은?

① 은행에서 매입이 가능한 통화는 매입은행이 환율을 고시하는 외국통화로 해야 한다.
② 외국통화를 매입할 경우 반드시 지폐의 손상 및 위/변조 여부를 확인하여야 한다.
③ 동일자, 동일인, 동일점포기준으로 미화 1만불 상당액을 초과하는 경우는 추가로 취득 경우 입증서류를 받아야 한다.
④ 위폐 발견 시 회수 → 신고 → 보고의 단계를 거쳐서 업무처리를 하여야 한다.

> **해설** 외국통화 매입의 경우 취득경위입증서류제출 기준이 되는 금액은 미화 2만불 상당 금액이다. 다만,
> - 미화 2만불 이하의 대외지급수단을 매입하는 경우
> - 정부, 지방자치단체, 외국환업무 취급기관 및 환전영업자로부터 매입
> - 거주자계정 또는 거주자외화신탁계정에 예치된 외국환을 매입하는 경우는 취득경위입증서류제출 생략대상이 된다. 또 외국인거주자 또는 비거주자로부터 미화 2만불 초과 매입이 있으면 외국환신고(확인)필증 서류를 받아야 하고, 외국환신고(확인)필증이 없는 경우에는 대외지급수단매매신고필증을 받아야 한다.
>
> **정답** ③

02

해외 직접투자 신고 시 점검사항으로 적절하지 않은 것은?

① 신용불량자인지 여부를 확인한다.
② 외국인직접투자는 사후신고가 원칙이다.
③ 광물투자의 경우 산업통상자원부에 사전신고를 이행해야 한다.
④ 외국환은행 신고대상의 경우 사전신고에서 사후보고로 완화되었다.

> **해설** 외국인직접투자는 사전신고가 원칙이다.
>
> **정답** ②

03

지급 - 수행 절차와 관련한 외국환거래법규 및 위규사례에 대한 설명이다. 다음 중 옳지 않은 것은?

① 증빙서류 제출을 요하지 않는 소액송금거래의 경우 분산송금 등 불법거래에 악용될 소지가 크다.
② 해외직접투자 거래는 거래외국환은행을 지정하고 동 은행을 통해서 지급 거래를 해야 한다.
③ 제3자 지급은 불법외화자금 유출수단으로 악용 가능성이 높은 거래이므로 거래당사자가 증빙 서류상의 대상거래자인지 철저히 확인해야 한다.
④ 거주자의 해외 외화자금차입 신고는 사후신고가 불가하므로 반드시 사전에 해야 한다.

[해설] 거주자의 해외 외화차입 시 외은대상인 경우 사전신고에서 1개월 이내 사후보고로 완화되었다. 이 경우 사전에 거래 외국환은행 지정 철회가 필요하다.

[정답] ④

04

다음 사례에 대한 내용으로 틀린 것은?

> [사례] 국내법인 ㈜갑을은 2019년 4월 베트남 소재 비거주자 타오 씨와 만기 1년인 금전대차계약을 체결하고 50만 달러를 차입하였으나 회사 자금사정이 어려워져 만기에 차입금을 상환하지 못함에 따라 기 체결한 계약의 만기를 2020년 10월로 연기하였다.

① 만기 등 금전대차관련 변경신고 누락이다.
② 거주자와 비거주자의 금전대차 관련 거래주체가 영리법인인 경우 지정거래외국환은행 신고사항이다.
③ 금전대차거래의 내용이 변경된 경우 사전신고사항이며, 만기연장, 금리변경, 거래당사자 변경 등 최초 신고 내용이 변경된 경우에는 반드시 사전신고해야 한다.
④ 변경신고가 이루어지지 않은 경우라도 차입금 상환에는 제한이 없다.

[해설] 변경내용을 신고하지 못한 경우 차입금 상환에도 제한을 받는다.

[정답] ④

Chapter 05 길라잡이 문제

중요이론(Key Point)을 재정리할 수 있는 대표문제로 구성하였습니다.

Key Point 외국환업무 컴플라이언스

01 외국환거래 관련 법규 준수에 관한 다음 설명 중 적절하지 않은 것은?

① 외국인투자촉진법상 외국인투자자의 투자요건은 투자금 1억 이상 및 투자비율 10% 이상이며, 이에 해당하는 경우 수탁은행 본점, 또는 KOTRA에 신고하여야 한다.
② 금융거래 등과 관련하여 수수한 재산이 불법재산이라고 의심되는 합당한 근거가 있는 경우 금융정보분석원에 혐의거래 보고를 해야 한다.
③ 금융회사의 현금거래에 대한 거래내역보고 의무인 '고액현금거래 보고' 기준금액은 2천만원 이상의 동일인 명의 현금거래이다.
④ 금융회사등에 1천만원 또는 미화 1만불 이상의 일회성금융거래로서 송금, 환전, 계좌에 의하지 않는 거래·차명거래 등으로 자금세탁행위나 공중협박자금조달행위를 하고 있다고 우려되는 경우 보고하여야 한다.

💬 **해설**

금융회사등은 1천만원 이상의 동일인 명의로 이루어지는 현금거래 시 거래내역에 대하여 고액현금거래 보고하여야 한다.

[국제조약 협약의 준수]
- UN안정보장이사회 결의에 따른 제재
  : 금융제재대상자인 국가로 부터 지급과 영수가 일어나는 경우 한국은행총재 허가사항으로 통제 → 금융제재대상자(예멘, 남수단, 북한, 이란, 아프카니스탄, 소말리아, 알카에다, 라이베리아 등)
- 수출입제한 특별조치 고시
  : 다이아몬드 원석 수출입(산업통상자원부 허가), 무기 탄약 등
- 테러자금 조달의 억제를 위한 국제협약
  : 금융거래제한 대상자와의 지급 영수등의 경우 금융위 허가 사항

정답 ③

Key Point 외국환은행 환율 위험관리 및 내부관리 이해

02 외국환은행의 내부관리 등에 관한 다음 설명 중 잘못된 것은?

① 외국환업무 취급기관은 외국환매입초과액과 매도초과액의 한도 준수여부를 매 영업일 잔액을 기준으로 확인하여야 한다.
② 외국환포지션 한도를 위반한 경우 위반한 날로부터 7영업일 이내에 금감원장에게 보고해야 한다.
③ 외국환은행이 비거주자로부터 1년 초과 미화 5천만불 초과의 외화자금을 차입하는 경우 기획재정부에 신고하여야 한다.
④ 외국환은행은 서류접수일로부터 신고업무는 2영업일까지, 신고수리업무는 7영업일 까지 사무처리를 하여야 한다.

해설
외국환포지션 한도를 위반한 경우 위반한 날로부터 3영업일 이내에 금감원장에게 보고해야 한다.

정답 ②

Key Point 외국환은행 중점 확인업무 사항

03 외국환은행의 "거주자의 증빙서류 미제출 연간 10만불 송금" 대상 거래로 적절치 않은 것은?

① 해외예금
② 경상거래
③ 증권 취득
④ 해외부동산 취득

해설
"거주자의 증빙서류 미제출 연간 10만불 송금" 대상 거래 : 자본거래 일부
→ 국민인거주자에 한해 한도 상향(2023년 7월 개정) : 연간누계 10만불
"거주자의 증빙서류 미제출 연간 10만불 송금" 적용대상이 아닌 경우 : 해외직접투자, 해외부동산 취득, 파생상품거래
• 국세청, 금감원 통보기준 : 연간누계 1만불 초과하는 경우
• 관세청 통보 기준 : 건당 미화 5천불 초과하는 경우

정답 ④

Key Point 외국통화 매매관련

04 외국환은행의 "외국통화" 매매관련 업무처리에 적절치 않은 경우는?

① 건당 1백만원 이하에 상당하는 외국통화 환전을 제외하고는 실명확인 증표에 의거 확인 절차를 거쳐야 한다.
② 보기 ①의 경우 외국인 및 비거주자는 여권 등으로 실명확인을 하여야 한다.
③ 외국인의 경우 환전사실을 여권에 표시하여야 하며, 실명확인 생략대상의 경우에도 여권에 환전사실을 기입하여야 한다.
④ 거래외국환은행 지정한 해외유학생의 경우 1만불 초과하여 환전하는 경우 외국환신고필증을 발행·교부한다.

해설
외국인의 경우 환전사실을 여권에 표시하여야 하지만 실명확인 생략대상의 경우에는 여권에 환전사실 기입이 생략된다.
- 외국환은행의 장이 발급하는 경우 : 해외유학경비, 해외체재자, 해외이주자, 재외동포 국내재산반출 1만불 초과, 외국인보수 금액 불문, 영화제작비, 운항경비
- 출입국세관장이 발행하는 경우 : 일반해외여행경비 1만불 초과 휴대 출국, 미화 1만불 초과로 휴대 입국하는 모든 거주자 및 비거주자

 정답 ③

Key Point 외국통화 매도 시 유의사항

05 외국환은행의 외국통화 매도 시 유의사항으로 옳지 않은 것은?

① 법인 명의 해외여행경비 - 법인 명의로 송금 불가능
② 재외동포 - 1만불 초과 휴대수출의 경우 외국환신고(확인)필증 발행·교부
③ 해외이주자 - 해외여행경비 1만불 초과 환전 시 국세청 통보대상
④ 외국인거주자 - 소지목적 매각은 불가능

해설
해외이주자의 경우 해외여행경비 환전은 불가하다. 외국통화 매도와 관련하여 유의사항은 다음과 같다.

일반해외여행자	1만불 초과 환전 시 외국환은행이 신고필증을 발행하지 않고 본인이 세관 신고
법인 해외여행경비	법인 명의로 전산 거래 등록, 송금 불가
해외유학생, 체재자	연간 10만불 초과 시 국세청 통보, 1만불 초과 시 외국환신고필증 발행·교부
해외이주자	1만불 초과 시 국세청 통보
재외동포 국내재산반출	1만불 초과 시 외국환신고필증 발행·교부

정답 ③

Key Point 송금업무 관련 위규사례

06 송금업무와 관련한 점검사항이다. 잘못된 것은?

① 당발송금 시 반복해야 할 송금번호를 잘못 입력하게 되면 지연 및 불능사례가 발생하게 되고 고객의 불만이 쌓이게 되므로 신중히 실수하지 않도록 한다.
② 발송된 송금인 정보 중 고객번호와 실명번호의 입력 실수가 발견되면 지체 없이 수정하여 재발송한다.
③ 지급인별로 1인당 연간 1만불을 초과하여 송금하게 되면 국세청에 자동 통보되기 때문에 주위의 지인들을 통해 차명 송금을 하게 되면 금융실명제법 위반과 외국환거래법 및 외국환거래규정 위반으로서 차명을 해 준 사람도 제재를 받게 된다.
④ 미화 5,000불 초과 금액에 대한 대외송금 시 확인 절차가 필요하다.

해설
송금내용은 한국은행 외환전산망을 통하여 자동 보고되므로 오류입력으로 인한 고객의 피해가 발생하지 않도록 하여야 하며 전문 발송 전이면 수정이 가능하고 전신 발송 후이면 조건변경으로 처리한다. 송금인 정보 중 고객번호와 실명번호는 수정이 불가능하기 때문에 오류입력이 일어나지 않도록 신중을 기해야 한다.

정답 ②

Key Point 외국통화 매매 주의사항

07 외국환은행 외국통화 매매 시 업무 주의사항 관련하여 잘못 설명하고 있는 것은?

① 일반 해외여행자가 1만불 초과 금액을 환전하여 휴대수출 예정인 경우 세관에 신고하도록 안내한다.
② 법인 명의로 미화 1만불 상당액 초과매도 시 외국환신고필증을 발행하였다.
③ 비거주자로 부터의 2만불 초과 외국통화 매입하는 경우 외국환신고필증이 필요함을 안내하였다.
④ 해외유학생에 대하여 사전에 거래외국환은행 지정절차가 필요하다고 안내하였다.

해설
법인 명의로 미화 1만불 상당액 초과매도 시 외국환신고필증 발행이 불가하다.→ 이 경우 송금으로는 처리가 불가하다.
이외에도 주의사항으로 여행업자에 대한 단체여행경비 환전은 거래외국환은행 지정거래 대상으로 여행업자에 대한 단체여행경비 환전 시 실명번호는 여행업자의 실명으로 등록해야 한다.
[외국통화 매매 관련 거래 외국환은행 지정이 필요한 경우]
 - 여행업자 단체여행경비
 - 해외유학생, 해외체재자, 해외이주자
 - 재외동포 국내재산반출

정답 ②

Key Point 무역금융 업무 유의사항

08 다음 중 무역금융 업무에 대한 설명으로 틀린 것은?

① 과거 1년간 수출대금실적이 2억불 미만인 경우 포괄금융 지원을 받을 수 있다.
② 무역금융의 취급과 수출대금 영수는 동일한 은행에서 처리해야 한다.
③ 내국신용장의 유효기일은 물품인도기일에 10거래일 가산한 이내이어야 한다.
④ 내국신용장 개설 후 다른 곳에서의 내국신용장 발행은 1차에 한하여 발행할 수 있다.

🗨 해설
내국신용장은 수출업체가 수취한 수출신용장 등을 근거로 수출 이행에 필요한 원자재 또는 완제품을 국내에서 원활히 조달하기 위하여 국내공급업자(제조, 생산자)를 수혜자로 하여 개설된 국내신용장으로 내국신용장 개설 후 다른 곳에서의 내국신용장 발행은 차수와 관계없이 발행할 수 있다.
내국신용장 조건은 양도 불가능 취소불능신용장, 표시통화는 외화 또는 원화 통화로 가능하다.
[내국신용장 조건]
① 양도가 불가능한 취소불능신용장일 것
② 표시통화는 외화 또는 원화 가능
③ 유효기일은 물품의 인도기일에 최장 10일을 가산한 기일 이내일 것
④ 서류 제시기간 : 물품수령증명서 발급일로부터 5영업일
⑤ 내국신용장 어음 등의 형식은 개설의뢰인을 지급인으로 하고 개설은행을 지급장소로 하는 일람출급 환어음일 것
→ 무역금융 융자금 : 용도별(생산자금, 원자재자금, 완제품 구매자금), 포괄금융

✅ 정답 ④

Key Point 수출환어음매입 및 추심 업무처리 유의사항

09 수출환어음매입 및 추심 업무처리에 대한 설명이다. 옳은 것은?

① 선적서류 추후 보완이 가능한 경우에는 매입신청자에게 매입대금을 미리 지급하여도 된다.
② 환어음은 매입은행이 배서한다.
③ 보험서류상 "Assured"에 기재된 자가 수출상인 경우라도 매입은행이 배서한다.
④ B/L상에 Consignee가 "To order", "To order of shipper"인 경우 Shipper와 함께 매입은행도 배서하여야 한다.

🗨 해설
① 선적서류 추후 보완이 가능한 경우에는 매입신청자에게 매입대금을 미리 지급하면 안 된다.
③ 보험서류상 "Assured"에 기재된 자가 수출상인 경우라도 매입은행 배서는 불필요하다.
④ B/L상에 Consignee가 "To order", "To order of shipper"인 경우 매입은행 배서는 불필요하다.

✅ 정답 ②

Key Point 수입신용장 개설 및 조건변경 유의사항

10 수입신용장 개설 및 조건변경에 대한 설명 중 옳지 않은 것은?

① 항공화물운송장 수리조건의 수입신용장 개설 시 수입화물 담보 확보가 용이하지 않으므로 수입보증금 적립이나 별도 채권보전 조치를 강구해야 한다.
② 수익자에게 불리한 조건변경의 경우 통지은행을 통해 수익자의 동의를 얻은 후 처리해야 한다.
③ 수입신용장 결제기일은 은행접수 익일부터 10영업일 이내이다.
④ 신용장 개설 규모가 과도한 경우 정상거래 여부에 대한 확인을 위해 관세청 홈페이지를 통하여 B/L 번호로 수입통관내역 확인이 필요하다.

해설
수입신용장 결제기일은 은행접수 익일부터 5영업일 이내이다.

정답 ③

Key Point 수입신용장 개설 및 L/G발행 관련 유의사항

11 수입신용장 업무에 대한 다음 설명 중 옳지 않은 것은?

① 모든 하자사항을 수리하는 조건의 신용장 개설은 불가하다.
② L/G를 발행한 경우에도 수입신용장 선적서류에 하자가 있는 경우 부도 통지를 하여야 한다.
③ 만기일 연장이 대지급결제를 일시적으로 유예하는 수단으로 남용되지 않도록 연장시점에 최대한 수입보증금을 적립한다.
④ 선하증권의 수하인을 신용장개설은행으로 지정하지 않는 경우 수입물품의 담보 확보 등 채권보전에 어려움이 있다.

해설
수입화물선취보증서(L/G : Letter of Guarantee) 발급은 신용장거래에 있어서 수입화물이 수입지에 이미 도착했음에도 불구하고 선적서류가 도착하지 않아 화물의 인수가 불가능한 경우 수입화물을 선하증권 원본 없이 찾아갈 수 있게 신용장 개설은행이 보증하는 제도로 수입업자가 신용장개설은행에 보증금 전액 납부 후 L/G 발급된다.
 L/G 발급 후에는 선적서류 부도처리가 되지 않는다는 사실을 수입자에게 주지해야 한다.

정답 ②

Key Point 중계무역방식 업무 이해

12 중계무역방식 수출입업무에 대한 다음 설명 중 옳지 않은 것은?

① 중계무역방식 수출입업무 취급 시 실제 대금의 결제흐름도 함께 확인하여 외화유출로 유용되지 않도록 유의한다.
② 중계무역방식 수출대금의 영수가 관련 수입대금의 지급보다 선행하는 경우에는 영수한 수출대금을 수입결제자금(수입보증금)으로 충당하여야 한다.
③ 중계무역방식 수입신용장을 개설할 때는 발행된 선적서류 전통을 요구하고 수하인을 중계무역 취급은행으로 지정하여 채권보전을 강화해야 한다.
④ 수출신용장의 매입이 전제되는 중계무역 거래 시 수입신용장은 원칙적으로 기한부조건으로 개설하여야 한다.

해설
중계무역은 다른 나라로부터 수입해온 물자를 그대로 제3국에 수출하여 매매차익을 취득하는 무역방식으로 수출신용장의 매입이 전제되는 중계무역 거래 시 수입신용장은 원칙적으로 일람불 조건으로 개설하여야 한다.

정답 ④

Key Point 거래외국환은행의 지정항목 이해

13 다음 중 거래외국환은행의 지정이 필요하지 않은 경우는?

① 거주자의 지급증빙서류 미제출 지급
② 해외유학생경비의 지급
③ 재외동포의 국내재산반출
④ 일반 해외여행경비

해설
일반해외여행경비의 경우 거래외국환은행 지정절차 없이 고객이 원하는 외국환은행에서 환전이 가능하다. 나머지 업무는 사전에 매년마다 거래외국환은행지정 대상업무에 해당한다.

정답 ④

Key Point 외국환 지급 등의 절차 이해

14 지급 등의 절차에 대한 설명 중 옳지 않은 것은?

① 해외유학생은 매 연도별로 재학사실을 입증할 수 있는 서류를 제출하여야 한다.
② 해외이주비 지급금액이 개인별 기준으로 미화 10만불 상당액을 초과하는 경우에는 관할세무서장이 발행하는 자금출처확인서를 제출하여야 한다.
③ 일반 해외여행경비는 휴대수출, 외국환은행을 통한 지급, 신용카드 등의 방법으로 지급할 수 있다.
④ 해외체재자와 해외유학생이 해외여행경비를 지급하고자 하는 경우에는 거래외국환은행을 지정하여 거래를 하여야 한다.

해설
해외이주비 지급금액이 세대별 기준으로 미화 10만불 상당액을 초과하는 경우에는 관할세무서장이 발행하는 자금출처확인서를 제출하여야 한다.
- 국내로부터 이주하는 자 : 외교부로부터 해외이주신고확인서를 발급받은 날로부터 3년 이내 지정거래 외은에 신청하여 지급
- 해외이주 예정자 : 외국환거래은행을 지정한 날로부터 3년 이내

정답 ②

Key Point 외국환취급기관 의무사항

15 다음 중 외국환거래법령상 외국환취급기관의 의무사항에 해당하는 내용으로 옳은 것은?

① 확인의무
② 신고의무
③ 채권회수의무
④ 자료제출의무

해설
나머지는 외국환 거래당사자의 의무사항이다.
※ 외국환 거래당사자 의무 : 신고의무, 채권회수의무, 자료제출의무
※ 외국환업무 취급기관 의무 : 확인의무(허가여부, 신고여부 등), 사후관리의무, 통보의무, 자금세탁 확인의무, 실명확인의무, 비밀보장의무
※ 외국환업무 검사 위탁 : 외국환거래법상 기획재정부장관은 외국환거래에 대한 검사를 금융감독원장, 한국은행총재, 관세청장에게 위탁

정답 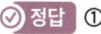 ①

Key Point 자본거래 사후보고 대상

16 자본거래를 하는 경우 외국환은행 신고(또는 사후보고) 또는 한국은행 신고, 기재부 신고 대상이다. 다음 중 외국환은행 사후보고 대상 유형이 아닌 것은?

① 거주자의 미화 5천만불 이하 외화자금 차입
② 거주자의 외국부동산 시설물 이용에 관한 권리 취득
③ 현지금융
④ 거주자가 외국에 있는 금융기관과 외화예금거래 시 국내에서 송금하는 경우

해설
[사후보고 대상 자본거래 유형]
- 거주자의 미화 5천만불 이하 외화자금 차입(증권발행 포함)
- 현지금융
- 현지법인에 대한 1년 미만의 금전대여
- 거주자와 비거주자 간 채무의 보증계약에 따른 자본거래
- 거주자의 외국부동산 시설물 이용에 관한 권리 취득
- 거주자와 비거주자 간 임대차계약

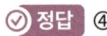 ④

Key Point — 해외직접투자관련 신고 이해

17 해외직접투자 관련 신고에 관한 다음 설명 중 옳지 않은 것은?

① 해외직접투자 관련 현지법인은 외국회사 투자비율 10% 이상인 경우이며, 해외지사의 경우 지점은 영리업무를 하고, 사무소는 비영리활동으로 구별하여야 한다.
② 해외직접투자 신고 후 3개월 이내 현지법인 설립보고, 회계 종료 후 3월까지 결산보고, 투자사업 종료 청산보고 하여야 한다.
③ 해외직접투자 거래외국환은행 지정하는 경우 신용관리대상자 여부에 관해 해당법인 및 대표이사에 대하여 확인해야 한다.
④ 지정거래외국환은행장은 해외직접투자 관리대장을 작성하고 신고내용의 이행 여부를 확인하는 등 사후관리를 실시해야 한다.

해설

해외직접투자 신고 후 6개월 이내 현지법인 설립보고, 회계 종료 후 5월까지 결산보고, 투자사업 종료 청산보고 하여야 한다.

[직접투자 시 점검 사항]
(1) 해외직접투자
   1) 투자자의 자격확인 : 신용불량자인지 여부, 조세체납자인지 여부, 개인이나 개입사업자의 경우 해외이주 수속 중이거나 영주권 취득을 목적으로 하는 투자가 아닐 것(3영업일 이내 발급된 주민등록등본으로 확인)
   2) 외국환은행장에게 1개월 이내 사후보고
     → 1년 이내 사후보고가 가능한 해외직접투자 금액기준을 5만불에서 10만불로 상향하되 지정거래외국환은행 제도를 통해 관리(2025년 개정사항)
     → 단, 대외지급수단을 휴대수출하여 지급하는 경우는 건당 미화 1만불 이하
   3) 특정사업(해외자원개발, 건설업)인 경우 관계부서 앞 사전신고
(2) 외국인 직접투자
   ① 투자신고인 : 대리인이 신고할 경우 공증 받은 외국인투자자의 위임장을 첨부
   ② 원칙적으로 사전신고
(3) 유의 사항
   ① 거래외국환은행 지정 : 주채권은행을 우선하고 여신최다은행, 주거래은행 순서
   ② 투자결격자가 아닐 것(조세체납자, 신용관리대상자, 해외수속중인 개인)

[해외지사 설치 신고]
(1) 해외지점 : 과거 1년간 외화획득실적 1백만불 이상인 자
(2) 해외사무소 : 과거 1년간 외화획득실적 30만불 이상인 자, 무역업 1년 이상 법인, 주무부장관 추천서

정답 ②

Key Point 해외예금 거래

18. 해외예금거래에 대한 설명으로 거리가 먼 것은?

① 해외유학생이 외화예금을 거래하는 경우 신고예외사항이다.
② 해외부동산 취득 관련하여 외화예금하는 경우 신고예외사항이다.
③ 수취인과 송금인이 동일한 해외송금은 원칙적으로 해외예금거래에 해당하기 때문에 신고대상 거래인지를 확인하여야 한다.
④ 국세청 통보대상은 연간 2만불을 초과하는 경우이다.

해설

연간 1만불을 초과하면 금융감독원과 국세청에 통보된다.
[거주자의 해외예금]
- 신고예외사항
  - 외국에 체재하고 있는 거주자(해외체재자, 해외유학생 등)가 외화예금을 거래하는 경우
  - 거주자가 공공차관도입 관련 법률에 따른 경우
  - 국민인거주자가 거주자가 되기 이전에 외국에 금융기관에 예치한 외화예금을 처분하는 경우
  - 해외부동산 취득 관련하여 외화예금을 거래하는 경우
  - 해외에서 차입한 외화자금을 인정된 거래에 따라 국내에 본점을 둔 외국환은행 해외지점에 예치하는 경우
- 거주자의 해외예금거래 신고(해외에서 직접 예치) : 지정거래 외국환은행 신고
- 국내송금 대금으로 해외예금 거래 시 : 5만불 기준(외국환은행 신고, 한국은행 신고)
- 예치한도 제한 없이 거래외국환은행에 신고로 예금 가능한 자
  - 기관투자자, 전년도 수출입 실적 5백만불 이상인 자, 해외건설업자, 항공사, 선박회사, 원양어업자
- 해외에서 입금한 경우 해외예금 및 신탁잔액보고서
  - 지정거래외국환은행의 장은 건당 미화 1만불을 초과하여 입금한 거주자로부터 입금일로부터 30일 이내에 해외예금입금보고서를 제출받거나 다음 각목의 1에 해당하는 예금거래자(기관투자가 제외)로부터 해외예금 및 신탁잔액보고서를 제출받은 경우 동 내용을 다음 연도 첫째 달 말일까지 한국은행총재에게 보고하여야 함
  가. 법인 : 연간 입금액 또는 연말 잔액이 미화 50만불을 초과하는 경우
  나. 법인 이외의 자 : 연간입금액 또는 연말 잔액이 미화 10만불을 초과하는 경우
  → 단, 국내에서 송금한 자금으로 입금하는 경우는 제출 대상이 아님

정답 ④

Key Point 해외부동산 취득 관련 이해

19 거주자의 해외부동산 취득에 대한 다음 설명 중 옳지 않은 것은?

① 거주자 본인(배우자 포함)은 해외에 체재하지 않으나 자녀가 해외에서 2년 이상 체재할 목적이라면 주거용 주택으로 취득이 가능하다.
② 외국부동산 매매계약이 확정되기 전에 지정외국환은행장으로부터 내신고 수리를 받을 수 있다.
③ 외국 시설물의 권리 취득에 따른 골프회원권 등의 매입 시도 신고대상이다.
④ 투자목적으로 신고하여 해외송금한 후 제3자 명의로 부동산을 취득하는 것은 위규에 해당된다.

📘 **해설**

[거주자외국부동산 취득 관련]
① 공통 확인사항
  - 종합신용정보집중기관에 등록된 자인지 여부
  - 조세체납자인지 여부
  - 해외이주 수속 중인 자인지 여부 : 해외이주 수속 중인지의 여부 확인은 신고수리 신청일로부터 과거 3영업일 이내에 발급된 당해 신고인의 주민등록등본에 의함
② 신고예외사항
  - 외국환업무기관 해외지사 설치 관련 부동산 취득
  - 거주자가 비거주자로부터 상속, 유증 → 제한사항 및 사후관리 적용 안 함.
  - 해외체재자, 해외유학생이 본인 거주 목적으로 부동산 임차하는 경우
③ 외국환은행장 신고수리 대상인 신고대상 부동산(권리 취득 포함)
  - 거주자가 주거 이외의 목적으로 취득하는 부동산(이하 '주거 이외 목적부동산' 예시 : 건물, 상가, 토지 등)
  - 거주자 본인 또는 거주자의 배우자가 해외에서 체재(2년 이상)할 목적의 주거용 주택
  - 부동산 임차권(임차보증금이 미화 1만불 초과인 경우에 한함)
④ 한국은행총재 신고수리 대상 : 신고예외사항과 외국환은행 신고수리 대상을 제외하고 거주자가 해외부동산 또는 이에 관한 권리를 취득하고자 하는 경우에는 한국은행총재의 신고수리 대상
⑤ 주택취득가액 및 송금한도 제한 없음
⑥ 공동명의 부동산 취득
  - 주거목적 취득 : 신고인과 그의 배우자 공동명의로만 가능
  - 주거 이외 목적 취득 : 공동 명의 취득이 불가함
⑦ 사후관리 보고 : 취득 보고(송금 후 3개월 이내), 보유 보고(매 2년마다), 처분 보고(처분 후 3개월 이내)
⑧ 내신고 절차
  - (내신고 대상) 분양대금 청약대금 사전 송금, 매매물건이 확정되었으나, 계약금 등의 사전지급이 이루어지지 않으면 매매계약의 체결이 불가능한 경우
  - 매매대금의 10% 이내로 우선송금 가능, 분할송금 불가
  - 내신고 수리일로부터 3개월 이내에 본신고를 하거나, 불이행 시 자금 국내회수

✅ **정답** ①

Key Point 비거주자의 국내부동산 취득

20. 비거주자의 국내부동산 취득 관련 다음 설명 중 잘못된 것은?

① 국민인비거주자의 국내 소재 부동산 취득이나 부동산 권리 취득 시 외국환은행장 신고사항이다.
② 비거주자가 외국으로부터 휴대 수입 또는 송금된 자금으로 국내부동산을 취득하는 경우 외국환은행장 신고사항이다.
③ 비거주자가 거주자와의 인정된 거래에 따른 담보권을 취득하는 경우 외국환은행장 신고사항이다.
④ 비거주자가 국내부동산을 취득하는 경우 취득자금의 일부를 대출받는 경우 한국은행 총재에게 신고해야 한다.

해설

국민인비거주자의 국내 소재 부동산 취득이나 부동산 권리 취득 시 신고예외사항이다.
[비거주자의 국내부동산 취득 신고]
(1) 신고예외사항
　① 비거주자가 본인 또는 종업원 거주용으로 국내부동산을 임차하는 경우
　② 외국인 비거주자가 상속, 유증으로 국내부동산 취득 → 국민비거주자가 거주자로부터의 증여에 의한 취득의 경우 한은총재 신고
　③ 국민인 비거주자가 국내부동산 및 권리 취득
　④ 비거주자가 국내 비거주자로부터 토지 이외의 부동산 및 권리 취득
(2) 외은 신고
　① 외국으로부터 휴대수입 자금, 타발송금 자금으로 국내부동산을 취득하는 경우
　② 거주자와 인정된 거래 담보권 취득(국내거주자가 외화차입 담보제공)
(3) 한은 신고 : 신고예외사항 및 외은 신고대상 제외
　→ 외국인이 이미 국내에서 운용하고 있던 원화자금(일부자금인 경우 포함)으로 국내부동산을 취득하는 경우 한국은행 신고(국내예금, 증권매각자금, 부동산 담보대출자금 등)

정답 ①

Key Point 금전대차 관련 신고사항

21 금전대차 관련 신고사항에 관련한 설명이다. 잘못된 것은?

① 거주자와 비거주자 간 거래에서 비거주자가 10억원을 초과(차입신고시점으로부터 과거 1년 누계기준)하여 원화자금을 차입하고자 하는 경우 한국은행 신고사항이다.
② 비거주자가 다른 거주자의 보증 또는 담보를 제공받아 대출을 받고자 하는 경우 한국은행 총재 신고사항이다.
③ 개인이나 비영리법인이 원칙적으로 비거주자로부터 외화차입을 하고자 하는 경우 외국환은행 신고사항이다.
④ 외국환은행의 신고사항에 대하여 만기연장, 금리변경, 거래당사자 변경 등 최초 신고내용이 변경된 경우에도 사전 신고할 것을 안내해야 한다.

해설
개인이나 비영리법인이 비거주자로부터 외화차입을 하고자 하는 경우 지정거래외국환은행을 경유하여 한국은행총재 신고사항이다.

[거주자의 비거주자 간 외화자금 차입 및 대출]

구분		외화차입	외화대출
거주자간		자유화(단, 외국환은행은 통한 수가 아닌 경우 한국은행총재 신고)	자유화(단, 외국환은행은 통한 수가 아닌 경우 한국은행총재 신고)
거주자와 비거주자 간	외국환은행	자유화(단, 1년 초과 5천만 달러 초과시 기재부 신고)	자유화(단, 다른 거주자의 담보제공을 받아 대출받는 경우 비거주자가 신고)
	영리법인	지정거래 외국환 은행 사후보고 (단, 5천만 달러 초과시 외은 경유하여 기재부 신고)	한국은행총재 신고
	개인. 비영리법인	한국은행총재 신고	

[거주자의 비거주자로부터의 원화자금 거래]

구분		원화차입	원화대출
거주자와 비거주자간		외국환은행 경유하여 기재부 장관에게 신고(10억원 초과하는 경우)	한국은행총재 신고사항 - 다른 거주자의 보증 또는 담보 제공받아 대출하는 경우(비거주자가 신고) - 10억원 초과 원화자금을 대출하고자 하는 경우(비거주자 신고) - 외국환은행의 타행대출 합계 동일인 기준 300억원 초과 대출(단 10억원 이상 300억원 미만은 외국환은행 신고)

→ 단, 국민인 비거주자에 대한 원화대출은 금액에 관계없이 신고예외사항

 ③

Key Point 외화증권 발행·취득 관련 이해

22 외화증권 발행·취득에 대한 설명이다. 옳은 것은?

① 거주자가 외국 비상장증권을 취득하는 경우 외국환은행장 신고사항이다.
② 거주자가 비거주자로부터 증여로 증권을 취득하는 경우에는 신고예외대상이다.
③ 비거주자가 국내에서 외화증권을 발행하기 위해서는 한국은행총재에게 신고하여야 한다.
④ 거주자가 국내에서 외화증권을 발행할 때에는 한국은행총재 신고사항이다.

해설

거주자가 비거주자로부터 상속, 유증, 증여로 증권을 취득하는 경우에는 신고예외대상이다. 그 외 거주자가 외국 비상장증권을 취득할 때는 한국은행총재 신고사항이다. 비거주자가 국내에서 외화증권을 발행하기 위해서는 기획재정부 신고대상이 되며, 거주자가 국내에서 외화증권을 발행할 때에는 신고사항이 아니다.

[증권발행신고 등 절차 대비표]

발행주체	장소	통화	적용여부
거주자	국내	원화	적용대상 아님
		외화	신고예외사항
	외국	원화	기획재정부 신고
		외화	거주자의 외화자금차입 관련 규정 준용 (지정거래 외국환은행장 사후보고 또는 기재부 신고)
비거주자	국내	원화 (원화연계 국내 증권 포함)	기재부 신고
		외화	
	외국	원화 (원화연계 국내 증권 포함)	기재부 신고
		외화	적용대상 아님

[비거주자 국내증권 취득]
- 외국인투자자 : 비거주자, 외국인거주자, 영주권자
- 상장증권 취득 : 투자중개업자의 위탁계좌를 이용
- 비상장주식 취득 : 비상장주식 1억 및 10% 이상의 경우 외국인투자촉진법 적용, 그 외의 경우에는 외국환은행 신고 대상
- 비상장채권 취득 : 한국은행 신고 대상

정답 ②

Chapter 05 출제예상 문제

중요도에 따라 Self 맞춤형 학습이 가능한 출제예상 문제입니다. 각자의 목표점수에 맞게 문제를 선별하여 풀어보세요!

▶ 중요도 : 상 중 하

01

외국환은행 업무처리와 관련하여 '국제조약 협약 준수'를 해야 한다. 아래 지문의 ( ) 안에 들어갈 내용으로 적절하게 연결된 것은?

> • UN 안정보장이사회 결의에 따른 금융제재 대상국가로부터의 외환의 지급과 영수가 일어나는 경우 (가) 허가사항이다.
> • 테러자금 조달 억제를 위한 국제협약에 따라 금융거래제한 대상자로부터의 외환의 지급 영수의 경우 (나) 허가사항이다.

	가	나		가	나
①	한국은행 총재	한국은행 총재	②	한국은행 총재	금융위
③	기획재정부 장관	한국은행 총재	④	기획재정부 장관	기획재정부 장관

02

외국환업무 취급 시 유의사항에 대한 설명이다. 바르지 못한 것은?

① 외국환업무 취급기관은 과거 인가제에서 현재 등록제로 바뀌었다.
② 일반계정과 역외계정 간의 자금이체는 한국은행의 허가사항이다.
③ 내국신용장을 근거로 또 다른 내국신용장을 개설할 경우 차수에 관계없이 발행할 수 있다.
④ 외국환은행이 비거주자로부터 미화 5천만불 초과 외화자금을 상환기간 1년 초과조건으로 차입(혹은 증권발행)하고자 하는 경우 기획재정부장관에게 신고하여야 한다.

정답 및 해설

01
• UN 안정보장이사회 결의에 따른 금융제재 대상국가로부터의 외환의 지급과 영수가 일어나는 경우 한국은행 총재 허가사항이다.
• 테러자금 조달 억제를 위한 국제협약에 따라 금융거래제한 대상자로부터의 외환의 지급 영수의 경우 금융위 허가사항이다.

02 일반계정과 역외계정 간의 자금이체는 기획재정부장관 허가사항이다.

정답 01 ② 02 ②

03

다음 외국환은행의 업무 사례에서 적절치 않은 경우는?

① 해외유학경비 지급 시 환전금액이 1만불을 초과하는 경우 외국환신고필증을 발행·교부하였다.
② 증빙서류 없는 5천불 초과 지급의 경우 거래외국환은행을 지정하여 처리하였다.
③ 해외직접투자의 경우 사후보고로 가능한 경우 거래외국환은행을 지정 없이 처리할 수 있음을 안내하였다.
④ 일반해외여행경비 관련하여 1만불을 초과하여도 외국환신고필증을 발행할 수 없다고 안내하였다.

04

M.petar는 2024년 1월에 입국하여 2024년 4월 25일 현재 국내 외국기업 재직 중인 미국인이다. 매각 증빙서류가 없는 상황에서 2024년 5월에 연휴를 맞이하여 미국 여행을 가기 위해 출국 전 은행에서 미달러 환전을 요청하고 있다. 최근에 4월 1일부터 1주일간 일본여행을 위해 A은행을 통해 USD 3,000을 환전하고 4월 8일 입국한 사실이 있다. M.petar에게 환전(외국통화 매도)해 줄 수 있는 최고한도금액으로 옳은 것은?

① USD 7,000
② USD 10,000
③ USD 13,000
④ USD 20,000

정답 및 해설

03 해외직접투자의 경우 거래외국환은행을 지정하여 업무를 처리해야 한다.
04 외국인거주자의 경우 매각사실이 없는 경우에는 최근 입국일 이후 환전여부를 확인하여 1만불까지 가능하며, 환전사실을 여권에 표기해야 한다. 단, 100만원 상당 이하의 경우 생략 가능하다.

정답 03 ③ 04 ②

05 ★★

외국환업무에 관한 설명이다. 바르지 못한 것은?

① 당발송금 시 영업점에서 전산 입력한 후 통상 1시간 이내에 본점에서 전문이 발송되며 발송완료 후에는 취소거래가 불가하다.
② 당발송금 전문발신 완료 후에는 취소거래가 불가능하므로 송금거래 완료 즉시 Remittance detail을 출력하여 반드시 송금신청서상의 내용과 대조하여야 한다.
③ 타발송금의 경우 해외에서 수취된 금액이 1만불을 초과하는 경우 취득경위 입증서류를 징구해야 한다.
④ 하나의 수출신용장 관련된 무역금융의 취급 및 수출대금의 영수는 동일 외국환은행을 통하여 이루어져야 한다.

06 ★★★

외국환은행의 외국통화 매매 시 유의사항에 대한 다음 설명 중 (   ) 안에 적절한 것으로 연결된 것은?

- 외국인비거주자가 국내 입국 후 계속하여 (가) 이상 체류하는 경우 외국인거주자로 전환된다.
- 외국인거주자로부터 외국통화 매입 시 (나)을 초과할 경우 외국환신고필증을 징수해야 한다.

	가	나		가	나
①	3개월	1만불	②	3개월	2만불
③	6개월	1만불	④	6개월	2만불

정답 및 해설

05 타발송금의 경우 해외에서 수취된 금액이 2만불을 초과하는 경우 취득경위입증서를 징구해야 한다.
06 외국인비거주자가 국내 입국 후 계속하여 6개월 이상 체류하는 경우 외국인거주자로 전환된다. 외국인거주자로부터 외국통화 매입 시 2만불을 초과할 경우 외국환신고필증을 징수해야 한다.

정답 05 ③ 06 ④

07

외국통화 매도업무에 관한 다음 설명 중 적절한 것으로 연결된 것은?

> 가. 법인명의 해외여행경비 환전 시 미화 1만불 초과의 경우 외국환신고필증을 발행·교부한다.
> 나. 법인명의 해외여행경비에 대하여 환전이 아니라 송금은 불가하다.
> 다. 해외유학생 지정에 대하여 연령제한이 없고 매 연도별 재학증명서 제출을 통한 재학사실 입증 서류를 제출해야 한다.
> 라. 1백만원 이하 소액환전은 실명확인 생략대상이다.

① 가, 나, 다, 라
② 가, 나, 다
③ 나, 다, 라
④ 가, 다, 라

08

외화수표 업무처리에 관한 설명 중 옳은 것은?

① 선일자수표 수표 매입은 매입의뢰인의 신용상태가 양호하면 무방하다.
② 외화수표 추심 후 지급거래는 은행의 위험 부담이 전혀 없으므로 취급하는 데 문제가 없어 고객 요청 시 응해야 한다.
③ 외화수표는 대금회수가 확실한 경우에 한해서 추심 전 매입해야 한다.
④ 위·변조인 경우라도 해외 입금 후에는 부도 처리가 불가하다.

정답 및 해설

07 가. 법인명의 해외여행경비 환전 시 미화 1만불 초과의 경우라도 외국환신고필증을 발행·교부하는 것은 불가하다.

08 ① 선일자수표는 통상 부도처리가 되므로 발행일자 확인이 필요하다.
② 외화수표 추심의 경우 추심은행이 입금 후 지급이라도 위변조 등으로 인해 입금 후 부도가 가능하므로 위험부담이 존재한다.
④ 위·변조인 경우 해외 입금 후에는 부도 처리가 가능하다.

정답 07 ③ 08 ③

09 ★★★

다음 중 무역금융 융자대상에 해당하지 않는 자는?

① 수출 또는 공급실적이 있는 자로 수출실적을 기준으로 융자를 받고자 하는 자
② 내국신용장에 의하여 수출용 완제품 또는 원자재를 공급하고자 하는 자
③ 해외에서 수입한 원자재를 가공하여 수출용 완제품을 공급하고자 하는 자
④ 중계무역방식 수출실적으로 융자를 받고자 하는 자

10 ★★

다음 (   )에 들어갈 금액으로 적절한 것은?

> 무역금융 관련한 포괄금융은 중소기업에 대한 수출금융 지원을 강화하기 위하여 적용기준을 지난 1년간 (   ) 미만의 수출실적 중소기업 대상으로 선정한다.

① 2천만 달러　　　　　　　　② 5천만 달러
③ 1억 달러　　　　　　　　　④ 2억 달러

정답 및 해설

09 무역금융의 대상은 다음과 같다.
- 수출신용장 또는 지급인도(D/P)와 인수인도(D/A) 조건 및 기타 수출관련계약서에 의하여 물품, 건설 및 용역을 수출하거나 국내에 공급하고자 하는 자
- 내국신용장에 의하여 수출용 완제품 또는 원자재를 공급하고자 하는 자
- 수출 또는 공급실적이 있는 자로 동 수출실적을 기준으로 융자를 받고자 하는 자

[무역금융 융자금 구분]
- 자금별 금융 : 생산자금·원자재자금·완제품구매자금
- 포괄금융 : 전년도(1/1~12/31) 또는 과거 1년간 수출실적이 미화 2억 달러 미만인 업체

10 포괄금융은 중소기업에 대한 수출금융지원을 강화하기 위하여 적용기준을 지난 1년간 2억 달러 미만의 수출실적 중소기업을 대상으로 선정한다.

정답 09 ④ 10 ④

11 ⭐

신용장 방식 수출환어음 매입 및 추심에 대한 다음 설명 중 옳지 않은 것은?

① 신용장에서 선하증권 원본 제시를 요구하는 경우, 선하증권은 반드시 원본을 받아 확인 후 업무를 처리해야 한다.
② 취급은행이 신용장상 지정은행이 아닌 경우에는 추심 후 지급도 취급할 수 없다.
③ 신용장에서 특별히 요구하지 않는 한, 보험서류에는 매입은행의 배서가 불필요 하다.
④ Back to Back L/C, 취소가능신용장은 신용장상의 조건일치 여부와 관계없이 가급적 추심 후 지급 처리를 원칙으로 한다.

12 ⭐⭐

수출환어음매입 및 추심 업무처리에 대한 설명이다. 옳은 것은?

① 환어음은 매입은행이 배서한다.
② 보험서류상 "Assured"에 기재된 자가 수출상인 경우라도 매입은행이 배서한다.
③ B/L상 Consignee가 "to order"인 경우 매입은행이 배서한다.
④ 수출환어음 매입일자는 수출신고필증 일자보다 앞서야 한다.

정답 및 해설

11	추심 후 지급이 가능하다.
12	② 보험서류상 "Assured"에 기재된 자가 수출상인 경우 수출상이 배서한다.
	③ B/L상 Consignee가 "to order"인 경우 shipper 배서한다.
	④ 수출신고필증 일자는 수출환어음 매입일자보다 앞서야 한다.

정답 11 ② 12 ①

13 ★★

다음 중 수출환어음 매입에 대한 설명으로 옳지 않은 것은?

① 신용장거래조건이 다른 선적서류의 경우에는 추심 후에 지급한다.
② 통상적으로 환어음과 보험서류는 매입은행에서 배서한다.
③ 매입은행이 신용장상의 지정은행으로 되어 있지 않고 타 은행에서만 사용이 가능하다고 명시되어 있는 경우에는 매입은행을 지정은행으로 조건변경 또는 자유매입신용장으로 조건변경 후 취급한다.
④ 매입절차 종료 전에 대금을 지불하지 않는다.

14 ★★

수입신용장 업무에 관한 설명으로 옳지 않은 것은?

① 본지사 간 또는 현지법인을 수출자로 한 수입신용장 등을 개설하는 경우에는 현지 법인 등의 물품공급능력 등을 파악하여 공모사기의 가능성에 각별히 유의하여야 한다.
② 항공화물운송장 수리조건의 경우 보증금 적립 등의 채권보전에 만전을 기해야 하며 신용 취급 시에는 선적서류제시기간을 운송장 발행일로부터 5일 이내로 해야 한다.
③ 수입화물선취보증서(L/G)를 발행하기 전 선적서류의 하자가 발생된 경우 하자의 사유는 부도의 이유가 될 수 없다.
④ 수입신용장 감액은 수익자에게 불리한 조건이므로 통지은행에서 수익자의 동의를 거친 후 감액을 하여야 한다.

정답 및 해설

13 환어음, B/L 및 보험서류는 필요한 경우 배서를 하여야 하나, 배서 미비로 인하여 하자통보 및 입금이 지연되는 경우가 있으므로 주의해야 한다. 통상 환어음은 매입은행이, 보험서류는 수혜자가, 선하증권(B/L) 등은 Shipper가 배서한다.

14 L/G발행 건에 대해서는 하자를 사유로 부도처리할 수 없다. 그러나 L/G발행 전에는 무관하다.

정답 13 ② 14 ③

15

기한부신용장(Usance L/C)과 일람불신용장 만기일 연장 및 대금회수에 관한 설명으로 적절하지 않은 것은?

① Bankers Usance의 경우 수출자는 일람불 조건으로 대금을 회수한다.
② 일람불 L/C는 일반적으로 연장이 불가하다.
③ Bankers Usance의 만기일 연장은 인수은행의 동의가 있는 경우에 한한다.
④ Shipper' Usance의 경우 수입자는 선적서류 인수 시 결제를 해야 한다.

16

접수된 수입 선적서류의 부도처리에 대한 다음 설명 중 옳지 않은 것은?

① 물품의 품질이 좋지 않다는 사유로 부도처리할 수 없다.
② 부도처리 시 신용장 조건과의 불일치사항(하자)을 여러 번에 걸쳐 통보할 수 있다.
③ 부도통보는 선적서류의 은행접수 익영업일로부터 5영업일 이내에 하여야 한다.
④ 경미한 하자의 경우 분쟁이 예상되므로 사전에 관련부서와 협의해야 한다.

정답 및 해설

15 | Shipper' Usance는 수출자가 신용공여하는 방식으로 수익자는 어음 만기일에 수출대금을 지급받게 된다. 수입자는 선적서류를 인수하고 어음 만기일에 가서 대금을 결제하게 된다.

16 | 부도처리 시 신용장 조건과의 불일치사항(하자)을 한 번에 통보하는 것이 원칙이다.

정답 15 ④ 16 ②

17 🏅

중계무역방식 수출입 업무에 관한 내용이다. 적절하지 않은 것은?

① 중계무역이란 다른 나라로부터 수입해 온 물자를 그대로 제3국에 수출하여 매매차익을 취득하는 형태의 무역을 말한다.
② 중계무역 시 수입신용장은 수출신용자의 매입이 전제될 경우 일람불 신용장으로 개설하며, 부득이한 경우 수출대금 영수일정을 고려하여 기한부 기간을 운용할 수 있으며 이 경우 기한부 수입신용장의 만기일 연장은 단 1차례 허용이 된다.
③ 중계무역의 수출대금 영수(추심대전 입금)가 수입대금의 지급보다 선행되는 경우에는 동 수출대금을 반드시 관련 수입대금 결제자금(수입보증금)으로 충당하는 채권보전에 유의하여야 한다.
④ 중계무역방식 수입신용장은 매입은행 이외의 수하인(Consignee)을 지정하거나 선하증권 일부만의 제시로 개설되는 경우가 대부분이므로 채권보전에 철저를 기하도록 한다.

18 🏅🏅

외화표시 지급보증서 개설 요청이 있는 경우 확인해야 할 사항으로 적절하지 않은 것은?

① 업체 규모에 비해 거액의 보증서인지 확인한다.
② 외화표시 지급보증은 은행 외환업무 부서에서 다양한 방법으로 발행할 수 있다.
③ 상담요청 시 은행 관련 부서 및 전문가와 상담토록 한다.
④ 진위 확인이 되지 않은 사업 약정서나 의견서에 대하여는 영업점이 확인하여 관련서류를 발행한다.

🔍 정답 및 해설

17	특수형태의 수출입(중계무역, 외국인수수입 등) 업무취급 시에는 관련계약서 등으로 거래내용을 정확히 파악하여 정상거래 여부를 확인하고 실제 대금의 결제흐름도 함께 확인하여 불법외화유출의 가능성을 차단하여야 한다. 중계무역의 경우 수입신용장의 만기 연장은 허용이 되지 않는다.
18	진위 확인이 되지 않은 사업 약정서나 의견서에 대하여는 영업점이 관련서류를 발행하지 않도록 하여야 한다.

정답 17 ② 18 ④

19 ✪✪✪

해외직접투자 신고 시 투자자에 대한 점검사항으로 옳지 않은 것은?

① 조세체납자 여부 확인
② 신용정보 관리대상자 여부 확인
③ 개인인 경우 5영업일 이내 발급된 주민등록등본을 제출 받아 해외이주 수속 여부 확인
④ 개인사업자인 경우 영주권 취득을 목적으로 하는 투자인지 여부 확인

20 ✪✪✪

해외직접투자 신고 시 주요 점검사항에 대한 설명이다. 바르지 못한 것은?

① 지정거래외국환은행 사후관리대상 자본거래이다.
② 해외직접투자가 건설업인 경우 국토교통부장관에게 사전신고를 하였는지를 확인하여야 한다.
③ 해외직접투자는 원칙적으로 사전신고이며, 외국인직접투자는 사후신고가 원칙이다.
④ 외국인 직접투자의 경우 투자신고인은 외국인 투자자이며, 대리인이 신고할 경우 공증받은 외국인 투자가의 위임장을 첨부해야 한다.

21 ✪✪

다음 중 외국환 거래당사자의 의무로 옳게 연결된 것은?

| 가. 확인의무 | 나. 신고의무 |
| 다. 자료제출의무 | 라. 사후관리의무 |

① 가, 나
② 다, 라
③ 가, 다
④ 나, 다

정답 및 해설

19 개인인 경우 3영업일 이내 발급된 주민등록등본을 제출 받아 해외이주 수속 여부를 확인해야 한다.
20 외국인직접투자는 기본적으로 사전신고가 원칙이며 신고도 외국인투자자가 함이 원칙이다.
21 외국환 거래당사자의 의무로 신고의무, 자료제출의무가 있으며, 외국환취급기관의 의무로는 확인의무, 사후관리의무, 통보의무, 자금세탁법규 확인의무, 실명확인의무, 비밀보장의무 등이 있다.

정답 19 ③ 20 ③ 21 ④

22 🏅🏅

지급, 수령 절차와 관련된 외국환거래법규 내용으로 틀린 것은?

① 지급거래는 국내자금이 해외로 빠져나가는 거래이므로 기본적으로 지급을 제한하거나 지급절차까지도 규제하는 경향이 있다.
② 외국환은행의 장은 건당 미화 2만불을 초과하는 수령에 대하여 신고대상 여부인지 확인을 하여야 한다.
③ 외국인거주자의 해외여행 환전은 매각사실이 없는 경우 1만불 이내에 한하며 여권에 환전사실을 기재한다.
④ 신고 등을 하지 않아 「외국환거래법」을 위반한 경우 절대로 지급 등을 할 수 없다.

23 🏅🏅🏅

지급 등의 절차와 관련된 다음 설명 중 옳지 않은 것은?

① 건당 미화 5천불을 초과하는 지급 등을 하고자 하는 경우 외국환은행의 장에게 지급 등의 사유와 금액을 입증하는 서류를 제출하여야 한다.
② 재외동포의 부동산 처분대금 재산반출의 경우 부동산소재지 관할세무서장이 발행한 부동산매각자금 확인서를 징구하여야 한다.
③ 국내에서 해외로 이주하는 국내이주자는 외교부로부터 해외이주신고확인서를 발급받은 날로부터 5년 이내에 지정거래외국환은행을 통해 해외이주비를 지급할 수 있다.
④ 해외직접투자자의 경우 거래외국환은행을 지정하고 동 은행을 통해서 지급 등 해당 거래를 해야 한다.

정답 및 해설

22	신고 등을 이행하지 않아 「외국환거래법」을 위반한 경우 당해 위반 사실을 제재기관의 장에게 보고하고 필요한 신고절차를 사후적으로 완성한 후 지급 등을 할 수 있다(외국환거래규정 제4-2조 제3항).
23	국내에서 해외로 이주하는 국내이주자는 외교통상부로부터 해외이주신고확인서를 발급받은 날로부터 3년 이내에 지정거래외국환은행을 통해 해외이주비를 지급할 수 있다.

정답 22 ④ 23 ③

24 ✦✦✦

다음 중 지급, 수령 절차에 대한 설명으로 거리가 먼 것은?

① 재외동포의 국내재산 반출 시 부동산처분대금이 미화 10만불 이상인 경우에 한해 부동산매각자금확인서를 지정거래 외국환은행장에게 제출해야 한다.
② 해외유학생의 경우 외국교육기관의 장이 발급하는 재학증명서 등 재학사실 입증서류를 매년 지정거래 외국환은행에 제출하여야 한다.
③ 세대별 이주비 지급 누계금액이 미화 10만불 이상인 경우에는 해외이주비 전체금액에 대한 자금출처확인서를 지정거래 외국환은행에 제출해야 한다.
④ 국민인거주자인 일반 해외여행자가 미화 1만불을 초과하여 휴대수출하는 경우 출입국세관장 신고사항이다.

25 ✦✦

다음 신고대상 중 나머지 셋과 다른 것은?

① 수산물 가공업체인 바다수산은 중국소재 수산물업체인 A사로부터 바지락을 수입하고, 동 수입대금 10만불 중 5만불은 A사와 거래관계인 홍콩 소재 B사에게 송금하고, 나머지는 국내에서 직접 달러로 지급하려 한다.
② 국내의 A사가 미국에서 역외금융회사를 설립하고자 한다.
③ 미국 거주자인 김갑을 씨가 미국에서 송금한 금액과 국내 은행에서 대출을 받게 되는 금액을 합쳐서 국내 소재 아파트를 구입하려고 한다.
④ 국내의 외국환은행 A가 홍콩으로부터 2년 상환 미화 1억불을 차입하려고 한다.

정답 및 해설

24 | 재외동포의 국내재산 반출 시 부동산처분대금은 금액에 관계없이 부동산 소재지 세무서장의 부동산매각자금확인서를 지정거래 외국환은행장에게 제출해야 한다.

25 | 나머지 셋은 한국은행총재 신고사항이고 국내외국환은행이 비거주자로부터 1년 초과, 5천만불 초과 외화자금을 차입하는 것은 외국환은행을 경유하여 기획재정부장관 신고해야 할 사항이다.

정답 24 ① 25 ④

26 ★★★

다음 사례에 대한 내용으로 틀린 것은?

> **사례** 중소기업을 운영하는 K 씨는 차명대가 지급을 조건으로 불특정 거주자를 다수 모집하여 여러 은행을 통해 홍콩으로 개인당 5만불 미만의 금액으로 분산하여 송금하였다.

① 증빙자료 제출 의무가 없는 소액송금방식으로 송금하여 해외송금하는 방식은 가장 전형적인 분산송금거래이다.
② 소액 송금거래는 자료제출 의무가 없는 거래이나 외국환업무 취급기관은 거래에 대해 구두확인 등 확인의무를 이행해야 한다.
③ 소액송금은 특별히 증빙자료 제출 의무가 없는 거래로 은행에서 거래 내용을 확인할 필요는 없다.
④ 거래당사자는 무등록 외국환거래업 취급 등의 위반을 하였으며, 차명을 해준 자들은 제3자 지급 신고의무를 위반하였다.

27 ★★

다음 사례에 대한 내용으로 틀린 것은?

> **사례** 중소기업인 ㈜하나실업은 운전자금 조달을 위해 미국교포인 비거주자 A씨로부터 A씨가 거래하고 있는 은행의 '비거주자 자유원계정'에서 10억원을 인출, 원리금 상환 조건으로 차입하였다.

① 거주자가 비거주자로부터 원화자금을 차입하는 경우 한국은행총재 신고사항이다.
② 외국환은행은 비거주자가 비거주자 자유원계정 인출을 요청할 경우 인정된 거래(경상거래 대가 수수)인지를 확인하여야 한다.
③ 자유원계정이란 비거주자가 국내은행에 개설하는 원화예금계좌로 항상 외화로 교환이 보장되는 예금이다.
④ 하나실업이 신고 없이 원화차입을 하였다고 하면 비거주자로부터 원화차입 신고의무를 위반한 것이 된다.

정답 및 해설

26 증빙자료제출 의무가 없는 거래라고 하여도 거래당사자는 거래내용을 은행담당자에게 구두로 설명해야 하고, 은행은 동 거래에 대하여 확인할 의무가 있다.
27 이전에는 거주자가 비거주자로부터의 원화차입은 외국환은행을 경유, 기획재정부장관 신고사항이었으나 2012.4.30. 이후 개정된 규정에 의하면 거주자가 비거주자에게 10억원 이하(1년간 누적차입 금액을 포함) 원화차입의 경우는 지정거래외국환은행 신고사항으로 완화되었다.

정답 26 ③ 27 ①

28 ★★

거주자의 해외부동산 취득신고에 대한 확인내용으로 옳지 않은 것은?

① 신용관리대상자 여부
② 조세연체 여부
③ 해외이주 수속중인지 여부
④ 신용카드 및 여신 연체 여부

29 ★★★

거주자의 해외부동산 취득에 대한 다음 설명 중 옳지 않은 것은?

① 거주자 본인(배우자 포함)이 해외에 체재할 목적으로 주거용 주택을 취득이 가능하다.
② 외국 시설물의 권리 취득에 따른 골프회원권 등의 매입은 신고대상이 아니다.
③ 외국부동산 매매계약이 확정되기 전에 지정외국환은행장으로부터 내신고수리를 받을 수 있다.
④ 투자목적으로 신고하여 해외송금한 후 제3자 명의로 부동산을 취득하는 것은 위규에 해당된다.

정답 및 해설

28 개인과 민간 금융기관과의 연체 여부는 신청자격 적정성 여부 대상이 아니다.

29 거주자의 부동산 취득 관련하여는 신고예외사항, 외은신고수리, 한은신고수리로 구분된다.
- 신고예외사항 : 거주자가 비거주자로부터의 상속, 증여, 해외체재자, 유학생 본인거주목적 부동산 임차하는 경우 등
- 외은신고수리 : 거주자가 주거목적 이외의 목적으로 외국부동산 취득, 거주자 본인이 해외에서 2년 이상 체제목적 주거용 주택 취득, 외국에 있는 부동산 임차하는 경우(임차보증금)
외국 시설물의 권리 취득에 따른 골프회원권 등의 매입 시도 신고대상이다.

정답 28 ④ 29 ②

30 🏅🏅🏅

국내 거주자의 해외부동산 취득과 관련하여 다음 (   ) 안에 들어갈 내용으로 적절한 것은?

> 내신고수리제도는 거주자가 해외부동산 취득시 해외부동산 매매계약이 확정되기 전에 지정거래외국환은행의 장으로부터 내신고수리를 받은 경우에는 (   ) 한도로 외국부동산 취득대금을 지급할 수 있는 제도이다.

① 취득 예정금액의 100분의 10 이내
② 취득 예정금액의 100분의 20 이내
③ 미화 10만불 상당액 이내
④ 미화 20만불 상당액 이내

31 🏅🏅

비거주자의 국내부동산 취득에 관한 다음 설명 중 옳지 않은 것은?

① 비거주자가 종업원의 거주용으로 국내에 있는 부동산을 임차하는 경우는 신고예외사항이다.
② 비거주자가 국내 보유 원화자금으로 부동산을 취득하는 경우는 외국환은행의 신고사항이다.
③ 외국인 비거주자가 국내은행으로 부동산 대출을 통한 부동산 취득 시 한국은행총재 신고대상이다.
④ 외국인이 국내의 토지를 취득하는 경우에는 일정기간 이내에 시장 등 해당 관청의 장에게 신고하여야 한다.

정답 및 해설

30 내신고수리제도는 해외부동산 매매계약이 확정되기 전에 지정거래외국환은행의 장으로부터 내신고수리를 받은 경우에는 취득 예정금액의 100분의 10이내에서 외국부동산 취득대금을 지급할 수 있다.
- 분양과 관련한 청약대금을 사전에 송금하여야 하는 경우
- 계약금 등의 사전지급 후 매매계약 체결이 가능한 경우

단, 이 경우 내신고수리를 받은 날로부터 3개월 이내에 지정거래외국환의 장으로 부터 신고수리를 받거나 혹은 그 투자자금을 국내로 회수하여야 한다.

31 비거주자가 외국으로부터 휴대수입 또는 송금(대외계정에 예치된 자금 포함)된 자금으로 취득하는 경우에는 외국환은행 신고대상이 되고, 국내원화자금으로 직접 취득하고자 하는 경우에는 한국은행총재 신고사항이다.

참고로 비거주자의 국내부동산취득에서의 예외사항으로는
- 해저광물자원개발법의 규정에 의하여 인정된 바에 따라 비거주자인 조광권자가 국내에 있는 부동산 또는 이에 관한 권리를 취득하는 경우
- 비거주자가 본인, 친족, 종업원의 거주용으로 국내에 있는 부동산을 임차하는 경우
- 국민인비거주자가 국내에 있는 부동산 또는 이에 관한 권리를 취득하는 경우
- 비거주자가 국내에 있는 비거주자로부터 토지 이외의 부동산 또는 이에 관한 권리를 취득하는 경우
- 외국인비거주자가 상속 또는 유증으로 인하여 국내에 있는 부동산 또는 이에 관한 권리를 취득하는 경우 → 증여에 의한 취득은 제한하여 한국은행총재에게 신고하여야 한다.

정답 30 ① 31 ②

32 ✪✪✪

다음 (　　) 안에 들어갈 적절한 절차는?

> • 국민인비거주자가 국내 거주자로부터 증여에 의해 국내부동산을 취득하는 경우 (　가　) 사항이다.
> • 국민인거주자가 비거주자로부터 상속에 의해 해외부동산을 취득하게 되는 경우 (　나　) 사항이다.

	가	나
①	외국환은행 신고	한국은행총재 신고
②	한국은행총재 신고	신고예외사항
③	신고예외사항	신고예외사항
④	한국은행총재 신고	외국환은행 신고

33 ✪✪✪

다음 (　　)에 들어갈 적절한 절차는?

> 국민인비거주자가 자기자금으로 국내부동산을 취득하는 경우 (　　) 사항이다.

① 신고예외사항
② 외국환은행 신고
③ 한국은행총재 신고
④ 기획재정부장관 신고

✓ 정답 및 해설

32
• 국민인비거주자가 국내 거주자로부터 증여에 의해 국내부동산을 취득하는 경우 한국은행총재 신고사항이다.
• 국민인거주자가 비거주자로부터 상속에 의해 해외부동산을 취득하게 되는 경우 신고예외사항이다.

33 국민인 비거주자가 국내부동산 취득 시 자금출처 불문 신고예외사항이다.

정답 32 ② 33 ①

34 ⭐⭐

금전대차 관련 신고 업무에 관한 다음 설명 중 (   ) 안에 적절한 것으로 연결된 것은?

- 국내 개인이 비거주자와 5만불 초과 외화 차입거래를 하는 경우 (가)사항이다.
- 인정된 거래에 따라 거주자가 해외부동산을 취득하면서 취득자금을 충당하기 위하여 취득부동산을 담보로 비거주자로부터 외화자금을 차입하는 경우 (나)사항이다.

	가	나
①	한국은행총재 신고	신고예외
②	한국은행총재 신고	한국은행총재 신고
③	외국환은행 신고	외국환은행 신고
④	기획재정부장관 신고	한국은행총재 신고

정답 및 해설

34 국내 개인이나 비영리법인이 비거주자와 외화 차입거래를 하는 경우 한국은행총재 신고사항이다.
인정된 거래에 따라 거주자가 해외부동산을 취득하면서 취득자금을 충당하기 위하여 취득부동산을 담보로 비거주자로부터 외화자금을 차입하는 경우 신고예외사항이다.
- 거주자(영리법인)와 비거주자 간의 외화차입의 경우 : 지정거래 외국환은행장 신고사항
- 거주자와 비거주자 간의 외화대출의 경우 : 한국은행총재 신고사항

[신고예외사항]
- 거주자와 거주자 간 외국통화 표시 채권발행 거래
- 국민인거주자와 국민인비거주자 간 국내에서 내국통화 표시 금전대차 계약
- 거주자와 비거주자 간 외국인투자촉진법에 의한 차관계약

정답 34 ①

35 ★★

증권 발행과 관련 절차에 대한 다음 설명에서 ( ) 안에 적절한 것으로 연결된 것은?

> • 국내거주자가 국외에서 외화표시 증권을 발행하는 경우 원칙적으로 (가)사항이다.
> • 국내거주자가 국외에서 원화표시 증권을 발행하는 경우 원칙적으로 (나)사항이다.

	가	나
①	신고예외	신고예외
②	한국은행총재 신고	한국은행총재신고
③	외국환은행장 신고	기획재정부장관 신고
④	기획재정부장관 신고	기획재정부장관 신고

정답 및 해설

35
- 국내거주자가 국외에서 외화표시 증권을 발행하는 경우 : 외국환은행장 신고사항
- 국내거주자가 국외에서 원화표시 증권을 발행하는 경우 : 기획재정부장관 신고사항
- 국내거주자가 국내에서 외화표시 증권을 발행하는 경우 : 신고예외사항

정답 35 ③

36

다음 사례에 대한 설명으로 맞지 않는 것은?

> **사례** ㈜한성기업은 담요판매업을 하는 미국소재 비상장법인 A사에 미국 내 담요 독점판매권을 부여하는 대가로 25만불을 수취하는 용역계약을 체결한 후 15만불은 현금으로 지급받고 나머지는 10만불 상당의 A사 주식 5천주(7%)로 지급받았다.

① 송금을 통한 외화증권취득이 아니라도 신고대상이다.
② 10% 이하의 주식 취득이기에 신고예외사항이다.
③ 해외에서 송금된 자금을 지급하는 거래의 경우 외국환은행 담당자는 증빙서류에 나타난 수령 자금이 적정하게 회수되었는지에 대해 정확히 확인해야 한다.
④ 비거주자로부터의 증권취득 신고의무 위반 거래이다.

37

외국환거래법상 기획재정부장관은 외국환거래에 대한 검사를 위탁하고 있다. 위탁 대상으로 거리가 먼 것은?

① 국세청장
② 관세청장
③ 한국은행총재
④ 금융감독원장

정답 및 해설

36	거주자가 비거주자로부터 외화증권을 취득하는 경우는 '신고예외사항'을 제외하고는 한국은행총재 신고 사항이다. 신고예외사항은 증권사를 통한 외화증권취득이나, 상속·증여에 의한 취득의 경우 등이다.
37	외국환거래법상 기획재정부장관은 외국환거래에 대한 검사를 금감원장, 한국은행총재, 관세청장에게 위탁하고 있다.

정답 36 ② 37 ①

Chapter 05 자가학습진단표
자신의 학습성취도를 스스로 진단하세요.

진단 내용	Yes	No
01 외국환은행의 외화자금조달 시 신고대상과 외화유동성위험관리 기준에 대하여 설명할 수 있습니까?		
02 외국환은행의 외환포지션에 대한 위험관리기준 및 금융감독원 보고사항에 대하여 설명할 수 있습니까?		
03 무역금융 융자대상과 포괄금융 대상 등에 대하여 설명할 수 있습니까?		
04 내국신용장 개설대상 및 조건에 대하여 설명할 수 있습니까?		
05 오류 송금에 대하여 처리 절차를 설명할 수 있습니까?		
06 수출환어음 매입 관련하여 유의할 사항과 매입서류에 배서할 사항에 대하여 설명할 수 있습니까?		
07 수입신용장 부도 처리업무와 관련하여 유의할 사항에 대하여 설명할 수 있습니까?		
08 수입신용장 부도처리 관련하여 부도처리가 불가능한 경우와 부도처리 관련 업무 절차를 이해하고 있습니까?		
09 중계무역방식 수출입업무와 관련하여 주의사항과 채권보전에 관하여 설명할 수 있습니까?		
10 해외직접투자 시 투자자 자격여부 확인 사항에 대하여 설명할 수 있습니까? 또한 신규투자 시 원칙과 내용변경 및 사후관리에 대하여 이해하고 있습니까?		
11 일반 해외여행경비, 해외체재자, 해외이주자 지급과 관련하여 절차와 해외유학생의 경우 주기적으로 받아야 할 서류에 대하여 설명할 수 있습니까?		
12 국세청 통보기준에 대하여 구분하여 설명할 수 있습니까?(1만불의 경우, 10만불의 경우)		
13 해외이주자와 재외동포 재산반출 절차 및 자금출처확인서에 대한 발급사유와 기관에 대하여 설명할 수 있습니까?		
14 비거주자의 국내부동산 취득 시 국민인 경우와 외국인인 경우를 구분하고, 자금출처에 따른 신고사항을 구분할 수 있습니까?		
15 거주자의 해외부동산 취득 관련 신고절차와 비거주자의 국내부동산 취득 관련 신고절차에 대하여 구분하여 설명할 수 있습니까?		
16 거주자의 증권발행의 경우 원화로 발행하는 경우와 외화로 발행하는 경우 신고대상 여부를 구분하여 설명할 수 있습니까?		

Yes 개수별 진단결과

- 8개 이하 : 합격예상도는 40% ➔ 기본서로 관련 내용을 다시 한번 꼼꼼하게 학습하세요.
- 9~12개 : 합격예상도는 60% ➔ 길라잡이 문제를 통해 주요 내용을 다시 한번 체크하세요.
- 13개 이상 : 합격예상도는 80% ➔ 출제예상 문제를 통해 100% 합격에 도전하세요.

3과목
환리스크관리

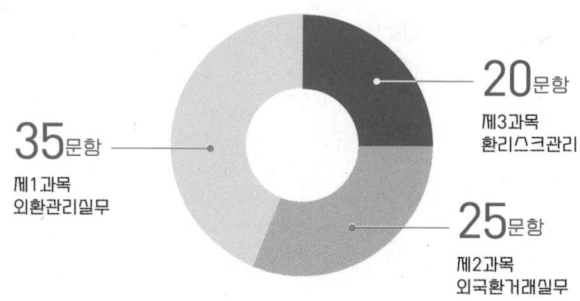

35문항
제1과목
외환관리실무

20문항
제3과목
환리스크관리

25문항
제2과목
외국환거래실무

제1장

외환 기본이해

출제경향분석

본 장에서는 3~4문제가 출제되는 경향을 보이는데, 주로 외환매매와 관련된 기본을 묻는 부분으로 평이하게 출제되고 있고, 또한 환율표시방법 및 환율 변화를 이해하는 부분과 환율의 호가 구분, 외환포지션 이해 및 환율변화에 따른 손익변화를 이해하고 있는지를 묻는 문제들이 주로 출제되고 있으므로 수험생들은 이 부분을 대비하면 무난하리라 봅니다.

Chapter 01 문제로 보는 출제경향

01

외환거래에 대한 다음 설명 중 적절치 않은 것은?

① 환율의 강세 또는 약세를 표시할 때는 FC(기준통화)를 기준으로 표시한다.
② Bid rate와 Offered rate의 차이를 스프레드라고 한다.
③ 외환거래의 목적은 크게 실수요 목적, 환리스크관리 목적 및 환투기 목적 등이 있다.
④ USD/GBP는 올바른 환율표시이다.

[해설] 기준통화가 파운드이므로 GBP/USD가 올바른 환율표시이다.

[정답] ④

대표문제로 선별했으니, 학습 전에 최근 출제경향을 파악하세요.

02

외환거래에 대한 다음 설명 중 옳지 않은 것은?

① 현물환거래의 경우 대부분의 통화에서의 외환거래의 결제일은 거래일부터 두 통화 해당국 모두 2영업일 후인 날짜로 한다.
② A은행이 달러/엔 환율을 80.20/30으로 고시한 경우, 고객 B기업이 달러를 매도하는 경우 80.20을 적용받는다.
③ GBP/USD 현물환율이 1.5383에서 1.5483이 되었다면 파운드가 강세가 되었다.
④ 고객입장에서 달러 매수 시 Offered rate를 가장 높게 호가하는 은행과 거래하는 것이 유리하다.

해설 고객입장에서 달러 매수 시 Offered rate를 가장 낮게 호가하는 은행과 거래하는 것이 유리하다.

정답 ④

Chapter 01 길라잡이 문제

중요이론(Key Point)을 재정리할 수 있는 대표문제로 구성하였습니다.

Key Point 외환시장 특징 이해

01 외환시장에 관한 다음 설명 중 옳지 않은 것은?

① 대부분의 외환매매는 거래소 등의 장내시장을 통해 거래되어 거래규모 파악이 용이하다.
② 각 시간대별로 모든 국가를 경유하여 주요 외환시장의 공휴일을 제외하고는 하루 24시간 연속적으로 거래된다.
③ 범세계적 시장으로 모든 시장정보와 가격결정 메커니즘의 동조화 현상이 심화되고 있다.
④ 미국달러는 국제외환시장에서 대부분의 통화에 대한 환율표시 기준이 되고 있다.

해설

대부분의 외환매매는 장외시장을 통해 거래되고 있다.
[외환시장 참여 동기]
(1) 순수거래
　① 수출대금을 외화로 받아서 원화로 바꾸는 경우나, 수입결제를 위하여 거래은행으로부터 해당 외국환을 매입(은행 입장에서는 매도)하는 거래 등으로 통상적으로 발생하는 경상거래나, 외화차입이나 해외투자를 위한 자본거래에서 발생
　② 사례
　　• 무역거래(수출입)
　　• 자본거래(차입, 투자, 배당, 이자)
　　• 증여, 원조 등의 이전거래 : 한국 정부가 외국 정부에 달러를 원조 - 달러수요 증가
(2) 헤지거래(Hedge)
　현물시장에서 포지션을 갖고 있는 기업이 현물의 가격변동으로부터 발생할 수 있는 위험을 회피할 목적으로 참여하는 시장
(3) 투기적 동기
　현물환시장이나 선물환시장 중에서 어느 한 시장에만 참여하여 외국통화가치의 변화 방향성을 예측을 통한 매매로 이익을 향유하고자 하는 자
(4) 차익거래 : 현물환시장과 선물환시장을 비교하여 상대적으로 저평가된 시장을 매수하고 고평가된 시장을 매도거래를 통하여 무위험 차익을 얻고자 하는 거래

 정답 ①

Key Point 국제금융시장 이해

02 국제금융시장에 대한 다음 설명 중 옳은 설명으로 연결된 것은?

> 가. CD, CP, RP시장은 단기금융시장의 종류이다.
> 나. 유로채시장은 간접금융시장이다.
> 다. 국제은행시장은 간접금융시장이다.
> 라. 외환시장은 외환의 수급이 이루어지는 시장으로 특정한 장소나 건물이 있는 것이 아니고 하나의 거래 현상을 통칭하는 의미를 갖는다.

① 가, 나, 다
② 나, 다, 라
③ 가, 다, 라
④ 가, 나, 라

해설

유로채시장은 국제채권시장으로 직접금융시장이다. 직접금융시장은 주식이나 채권발행을 통하여 자금수요자와 공급자가 직접 이루어지는 자금조달시장이다.

구분		역내시장		역외시장
		국내시장	국제시장	
		내국시장	외국시장	유로시장
직접 금융 시장	중·장기 (Capital Market)	국내주식, 채권시장	외국채시장 (미국 : 양키본드, 일본 : 사무라이본드, 영국 : 불독본드, 중국본드 : 팬더본드)	유로채시장
	단기 (Money Market)	CP, CD, RP, BA, T-bill 시장	외국인의 국내시장에서의 CP 발행, 유통시장	유로 어음시장
간접 금융 시장	중·장기	국내 중·장기 은행 대출시장	외국차입자에 대한 중·장기 은행 대출시장	유로 신디케이트 대출시장
	단기	국내 단기 은행 대출시장	외국 차입자에 대한 단기 은행 대출시장	유로 예금 시장

정답 ③

Key Point 매매기준환율

03 다음에서 설명하고 있는 환율은 어느 시장에서 거래된 외환거래를 기준으로 산출된 환율인가?

> 미국달러화와 원화 간 은행의 대고객 외환거래 및 기업 등의 회계처리 기준이 되는 매매기준율

① 은행 간 현물환시장 ② 은행 간 선물환시장
③ 역외NDF시장 ④ 대고객 외환시장

해설

매매기준율은 미달러화와 원화 간 외국환은행의 대고객거래 및 기업 등의 회계처리에 참고가 되는 환율로 산출 방식은 은행 간 외환시장에서 외국환중개회사의 중개로 거래된 전영업일의 제2영업일 결제 현물환거래 환율을 거래량으로 가중평균하여 당일의 매매기준율(시장평균환율)을 산출한다.

- 은행간환율과 대고객환율
  : 은행간환율(interbank exchange rate)은 은행 간 외환시장 참가자(시중은행, 지방은행, 특수은행, 개발기관, 외국은행국내지점, 증권사, 보험사, 한국은행) 간 거래에서 자유롭게 형성되는 외환시세이다. 이에 반해 대고객환율(customer exchange rate)은 은행간환율을 기초로 하여 대고객에게 적용되는 환율이다.
- 재정된 매매기준율(Arbitraged Rate)
  : 미 달러화 이외의 기타통화와 원화 간 외국환은행의 대고객 거래 및 기업 등의 회계처리에 참고가 되는 환율로 한 국가와 각국 통화와의 환율을 산정할 때 그 기준으로 삼는 특정 통화와의 환율을 기준환율로 하고, 이 기준환율을 통해서 간접적으로 계산한 한 국가와 제3국 통화와의 환율로 산출 방식은 최근 주요 국제금융시장에서 형성된 미 달러화와 기타 통화와의 매매중간율을 매매기준율로 재정하여 산출한다.
- 외국환은행 대고객매매율
  : 외국환은행이 고객과의 외환거래 시 적용하는 환율로 당일자 매매기준율 또는 재정된 매매기준율 및 외국환은행 간 매매율을 감안하여 외국환은행이 자율적으로 결정하고 있다.

정답 ①

Key Point 환율변동 요인 이해

04 다음 중 일반적으로 USD/KRW 환율상승 요인과 가장 거리가 먼 것은?

① 중동정치 불안정으로 인한 원유가 상승
② 국제금융시장 불안정성으로 인한 외국인 투자자금 이탈
③ 국내 경상수지 흑자폭 확대
④ 미국 금리 인상

해설
경상수지 흑자폭이 확대되면 달러의 국내 유입으로 환율의 하락요인이 된다.
[환율 변동요인]
• 환율 하락요인 : 기업의 수출대금 매도, 외화예금 증가, 외국인 주식매입, 수출 증가
• 환율하락이 경제에 미치는 영향 : 수출 감소, 수입 증가, 물가 안정, 외채부담 감소
• 환율 상승요인 : 기업의 해외투자 증가, 외화차입금 상환 수요 증가, 외국인 주식 매각

 ③

Key Point 외환거래 이해

05 다음 중 외환거래에 대한 설명으로 옳지 않은 것은?

① 은행간시장 현물환거래의 외환거래 결제일은 모두 매매일로부터 2영업일에 결제된다.
② 선물환거래는 지정된 장소가 아닌 장외거래의 일종이다.
③ 외환거래의 목적은 실수요 목적, 환리스크관리, 환투기 등으로 구분되며, 일반적으로 투기목적 거래가 대부분을 차지하고 있다.
④ 선물환거래의 만기는 거래일로부터 2영업일 이후로 거래당사자 간 합의로 이루어진다.

해설

은행간시장 현물환거래 결제일은 매매일로부터 2영업일을 기준으로 하는 것이 관행이지만 Value Today, Value Tomorrow 거래도 있다.
이에 반해 선물환거래는 현재시점에서 계약이 이루어지고 결제일은 거래일로부터 2영업일 이후로 정해진다. 통상 만기는 정형화된 만기(1개월, 2개월)로 하거나 특정시점을 거래당사자 간 협의하여 정해지는 경우도 있다.

[현물환시장과 선물환시장]
(1) 현물환시장(Spot exchange market)
 • 은행간시장 : 브로커 경유시장, 은행간 직접시장
  - 브로커 경유시장 : 서울외국환중개, 한국자금중개 등을 경유 → Value Spot 거래 중개
  - 은행간 직접시장
    ① Value Today : 계약일에 결제가 이루어지는 거래
    ② Value Tomorrow : 계약일 다음 영업일에 결제가 이루어지는 거래
    ③ Value Spot : T + 2영업일 수도 거래
 • 대고객시장 : 은행과 고객간 시장, 소매시장
(2) 선물환시장(Forward exchange market)
 ① 아웃라이트 선물환거래(Outright Forward)
  : 선물환거래에서만 매입포지션 또는 매도포지션 거래로 만기에 실물인수도하거나 차액만을 결제하는 장외 거래 → 외환스왑(현물환 + 선물환)
 ② 차액결제 선물환시장(NDF : Non-Deliverable Forward market)
  : 만기에 계약원금의 교환 없이 계약선물환율과 지정환율(보통 만기 1영업일 전 현물환율) 간의 차이만을 지정통화(보통 U$화)로 정산하는 선물환계약으로 일반선물환거래에 비하여 결제위험이 적은 편임. → 헤지거래 또는 투기목적으로 이용, 역내시장 + 역외시장에서 거래

 ①

Key Point 투기적 외환거래 이해

06 다음 중 투기적 외환거래에 대한 설명으로 옳지 않은 것은?

① 환율을 예측하여 외환매매 차익을 얻기 위한 목적으로 거래하는 것을 말한다.
② 외환시장에 풍부한 유동성을 공급하는 순기능이 있다.
③ 최근 외환시장에서의 비중이 크게 늘었으나 아직 실수요 목적의 외환거래량보다는 적다.
④ 고위험을 수반하는 거래이다.

해설
투기적 거래는 환율의 방향성을 예측하여 수익을 얻으려는 거래로 무역이나 자본거래 등 실수요 목적에 비하여 투기 목적의 거래비중이 월등히 높다.

 ③

Key Point 외환포지션 이해

07 외환포지션에 관한 다음 설명 중 옳지 않은 것은?

① 기준통화의 외환매입액이 외환매도액보다 많은 기업은 현재 롱포지션 상태이다.
② 롱포지션을 보유한 기업은 기준통화 환율이 상승하면 환차익이 발생한다.
③ 모든 외환거래에 대한 자금의 인수도가 완결된 외환매입액과 외환매도액의 차액을 현물환 포지션이라고 한다.
④ A기업의 금일 외화예금 잔고는 5백만 달러이고 그 다음 영업일에 결제 예정인 수입대금이 2백만 달러인 경우 A기업이 관리해야 할 환리스크의 대상은 3백만 달러 롱포지션이다.

해설
현물환거래에서 매매 후 결제가 완료되지 않은 포지션을 포함한 매입액과 매도액의 차이 금액을 현물환 포지션이라 한다.

정답 ③

Key Point 포지션 이해 및 환율변화에 따른 환차익/손 이해

08 다음 괄호 안에 들어갈 말로 바르게 나열된 것은?

> 반도체를 외국에 수출하는 기업은 달러 (가)이 발생하므로 달러/원 환율이 (나)하면 순자산가치가 감소하여 외환차손을 볼 수 있다.

	(가)	(나)		(가)	(나)
①	롱포지션	하락	②	롱포지션	상승
③	숏포지션	상승	④	숏포지션	하락

해설
수출기업은 향후 U$수취예정이거나 U$보유 중이므로 롱포지션 상태이다. 그러므로 환율상승 시 환차익, 환율하락 시 환차손을 보게 된다.

구분		내용	환위험		자금 과부족	
			환율상승	환율하락	외화	원화
open position	매입초과 포지션	외환매입 > 외환매도	환차익	환차손	유입	유출
	매도초과 포지션	외환매입 < 외환매도	환차손	환차익	유출	유입
square position		외환매입 = 외환매도	영향 없음	영향 없음	영향 없음	영향 없음

정답 ①

Key Point 종합포지션관리 이해

09 외환포지션의 종류에 관한 설명이다. 잘못된 것은?

① 외환거래에 대한 자금에 인수도가 완결된 외환 매입금액과 매도금액의 차이를 현금포지션(Cash position)이라 하며 이는 외국환은행의 외화당좌예금 계정을 말한다.
② 현물환포지션(Spot position) 산정 시 외환매매는 이루어졌으나 아직 현금화되지 않은 외환거래를 제외한 외환포지션을 말한다.
③ 선물환거래로 생기는 외환매입금액과 외환매도금액의 차이를 선물환포지션(Forward position)이라고 한다.
④ 현금포지션과 현물환포지션 및 선물환포지션을 모두 합하여 산출된 외환매입금액과 외환매도금액의 차액을 종합포지션(Over all position)이라고 한다.

해설
현물환포지션(Spot position) 산정 시 외환매매는 이루어졌으나 아직 현금화되지 않은 외환거래를 포함한 외환포지션을 말한다.

정답 ②

Key Point 환율의 표시방법 이해

10 환율의 표시방법등에 관한 다음 설명 중 옳은 것은?

① USD/GBP는 올바른 환율표시이다.
② 외국통화 한 단위와 교환될 수 있는 자국통화 단위 수로 환율을 표시하는 방법을 자국통화표시법이라고 한다.
③ 영국 파운드화는 미국식 표기법을 사용하고 유로화는 유럽식 표기법을 사용해 환율을 표시한다.
④ 외환매매 거래 시 거래의사를 표현할 때 기준은 가변통화(Variable currency)이다.

해설

① USD/GBP 외환매매 시 기준통화(FC)는 파운드(GBP)이므로 환율표시는 GBP/USD로 한다.
③ 유로화, 영국 파운드화는 미국식 표기법을 사용해 환율을 표시한다.
④ 외환매매 거래 시 거래의사를 표현할 때 기준은 기준통화(Fixed currency)이다.

[환율 고시방법 이해]
1. 자국통화표시법과 외국통화표시법
    - 자국화표시법 : 외국통화 1단위에 대하여 자국통화를 가격으로 표시하는 방법(FC), 매매 시 기준이 됨, 비교통화(호가통화, 가격통화) 기준통화 대비 가격이 되어 호가(VC)
    - 외국통화표시법 : 자국통화 1단위에 대하여 외국통화를 가격으로 표시하는 방법
2. 유럽식표시법(미국달러 1단위 기준통화)과 미국식표시법
3. 환율표기 : USD/JPY, EUR/USD, AUD/USD, GBP/USD
4. 호가선행시장(two - way Q)
    - Bid - rate : 호가은행 입장(호가제시은행, Quoting party)에서 기준통화를 매입하고 고객에게(calling party) 지불하고자 하는 금액을 말함. ☞ 고객이 외국통화 매도 시 적용환율
    - Offer - rate : 호가은행 입장(Quoting party)에서 기준통화를 매도하고 고객(Calling party)으로부터 수취하고자 하는 금액을 말함. ☞ 고객이 외국통화 매입 시 적용환율

[통화별 표시 사례]
1) USD/KRW : 기준통화 USD, 1,000원 → 1,100원 (달러 강세 = 원화 약세)
2) USD/JPY : 기준통화 USD, 90엔 → 100엔 (달러 강세 = 엔화 약세)
3) GBP/USD : 기준통화 GBP, 1.500달러 → 1.550달러 (파운드 강세 = 달러 약세)
4) AUD/USD : 기준통화 AUD, 0.8500달러 → 0.9000달러 (AUD 강세 = 달러 약세)
5) EUR/USD : 기준통화 EUR, 1.3000달러 → 1.4000달러 (유로 강세 = 달러 약세)

정답 ②

Key Point 환율표시에 따른 거래 이해

11. 외환시장에서 거래되는 각 통화의 환율이 아래와 같다면 다음 중 고객이 환전할 때 가장 많은 원화를 지불해야 하는 외국 통화는?

USD/KRW = 1,100	USD/JPY = 80.0
GBP/USD = 1.6000	AUD/USD = 1.05

① 1 USD ② 100 JPY
③ 1 GBP ④ 1 AUD

해설

1파운드에 1,100×1.6 = 1,760원을 지불해야 하므로 가장 높은 값을 지불하는 통화이다.
- 1달러 : 1,100원
- 100JPY : (1,100/80)×100 = 1,375원으로 추정
- 1AUD : 1,100×1.05 = 1,155원으로 추정

정답 ③

Key Point 환율표기와 거래은행 선택

12
국내 수출기업은 수출대금으로 수취한 1만 달러를 매도하려고 한다. 아래 제시된 4개의 은행에서 USD/KRW 환율 Two-Way Quotation을 받았을 경우 어느 은행과 거래해야 유리한가?

A은행 : 1,314 / 1,319	B은행 : 1,312 / 1,316
C은행 : 1,307 / 1,313	D은행 : 1,311 / 1,315

① A은행
② B은행
③ C은행
④ D은행

해설

제시된 호가은행에서 A은행의 경우가 매입환율(bid-rate)이 가장 높은 상황이므로 A은행과 거래하는 것이 유리하다. 고객이 거래 은행을 선택하는 기준은 다음과 같다.
- 고객이 달러를 매수하는 경우
  고객은 딜러 은행 중에서 매도환율(offer-rate)이 가장 낮은 은행을 선택하는 것이 유리
- 고객이 달러를 매도하는 경우
  고객은 딜러 은행 중에서 매입환율(bid-rate)이 가장 높은 은행을 선택하는 것이 유리

[외환시장 특징]
외환시장은 호가선행시장으로 호가제시가 있어야 거래가 성립하는데 호가은행(Market maker)은 매입환율(Bid-rate)과 매도환율(Offer-rate)을 동시에 제시한다.
- Bid-rate
  : 딜러 은행 입장(Quoting party)에서 기준통화를 매입하고 고객(Calling party)에게 지불하고자 하는 가격통화의 금액을 말함.
- Offer-rate(ask rate)
  : 딜러 은행 입장(Quoting party)에서 기준통화를 매도하고 고객(Calling party)으로 부터 수취하고자 하는 가격통화의 금액을 말함.

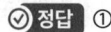 정답 ①

Key Point 대고객환율 이해

13 다음 제시된 외국환은행의 대고객환율 중 일반적으로 가장 스프레드가 높게 적용되는 환율은?

① 현찰매입률　　　　　　　② 전신환매입률
③ T/C매도율　　　　　　　④ 현찰매도율

해설
외국환은행 대고객환율은 자율로 결정하고 있다. 환율체계는 다음과 같다.
다만, 공통적으로 현찰매도율이 여러 비용을 감안하여 가장 높게 고시된다.

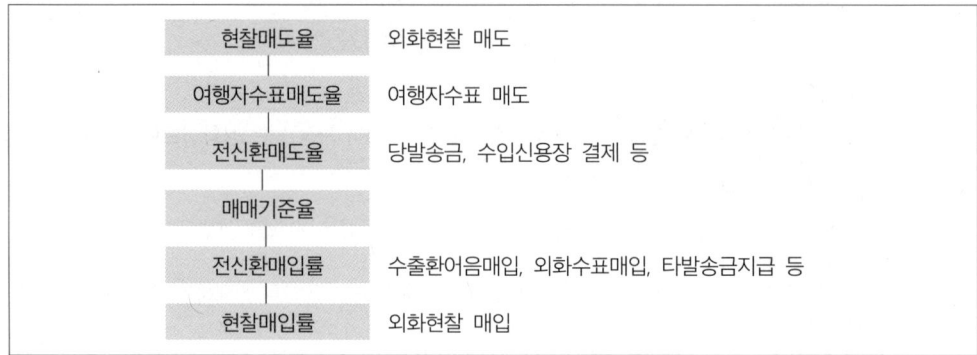

정답 ④

Key Point 외환거래 호가에 대한 이해

14 외환거래에 관한 다음 설명 중 옳지 않은 것은?

① 딜러들이 통화를 매수하거나 매도하는 경우 기준통화를 기준으로 호가한다.
② Quoting bank는 Market maker 역할을 한다.
③ Calling party는 스프레드가 넓을수록 유리하다.
④ 달러/원 환율이 1,100원에서 1,110원이 되면 달러/원 환율이 상승되었다고 표현한다.

해설
• Quoting bank
　Market maker로 환율 제시은행
• Calling bank
　Market-follower 가격 요청은행으로 고객이 된다.
　Calling party는 호가은행과 달리 고객 입장이므로 스프레드가 좁을수록 유리하다.

정답 ③

Key Point 환율 스프레드 이해

15 외환시장에서 매도환율(Offered rate)과 매입환율(bid rate)의 차이를 스프레드(Spread)라고 한다. 스프레드 결정요인에 관한 설명 가운데 옳은 것으로 연결된 것은?

> 가. 환율의 변동폭이 클수록 스프레드가 커진다.
> 나. 거래규모가 커질수록 스프레드가 작아진다.
> 다. 가격추종자 입장에서는 스프레드폭이 커질수록 유리하다.
> 라. 통화의 유동성이 클수록 스프레드가 커진다.

① 가, 나
② 가, 나, 다
③ 나, 다
④ 가, 다, 라

해설
- 환율 스프레드 = 매도환율 - 매입환율
- 호가은행 입장
  → 매도환율이 매입환율보다 항상 높으므로 스프레드는 은행딜러의 이익
- 가격추종자(calling party) 입장
  → 스프레드는 일종의 비용부담이 된다.
  → 가격추종자 입장에서는 스프레드 폭이 좁을수록 유리하다.
- 통화의 유동성이 클수록 스프레드가 작아진다.

정답 ①

Chapter 01 출제예상 문제

중요도에 따라 Self 맞춤형 학습이 가능한 출제예상 문제입니다. 각자의 목표점수에 맞게 문제를 선별하여 풀어보세요!

▶ 중요도 : 🎖🎖🎖 상 🎖🎖 중 🎖 하

01 🎖🎖

외환거래에 대한 설명이다. 적절하지 않은 것은?

① 환율 문제가 발생한다.
② 환율은 단순히 두 통화의 교환비율이며 환율결정에 이자율과는 관계가 없다.
③ 지정된 집중결제기구가 없다.
④ 중앙은행이 외환거래에 참여하기도 한다.

02 🎖🎖

외환시장의 특징에 관한 설명 중 옳은 것으로 연결된 것은?

> 가. 각 시간대별로 모든 국가를 경유하여 주요 외환시장의 공휴일을 제외하고는 하루 24시간 연속적으로 거래된다.
> 나. 대부분 외환시장은 특정한 장소에서 거래되는 장내시장을 통해 거래되고 있다.
> 다. 현재 미국달러가 시장의 중심 역할을 하고 있다.

① 가, 나, 다   ② 가, 나
③ 가, 다   ④ 나, 다

🔍 정답 및 해설

| 01 | 환율 결정요인은 매우 다양한데 특히 두 통화의 이자율에 영향을 받는다. |
| 02 | 외환시장은 거래장소나 시간에 제한을 받지 않고 거래 당사자 간 직접 거래되는 장외시장 위주의 거래를 보이고 있다. 거래비중은 달러 비중이 현재 가장 높다. |

정답 01 ② 02 ③

03 ✦✦✦

외환시장에 관한 설명이다. 다음 중 잘못된 것은?

① 환율의 상승이나 하락에 대한 방향성을 예측하여 이득을 얻고자 하는 시장참여자를 투기자라고 한다.
② 외국간의 무역거래나 해외차입 등과 관련되는 자본거래 등에 따르는 외환거래는 실수요 목적의 외환거래가 이루어진다.
③ 수출상이나 수입상은 외환거래에서 발생하는 환위험을 회피하기 위한 헤지 목적으로 시장에 참여하기도 한다.
④ 전 세계 전체 외환거래의 대부분은 헤지 목적의 거래로 알려져 있다.

04 ✦✦

우리나라 환율제도에 대한 설명 중 가장 적절하지 않은 것은?

① 현물환율(Spot exchange rate)이란 외환거래에 참여하는 참여주체들의 매매계약이 이루어진 후 통상 제2영업일 이내에 결제가 이루어지는 환율이다.
② 매입환율(Bid rate)은 고객이 해당 외국통화를 매입할 때 거래가격이다.
③ 매입환율(Bid rate)과 매도환율(Offered rate)의 차이를 스프레드(Bid - ask spread)라고 하며 거래유동성의 지표로 사용된다.
④ 외환의 거래주체에 따라 대고객 환율과 은행 간 환율이 있다.

정답 및 해설

03	외환거래의 대부분은 투기 목적으로 거래에 참여하고 있다.
04	고객이 실제로 외환을 매입할 때 적용되는 환율은 매도율(Offered rate)이다.

정답 03 ④ 04 ②

05

다음 환율에 대한 설명 중 적절치 않은 것은?

① USD/KRW 환율이 1,400원에서 1,350원으로 하락한 경우 이는 미국달러화가 약세된 것이다.
② GBP/USD 환율이 1.2471에서 1.2250으로 되었다면 미국달러화가 강세된 것이다.
③ 달러/원이나 달러/엔과 같이 환율의 절대치가 큰 환율들은 소수점 넷째자리까지 고시한다.
④ 고정환율제도하에서 정부가 인위적으로 자국통화의 가치를 높이는 것을 평가절상(Revaluation)이라고 한다.

06

고객이 호가은행에 GBP/USD 환율을 의뢰한 결과 아래와 같은 환율호가 상황이다. 이에 대한 설명으로 옳은 것은?

1.2471/95

① 호가은행은 1파운드를 1.2471달러로 매도하는 상황이다.
② 고객은 1파운드를 1.2495달러로 매도할 수 있는 상황이다.
③ 호가은행은 1파운드를 1.2471달러로 매입하는 상황이다.
④ 고객은 1파운드를 1.2471달러로 매입할 수 있는 상황이다.

정답 및 해설

05 | 달러/원이나 달러/엔과 같이 환율의 절대치가 큰 환율들은 소수점 둘째자리까지 고시하고, 유로/달러와 같은 경우 소수점 넷째자리까지 고시한다.

06 | ① 고시은행은 1파운드를 1.2495달러로 매도하는 상황이다.
② 고객은 1파운드를 1.2471달러로 매도할 수 있는 상황이다.
④ 고객은 1파운드를 1.2495달러로 매입할 수 있는 상황이다.

정답 05 ③ 06 ③

07

환율 표시방법과 환율제도에 관한 다음 설명 중 적절하지 않은 것은?

① 외국통화 한 단위의 가격을 자국통화로 표시하는 방법을 자국통화 표시법이라고 한다.
② 우리나라의 경우 주식시장과 달리 환율구조는 자유변동환율제도로 도입하여 일일가격제한폭이 없다.
③ 우리나라에서는 외국환은행이 대고객거래에 적용하는 환율을 외국환은행이 자율적으로 결정할 수 있다.
④ 통화매매에 대하여 가변통화(VC : variable currency)를 기준으로 매입 또는 매도를 호가한다.

08

국내 기업의 외환관리 담당자는 엔 수입대금을 결제하기 위해서 1억엔을 매입하려고 한다. 4개의 은행에서 아래와 같이 JPY/KRW Two-way Quotation을 하는 경우 어느 은행과 거래해야 가장 유리한가?

① A은행 : 14.1760 / 14.1890
② B은행 : 14.1770 / 14.1860
③ C은행 : 14.1750 / 14.1870
④ D은행 : 14.1800 / 14.1880

정답 및 해설

07 통화매매에 대하여 기준통화를 기준으로 매입 또는 매도를 호가한다.
- 매매기준율 : 은행 간 시장에서 USD/KRW 현물환거래(Value spot)의 거래량 가중평균 환율로 회계처리 기준이 되며, 대고객 환율 기준이 된다.
- 재정된 매매기준율 : 매매기준율과 교차환율(cross rate)을 고려한 기타통화에 대한 원화환율값이 계산된 환율이다.

08 고객이 엔화를 매입하고자 하는 경우 은행딜러 입장에서는 엔화를 매도하는 것이므로 offer rate 환율이 적용된다. 고객 입장에서는 offer rate 중에서 가장 낮은 은행과 거래하는 것이 유리하다.

정답 07 ④ 08 ②

09 ✪✪✪

A은행은 EUR/USD, USD/JPY 환율에 대하여 다음과 같이 고시하고 있다. 거래고객 B기업이 1유로화를 매입할 때 지불해야 하는 달러 환율과 1달러를 엔화 대가로 매각할 때 적용되는 환율로 옳은 것은?

• EUR/USD : 1.1140/45	• USD/JPY : 149.25/30

① 1.1140 - 149.25
② 1.1140 - 149.30
③ 1.1145 - 149.25
④ 1.1145 - 149.30

10 ✪✪

현재 은행이 제시한 현물환율이 아래와 같다. 이에 대한 설명으로 옳지 않은 것은?

	bid/offer
• 달러/원	1320.50/1322.00
• 유로/달러	1.3355/1.3360

① 국내기업이 미달러화 수출대금을 매도하는 경우 적용환율은 '1320.50'이다.
② 현물환거래는 2영업일 후에 통상적으로 자금결제가 이루어진다.
③ 유로/달러 환율의 bid/offer 가격차이(스프레드)는 '5'포인트이다.
④ 유로화의 환율은 유럽식 표시법으로 표기되었다.

정답 및 해설

09	B기업이 1유로화를 매입할 때 적용되는 환율은 offer rate 1.11450이고, B기업이 달러를 엔화 대가로 매각할 때 적용되는 환율은 bid rate 149.25이다.
10	유로화의 환율은 미국식 표시법으로 표기되었다. 유럽식 표시법은 미국달러 1단위를 기준통화로 상대통화를 단위 수로 표시하는 환율 표시법이다.

정답 09 ③ 10 ④

11 ✪✪✪

은행이 제시한 달러/원 환율이 1,380.20/60원이고 유로/달러 환율은 1.1230/50달러이다. 다음 중 옳지 않은 것은?

① 국내기업이 수입결제를 위해 달러를 매입하는 가격은 1,380.60원이다.
② 외국투자자가 한국 주식을 매수하기 위해 달러를 원화로 1,380.20원에 환전한다.
③ 국내기업이 유럽으로부터 수입한 제품을 결제하기 위해 보유하고 있는 달러를 유로로 환전 시 환율은 1.1230달러이다.
④ 국제시장에서 달러를 지불하여 유로를 매입할 때 적용되는 환율은 1.1250달러이다.

12 ✪✪

다음 괄호 안에 차례대로 들어갈 내용으로 바르게 연결된 것은?

> 환율표시 관행은 환율을 고시하는 자는 환율고시를 요구하는 자의 요구에 응하여 표시통화(VC)를 대가로 기준통화(FC)를 매입하는 (　　　)와 기준통화를 매도하는 (　　　)을/를 동시에 고시하는 (　　　)을/를 하는 것이다.

① Bid rate - Two way quotation - Offered rate
② Bid rate - Offered rate - Two way quotation
③ Offered rate - Bid rate - Two way quotation
④ Offered rate - Two way quotation - Bid rate

정답 및 해설

11 | 유로를 달러로 환전할 때 적용되는 환율이 1.1230달러이다.

12 | 외환시장에서 환율호가는 매수와 매도호가를 동시에 하는 Two way quotation(bid/offer)이다. 이때 bid rate는 딜러입장에서 매입률로 고객이 기준통화를 매도할 때 적용되는 환율이고, offer rate는 딜러입장에서 매도율로 고객이 기준통화를 매입할 때 적용되는 환율이다. 이때 매입률(bid)과 매도율(offer)과의 차이를 스프레드(spread)라고 하며 이는 딜러입장에서 마진이 되는데 일종의 위험프리미엄이라고 할 수 있다.

정답 11 ③ 12 ②

13 ⭐⭐

외환거래에서 환율 스프레드(Spread)에 대한 다음 설명 중 옳지 않은 것은?

① 매수호가와 매도호가의 차이를 스프레드라고 한다.
② 환율을 고시하는 은행(Quoting party) 입장에서는 수익의 원천이 된다.
③ 가격추종자 입장(Calling party)에서는 스프레드 폭이 넓을수록 유리하다.
④ 고시하는 은행(Quoting party) 입장에서는 위험 수반에 대한 대가이다.

14 ⭐⭐

다음 중 외화표시 자산이 외화표시 부채보다 많은 상태에 해당하는 것은?

① 스퀘어포지션(Square position)
② 롱포지션(Long position)
③ 숏포지션(Short position)
④ 스프레드포지션(Spread position)

정답 및 해설

13 가격추종자 입장(Calling party)에서는 스프레드 폭이 좁을수록 유리하다.

14

구분		상태	환위험
Open position	매입초과 포지션 (Over-bought position, long position)	외화자산 > 외화부채	(자국통화)환율 상승 시 환차익 = 외국 통화가치 상승 시 환차익
	매도초과 포지션 (Over-sold position, short position)	외화자산 < 외화부채	(자국통화) 환율 상승 시 환차손 = 외국 통화가치 상승 시 환차손
	Square position	외화자산 = 외화부채	환율변화에 따른 손익 변화 없음

정답 13 ③ 14 ②

15 🏅🏅🏅

K은행 외환딜러 김차장은 환율이 상승할 것으로 예상하여 1,325.00원에 5백만 달러를 매수하였다. 동 외환거래에 대한 설명 중 옳지 않은 것은? (동거래 전 외환포지션은 없는 것으로 가정)

① 달러/원 환율이 하락하면 환차손이 발생한다.
② 외화표시 자산이 외화표시 부채보다 많은 상태이다.
③ K은행은 원(KRW) 롱포지션을 가지고 있다.
④ 달러/원 외환거래에서 5백만 달러를 매도하면 스퀘어 포지션이 된다.

16 🏅🏅🏅

아래 제시된 A은행의 외환포지션에 관한 다음 설명 중 옳은 것은?

> A은행은 달러/원 환율이 상승할 것으로 예상하여 환율 1,350원에 2백만 달러를 매입하였다. (기존 외환매도액 3백만 달러)

① 달러 롱 포지션(Long position)을 보유하고 있다.
② 달러/원 환율이 하락하면 환차손이 발생한다.
③ 외화표시 자산이 외화표시 부채보다 많은 over bought position 상태이다.
④ 위의 거래 이후 달러/원 외환거래에서 1백만 달러를 매입하면 스퀘어 포지션이 된다.

정답 및 해설

15	K은행은 달러 롱포지션을 가지고 있다.
16	① 달러 숏 포지션(Shot position)을 보유하고 있다. ② 달러/원 환율이 하락하면 환차익이 발생한다. ③ 외화표시 부채가 외화표시 자산보다 많은 over sold position 상태이다.

정답 15 ③ 16 ④

17 ✪✪✪

환리스크, 헤지에 대해 (　) 안에 들어갈 말로 옳은 것은?

> 원유를 수입하는 국내기업은 달러 (가)이 발생하므로 USD/KRW 환율이 (나)하면 원가부담이 증가하여 외환차손을 볼 수 있다. 이에 대응하여 선물환거래나 통화선물 등으로 (다)포지션을 통해 환위험을 헤지할 수 있다.

	가	나	다
①	롱포지션	하락	매도
②	롱포지션	상승	매수
③	숏포지션	상승	매수
④	숏포지션	하락	매도

18 ✪✪

외환포지션에 관한 다음 설명 중 옳지 않은 것은?

① 외화표시 자산과 외화표시 부채의 금액이 같은 경우를 스퀘어포지션이라고 한다.
② 스퀘어포지션에서는 외화자산금액이 외화부채금액과 같기 때문에 환율이 변동하더라도 손익이 발생하지 않는다.
③ 외화표시 자산이 외화표시 부채보다 많은 경우를 롱포지션이라고 하고, 그 반대의 경우, 즉 외화표시 부채가 외화표시 자산보다 많은 경우를 숏포지션이라고 한다.
④ 환율이 상승하는 경우, 즉 원화 대비 외화의 가치가 상승하는 경우 롱포지션에서는 손실이 발생하고 숏포지션에서는 이익이 발생한다.

정답 및 해설

| 17 | 수입기업은 결제예정이므로 숏포지션 상태이고, 환율상승 시 위험하므로 선물매수를 통한 헤지거래가 필요하다. |
| 18 | 환율이 상승하는 경우, 즉 원화 대비 외화의 가치가 상승하는 경우 롱포지션에서는 이익이 발생하고 숏포지션에서는 손실이 발생한다. |

정답 17 ③ 18 ④

19

외환포지션에 대한 다음 설명 중 옳은 것으로 연결된 것은?

> 가. 특정 통화에 대해 외환매입액이 외환매도액을 초과하면 롱포지션이라고 한다.
> 나. 숏포지션(Short position)이 있는 경우 향후 환율이 하락하면 환차손이 발생한다.
> 다. 금일 현재 외화예금 잔고가 1백만 달러이고 2영업일 뒤에 1백만 달러를 결제해야 하는 경우 환리스크는 거의 없다고 볼 수 있다.
> 라. 현금포지션은 외화당좌예금 계정에 남아 있는 예치잔액을 말한다.

① 가, 나, 다
② 가, 다, 라
③ 나, 다, 라
④ 가, 나, 다, 라

20

다음은 각종 경기지표가 환율에 미치는 영향에 대한 일반적 설명이다. 거리가 먼 것은?

① 경제성장률이 높은 나라의 통화가 강세를 나타낸다.
② 무역수지 흑자가 클수록 해당국가의 통화는 강세를 보인다.
③ 해당국의 물가상승률이 상대국에 비하여 상대적으로 높은 경우 해당 국가의 통화는 강세를 보인다.
④ 해당국에 통화에 대한 금리인상은 해당 통화에 강세 요인이 된다.

정답 및 해설

| 19 | 숏포지션이 있는 경우 향후 환율이 하락하면 환차익이 발생한다. |
| 20 | 해당국의 물가상승률이 상대국에 비하여 상대적으로 높은 경우 해당 국가의 통화는 약세를 보인다. 즉, 해당국의 환율 상승 요인이 된다. |

정답 19 ② 20 ③

Chapter 01 자가학습진단표

자신의 학습성취도를 스스로 진단하세요.

	진단 내용	Yes	No
01	환율 호가 시 은행입장에서의 Bid rate와 Offer rate를 이해하고 고객에게는 어떤 환율이 적용되는지를 이해하고 있습니까?		
02	Two - way quotation 개념을 이해하고 가격고시자와 가격추종자를 이해하고 있습니까?		
03	Two - way quotation에서 고객이 외환매도 또는 매입을 희망하는 경우 어떤 은행과 거래하는 것이 유리한지에 대하여 설명할 수 있습니까?		
04	스프레드를 이해하고 스프레드의 결정요인을 정리하고 있습니까?		
05	환율의 강세 및 약세를 이해하고 있습니까?		
06	환율표기 방법에 대하여 이해하고 있습니까?		
07	파운드 환율 고시를 이해하고 환율 변화에 대하여 다른 통화의 환율변화와 구분하여 정리하고 있습니까?		
08	외환거래 목적에는 어떤 경우가 있는지 설명할 수 있습니까?		
09	외환포지션을 구분하고 환율변화에 따른 손익변화를 이해하고 있습니까?		
10	환율에 영향을 주는 여러 요인들(경상수지, 외화예금 변화, 외국인 증권시장 동향 등)에 대하여 설명할 수 있습니까?		

Yes 개수별 진단결과

- 4개 이하 : 합격예상도는 40% ➜ 기본서로 관련 내용을 다시 한번 꼼꼼하게 학습하세요.
- 5~8개 : 합격예상도는 60% ➜ 길라잡이 문제를 통해 주요 내용을 다시 한번 체크하세요.
- 9개 이상 : 합격예상도는 80% ➜ 출제예상 문제를 통해 100% 합격에 도전하세요.

제2장

환리스크 개요

출제경향분석

본 장에서는 3~4문제가 출제되고 있는데 환리스크 관리과정에 대한 이해가 선행되어야 하며 환위험 종류를 꼭 정리하여야 합니다. 환리스크를 관리하는 방법으로 내부적·외부적 방법을 구분하는 부분은 반복적으로 출제되는 경향을 보이고 있고 내용까지도 정확하게 이해하는 것이 필수적이라고 강조 드립니다.
환위험 결정요인(3가지)을 정리해야 하며, 환위험 변화를 정리해야 합니다.
간헐적으로 VaR에 대한 개념을 이해하고 결정요인에 대하여 출제되고 있으므로 정리가 필요한 부분입니다.

Chapter 02 문제로 보는 출제경향

01

국내 반도체회사가 미국에 있는 기업과 1천만 달러의 반도체 수출계약을 맺었다. 수출계약 시점의 환율과 수출대금 수취예정 시점의 환율 차이가 발생한다. 1천만 달러를 수취하여 원화로 환전할 때 환율 변화에 따른 환리스크를 무엇이라고 하는가?

① 거래환리스크
② 환산환리스크
③ 영업환리스크
④ 경제환리스크

해설 거래환리스크는 경상거래나 자본거래의 거래시점과 결제가 이루어지는 시점과의 차이에 따른 위험으로 환위험 중에서 가장 기본적인 위험이다.

정답 ①

대표문제로 선별했으니, 학습 전에 최근 출제경향을 파악하세요.

02

환리스크의 외부적 관리기법 수단에 대한 다음 설명 중 사실과 거리가 먼 것은?

① 파생상품 중에 옵션은 장내에서만 거래한다.
② 장내파생상품은 상품의 구조가 표준화되어 있다.
③ 선도거래는 '오늘 계약을 체결하고 그 계약의 수도결제가 2영업일 이후 등과 같이 바로 이루어지지 않고 미래 특정시점에 일어나는 상품'이다.
④ 환변동보험은 기업이 환율변동으로 입게 되는 손실을 보상하고 이익을 환수하는 보험제도이다.

해설 옵션은 장내에서 거래될 뿐만 아니라 장외에서도 거래되고 있다.

정답 ①

Chapter 02 길라잡이 문제

중요이론(Key Point)을 재정리할 수 있는 대표문제로 구성하였습니다.

Key Point 환리스크 관리 절차 이해

01 환리스크를 관리하는 절차 중에서 가장 먼저 해야 되는 것은?

① 환리스크 측정
② 관리목표 설정
③ 각 한도대비 측정치 비교 분석
④ 관리규정 제정 및 시스템 구축

해설
보편적으로 규정 및 시스템을 먼저 구축 → 환위험 목표설정 → 환위험 측정 → 관리전략 결정 및 실행관리 → 사후관리과정으로 이루어진다.

[환위험 관리과정]

과정 순서	관리 주요 내용
규정 및 시스템	위험관리 규정 제정 및 전산시스템 구축
환위험 목표설정	환위험 범위를 정함(환산환위험, 거래환위험, 영업환위험)
환위험 측정	• 외환거래의 이익목표 설정(영업이익목표, 손실허용치) • 신뢰수준 결정, 리스크 측정기간
관리전략 선택 및 실행	• 공격적 또는 방어적 환위험관리 전략 선택 • 환위험에 대하여 대내적·대외적 관리방법 결정 • 전략에 따른 거래비용 고려 효율성 비교 검토 • 환리스크 한도와 측정치 비교
사후평가 및 대책수립	• 선택한 방법에 대한 사후 종합평가 • 평가결과를 통한 전략수립 • 환리스크 총괄 점검

정답 ④

Key Point 환리스크 유형 이해

02 아래 사례와 같이 국내 수출기업이 수반하는 환리스크를 무엇이라고 하는가?

> 국내 수출기업이 미국 수입상과 수출계약 1백만 달러를 할 시점은 환율이 1,100원으로 안정적인 흐름을 보이고 있지만 수출대금을 계약일로부터 3개월 후에 수취시점에서는 환율의 변화가 일어날 것으로 예상되고 있다.

① 거래환리스크 ② 환산환리스크
③ 환전환리스크 ④ 영업환리스크

해설

환위험은 크게 회계적 환위험(거래환위험+환산환위험)과 영업환위험(경제적 환위험)으로 구분한다. 문제지문은 가장 대표적인 거래환위험에 관한 설명이다. 환산환위험(Translation FX risk)은 해외 자회사나 지사의 재무제표상에 외국통화표시 자산이나 부채의 금액을 본국의 본사통화로 통화를 환산하여 재무제표상에 표시하는 과정에서 발생하는 환위험이고, 영업환위험(Operating FX risk)은 예상치 못한 환율변동으로 미래제품의 판매량, 판매가격, 원가 등 영업에 실질적으로 영향을 주어 현금흐름 및 영업이익이 변동하게 될 가능성으로 실질적 기업가치에 영향을 줌으로써 미래현금흐름에 변동이 생기는 것을 인식대상으로 하는 위험이다.

(1) 거래환위험(Transaction FX risk)
   ① 수출입거래나 자본거래 등에서 외국 통화로 표시된 계약을 체결하는 시점과 결제시점과의 환율 차이에 의해 발생하는 위험
   ② 외화 차입기업이 차입시점의 환율과 외화차입금을 원리금을 상환하는 시점의 환율차이로 나타나는 위험

(2) 환산환위험(Translation FX risk)
   ① 결산시점에 외화자산이나 외화부채를 원화로 환산 시 나타나는 위험
   ② 해외 자회사나 지사의 재무제표상에 외국통화표시 자산이나 부채의 금액을 본국의 본사통화로 통화를 환산하여 재무제표상에 표시하는 과정에서 환율변동으로 인해 원화로 환산한 금액이 변동하게 되는 불확실성

(3) 영업환위험(Operating FX risk)
   ① 예상치 못한 환율변동으로 미래제품의 판매량, 판매가격, 원가 등 영업에 실질적으로 영향을 주어 현금흐름 및 영업이익이 변동하게 될 가능성
   ② 경제적환위험(economic exposure)이라고도 함.

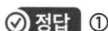 정답 ①

Key Point 환리스크 결정요인

03 다음 중 환리스크 변화에 대한 설명 중 옳은 것으로 연결된 것은?

> 가. 외환 익스포저(Exposure)의 규모가 클수록 환리스크는 커진다.
> 나. 기업의 외환 익스포저 보유기간이 짧을수록 환리스크가 증가할 가능성이 높다.
> 다. 환율 변동성이 커지면 환리스크는 커진다.

① 가, 나
② 나, 다
③ 가, 다
④ 가, 나, 다

해설

나. 기업의 외환 익스포저 보유기간이 짧을수록 환리스크가 감소할 가능성이 높다.

- 환위험 결정 요인
  ① 환위험 노출금액 외환 익스포저(Exposure)
  ② 환율변동성
  ③ 보유기간
- 환위험 변화
  → 익스포저 금액이 클수록 기업이 부담하는 환위험 증가
  → 환율변동성이 커지면 환위험도 증가
  → 보유기간이 길수록 환위험이 증가

정답 ③

Key Point VaR(Value at Risk) 개념 정리

04 환위험을 측정하기 위한 기법으로 널리 활용되고 있는 VaR(Value at Risk)에 관한 다음 설명 중 옳지 않은 것은?

① 정상적인 시장조건하에서 주어진 신뢰수준과 일정기간 동안에 시장리스크로 인하여 발생할 수 있는 최대손실예상액을 말한다.
② VaR는 환율변동성, 신뢰수준, 환리스크 측정기간 및 환노출 규모에 의해 결정된다.
③ VaR는 미래의 가격에 관한 정확한 정보를 가지고 미래 예상되는 손실액을 산출하는 기법이다.
④ 시장 움직임이 안정적이라는 가정하에 산출되는 한계점과 최대손실액을 초과하는 수준에 대한 정보를 제공하지 못하는 한계가 있다.

해설
VaR는 과거의 가격에 관한 정확한 정보를 가지고 미래 예상되는 최대손실액을 산출하는 기법이다. VaR를 계산하는 경우 일정기간과 신뢰수준에 따라 크기는 달라진다. 일정 기간 설정에 있어서 포트폴리오의 보유기간에 따라 1일 VaR뿐 아니라 일주일 VaR 또는 한 달 VaR 등 여러 가지로 측정이 가능한데 측정기간이 길어질수록 VaR 값은 증가한다. 또한, VaR는 확률적인 수치이므로 신뢰수준에 따라서도 다른 값을 가지게 되는데 높게 설정할수록 VaR 값은 증가한다.
• 모수적방법 : 정규분포를 가정, 델타노말방법(분산 - 공분산 방법)
• 비모수적방법(시뮬레이션 방법) : 역사적 시뮬레이션 방법, 몬테카를로 방법

정답 ③

Key Point VaR 사례 이해

05 국내 수출입기업이 현재 보유 외환자산에 대하여 환위험 측정 결과 신뢰수준 95%의 1일 VaR가 10백만원인 경우 다음 설명 중 가장 적절한 것은?

① 1일 동안 환손실이 10백만원 이내 발생할 가능성이 5%이다.
② 1일 동안 10백만원을 초과해서 환손실할 가능성은 95%이다.
③ 1일 동안 환손실이 10백만원 이내 발생할 가능성이 95%이다.
④ 1일 환손실이 10백만원 이상은 발생하지 않는다.

해설
VaR는 정상시장에서 일정 기간 동안 일정 신뢰수준하에서 발생 가능한 최대손실금액으로 VaR 이하에서 손실이 발생하는 확률이 신뢰수준이 된다.
VaR를 초과할 수준은 (1 - 신뢰수준) 즉, 유의수준이 된다.

정답 ③

Key Point 환리스크 관리기법 구분

06 다음 중 환리스크에 대한 관리기법 중에서 내부적 관리기법으로 연결된 것은?

| 가. 통화스왑 | 나. 네팅 |
| 다. 선물환거래 | 라. 매칭 |

① 가, 나
② 나, 다
③ 나, 라
④ 가, 라

해설

내부적 관리기법으로는 매칭, 네팅, 리딩/래깅 등이 있다.

[내부적 환위험 관리기법]
- 매칭(matching)
  : 외화표시 현금유입과 유출 또는 외화표시 자산과 부채를 금액면에서나 시간적으로 가급적 일치시키려는 절차로 예를 들어 수입결제시점과 수출네고시점을 일치시키는 경우이다.
- 네팅(Netting : 상계)
  : 기업 간 거래에서 일정기간마다 지불과 수취금액을 서로 상계하고 나머지 차액만을 결제하는 방법
- 리딩(Leading)과 래깅(Lagging)
  : 국제기업의 경우 본사와 자회사 간에, 또는 다른 기업에 대해 자금의 이동을 촉진시키거나(리드 : leads), 지연시킴으로써(래그 : lags) 환위험을 감소시키는 방법
- 자산부채관리(ALM : Asset - Liability Management)
  : 환율 및 금리전망에 따라 기업이 보유하고 있는 자산 및 부채의 포지션을 조정함으로써 환위험 및 금리위험을 최소화하는 기법
- 통화포트폴리오 전략

[외부적 환위험 관리기법]
① 파생상품을 이용
   - 장외상품 : 통화선물환, 통화옵션(Currency options), 통화스왑, 외환스왑
   - 장내상품 : 통화선물(Currency futures), 장내옵션
② 환율변동보험(무역보험공사)
③ 팩토링(Factoring), 할인(Discount)

정답 ③

Key Point 내부적 환리스크 관리기법 이해

07 수출입을 병행하는 기업에게 환리스크 관리기법으로 적절하지 않은 것은?

① 외화자금 유출입 시점을 일치시킴(매칭)
② 수출대금 통화약세 예상 시 리딩 전략
③ 수입대금 통화약세 예상 시 래깅 전략
④ 수출대금 통화강세 예상 시 리딩 전략

해설

수출대금 통화강세 예상 시 래깅 전략이 유효하다.
• 리딩 : 수출대금 수취예정기업이 환율하락 예상 시, 수입대금결제기업이 환율상승 예상 시
• 래깅 : 수출대금 수취예정기업이 환율상승 예상 시, 수입대금결제기업이 환율하락 예상 시
 → 현실적으로 리딩과 래깅을 임의적으로 하는데 한계를 가짐

정답 ④

Key Point 환리스크 관리기법 개요

08 환리스크 관리기법에 관한 다음 설명 중 옳지 않은 것은?

① 내부적 관리기법으로 회피할 수 없는 환리스크에 관해서 적극적으로 대처하기 위해서 외부적 관리기법을 고려할 수 있다.
② 규모가 작고 신용리스크 문제가 있는 수출입 기업의 경우 장외파생상품 시장에서의 환리크스 헤지를 고려해야 한다.
③ 외부적 관리기법은 내부적 관리기법과는 달리 비용이 추가될 수 있다.
④ 환위험 헤지거래는 기업이 무역거래 등의 결과로 보유하고 있는 외환포지션에 반대되는 포지션을 취하는 거래를 말한다.

해설

규모가 작고 신용리스크 문제가 있는 수출입 기업의 경우 장내파생상품 시장에서의 환리크스 헤지를 고려해야 한다.
외부적 관리기법은 외부수단을 이용하는 관리기법으로 파생상품(선물환, 옵션, 통화스왑, 외환스왑 등)을 이용하거나, 환율변동보험을 이용하는 방법이 있다.

정답 ②

Key Point 장내파생상품과 장외파생상품 특징 비교

09 장내 및 장외파생상품에 관한 다음 설명 중 옳지 않은 것은?

① 장외파생상품은 개인을 포함한 불특정 다수가 이용하나 장내파생상품은 신용이 우수한 기업이나 금융기관이 이용자이다.
② 장외파생상품의 경우에는 신용위험에 노출되어 있으나 장내파생상품의 경우에는 증거금제도와 일일정산제도를 도입하여 신용위험이 없다.
③ 장내파생상품은 상품이 표준화되어 있는 반면 장외파생상품의 경우는 다양한 손익구조와 상품의 조합으로 맞춤형 상품이 가능하다.
④ 2023년 4월 현재 한국거래소(KRX)에 상장된 통화관련 파생상품으로 달러선물, 엔선물, 유로선물, 위안화선물, 달러옵션 상품이 있다.

해설
장내파생상품은 개인을 포함한 불특정 다수가 이용하나 장외파생상품은 신용이 우수한 기업이나 금융기관이 이용자이다. 또한 상품 조건이 표준화, 규격화되어 있는 것이 특징이며 불특정 매매자에 의하여 가격도 투명하게 결정된다. 이에 반하여 장외파생상품은 거래조건이 거래당사자 간 협의하여 결정되며 고객의 요구를 반영할 수 있는 맞춤형이 가능하지만 가격결정의 투명성은 확보되지 않는다.

구분	장내파생상품	장외파생상품
종류	선물, 옵션	선도, 옵션, 스왑
거래방식	경쟁매매	협의 거래
표준화	거래내용이 표준화됨	공통적인 요소는 있으나 표준화된 내용은 없음
가격 투명성	가격형성이 투명하고 실시간 공개	가격형성이 비교적 불투명
거래상대방	거래상대방을 서로 모름	거래상대방을 반드시 알아야 함
거래시간과 규정	거래소가 거래시간과 거래방식에 대해 규정	유동성은 떨어지나 24시간 거래 가능
포지션 청산	반대거래로 포지션이 쉽게 청산될 수 있음	포지션을 청산할 수 있으나 비용이 많이 들게 됨
거래의 보증	모든 거래가 거래소에 의해 보증됨	일반적으로 보증해주는 기관이 없어 거래당사자 간의 신용도에 의존함

 정답 ①

Chapter 02 출제예상 문제

중요도에 따라 Self 맞춤형 학습이 가능한 출제예상 문제입니다. 각자의 목표점수에 맞게 문제를 선별하여 풀어보세요!

▶ 중요도 : 🏅🏅🏅상 🏅🏅중 🏅하

01 🏅🏅🏅

㈜한국은 미국의 BOEING사에게 부품을 납품하는 수출업체로, 통상 달러화로 계약을 체결하며 수출대금은 계약체결 후 6개월이 지나서 지급받고 있다. 따라서 수출계약 체결 후 원화 대비 달러화 가치가 큰 폭으로 하락할(원/달러 환율하락) 경우 뜻하지 않은 손실을 입을 가능성이 있다. 이 경우 ㈜한국은 어떠한 환리스크에 노출되어 있는가?

① 거래환리스크
② 환산환리스크
③ 총체적환리스크
④ 영업환리스크

02 🏅🏅

환위험에 대한 다음 설명 중 맞지 않은 것은?

① 환위험에는 환산환위험, 거래환위험, 영업환위험 등이 있다.
② 거래환리스크는 상품의 수출이나 수입 또는 외국통화표시 자금의 차입이나 대출 시 계약시점과 결제시점과의 환율변동으로 인해 자국통화로 환산한 결제금액이 변동할 수 있는 불확실성을 말한다.
③ 환산환위험은 기업의 재무제표에는 반영이 되지 않는다.
④ 환리스크관리 과정에서의 핵심 부분은 환리스크 측정이며 이를 위해 VaR를 사용할 것을 금융감독원에서 가이드라인을 제시하고 있다.

정답 및 해설

| 01 | 거래환위험에 관한 설명이다. |
| 02 | 환산환위험은 기업의 재무제표에 당기 손익으로 반영된다. |

정답 01 ① 02 ③

03

다음 중 환율의 변동으로 인하여 기업의 미래 현금흐름의 현재가치로 표시할 수 있는 기업의 가치가 변동할 가능성을 지칭하는 것은?

① 거래환리스크
② 환산환리스크
③ 총체적 환리스크
④ 영업환리스크

04

환리스크관리에 관한 다음 설명 중 옳은 것으로 연결된 것은?

> 가. 장내파생상품은 증거금 제도와 일일정산 제도를 도입하고 있어서 신용위험이 없다.
> 나. 환율변동보험은 특히 환리스크관리 여건이 취약한 중소기업에 도움이 된다.
> 다. VaR는 위험자산의 평균손실예상액을 통계적 가정하에서 산출해준다.

① 가, 나
② 나, 다
③ 가, 다
④ 가, 나, 다

정답 및 해설

03 영업환리스크는 예상치 못한 환율변동에 따른 기업의 영업현금흐름의 변화와 이익에 직접적으로 영향을 주는 리스크로, 사전에 노출 정도를 추정하기가 어렵다.

04 다. VaR는 위험자산의 최대손실예상액을 통계적 가정하에서 산출해준다.

정답 03 ④ 04 ①

05 ⭐⭐⭐
다음 중 환리스크의 크기에 영향을 미치는 중요한 요인에 해당하지 않는 것은?
① 외환 익스포저의 크기
② 외환 익스포저의 보유기간
③ 환율의 절대적 수준
④ 환율의 변동성

06 ⭐⭐⭐
환리스크에 관한 설명이다. 거리가 먼 것은?
① 외환 익스포저의 규모가 클수록 환리스크의 크기가 커진다.
② 환율변동성 크기가 클수록 환리스크의 크기가 커진다.
③ 보유기간이 짧을수록 환리스크의 크기가 커진다.
④ 환리스크의 크기는 외환 익스포저의 규모 및 환율변동성과 보유기간에 의해 결정된다.

정답 및 해설

| 05 | 환리스크의 크기는 3가지 외환 익스포저의 크기, 외환 익스포저의 보유기간, 환율의 변동성에 의해 결정된다. |
| 06 | 외환 익스포저 보유기간이 길수록 환율 변동성의 변동할 가능성이 높아지므로, 환리스크도 커진다. |

정답 05 ③ 06 ③

07

환리스크의 내부적 관리기법과 외부적 관리기법에 대한 설명으로 옳지 않은 것은?

① 외부적 관리기법이 내부적 관리기법보다 통상적으로 비용이 더 적게 든다.
② 외부적 관리기법은 내부적 관리기법으로 관리하지 못하는 환리스크로부터 환차손을 최대한 줄이거나 보다 적극적으로 대처하여 환차익까지 획득하려는 기법이다.
③ 통화포트폴리오 전략은 기업이 동시에 여러 통화의 환리스크에 노출되어 있으면, 각 통화의 환율변동이 서로 상쇄되는 효과를 통해 환리스크를 관리하는 것으로 내부적 관리기법의 하나이다.
④ 외부적 관리기법에는 선물환거래, 통화옵션, 환변동 보험 등이 있다.

08

다음 중 외부의 금융기관을 통하지 않고서도 활용할 수 있는 내부적 환위험 관리기법에 해당하지 않는 것은?

① 매칭(Matching)
② 통화스왑(Currency swap)
③ 상계(Netting)
④ 리딩과 래깅(Leading and Lagging)

정답 및 해설

| 07 | 외부적 관리기법은 파생상품 계약체결이나 보험가입 등을 하므로 내부적 관리기법보다 통상적으로 비용이 더 많이 든다. |
| 08 | 환위험 관리기법은 크게 다음과 같이 나눌 수 있다.
1) 대내적 관리기법 : 환위험 관리를 내부적으로 해결하는 방법으로는 매칭(Matching), 네팅(Netting), 리딩/래깅, ALM 등의 방법이 있다.
2) 대외적 관리기법 : 별개의 외환매매거래를 통한 환위험 관리 방법으로 선물환거래, 통환선물거래, 통화옵션, 통화스왑거래, 팩토링, 할인, 환변동보험 등이 있다. |

정답 07 ① 08 ②

09 ★★★

다음 제시된 해당기업의 경우 환리스크의 관리기법으로 ( )에 적절한 것으로 연결된 것은?

> • 수입대금 결제예정기업이 결제통화의 강세가 예상되면 (가)전략이 유효하다.
> • 수출대금 수취예정기업이 수취통화의 약세가 예상되면 (나)전략이 유효하다.

	가	나
①	Leading	Leading
②	Lagging	Lagging
③	Leading	Lagging
④	Lagging	Leading

10 ★★★

달러/원 환율이 상승 기조에 있으며 여러 이슈로 추가상승 여력이 있을 때, 다음 조치 중 가장 옳지 않은 것은?

① 외화자금의 현금흐름을 통화별, 만기별로 일치시켜 환리스크를 줄인다.
② 수입기업은 가능한 결제를 앞당겨 빨리 하도록 한다.
③ 수출기업은 내부적 관리기법 중 리딩기법을 활용한다.
④ 래깅(Lagging)이나 리딩을 활용할 경우 현실적으로 대부분의 기업이 외화의 수취나 결제시기를 무한정 인위적으로 늦추는 데는 한계가 있다.

정답 및 해설

| 09 | 수입대금 결제예정기업이 결제통화의 강세가 예상되면 Leading전략이 유효하며, 수출대금 수취예정기업이 수취통화의 약세가 예상되면 Leading전략이 유효하다. |
| 10 | 환율상승 여력이 있을 때 수출기업은 내부적 관리기법 중 래깅기법을 활용한다. |

정답 09 ① 10 ③

11 ★★★

수출대금 100만 달러를 수취 예정인 국내기업이 매칭(Matching)기법을 이용하여 대응하고자 하는 경우 다음 예시 중 가장 적절한 조치를 취한 것은?

① 수출을 당기고 수입을 늦춘다.
② 수출을 늦추고 수입을 당긴다.
③ 100만 달러의 추가자산을 만든다.
④ 부채를 100만 달러 조달한다.

12 ★★★

기업의 본사와 지사가 상호 간 외화채권과 채무를 개별적으로 결제하지 않고 일정 시점에서 차감한 후 잔액만을 결제하여 잔액만을 결제하는 방식을 통해 환위험을 관리하는 기법으로 적절한 것은?

① 매칭(Matching)
② 상계(Netting)
③ 리딩과 래깅(Leading & Lagging)
④ 통화 포트폴리오 전략

정답 및 해설

11	매칭기법은 외화유출금액과 유입금액을 일치시키는 기법으로 국내기업은 100만 달러 수취 예정이므로 동일 금액의 유출현금흐름이 발생하는 거래를 만들면 된다.
12	상계에 관한 관리기법이다.

정답 11 ④ 12 ②

13 ✪✪✪

금융감독원의 기업외환리스크 관리방안에 관한 설명이다. 거리가 먼 것은?

① 금융감독원은 은행이 기업에 환리스크 관리현황을 적절히 하고 있는지를 평가한다.
② 은행은 거래기업에 대한 신용조사 시 환리스크 관리상태를 평가하여 이를 신용평가시스템에 일정부분 의무적으로 반영하도록 하고 있다.
③ 은행이 환리스크 관리실태를 평가해야 하는 대상은 외감기업으로, 총여신 10억원 이상 기업 중 외화자산 또는 부채가 100만 달러를 초과하거나 총자산대비 10%를 초과하는 기업으로 하고 있다.
④ 한도설정은 외환리스크 한도설정, 매매목적 파생상품 거래한도설정 등으로 세분화되어 있다.

14 ✪✪✪

환율변화에 대한 손익변화와 대응에 관한 설명 중 옳은 것으로 연결된 것은?

> 가. 달러표시로 수입하는 기업이 환위험을 헤지하기 위해서는 달러선물을 이용한 매도포지션이 필요하다.
> 나. 미국에 달러표시로 수출하는 기업은 USD/KRW 환율이 하락하면 환차손을 볼 수 있다.
> 다. 미국으로부터 달러표시로 물품을 수입하는 기업은 달러 강세가 나타나면 환차손을 볼 수 있다.

① 가, 나
② 나, 다
③ 가, 다
④ 가, 나, 다

정답 및 해설

| 13 | 은행은 거래기업에 대한 신용조사 시 환리스크 관리상태를 평가하여 이를 신용평가시스템에 자율적으로 반영하도록 하고 있다. |
| 14 | 달러표시로 수입하는 기업이 환위험을 헤지하기 위해서는 달러선물을 이용한 매입포지션이 필요하며, 달러표시로 수출하는 기업이 환위험을 헤지하기 위해서는 달러선물을 이용한 매도포지션이 필요하다. |

정답 13 ② 14 ②

15 ✪✪✪

환위험을 측정하기 위한 기법으로 VaR(Value at Risk)가 널리 활용되고 있다. VaR에 관한 아래의 설명 중 옳은 것으로 연결된 것은?

> 가. VaR는 위험도를 계량화한 기법으로 정상적인 시장조건하에서 시장리스크로 인해 발생할 수 있는 최대손실예상액을 산출한다.
> 나. VaR는 미래의 가격변동에 관한 정확한 정보를 가지고 미래 예상되는 손실액을 산출 하는 기법이다.
> 다. VaR는 환율변동성, 신뢰수준, 환리스크 측정기간 및 환노출규모에 의해 결정된다.

① 가, 나
② 가, 다
③ 나, 다
④ 가, 나, 다

16 ✪✪

외국환은행의 거래 기업고객에 대한 외환거래 한도설정과 관련된 사항에 대한 설명이다. 옳지 않은 것은?

① 한도설정 후 개별거래의 환율변동에 따른 시장가치 평가를 통해 한도소진액을 계산한다.
② 기업에 대한 신용리스크 관리를 위해 설정한다.
③ 위험평가액 산정 시 2년 미만의 선물환거래는 이자율스왑보다 위험평가액이 크다.
④ 거래 가능한 전체 오픈 포지션의 액면금액을 주요 한도로 정하여 관리한다.

정답 및 해설

15	가격변동성을 근거한 최대손실가능금액으로 미래정보를 갖지 못하는 한계를 가진다.
16	외환거래 한도설정은 외환거래의 액면금액 기준이 아니라 외환거래 위험평가액을 기준으로 한다. 외환거래 위험평가액이란 외환은행이 외환거래에 대한 위험을 고려하여 외환거래 한도설정을 하고 관리하기 위한 금액으로 각 외환거래 종류별 일정비율을 외환거래 종류 및 기간별 가중치를 다르게 정하고 있다.

정답 15 ② 16 ④

17

환리스크관리에 관한 다음 설명 중 옳지 않은 것은?

① 선물환을 통한 위험헤지 시 원월물로 갈수록 유동성 저하 문제가 있다.
② 장내파생상품인 선물거래는 만기계약이 주로 1년 이상의 장기계약으로 이루어진다.
③ 통화스왑은 환리스크관리에 유용한 장외파생상품이다.
④ 환리스크 관리조직은 집중식 또는 분산식으로 이루어진다.

18

기업의 환리스크 관리조직에 관한 설명으로 적절치 않은 것은?

① 회사 전체적 입장에서 환리스크를 관리할 수 있는 조직은 집중식 관리조직이다.
② 분산식 관리조직은 각 영업단위별로 환리스크를 자율적으로 관리해 나가는 조직이다.
③ 절충식 관리조직은 집중식 관리조직과 분산식 관리조직을 절충한 조직이다.
④ 사내 선물환 제도는 대표적인 분산식 관리조직의 하나이다.

정답 및 해설

17	장내파생상품인 선물거래는 계약기간이 단기로 주로 이루어진다.
18	사내 선물환 제도는 대표적인 집중식 관리조직의 하나이다.

정답 17 ② 18 ④

Chapter 02 자가학습진단표

자신의 학습성취도를 스스로 진단하세요.

	진단 내용	Yes	No
01	환위험 유형을 구분하여 이해하고 있습니까? (거래환위험, 환산환위험, 영업환위험)		
02	환리스크를 결정하는 요인들에 대하여 설명할 수 있습니까?		
03	환리스크 관리절차에 대하여 설명할 수 있습니까?		
04	환리스크를 관리하는 방법을 내부적 관리기법과 외부적 관리기법을 구분할 수 있습니까?		
05	VaR의 개념을 이해하고 있습니까?		
06	VaR 측정에 결정요인을 정리하고 요인에 따른 VaR의 변화를 설명할 수 있습니까?		
07	환위험을 관리하는 조직에 대하여 구분하여 설명할 수 있습니까?		
08	외국환은행의 외환거래 한도설정기준에 대하여 이해하고 있습니까?		

Yes 개수별 진단결과

- 3개 이하 : 합격예상도는 40% ➜ 기본서로 관련 내용을 다시 한번 꼼꼼하게 학습하세요.
- 4~5개 : 합격예상도는 60% ➜ 길라잡이 문제를 통해 주요 내용을 다시 한번 체크하세요.
- 6개 이상 : 합격예상도는 80% ➜ 출제예상 문제를 통해 100% 합격에 도전하세요.

제3장

선물(환)거래

출제경향분석

본 장에서는 선물환거래와 외환스왑거래 및 선물거래 크게 3가지 부분으로 구성되어 있습니다.
선물환거래에서는 3~4문제 출제되는 경향을 보이고 있는데 은행의 선물환계약 절차에 대한 이해가 필요하며, 선물환율과 현물환율의 차이인 스왑포인트에 대하여 이해하고 스왑포인트를 결정하는 두 통화금리 차이에 대하여 반드시 정리하여야 합니다. 선물환거래 중에서 차액결제선물환(NDF) 거래를 일반선물환거래와 비교하여 이해하는 것이 필수적입니다. 특히 선물환율의 Bid-offered rate를 계산할 수 있어야 하며, 두 통화에 대한 적용금리에 대하여 철저한 이해가 필요합니다.
외환스왑거래에서는 2~3문제가 출제되고 있는데 먼저 거래구조를 이해해야 하며 외환스왑의 종류 및 외환스왑의 거래 동기에 대한 정확한 이해가 필수적입니다. 또한 통화스왑과 비교하여 외환스왑거래의 특징을 정리해야 합니다.
선물거래에서는 3~4문제 출제되는 경향을 보이고 있는데 주로 중요한 부분이 반복적으로 출제되는 경향이 있습니다. 선물거래와 선도거래를 비교하여 특징을 정리하여야 하며 선물거래의 경제적 기능을 이해하고 있어야 합니다. 또한 거래소에 상장되어 있는 통화선물 상품에 대한 거래조건을 반드시 정리하고 있어야 합니다.

Chapter 03 문제로 보는 출제경향

01

선물환율에 대한 다음 설명 중 옳지 않은 것은?

① 선물환율은 현물환율과 스왑포인트(swap point)에 의하여 결정된다.
② 스왑포인트(swap point)는 교환되는 두 통화의 이자율을 합한 것이다.
③ 현물환율의 변화가 금리의 변동보다 상대적으로 크므로 선물환율의 결정에 큰 영향을 미치는 것은 현물환율이다.
④ 기준통화의 금리가 비교통화의 금리보다 낮으면 선물환율이 현물환율보다 높다.

해설 스왑포인트는 선물환율과 현물환율의 차이로 두 통화의 금리 차이가 반영된다.

정답 ②

02

현물환시장과 선물환시장에서 고시되고 있는 가격이 다음과 같다면 고객이 3개월 후 결제되는 선물환의 매도포지션을 원하고 있을 때 적용되는 환율은?

- 현물환 : 1120.00 / 20
- 3개월 swap point : 650 / 700
- 6개월 swap point : 1250 / 1300

① 1126.50
② 1127.00
③ 1126.70
④ 1132.50

해설 고객이 선물환매도 시 적용환율은 딜러가 제시하는 현물환 매입률(bid late)에 해당월 스왑포인트를 더해 계산된다.
따라서 1,120원 + 6.50원 = 1,126.50원

정답 ①

03

통화선물의 주요 특징으로 옳지 않은 것은?

① 거래소가 지정한 표준화된 선물계약을 기준으로 거래가 이루어지며 만기 이전이라도 반대매매가 가능하다.
② 일정한 자격 요건을 갖춘 거래소 회원은 독점적인 중개권과 더불어 거래소 운영에 관여할 수 있는 권리를 가진다.
③ 계약조건이 당사자 간의 합의에 의해 자유롭게 결정된다.
④ 소액의 증거금만 예치하면 현물거래와 동일한 금액의 거래를 할 수 있기 때문에 레버리지 효과를 누릴 수 있다.

[해설] 선물거래는 거래조건이 표준화되어 있다.

[정답] ③

04

통화선물과 통화선도거래(선물환거래)를 비교한 설명 중 옳지 않은 것은?

① 선물환거래는 거래 금액이나 만기 등 거래조건을 거래당사자 간 협상으로 정한다.
② 통화선물은 대부분 만기일에 실물인수도가 발생한다.
③ 선물거래는 신용도가 낮은 개인이나 기업 간에 주로 발생한다.
④ 통화선물은 공개호가방식으로 이루어진다.

[해설] 통화선물은 주로 만기 이전에 반대매매를 통하여 청산이 이루어진다.

[정답] ②

Chapter 03 길라잡이 문제

중요이론(Key Point)을 재정리할 수 있는 대표문제로 구성하였습니다.

Key Point 선도거래와 선물거래 비교

01 선물거래와 선도거래에 관한 다음 설명 중 옳지 않은 것을 모두 고르면?

> 가. 선물거래는 거래단위, 결제월 등이 표준화되어 있지만 선도거래는 특별한 제한 없이 당사자 간의 협상으로 결정된다.
> 나. 선물거래는 거래소를 통한 거래이므로 거래 상대방을 알 수 있으나 선도거래는 장외거래이므로 상대방을 알 수 없다.
> 다. 선물거래는 개인 또는 신용도가 떨어지는 중소기업들은 시장참여가 어려운 반면 선도거래는 참가자에 대한 제한이 없다.
> 라. 선물거래는 만기 이전에 반대거래로 청산하는 경우가 대부분인데 반하여, 선도거래에서는 계약 대부분이 만기일에 실물 인수도로 청산된다.

① 가, 나
② 나, 다
③ 가, 나, 다
④ 다, 라

해설

나. 선물거래는 거래소를 통한 거래이므로 거래 상대방을 알 수 없으나 선도거래는 장외거래이므로 상대방을 알 수 있다.
다. 선도거래는 개인 또는 신용도가 떨어지는 중소기업들은 시장참여가 어려운 반면 선물거래는 참가자에 대한 제한이 없다.

[선물환시장(Forward exchange market)]
① 거래당사자 간에 현재시점에서 미래 일정시점에 적용할 환율을 미리 약정하고 결제는 서로 합의한 일정시점에 실물인수도 되거나(일반선물환거래) 또는 차액결제되는(차액결제선물환거래) 장외거래
② 선물환거래는 결제기일이 계약체결일로부터 3영업일 이후이면 선물환거래
③ 선물환 만기 산정
  • 계약일(T) + 2영업일을 기산하여 선물환 만기 산정
  • 은행 간 거래 : 정형화 만기 위주로 거래(1개월, 3개월, 6개월, 12개월 등)
  • 대고객거래 : 비정형 만기거래
④ 선물환거래 유형
  - Outright forward : 선물환거래에서만 매입 또는 매도포지션을 취하는 거래
  - 외환스왑(FX swap) : 현물환 + 선물환을 동시 거래하는 장외파생상품
    • 현물환 매입 + 선물환 매도 : USD buy and sell against KRW Fx swap
    • 현물환 매도 + 선물환 매입 : USD sell and buy against KRW Fx swap

[선물환과 통화선물 비교]

구 분	통화선물환(선도거래, 장외거래)	통화선물거래(장내거래)
계약 크기	개별적 필요에 맞춤	표준화
인도일	개별적 필요에 맞춤	표준화
거래방법	은행 또는 브로커들과의 전화접촉으로 확정	거래소에서 공개호가방식
참가자들	은행, 브로커, 다국적기업 (일반투자자들의 참여는 환영치 않음)	은행, 브로커, 다국적기업 (일정한 요건을 갖춘 일반투자자 환영)
담보예치	거래자 간 합의에 의해 납부	공시된 증거금 요구
거래장소	세계의 통신망을 통함	지정된 거래소
인수도의 빈도	대부분 인수도 결제	반대거래로 대부분 청산되어 소량 인수도

 ②

Key Point 선물환거래 개요 이해

02 선물환거래(Forward)에 관한 다음 설명 중 옳지 않은 것은?

① 선물환거래란 미래의 특정일에 특정 환율로 한 나라 통화를 다른 나라 통화를 대가로 매매하는 거래를 말한다.
② 선물환거래는 오직 정형화된 역월 만기(even date forward) 형태로 거래된다.
③ 은행이나 브로커들은 정형화된 역월 만기를 주로 사용한다.
④ 선물환거래에 적용하는 환율을 선물환율이라 말하며, 이는 거래되는 두 통화 간 이자율의 차이를 반영한 swap point를 가감하여 산출한다.

해설
정형화된 선물환 만기거래 외에도 비정형화된 선물환 만기거래가 가능하다.
• 정형 만기 선물환거래
: 만기가 주로 주단위 또는 월단위로 정형화되어 있는 선물환 만기거래, 은행 간 거래에서 주로 계약
• 비정형 만기 선물환거래
: 만기일을 거래 당사자가 특정하여 결정되는 선물환 만기거래, 대고객거래에서 주로 계약
• [사례] : A기업이 B은행과 4월 1일에 1개월 U$ 선물환 매입 계약체결 시(계약환율 1,350원)
  → 4월 3일부터 1개월 후인 5월 3일에 선물환 만기가 되고 A기업은 결제 시 U$를 수취하고 KRW(1$ 1,350원)를 B은행에 지급한다.

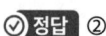 ②

Key Point 차액결제선물환거래 이해

03 차액결제선물환(NDF)거래에 관한 다음 설명 중 옳지 않은 것은?

① NDF 만기일에 정산을 할 때 사용되는 정산환율은 만기일의 시장평균환율을 이용한다.
② 일반적인 선물환거래에 비하여 결제위험이 낮다.
③ 선물환거래방법의 하나로 거래 두 당사자 간에 만기 원금교환이 없는 것이 특징이다.
④ 헤지 목적 위주로 사용되고 투기적 목적의 거래도 많이 이용한다.

해설

NDF 만기일에 정산을 할 때 사용되는 정산환율은 만기일의 하루 전 영업일 시장평균환율을 이용한다.
- 차액결제선물환거래(NDF : Non-Deliverable Forwards)
  : 일반 선물환거래와는 달리 만기 때 실제로 계약금액 전체를 주고받는 것이 아니라 계약시점 선물환과 지정환율(만기 1일전 현물환율)과 차액만을 미국달러로 정산하는 선물환 계약
  : 역내시장과 역외시장에서 거래가 활발히 이루어지고 있다.
  : 특히 국내 외환시장 9시 시가에 가장 큰 영향을 미치는 환율이 전일 뉴욕시장 NDF(달러/원) 환율이다.
  → 국내 현물환율 시가 = 전일 현물환율 종가 + NDF 환율 변화분 + swap point
  → NDF거래는 만기에 차액만을 결제하므로 일반 선물환거래에 비하여 결제위험이 작다.

정답 ①

Key Point 선물환율 결정요인과 고시방법

04 선물환율에 관한 다음 설명 중 옳지 않은 것은?

① 선물환율 고시 방법에는 선물환율을 직접적으로 고시하는 방법과 스왑포인트(swap point)로 고시하는 방법이 있다.
② 선물환율에는 두 통화의 이자비용과 이자수익이 반영된다.
③ USD/KRW과 같이 달러이자율이 원화이자율에 비해 낮은 경우 디스카운트 통화라고 한다.
④ swap point 방식으로 고시하는 경우 현물환율이 변할 때마다 재고시해야 하는 번거로움을 피할 수 있다.

해설

USD/KRW과 같이 달러 이자율이 원화에 비해 낮은 경우 프리미엄 통화라고 한다.
선물환율의 할증상태(프리미엄)와 할인상태(디스카운트)의 결정은 다음과 같다.
- 선물환율 할증상태(프리미엄) : 선물환율 > 현물환율 : 기준통화금리보다 비교통화금리가 높은 경우
- 선물환율 할인상태(디스카운트) : 선물환율 < 현물환율 : 기준통화금리가 비교통화금리보다 높은 경우

[선물환율 결정]
- 호가방법
(1) 호가방법 구분
  ① 선물환율의 호가를 현물환율처럼 매입률과 매도율로 직접적으로 표시하는 방법
  ② 스왑포인트(swap point) : 현물환율과 선물환율의 차이로 표시하는 방법
    → 이를 포워드 포인트(forward point)라고도 함
    → 10전 단위로 호가
(2) 선물환율의 계산

> 선물환율 bid rate = 현물환율(bid rate) + 스왑포인트(bid point)
> 선물환율 offer rate = 현물환율(offer rate) + 스왑포인트(offer point)

→ 선물환율의 결정은 현물환율과 스왑포인트에 의해 결정되지만, 절대적 수준은 현물환율의 수준이 중요하게 된다.

 ③

Key Point 선물환율 고시방법 사례 이해

05
아래는 A은행의 현물환시장과 외환스왑시장에서 환율 고시상황이다. C기업이 A은행으로부터 3개월 만기로 달러를 매입할 수 있는 선물환율은?

- 달러/원 현물환율 : 1320.00 / 20
- 달러/원 3개월 swap point : 250 / 300

① 1322.50 ② 1322.70
③ 1323.00 ④ 1323.20

해설

C기업이 A은행으로부터 3개월 만기로 달러를 매입하는 경우 매도율(offer rate)이 적용된다.
즉, 1320.20 + 3 = 1323.20이 된다.
스왑포인트는 1전 단위로 고시되므로 300이면 3원이 된다.
선물환율은 양국의 금리차($R_h - R$)에 의하여 결정되는데 양국의 금리상황에 따라 다음과 같이 정리된다.
(예시 : 달러/원 시장)
[이자율평형이론(Interest rate parity theory)]
선물환율과 현물환율의 차이는 두 통화 간의 이자율 차이에 의해 결정되는 모형

(R_h : 원화 금리, R : 미달러 금리)

$R_h > R$ (원화금리 > 미달러금리)	선물환율(F) > 현물환율(S)	선물환율은 현물환율에 Premium 상태
$R_h < R$ (원화금리 < 미달러금리)	선물환율(F) < 현물환율(S)	선물환율은 현물환율에 Discount 상태

정답 ④

Key Point 스왑포인트 결정요인 이해

06 은행 간 달러/원 현물환율, 3개월 원화 및 달러 금리가 아래와 같다. A기업이 은행으로부터 3개월 만기로 달러를 매도하는 선물환거래를 할 때 적용할 스왑포인트(swap point)를 산출하는 것과 관련한 다음 설명 중 옳지 않은 것은?

- 달러/원 현물환율 : 1320.20/40
- 원화 3개월 금리 : 2.50/2.70
- 달러 3개월 금리 : 0.20/0.40

① 적용할 현물환율은 1320.20원이다.
② 적용할 달러 3개월 금리는 0.20%이다.
③ 적용할 원화 3개월 금리는 2.50%이다.
④ 위의 상황일 때 산출한 스왑포인트의 부호는 (+)이다.

해설
은행입장에서 달러선물환매입표지션에 대한 스퀘어포지션을 위하여 달러현물매도 + 달러차입 + 원화예금의 거래가 필요하다. 적용할 달러 3개월 금리는 차입금리 0.40%가 적용된다.

[현물환율과 선물환율]

현물환율	• 매일 외환 수급에 따라 결정 • 수출기업의 달러 매도와 수입업자의 달러 매입, 증권 거래 자금의 매매 등이 외환으로 거래되면 최종적으로 현물환율이 결정
선물환율	• 미래의 일정 날짜를 적용하는 환율 • 양국 통화의 이자율의 차이를 따져서 하므로 금융상품의 선물환율은 환율뿐만 아니라, 금리도 중요한 결정 요인임.

 ②

Key Point 외환스왑거래 이해

07 외환스왑(Fx swap)의 장점에 관한 다음 설명 중 옳지 않은 것은?

① 외환스왑의 주요 용도로는 외화 현금흐름의 만기 불일치로 인한 환리스크 관리, 환리스크 분리를 위한 기존 선물환거래의 만기일 조정 등이 있다.
② 외환스왑은 거래당사자 간에 해당 통화의 실질적인 교환이 일어나므로 거래상대방에 대한 신용위험을 최소화할 수 있다.
③ 은행을 통해 외환스왑을 하는 경우 기업의 신용도를 감안한 금리를 적용받는다.
④ 외환스왑이 갖는 장점으로 인해 주요 통화에 대한 외환스왑의 유동성은 매우 풍부하다.

해설

외환스왑은 현물환거래와 선물환거래를 동시에 하는 거래로 두 통화의 이자율 차이가 반영된다.
[외환스왑 구분]
외환스왑거래는 Outright forward 거래와는 달리 현물환과 선물환 등의 매수 + 매도가 한 쌍으로 이루어지는 거래이다.
① 현물환거래와 선물환거래(Spot - forward swap)
  • 현물환 매입 + 선물환 매도 : USD buy & sell swap against KRW
  • 현물환 매도 + 선물환 매입 : USD sell & buy swap against KRW
② 선물환거래와 선물환거래(forward - forward swap)
  1개월 선물환거래 매수(매도) + 3개월 선물환거래 매도(매수)
③ 현물환거래와 현물환거래(Spot - spot swap)
  • O/N swap : Value today 매수(매도) + Value tomorrow 매도(매수)
  • T/N swap : Value tomorrow 매수(매도) + Value spot 매도(매수)

정답 ③

Key Point 외환스왑거래 구조 및 특성

08 외환스왑거래에 관한 다음 설명 중 옳지 않은 것은?

① 대부분의 경우 Near date와 Far date에 각각 반대방향으로 거래되는 기준통화의 금액은 동일하다.
② Near date와 Far date의 거래가 동시에 체결(Booking)된다.
③ Near date와 Far date의 거래상대방은 항상 동일하여야 한다.
④ 현물환거래와 선물환거래를 한 쌍으로 하는 거래 외에도 선물환거래와 선물환거래를 한 쌍으로 하는 거래도 가능하다.

해설

[외환스왑거래의 특징]
- 현물환거래 금액과 선물환거래 금액 동일 → 환위험 제거
- 거래 상대방 : 일반적으로 거래상대방은 동일하지만 다른 경우도 있다(engineered swap).
- 외환스왑 적용환율
  → 현물환 + 선물환 외환스왑에서는 현물환거래에는 현물환율이, 선물환거래에는 선물환율이 적용된다.
  → 선물환 + 선물환 외환스왑에서는 Near date에 대한 선물환율과 Far date에 대한 선물환율은 서로 상이한 환율이 적용된다.
- 계약기간 : 단기 계약

 ③

Key Point 외환스왑거래 적용환율 이해

09
은행 간 USD/KRW 현물환율과 3개월 swap point가 다음과 같을 때 고객이 3개월간 달러 Buy & Sell against KRW 외환스왑거래를 하는 경우 적용될 환율로 가장 적절한 것은?

- 달러/원 현물환율 : 1305.00/1307.00
- 3개월 swap point : +150/+250

	Near date	Far date		Near date	Far date
①	1305.00	1306.50	②	1305.50	1307.50
③	1307.00	1306.50	④	1307.50	1309.50

해설

[외환스왑거래 환율 적용]
- 고객입장 현물환 매입 시 : 현물환율 offer 적용, 고객입장 현물환 매도 시 : 현물환율 bid 적용
- 고객입장 선물환 매입 시 : 선물환율 offer 적용, 고객입장 선물환 매도 시 : 선물환율 bid 적용
- 고객이 3개월간 달러 Buy & Sell KRW 외환스왑거래이며 현물환매입 + 선물환매도 거래의 경우
→ 현물환매입에는 현물환매도율(1307)이 적용되고, 선물환매도 거래에는 선물환매입률(1306.50)이 적용된다.

정답 ③

> **Key Point** 외환스왑을 이용한 선물환 만기 연장 또는 단축

10 외환스왑을 이용하여 달러/원 외환거래의 만기를 조정하려고 한다. 올바르게 적용한 외환스왑은 어느 것인가?

① 현물환으로 매수한 달러를 1개월 선물환 매수포지션 거래로 만들기 위해서 USD Buy & Sell against KRW swap을 한다.
② 달러 현물환(Value spot) 매도포지션을 익일물로 앞당길 때 USD Sell & Buy against KRW swap을 한다.
③ 달러 선물환 매도포지션이 이틀 뒤에 만기가 도래하는데, 2개월 연장하려고 할 때 USD Sell & Buy against KRW swap을 한다.
④ 2개월 만기의 달러 선물환 매수포지션을 오늘 앞당겨 조기결제하려고 할 때 USD Sell & Buy against KRW swap을 한다.

해설
① 현물환으로 매수한 달러를 1개월 선물환 매수거래로 만들기 위해서 USD Sell & Buy against KRW swap을 한다.
③ USD Buy & Sell against KRW swap이 필요하다.
④ 2개월 만기의 달러 매수 선물환포지션을 오늘 앞당겨 조기결제하려고 할 때 USD Buy & Sell against KRW swap을 한다.

[외환스왑거래 활용]
• 외환수급 만기 불일치 해소 수단
• 선물환 만기 연장 수단
• 선물환 만기 단축 수단

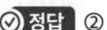 정답 ②

Key Point 선물환거래 활용동기 이해

11 다음 중 외환스왑거래를 활용하는 거래동기로 가장 적절하지 않은 것은?

① 선물환거래 창출
② 기존 외환거래의 만기일 연장 또는 단축
③ 자금차입거래의 대안 수단으로 활용
④ 외환거래의 가격 개선 효과

💬 **해설**

외환스왑거래를 통하여 고객이 필요한 선물환거래가 창출되고, 기존 선물환계약에 대한 만기일을 연장 또는 단축하는 효과가 있으며, 외환스왑거래를 통하여 자금차입효과를 거두기도 한다.

[외환스왑과 통화스왑 비교]

구 분	외환스왑	통화스왑
현금흐름	초기와 만기에 원금 교환, 중간에 이자교환(X)	초기와 만기에 원금 교환, 중간에 이자교환(O)
적용환율	초기 : 현물환율, 만기 : 선물환율	초기와 만기 : 초기 환율 적용
계약기간	일반적으로 단기계약	일반적으로 장기계약

✅ **정답** ④

Key Point 통화선물거래 특징

12 통화선물거래의 특징에 대한 다음 설명 중 옳지 않은 것은?

① 거래소가 지정한 표준화된 선물계약을 기준으로 거래가 이루어지므로 원활한 대량거래가 용이하다.
② 소액의 증거금만 예치하면 현물거래와 동일한 금액의 거래를 할 수 있기 때문에 레버리지효과를 누릴 수 있다.
③ 개별 고객이 원하는 금액, 만기에 대하여 맞춤 거래가 불가능하다.
④ 계약조건이 당사자 간의 합의에 의해 자유롭게 결정된다.

💬 **해설**

통화선물은 지정된 장소에서 거래되는 장내거래로서 거래소와 청산소가 존재한다. 거래대상의 규격화·표준화된 특징이 있으며, 높은 유동성으로 만기 전에 반대매매를 통한 포지션 청산이 가능하다.

[결제불이행 방지 장치]
- 일일정산(mark to market)
- 증거금제도 : 개시증거금(initial margin), 유지증거금(maintenance margin)
- 추가증거금(variation margin)

✅ **정답** ④

Key Point 선물거래 조건 이해

13 선물(Futures)거래에 대한 다음 설명 중 옳지 않은 것은?

① 선물거래에서 거래되는 상품의 기본 거래단위로 선물계약 1건의 크기를 Tick이라고 한다.
② 선물계약이 만기가 되어 실물의 인수도가 이루어지는 달을 결제월이라고 한다.
③ 마진콜을 받고 난 뒤 추가로 예치해야 하는 증거금을 추가증거금이라고 한다.
④ 증거금으로 현금 또는 현금 이외에 유가증권 등으로도 가능하다.

해설
최소가격 변화단위를 1Tick이라고 한다.
[선물거래 관련 용어 이해]

용어	내용
기초자산	선물거래에 대하여 거래대상이 되는 것으로 주식, 주가지수, 금리, 채권, 통화, 상품 등 매우 다양함.
계약단위	선물거래에서 거래되는 상품의 거래단위로 선물 1계약에 대한 크기 달러선물의 경우 1계약이 U$10,000
결제월	선물계약의 만기가 되어 실물인수도가 되거나 현금결제가 되는 해당 월
최종거래일	선물거래는 품목별로 사전에 만기를 정해두고 결제가 이루어지는데 해당 품목에 대하여 최종거래가 되는 날.
최종결제일	최종거래된 품목에 대하여 현금수수나 인수도로 결제가 이루어짐. 미달러선물 : 최종거래일 다음 2영업일
최소호가단위(1 tick)	선물거래 품목의 가격변화 최소 변화단위
최소변동금액(tick value)	선물거래 품목의 가격변화 최소단위의 크기(금액) 미달러선물 : 1,000원(0.1원×$10,000)
최소주문계약	주문이 가능한 최소매매수량단위 예시 : 통화선물 1계약 단위로 주문이 가능

 정답 ①

Key Point 통화선물 거래 제도 이해

14 한국거래소(KRX)는 결제불이행 방지장치로 증거금과 일일정산 제도를 두고 있다. 이에 관한 설명 중 옳은 것으로 연결된 것은?

> 가. 위탁증거금은 선물거래가 체결되면 즉시 적립하는 증거금이다.
> 나. 한국거래소의 통화선물을 거래하기 위해서는 신규거래 시 또는 미결수량이 없는 경우 일정 금액 이상의 기본예탁금을 납입하여야만 거래를 시작할 수 있다.
> 다. 일반적으로 유지증거금에 비하여 개시증거금은 약 1.5배로 설정한다.
> 라. 일일정산제도는 선물거래 참가자의 증거금이 일정수준을 유지하고 있는지를 매일 확인하는 장치이다.

① 가, 나, 다
② 나, 다, 라
③ 가, 다, 라
④ 가, 나, 다, 라

해설

위탁증거금은 선물거래를 하기 이전에 적립하는 사전증거금이다.
[위탁증거금과 거래증거금]
• 증거금 구분
 : 위탁증거금은 고객이 증권회사에 거래 체결 전에 납부하는 사전증거금이고, 거래증거금은 증권회사가 거래소에 납부하는 사후증거금이다.
  → 이러한 증거금은 현금이나 대용증권으로 가능하다.
• 유지증거금과 추가증거금(일일정산)
 주문 시 납부하는 주문증거금 외에도 매일 종가로 계좌를 평가하여 최소수준의 유지해야 하는 유지증거금을 설정하고 있다. 만약 유지증거금 수준을 하회하면 추가증거금이 발생하는데 이를 Margin Call이라고 한다. 이러한 추가증거금을 익영업일 12시 전까지 납부해야 하며 이행하지 못한 경우 증권회사는 임의로 반대매매를 한다.
  → 추가증거금은 개시증거금 수준까지 납부해야 한다.
[기본예탁금 제도]
이는 선물거래자가 신규로 계좌 개설하여 최초 주문하는 경우나 기 거래자가 미결제약정수량이 없는 경우 새롭게 주문 시 정해진 기본예탁금을 맞춰야 하는 제도이다. 이런 기본예탁금은 위탁증거금으로 사용된다.

정답 ②

Key Point KRX 미달러선물 거래조건 이해

15 한국거래소에서 상장되어 거래되는 미국달러선물의 계약명세에 대한 다음 설명 중 옳지 않은 것은?

① 미국달러선물의 거래단위는 USD 10,000이다.
② 미국달러선물의 최소가격 변동폭은 1원이다.
③ 미국달러선물의 최종거래일은 각 결제월 세 번째 월요일이다.
④ 미국달러선물의 결제방법은 인수도결제를 따른다.

해설

미국달러선물의 최소가격 변동폭은 0.1원이다.
[통화선물 거래조건(KRX)]

구 분	미국달러선물	유로선물	엔선물	위안선물
계약단위	$10,000	EUR10,000	JPY1,000,000	CNH ¥100,000
결제월주기	분기월 중 4개와 그 밖의 월 중 4개			
상장결제월	1년 이내의 8개 결제월			
가격표시방법	원($1당)	원(1EUR)	원(100JPY)	CNH ¥1당 원화
최소가격변동폭	0.1원[1틱(Tick)의 가치 = 1,000]			0.01원
일일가격제한폭	설정하지 않음			
포지션한도	거래소가 필요하다고 판단할 경우 설정할 수 있음			
거래시간	• 평일 : 09:00~15:45(점심시간 없이 연속거래) • 최종거래일 : 09:00~11:30			
최종거래일	결제월의 세 번째 월요일(휴일인 경우 순차적으로 앞당김)			
최종결제일	최종거래일 이후 2영업일			
최종결제방법	실물인수도(physical delivery settlement) • 최종결제일에 해당 기초자산 외국통화와 원화를 교환함			

정답 ②

Key Point 환율변화에 따른 전략 이해

16 USD 대비 KRW의 약세가 예상될 때 적절하지 않은 거래는?

① USD/KRW 선물환 매수
② USD 매수/KRW 매도
③ USD Call/KRW put 매수
④ USD Put/KRW call 매수

해설

달러강세를 예상하는 상황으로 포지션을 취하는 것은 일종의 투기적 거래이다.
달러강세(환율상승)가 예상되는 경우 적절한 투자전략은 다음과 같다.
→ 달러 현물환 매수, USD선물(환) 매수, USD콜매수, USD풋매도

 ④

Key Point 환위험 헤지 전략 이해

17 1개월 후 100만 달러를 수취예정인 A 수출기업이 있고, 1개월 후 100만 달러를 결제예정인 B 수입기업이 있다. 환위험 헤지 방법으로 연결이 적절한 전략은?

	A 기업	B 기업
①	달러선물 매수	달러선물 매수
②	달러선물 매도	달러선물 매도
③	달러선물 매도	달러선물 매수
④	달러선물 매수	달러선물 매도

해설
[통화선물(환) 통화옵션 이용 헤지 전략]

통화선물 이용 시	• 수출상(외환채권자, 외화수취예정자)→환율하락위험 노출→매도헤지 • 수입상(외환채무자, 외화결제예정자)→환율상승위험 노출→매수헤지 • 사전증거금 납부 필요 → 일일정산에 따른 추가증거금이 필요하기도 함 • 상품의 조건이 표준화, 규격화되어 있음 → 고객의 원하는 조건을 맞출 수 없음 • 미래의 환율을 고정하는 거래이므로 환율상승 또는 하락에 따른 혜택을 누릴 수 없는 한계

통화옵션 이용 시	• 수출상(외환채권자) : 환율하락위험 노출 → 풋매수
	• 수입상(외환채무자) : 환율상승위험 노출 → 콜매수
	  → 수출상(현물 매수포지션 상태와 동일)이 헤징을 위해 풋매수 시
	    현물매수+풋매수=콜매수 포지션 손익구조와 동일
	  → 수입상(현물매도포지션 상태와 동일)이 헤징을 위해 콜매수 시
	    현물매도+콜매수=풋매수 포지션 손익구조와 동일
	• 옵션매수 포지션 : 증거금 납부 불필요
	• 옵션을 통한 헤지거래 시
	  → 옵션 행사에 대한 선택권을 가지므로 환율상승 또는 하락에 따른 혜택을 누릴 수 있음
	• 권리행사 포기에 따른 프리미엄 부분만큼 이익 감소

 정답 ③

Key Point 환위험 노출과 헤지 전략 이해

18. 다음 ( ) 안에 들어갈 말로 적절한 것은?

> 미국에 반도체를 달러(U$)표시로 수출하는 국내 S기업은 환율 (가)에 따른 환위험에 노출되어 있다. 환율 변동에 따른 위험을 헤지하기 위하여 선물 (나)헤지가 필요하다.

	(가)	(나)
①	상승	매수
②	상승	매도
③	하락	매수
④	하락	매도

해설

수출기업 : 환율 하락위험, 매도헤지 필요, 수입기업 : 환율 상승위험, 매수헤지 필요
[선물(환)거래를 이용한 환위험관리]

구 분	위험	헤지포지션	비 고
수출업자 (long position)	환율 하락위험	통화선물(환) 매도포지션	매도헤지(short hedge)
수입업자 (short position)	환율 상승위험	통화선물(환) 매입포지션	매입헤지(long hedge)

 정답 ④

Chapter 03 출제예상 문제

중요도에 따라 Self 맞춤형 학습이 가능한 출제예상 문제입니다. 각자의 목표점수에 맞게 문제를 선별하여 풀어보세요!

▶ 중요도 : 🏅🏅🏅상 🏅🏅중 🏅하

01 🏅🏅🏅

장내파생상품과 장외파생상품에 대한 비교설명으로 옳지 않은 것은?

① 장내상품은 반대거래로 포지션이 쉽게 청산될 수 있지만, 장외파생상품의 경우에는 포지션청산이 가능은 하나 비용이 많이 들게 된다.
② 장내파생상품은 가격변동에 따른 손익정산을 매일 수행하고 일일정산을 하는 증거금제도를 운영하여, 거래의 신용을 높이는 기능을 하고 있다.
③ 장외파생상품은 가격형성이 비교적 불투명하다는 약점이 있지만 거래상대방이 불특정 다수여서 상대방에 대한 위험요인은 비교적 적다.
④ 장외파생상품은 거래초기 및 만기에 대금지급이 일어나고 기간 내에는 정기적인 가치평가가 이루어지는 것이 일반적이다.

02 🏅🏅

통화선물환시장에 대한 설명 중 거리가 먼 것은?

① 계약조건은 거래당사자 간 협의하여 결정된다.
② 지정된 거래 장소가 없다.
③ 은행 간 시장에서는 선물환율의 고시방법은 선물환율과 현물환율의 차이인 스왑포인트(Swap point)를 주로 사용한다.
④ 달러선물환 매도자는 만기 시 매수자에게 달러를 수취하고 원화를 지급한다.

🔍 정답 및 해설

01	장외파생상품의 경우에는 일반적으로는 보증해주는 기관이 없어 거래당사자 간의 신용도에 의존하기 때문에 거래상대방이 누군지 반드시 알아야 하며, 이에 따라 계약 이행여부가 중요하다.
02	달러선물환 매도자는 만기 시 매수자에게 달러를 인도하고 원화를 수취한다.

정답 01 ③ 02 ④

03 ⭐⭐⭐

통화선물환과 통화선물에 대한 설명으로 옳지 않은 것은?

① 통화선물환과 통화선물은 미래에 거래할 외환의 가격, 즉 환율을 고정시킨다는 면에서 동일한 형태의 계약이다.
② 통화선물환은 선도계약으로서 장외시장에서 거래되고 통화선물은 선물계약으로 조직화된 거래소에서 거래된다.
③ 통화선물거래는 거래상대방이 약속을 이행할 것인가에 대한 위험, 즉 거래상대방위험(counterparty risk)이 존재한다.
④ 통화선물거래에서는 증거금과 일일정산 제도가 존재하므로 강제 반대매매에 따른 위험이 발생한다.

정답 및 해설

03 거래소가 이행 보증하므로 신용위험은 거의 없다.
[통화선물환과 통화선물의 비교]

구분	통화선물환(선도거래)	통화선물
거래장소	장외(over-the-counter)거래	장내거래로 지정된 거래소(exchange) 존재
거래조건	거래상대방 간에 협의하여 결정	표준화
시장참여	신용도 필요	제한 없음
거래방법	통신망을 이용하여 거래당사자들 간의 직접거래	복수가격 경쟁매매
신용위험	상대적으로 높은 편 사전에 담보나 증거금을 징수	청산소가 계약이행 보증
만기결제	실수요자 위주로 거래되어 대부분 만기 시 실물인수도에 의해 결제됨	만기 전 반대매매에 의해 포지션이 청산되는 경우가 일반적

정답 03 ③

04 ⭐⭐

선물환거래(forwards)에 대한 설명이다. 잘못된 것은?

① 외환거래에서 거래 쌍방이 장래의 일정한 시점 또는 특정기간 이내에 외환을 일정한 환율로 고정시켜 놓고 주고받기로 약정하는 거래로서 만기는 계약일로부터 제3영업일 이후로 결정된다.
② 거래환율은 현재 시점에서 결정되지만 자금의 결제는 장래에 일정한 시점에서 이루어짐으로써 계약일에서 결제일까지의 환율변동으로 인한 위험을 회피할 수 있다.
③ Outright forward는 현물환거래와 선물환거래의 한 쌍으로 이루어지는 Swap 거래에서의 선물환계약이다.
④ 현물환거래 없이 시세차익을 목표로 실행되는 선물환거래를 투기거래(speculation)라 한다.

05 ⭐⭐⭐

은행이 대고객 선물환거래를 할 때, 가장 먼저 고려하는 것은?

① 투자자의 적합성 평가
② 장외파생상품 거래한도 설정
③ 투자자 유형 확인
④ 거래확인서 교부

정답 및 해설

04 | Outright forward 거래는 선물환 매수 또는 매도 어느 한쪽만을 계약하는 거래를 말한다.
05 | 선물환거래 절차는 투자자 유형 확인 → 투자자 정보 확인 → 투자자 적합성 평가 → 파생상품 거래한도 약정 → 위험고지서 교부 및 계약서 체결 순으로 이루어진다.

정답 04 ③ 05 ③

06 ⭐⭐⭐

아래에서 설명하고 있는 파생상품 계약으로 가장 적절한 것은?

- 미래 결제시점 환율을 현재시점에서 고정시키고자 할 때 이루어지는 계약
- 만기시점에 계약시점 선물환율과 만기시점 지정환율의 차이를 정산하는 계약

① 차액결제 선물환 ② 통화옵션
③ 통화스왑 ④ 외환스왑

07 ⭐⭐⭐

NDF(Non-Deliverable Forward) 거래에 관한 다음 설명 옳은 것으로 연결된 것은?

가. 통화당국의 외환규제를 우회할 수 있으며 투기거래나 헤지거래들이 이루어지고 있다.
나. NDF계약은 역내시장뿐만 아니라 역외시장에서 거래된다.
다. NDF계약에서는 일반 선물환계약에 비해 만기일에 거래상대방이 결제하지 않을 위험, 즉 결제위험이 상대적으로 작다.

① 가, 나 ② 나, 다
③ 가, 다 ④ 가, 나, 다

정답 및 해설

06 | 차액결제 선물환(Non Deliverable Forward)은 일반적인 선물환거래와는 달리 계약 당시의 선물환율과 만기시점의 현물환율의 차이만큼을 특정 통화로 정산하는 계약을 말한다.

07 | 모두 옳은 지문이다.
[NDF 거래 특징]
1) 단순히 차액만을 결제하므로 결제위험이 적다.
2) 통화당국의 외환규제를 우회할 수 있다.
3) 차액결제통화를 미달러 등 국제통화로 하면 후진국통화의 선물환거래가 가능하다.
4) 차액결제는 대부분 달러로 이루어진다.

정답 06 ① 07 ④

08

A은행은 1개월 만기 차액결제선물환(NDF)을 1,000만 달러 매입하였다. 매입 시 선물환율은 달러당 1,350원이었다. 1개월 후 결제일 전일의 지정환율(Fixing rate)이 달러당 1,370원일 때 A은행의 손익 결과는?

① $145,985.40 지급
② $145,985.40 수취
③ $92,957.95 지급
④ $92,957.95 수취

09

다음 중 달러 선물환 매도포지션을 취하는 것이 가장 적절한 자는 누구인가?

> 가. 환율(USD/KRW) 상승을 예상하는 투기자
> 나. 환율 하락을 예상하는 투기자
> 다. 3개월 후에 수취할 달러화의 환위험을 헤지하려는 자
> 라. 3개월 후에 지불할 달러화의 환위험을 헤지하려는 자

① 가, 다
② 가, 라
③ 나, 다
④ 나, 라

정답 및 해설

08	차액결제선물환거래(NDF : Non-Deliverable Forwards)는 만기 때 실제로 계약금액 전체를 주고받는 것이 아니라 계약한 선물환과 만기 시 현물환율의 차액만을 미국달러로 정산하는 선물환 계약으로 차액결제금액 계산은 다음과 같다. 결제금액 = 명목원금×(지정환율 − 계약 시 선물환율)/지정환율 결제금액 > 0이면 선물환 매도자가 매입자에게 결제금액을 지급 결제금액 < 0이면 선물환 매입자가 매도자에게 결제금액을 지급 $(\frac{1,370 - 1,350}{1,370})\times\$1,000만 = \$145,985.40$
09	달러선물환 매도 수요자는 달러약세를 예상(환율하락)하는 투기거래자나 달러약세에 따른 환위험 노출된 수출기업 같은 헤지수요자들이다.

정답 08 ② 09 ③

10 ⭐⭐⭐

선물환율 호가와 관련한 다음 설명 중 옳지 않은 것은?

① 선물환율을 직접적으로 고시하기보다는 스왑포인트로 고시하는 방법이 실무적으로 편리하다.
② 선물환율과 현물환율의 차이를 스왑포인트라고 한다.
③ 만약 기준통화금리가 비교통화금리보다 높은 경우 선물환율은 할인상태로 고시가 된다.
④ 선물환율을 산출할 때 은행은 고객과의 거래에서는 시장의 가격을 추종하는 Calling party의 입장이 된다.

11 ⭐⭐

선물환거래 시 적용되는 선물환율에 관한 설명이다. 잘못된 것은?

① 선물환율을 호가하는 경우 직접적으로 1,380원이라고 고시하는 방법은 outright forward rate라고 한다.
② 최근 금융시장 환경에서 달러/원의 경우 기준통화(FC)인 달러의 이자율이 가변통화(VC)인 원화에 비해 높아 선물환율이 디스카운트(Discount)를 보이고 있다.
③ 선물환(스왑)포인트란 통화 간 금리차이를 환율단위로 환산한 것이다.
④ 달러/원의 경우 일반적으로 선물환율이 현물환율보다 낮으며 이를 '프리미엄'이라 부른다.

정답 및 해설

10	선물환율을 산출할 때 은행은 거래환율을 호가하는 시장조성자로서 Quoting party의 입장이 된다.
11	달러/원의 경우 일반적으로 원화금리가 달러금리보다 높은 상황으로 선물환율이 현물환율보다 높으며 이를 '프리미엄'이라 부른다.

정답 10 ④ 11 ④

12 ★★

다음은 외환시장 EUR/USD 호가표이다. 이를 보고 추정한 다음 설명 중 옳은 것으로 연결된 것은?

- 현물환율 : EUR/USD = 1.3000
- 3개월 선물환율 : EUR/USD = 1.2750

가. 유로선물환율은 할인(Discount) 상태에 있다.
나. 유로화금리는 미달러 금리보다 낮을 것이다.
다. 기준통화금리는 비교통화금리보다 낮을 것이다.

① 가　　　　② 가, 나　　　　③ 나, 다　　　　④ 가, 나, 다

13 ★★★

현재 ABC은행은 USD/KRW 월물 스왑포인트(swap point)를 다음과 같이 고시하고 있다.

- USD/KRW 현물환율 1,360.00 / 1,360.20
- 1개월 swap point ＋30 / ＋50
- 3개월 swap point ＋80 / ＋105

위 상황에서 미국으로부터 물품을 수입하는 국내기업이 1개월 후에 U$ 결제예정에 따른 환위험 헤지거래를 원한다. 적용되는 적절한 환율은?

① 1,360.30　　② 1,360.50　　③ 1,360.70　　④ 1,360.90

정답 및 해설

12 | 이자율평가이론에 의하면 양국의 금리차이가 선도환율에 영향을 미치게 되는데 현재 현물환율은 1.3000이고 선물환율은 1.2750이므로 유로선물환율은 할인(디스카운트) 상태에 있다. 이는 기준통화금리(유로화)가 비교통화금리보다 높기 때문인 것으로 추정할 수 있다.

13 | 국내수입기업은 환위험 헤지를 위하여 선물환 매수포지션이 필요하다. 적용되는 환율은 선물환 offer rate가 적용된다. 현물환 offer rate가 1,360.20원이므로 선물환율의 1개월 스왑포인트 0.50원을 고려하면 선물환율(offer rate)은 1,360.20 + 0.50 = 1,360.70원이 된다.

정답 12 ①　13 ③

14 ✪✪✪

A기업은 2개월 뒤에 수출대금으로 받을 미화 1백만 달러에 대해 선물환으로 환헤지를 하려고 한다. 현재 국내은행에서 고시하는 현물환율과 swap point가 다음과 같다면 A기업이 거래하게 될 선물환율은 얼마인가?

	bid	/	offer
• USD/KRW 현물환율 :	1320.10	/	30
• 2개월 swap point :	- 150	/	- 100

① 1318.60
② 1319.30
③ 1319.10
④ 1318.80

15 ✪✪✪

USD/JPY 은행 간 현물환시장과 외환스왑시장이 호가은행에서 다음과 같이 고시되고 있을 때 고객 B기업이 은행으로부터 1개월 만기로 엔을 대가로 달러를 매입할 수 있는 선물환율로 옳은 것은?

- USD/JPY 현물환율(S) : 155.30/55
- USD/JPY 1개월 swap point : - 23/ - 20

① 155.07
② 155.30
③ 155.35
④ 155.55

✅ 정답 및 해설

14 스왑포인트를 고려하면 선물환율은 1318.60/1319.30이다. A수출기업은 환율하락 위험이 있으므로 환위험 헤지를 위해 선물환매도포지션이 필요하다. 이때 적용되는 환율은 선물환 Bid환율 1318.60이다.

15 스왑포인트에 의하여 선물환율을 계산하면 155.07/35가 된다. 따라서 B기업(고객)은 달러를 매입하려면 155.35엔을 지불하여야 한다.

정답 14 ① 15 ③

16 ⭐⭐

스왑포인트(swap point)에 대한 설명 중 틀린 것은?

① 선물환율과 현물환율의 차이이다.
② 이자율평형이론이 적용되는 경우 두 통화 간의 이자율 차이에 의해 결정된다.
③ swap point 양(+)인 경우 offer point가 bid point보다 항상 크다.
④ 국내은행의 외화자금사정이 단기적으로 악화되는 경우 은행은 외화조달을 위해 현물환을 매입하고 선물환을 매도하므로 스왑포인트가 상승한다.

17 ⭐⭐⭐

USD/KRW 현물환율과 달러금리와 원화금리가 다음과 같은 상황이다. 1개월 swap point의 bid point를 구하기 위해서 사용되는 현물환율과 금리를 올바르게 연결한 것은?

USD/KRW	1,370.00 - 1,370.50
USD 1개월 금리	2.05% - 2.15%
KRW 1개월 금리	4.40% - 4.65%

① 1,370.00 - 2.15% - 4.40%
② 1,370.00 - 2.05% - 4.65%
③ 1,370.50 - 2.15% - 4.65%
④ 1,370.50 - 2.05% - 4.40%

정답 및 해설

16	국내은행의 외화자금 사정이 단기적으로 악화되는 경우 은행은 외화조달을 위해 현물환을 매입하고 선물환을 매도하므로 스왑포인트가 낮아진다.
17	선물환율의 스왑포인트의 bid rate를 구하기 위해서는 현물환율의 매입률(bid rate)과 기준통화(FC)인 달러금리의 offered rate와 가변통화(VC)인 원화금리 bid rate를 사용한다.

정답 16 ④ 17 ①

18 ❀❀

다음 조건으로 3개월 swap point의 Offered point를 구하면 얼마인가?

- USD/KRW Spot rate : 1,050.00원/1,055.00원
- 원화 3개월 (이자기간 : 90일, 1년 : 365일) 금리 : 2.70%/3.10%
- 달러 3개월 (이자기간 : 90일, 1년 : 360일) 금리 : 1.50%/1.90%

① 310전 ② 360전
③ 410전 ④ 490전

19 ❀❀

아래 표는 파운드화와 달러화와 간의 swap point를 보여주고 있다. 이 표를 이용하여 3개월 만기 달러화와 파운드화 간의 선물환율을 직접적으로 표기하면?

GBP/USD	현물환율	swap point		
		1개월	3개월	6개월
	1.5000 - 60	30 - 25	45 - 30	50 - 35

① GBP/USD 1.4955 - 1.5030
② GBP/USD 1.4980 - 1.5020
③ GBP/USD 1.5045 - 1.5090
④ GBP/USD 1.5030 - 1.5080

정답 및 해설

18 $\dfrac{1055 \times (1 + 0.03 \times \frac{90}{365})}{(1 + 0.015 \times \frac{90}{365})} - 1055 = 410전$

19 스왑포인트의 bid rate가 offered rate보다 크므로 선물환율은 현물환율에서 스왑포인트를 차감하여 계산된다.
bid rate = 1.5000 - 0.0045 = 1.4955, offered rate = 1.5060 - 0.0030 = 1.5030

정답 18 ③ 19 ①

20 ✪✪✪

은행 간 달러/원 현물환율, 3개월 원화 및 달러 금리가 아래와 같을 때 A기업이 은행에 3개월 만기로 선물환 매입거래를 할 때 적용할 swap point를 구하는 것과 관련한 다음 설명 중 옳지 않은 것은?

- 달러/원 현물환율 : 1,350.10/50
- 원화 3개월 금리 : 3.20/3.40
- 달러 3개월 금리 : 0.50/0.60

① 선물환율의 출발점인 현물환율은 1,350.50원이다.
② 적용할 원화 3개월 금리는 3.40%이다.
③ 적용할 달러 3개월 금리는 0.60%이다.
④ 위의 상황일 때 산출한 swap point 부호는 양수(+)이다.

21 ✪✪✪

외환스왑(Fx Swap)에 대한 설명 중 옳은 것으로 연결된 것은?

가. 외환매매 당사자가 동일 금액을 가까운 만기의 매매와 동시에 이에 대응하여 먼 만기의 매매를 하는 것이다.
나. 외환스왑은 중도에 이자의 교환이 발생하지 않는다.
다. 은행 간 외환스왑에서는 Near date에 적용하는 환율은 통상 거래시점의 현물환율의 Bid rate를 사용하는 것이 일반적이다.
라. 대고객 선물환율 결정에서는 현물환율 수준이 스왑포인트보다 더 중요하다.

① 가, 나, 다 ② 가, 나, 라
③ 나, 다, 라 ④ 가, 다, 라

정답 및 해설

| 20 | 기업이 은행에 3개월 만기로 선물환 매입거래 시 선물환 매도환율이 적용되므로 출발 현물환율은 offer rate가 적용된다. 스왑포인트 산정 시 적용금리는 원화금리는 offer rate(3.50%)가 적용되며 달러금리는 bid rate(0.50%)가 적용된다. |
| 21 | 다. 은행 간 외환스왑에서는 Near date에 적용하는 환율은 통상 거래시점의 현물환율의 중간환율(mid rate)을 사용하는 것이 일반적이다. |

정답 20 ③ 21 ②

22 🏅🏅

다음 파생상품 거래 중 "기업의 외환수급의 기간 불일치를 해소하기 위한 수단"으로 주로 사용되는 거래는?

① 외환스왑 ② 통화스왑
③ 통화선물환 ④ 통화옵션

23 🏅🏅🏅

외환스왑의 조건에 대한 설명으로 옳지 않은 것은?

① Near date에 기준통화 또는 가변통화를 매입 또는 매도한다.
② 일반적으로는 현물환거래와 선물환거래의 거래 상대방은 동일하다.
③ Near date와 Far date의 거래가 동시에 체결된다.
④ 기준통화를 기준으로 외환스왑을 하는 경우, Near date와 Far date에 대한 각각 반대방향으로 거래되는 기준통화의 금액은 달라도 무방하다.

정답 및 해설

22	외환스왑을 이용하면 외환수급의 기간불일치를 해소 가능하다. 또한 선물환 만기를 연장하거나 단축하는 데도 사용된다.
23	외환스왑거래에서 기준통화의 금액은 동일하다.

정답 22 ① 23 ④

24 ⭐⭐

외환스왑(FX swap) 거래에 적용환율과 특성을 설명한 것이다. 틀린 것은?

① 초기에 적용되는 환율보다 만기시점에 적용되는 환율은 프리미엄상태가 되거나 디스카운트상태에 있기도 하므로 선물환율이 현물환율보다 항상 높은 것은 아니다.
② 선물환 만기를 연장하고자 하는 경우 수단으로 이용된다.
③ 외환스왑거래는 만기에 원금을 교환하지 않는다.
④ 외환스왑은 장외파생상품으로 결제위험이 있다.

25 ⭐⭐

외환스왑의 장점에 대한 설명이다. 옳지 않은 것은?

① 외환스왑은 부외거래로 취급되기 때문에 신용도 평가에 영향을 주지 않는다.
② 외환스왑은 거래당사자 간에 해당 통화의 실질적인 교환이 일어나므로 거래상대방에 대한 신용위험을 최소화할 수 있다.
③ 은행을 통해 외환스왑을 하는 경우 환율은 기업의 신용도를 감안한 금리를 적용받는다.
④ 외환스왑이 갖는 장점으로 인해 주요 통화에 대한 외환스왑의 유동성은 매우 풍부하다.

정답 및 해설

| 24 | 외환스왑은 초기와 만기에 서로 다른 두 통화의 현금흐름이 발생한다. |
| 25 | 외환스왑의 경우 금리교환이 일어나지 않고 선물환율에 반영된다. 이때 적용 환율기업의 은행의 통화간 금리 차이에 의하여 결정되지 기업의 신용도와는 무관하다. |

정답 24 ③ 25 ③

26 ✪✪

외환스왑 가운데 오늘부터 익영업일까지의 외환스왑을 무엇이라 하는가?

① O/N swap
② T/N swap
③ S/N swap
④ O/T swap

27 ✪✪✪

수출기업이 환율하락을 대비하여 선물환 매도헤지를 하였다. 수출대금 입금예정일에 예상치 못한 입금 지연으로 선물환 매도거래 만기일과 외환수취시기의 단기적 불일치가 발생했을 때 외환스왑을 하고자 한다. 올바른 방법은?

① 달러 변동금리 수취, 원화 고정금리 지급
② 달러 변동금리 지급, 원화 고정금리 수취
③ 현물환 매수+선물환 매도
④ 현물환 매도+선물환 매수

정답 및 해설

26	• O/N swap : Value today 매수(매도)+Value tomorrow 매도(매수) • T/N swap : 익영업일 매수(매도)+익익영업일 매도(매수) • S/N swap : Value spot 매수(매도)+선물환(T+3 영업일) 매도(매수)
27	선물환 매도거래를 이행하기 위하여 현물환매수가 필요하고 향후 수출대금 입금을 대비하여 선물환 매도거래가 동시에 필요하다.

정답 26 ① 27 ③

28 ✪✪

파생상품의 경제적 기능에 대한 다음 설명 중 적절하지 않은 것은?

① 파생상품시장은 헤저로부터 투기자에게 위험을 효율적으로 이전시키는 메커니즘을 제공한다.
② 파생상품 가격은 미래 현물가격에 대한 시장참여자들의 평균 예측치라고 할 수 있다.
③ 파생상품시장에서는 다수의 시장참가자가 경쟁함에 따라 자원배분기능이 보다 비효율적으로 이루어지게 된다.
④ 선물시장과 현물시장을 이용한 차익거래가 제공되어 현물시장의 거래 유동성을 높여준다.

29 ✪✪

통화선물거래의 특징에 대한 다음 설명 중 옳지 않은 것은?

① 거래소를 통한 장내거래로 이루어진다.
② 거래 후 가격변동에 따라 손익의 일일정산이 이루어진다.
③ 거래단위, 만기일 등의 거래조건들이 표준화되어 있다.
④ 일반 개인이나 중소기업은 접근이 어렵다.

✓ 정답 및 해설

28	파생상품시장에서는 다수의 시장참가자가 경쟁함에 따라 자원배분 기능이 보다 효율적으로 이루어지게 된다.
29	장내거래이므로 증거금을 납부하면 얼마든지 접근이 매우 용이하다.

정답 28 ③　29 ④

30 ✪✪✪

선물거래와 선도거래의 차이에 대한 설명 중 옳지 않은 것은?

① 선물거래는 매매되는 상품종류, 호가단위 등 거래조건이 표준화되어 있고 선도거래는 거래 상대방 간에 거래의 필요성에 따라 임의로 결정된다.
② 선물거래는 증거금만 있으면 신용에 관계없이 누구나 거래에 참가할 수 있으며 선도거래는 증거금이 없으므로 신용도를 확인할 수 있는 개인 또는 기업 등으로 한정된다.
③ 선물거래는 반대매매가 불가능하며 대부분 결제일에 가서 현물인수도가 이루어지며 선도거래는 거래상대방의 동의 없이도 결제일 이전에 반대매매를 통해 포지션을 청산할 수 있다.
④ 선물거래는 거래소에서의 거래를 통해 가격이 결정되고 체결된 가격은 거래소의 전광판에 즉시 공개되며 선도거래는 매매쌍방의 직접적인 거래로 거래가격은 일반인에게 알려지지 않는다.

31 ✪✪

선물거래와 관련한 증거금 제도에 대한 설명이다. 옳은 설명으로 연결된 것은?

> 가. 계약이행보증을 위한 장치로 증거금제도, 일일정산제도, 청산소제도가 있다.
> 나. 증거금은 일정한 수준을 유지해야 하며 이를 유지증거금이라 한다.
> 다. 일일정산 후 투자자의 증거금 예탁총액이 유지증거금 수준보다 적은 경우 해당 투자자는 유지증거금 수준이 되도록 부족한 자금을 추가 예탁하여야 한다.

① 가, 나
② 나, 다
③ 가, 다
④ 가, 나, 다

정답 및 해설

30	선물거래는 반대매매가 가능하며 대부분 결제일 전에 청산이 이루어진다.
31	다. 투자자의 증거금 예탁총액이 유지증거금 수준보다 적은 경우 해당 투자자는 개시증거금 수준이 되도록 부족한 자금을 추가 예탁하여야 한다.

정답 30 ③ 31 ①

32

통화선물거래 주문 시 매입 또는 매도 주문 시 호가가격의 최소가격 변동폭을 무엇이라고 하는가?

① 가격제한폭
② 최소호가단위(tick)
③ 계약단위
④ 최소가격변동금액

33

한국거래소(KRX)에 상장된 미국달러선물 거래조건에 대한 설명이다. 거래조건으로 적절치 않은 것은?

① 거래단위는 1만 달러이다.
② 1틱(Tick)은 달러당 0.10원이다.
③ 만기에 현금차액 결제한다.
④ 최종거래일이 공휴일이면 순차적으로 앞당겨진다.

정답 및 해설

| 32 | 최소호가단위에 해당한다. |
| 33 | 만기에 실물인수도 결제한다. 달러선물매수자는 달러를 인수하고 대가로 원화를 지불하며, 달러선물매도자는 달러를 인도하고 대가로 원화를 수취한다. |

정답 32 ② 33 ③

34

최종거래일이 도래하지 않은 평일 한국거래소(KRX)의 미국달러선물의 매매시간은?

① 09:00 ~ 15:30
② 09:00 ~ 15:45
③ 09:00 ~ 15:00
④ 09:00 ~ 15:15

35

다음은 2025년 7월 달력이다. 7월물 미국달러선물의 최종거래일은?

일	월	화	수	목	금	토
		1	2	3	4	5
6	7	8	9	10	11	12
13	14	15	16	17	18	19
20	21	22	23	24	25	26
27	28	29				

① 10일
② 17일
③ 21일
④ 22일

정답 및 해설

34 | 통화선물 평일 거래시간은 09:00~15:45이고 주문은 08:30부터 가능하며, 최종거래일은 09:00~11:30으로 시간이 조정된다.

35 | 달러선물 최종거래일은 각 결제월 세 번째 월요일이다.

정답 34 ② 35 ③

36

투자자가 한국거래소(KRX)에 상장되어 있는 미국달러선물을 1,375.0원에 10계약 매수하였다가 환율하락 시에 1,365.0원에 전량 청산하였다면 매매손익은?

① 500,000원 손실
② 1,000,000원 손실
③ 500,000원 이익
④ 1,000,000원 이익

37

국내 통화선물거래를 위한 절차 등에 관한 설명이다. 적절치 않은 것은?

① 실명확인 대상이므로 계좌개설 시 반드시 실명확인 절차가 필요하다.
② 계좌개설 시 대리인에 의한 개설도 가능하다.
③ 증거금 납부는 반드시 현금으로 해야 한다.
④ 미성년자는 거래가 불가능하다.

정답 및 해설

36	매수포지션을 취했다가 환율이 하락하였으므로 손실이 발생한다. (1,365.0 - 1,375.0)×10,000×10 = 1,000,000원 손실
37	증거금은 현금 또는 대용증권으로 가능하다.

정답 36 ② 37 ③

38

다음 중 ( ) 안에 들어갈 말을 순서대로 올바르게 나열한 것은?

> 환율변화로부터 이익을 보고자 선물시장에만 참여하는 거래는 (　　)이고, 서로 다른 두 시장에서 환율의 차이로부터 이익을 보려고 하는 거래는 (　　)이다.

① 헤지거래, 투기거래　　　　② 투기거래, 차익거래
③ 차익거래, 헤지거래　　　　④ 투기거래, 헤지거래

39

금일은 3월 11일이다. A기업은 향후 6월 25일에 받을 수출대금 38,000달러의 환리스크 헤지를 위해 한국거래소(KRX)에 상장된 미달러선물을 이용하기로 하였다. 다음 설명 중 옳은 것은?

① 거래금액은 38,000달러로 한다.
② 증거금은 거래실행 전에 1회만 납부하면 된다.
③ 만기일을 6월 25일로 맞추어 계약할 수 없다.
④ 만기일 전에 반대매매로 청산할 수 없다.

정답 및 해설

38	전자는 투기거래, 후자는 차익거래에 대한 설명이다.
39	① 거래금액은 3만 달러 또는 4만 달러로 가능하다. 왜냐하면 달러선물은 1계약당 1만불이기 때문이다. ② 증거금은 거래실행 전에 1회만 납부하더라도 일일정산에 따라 추가증거금 발생이 가능하다. ④ 만기일 전에 반대매매로 청산할 수 있다.

정답　38 ②　39 ③

40 ✪✪✪

다음은 환리스크 헤지에 대한 설명이다. 빈칸에 적절한 것은?

> 휴대폰을 외국에 수출하는 국내기업은 달러 (가)이 발생하므로 달러/원 환율이 (나)하면 외환차손을 볼 수 있다. 이에 대비하여 통화선물(환)을 (다)를 통해 헤지를 하고자 한다.

① 가 : 롱포지션, 나 : 상승, 다 : 매수헤지
② 가 : 롱포지션, 나 : 하락, 다 : 매도헤지
③ 가 : 숏포지션, 나 : 하락, 다 : 매도헤지
④ 가 : 숏포지션, 나 : 상승, 다 : 매수헤지

41 ✪✪✪

한국기업이 독일기업으로부터 기계를 수입하고 1개월 후에 1,000,000유로(EUR)를 지급하기로 하였다. 환위험을 헤지하기 위한 방법으로 옳은 것은?

① EUR 통화선물 매도, EUR 콜옵션 매도
② EUR 통화선물 매도, EUR 콜옵션 매수
③ EUR 통화선물 매수, EUR 콜옵션 매수
④ EUR 통화선물 매수, EUR 풋옵션 매수

정답 및 해설

40	수출기업은 외화자산을 보유한 롱포지션(Long position) 상태로 환율 하락 시 환차손을 볼 수 있다. 이를 대비하여 선물(환)거래로 매도포지션을 취하는 매도헤지를 통하여 환위험을 회피할 수 있게 된다.

정답 40 ② 41 ③

Chapter 03 자가학습진단표
자신의 학습성취도를 스스로 진단하세요.

	진단 내용	Yes	No
01	장내파생상품과 장외파생상품의 특징을 비교하여 설명할 수 있습니까?		
02	선물환거래의 기본구조를 이해하고 거래목적에는 어떤 것이 있는지 알고 있습니까?		
03	은행 고객과의 선물환거래 절차를 순서대로 나열할 수 있습니까?		
04	차액결제 선물환(NDF) 거래를 이해하고 결제차액을 계산할 수 있습니까?		
05	선물환율과 현물환율의 차이를 이해하고 계산할 수 있습니까? 특히 결정요인인 두 통화금리 차이에 따라 어떤 상황이 있는지를 설명할 수 있습니까?		
06	선물환율이 현물환율과 비교하여 프리미엄 상태와 디스카운트 상태가 어떻게 다른지 이해하고 결정요인을 정리하고 있습니까?		
07	선물환율을 고시하는 방법 중 직접적으로 고시하는 방법(outright forward)과 스왑포인트 방법에 대하여 구분하여 설명할 수 있습니까?		
08	현물환율과 스왑포인트를 통하여 선물환율을 계산하고 거래에 따른 적용환율을 파악하고 있습니까?		
09	선물환거래를 통한 만기연장과 조기 인도 효과를 설명할 수 있습니까?		
10	외환스왑거래를 이해하고 거래 유형을 이해하고 있습니까?		
11	외환스왑거래의 유용성과 장점을 설명할 수 있습니까?		
12	선물거래와 선도거래를 비교하여 차이점을 정리하고 있습니까?		
13	선물거래의 경제적 기능에는 어떤 점이 있는지를 설명할 수 있습니까?		
14	통화선물 거래의 특징을 설명할 수 있습니까?		
15	통화선물 거래 증거금제도에 대하여 이해하고 있습니까? 또한 추가증거금이 발생하는 경우를 설명할 수 있습니까?		
16	한국거래소(KRX)에 상장되어 있는 통화선물 상품(미달러선물, 엔선물, 유로선물, 위안선물)에 대한 거래조건을 정리하고 있습니까?		

Yes 개수별 진단결과

- 7개 이하 : 합격예상도는 40% ➡ 기본서로 관련 내용을 다시 한번 꼼꼼하게 학습하세요.
- 8~12개 : 합격예상도는 60% ➡ 길라잡이 문제를 통해 주요 내용을 다시 한번 체크하세요.
- 13개 이상 : 합격예상도는 80% ➡ 출제예상 문제를 통해 100% 합격에 도전하세요.

제4장

통화옵션

출제경향분석

본 장은 3과목에서 출제비중이 가장 많고 이해가 선행되어야 하는 부분입니다. 옵션거래의 기본을 이해하고 옵션가격결정요인에 대하여 정리가 필요합니다. 특히 옵션프리미엄에서 내재가치와 시간가치를 구분하여야 합니다. 또한 옵션포지션에 대하여 시장상황에 따른 적절한 전략을 구분·이해하여야 하며 옵션전략별 손익분기점에 대한 이해가 필수적입니다. 장외옵션전략에 대한 내용을 상세히 정리하여야 합니다.

Chapter 04 문제로 보는 출제경향

01

통화옵션에 관한 다음 설명 중 옳지 않은 것은?

① 외가격(OTM)옵션은 프리미엄이 영(Zero)이다.
② 행사가격과 만기일이 같은 콜옵션과 풋옵션 중 하나가 외가격옵션이면 다른 옵션은 내가격(ITM)옵션이다.
③ Option Writer는 옵션의 매도자를 말한다.
④ 내가격(ITM)옵션의 프리미엄은 내재가치와 시간가치로 구성된다.

해설 외가격옵션이라도 시간가치가 있으므로 프리미엄은 영(Zero)보다 크다.

정답 ①

02

통화옵션 프리미엄의 결정요소에 대한 다음 설명 중 옳지 않은 것은?

① 환율이 상승하면 콜옵션의 프리미엄은 높아진다.
② 환율변동성이 증가할수록 콜옵션의 프리미엄은 상승하나 풋옵션의 프리미엄은 감소한다.
③ 행사가격이 높을수록 풋옵션의 프리미엄은 높아진다.
④ 만기가 길어질수록 콜옵션과 풋옵션 모두 프리미엄이 상승한다.

해설 환율변동성이 증가할수록 콜옵션의 프리미엄과 풋옵션의 프리미엄 모두 증가한다.

정답 ②

03

미국 금리 지속 인상으로 향후 미달러화 가치가 상승하리라고 본 투기거래자가 아래 조건의 달러콜옵션을 매입하였다. 손익분기점이 되는 환율수준으로 적절한 것은?

- 행사환율 : 1,390원
- 옵션프리미엄 : 15원(1달러당)

① 1,375원 ② 1,390원
③ 1,405원 ④ 1,410원

해설 콜옵션매입포지션의 손익분기점은 행사가격 + 옵션프리미엄 수준이다.
여기서는 1,390원 + 15원 = 1,405원이다.

정답 ③

04

현물환율이 1,360원일 때 만기가 3개월인 1,370원 행사가격의 달러 풋옵션이 35원에 거래되고 있다면 이 옵션의 시간가치는 얼마인가?

① 0원 ② 10원
③ 25원 ④ 35원

해설 현재 풋옵션은 내가격 상태로 프리미엄 35원에는 10원의 내재가치(=1,370-1,360)와 25원의 시간가치로 구성되어 있다.

정답 ③

Chapter 04 길라잡이 문제

중요이론(Key Point)을 재정리할 수 있는 대표문제로 구성하였습니다.

Key Point 통화옵션 거래구조 이해

01 통화옵션에 대한 설명 중 옳지 않은 것은?

① 권리를 매매하므로 옵션 매수자는 옵션 매도자에게 프리미엄을 지불해야 한다.
② 옵션계약일로부터 만기일까지 영업일이라면 언제라도 권리행사가 가능한 옵션을 유로피안 타입(European Type)이라고 한다.
③ 장외시장에서 은행 간 거래나 대고객 거래의 대부분은 유로피안 타입이 거래되고 있다.
④ 장외 표준형옵션에서는 옵션 매입자는 옵션프리미엄을 옵션계약일로부터 2영업일 후에 지급한다.

해설

옵션계약일로부터 만기일까지 영업일이라면 언제라도 권리행사가 가능한 옵션을 아메리칸 타입이라고 한다.
[권리행사 가능시기에 따라 옵션 분류]
① European option : 권리행사가 만기에만 가능한 옵션
 • 콜옵션 매수자 권리행사 시 : 현금결제 시 내재가치 수취($S_T - X$), 인수도결제의 경우 행사가격으로 기초자산 매수
 • 풋옵션 매수자 권리행사 시 : 현금결제 시 내재가치 수취($X - S_T$), 인수도결제의 경우 행사가격으로 기초자산 매도
 → 전 세계적으로 대부분 유럽피언 옵션이 거래되고 있음.
② American option : 만기일을 포함하여 만기일 이전에 언제라도 권리행사가 가능한 옵션
③ Bermuda options : 유럽식 옵션과 미국식 옵션의 중간 형태로, 이는 미리 정한 특정 일자들 중에서 한 번 행사가 가능한 옵션
[기초자산의 형태에 따라 옵션 분류]
① 현물옵션 : 국내 달러옵션
② 선물옵션 : 행사가격으로 선물매수포지션(콜옵션)이나 선물매도포지션(풋옵션)을 취할 수 있는 권리를 매매
[권리 행사에 따른 결과]

구 분		권리행사에 따른 결과
콜옵션	매수자	• 인수도결제방식 : 매도자로부터 기초자산을 인도받고 대가(행사가격)를 매도자에게 지불 • 현금결제방식 : (기초자산가격 - 행사가격) 차액을 매도자로부터 수취
	매도자	매수자의 반대 상태
풋옵션	매수자	• 인수도결제방식 : 매도자에게 기초자산을 인도하고 대가(행사가격)를 매도자로부터 수취 • 현금결제방식 : (행사가격 - 기초자산가격) 차액을 매도자로부터 수취
	매도자	매수자의 반대 상태

정답 ②

Key Point 통화옵션 손익 및 거래목적 이해

02 통화옵션거래에 대한 설명이다. 적절치 않은 설명은?

① 거래 장소는 장내옵션과 장외옵션 등 다양하게 거래되고 있다.
② 환위험 관리수단으로 사용되며 투기적 목적이나 차익거래 목적으로도 사용된다.
③ 옵션 매매자의 손익은 대칭적인 모습을 보인다.
④ 장외옵션 거래에서 정산일은 권리행사 통보 후 2영업일 후에 이루어진다.

해설
옵션 매매자의 손익은 비대칭적인 모습을 보인다.
옵션 매수자의 경우 최대손실은 프리미엄으로 제한되나, 옵션 매도자의 경우 최대손실은 무제한으로 나타날 수 있다.
[옵션 관련 용어 정리]
• 일정한 자산 : 기초자산(underlying asset) 또는 거래대상
• 약정된 기간 : 만기일(maturity or expiration date)
• 일정가격(약정가격) : 행사가격(exercise price or strike price)
• 살 수 있는 권리 : 콜옵션(call option)
• 팔 수 있는 권리 : 풋옵션(put option)
• 권리를 사거나 파는 일정한 수수료 : 옵션가격(premium)

 정답 ③

Key Point 통화선물과 통화옵션 비교

03 통화선물과 통화옵션에 대하여 비교한 설명이다. 옳은 설명으로 연결된 것은?

> 가. 통화선물의 경우 매수자와 매도자 모두 결제에 따른 의무가 있으므로 매수자와 매도자에게 일일정산제도가 적용된다.
> 나. 통화옵션의 경우 매수자는 권리만 가지고 매도자는 의무만 가진다.
> 다. 통화선물은 거래 당사자 모두에게 증거금 납부의무가 있지만 옵션거래에서는 매도자에게만 증거금 납부의무가 있다.

① 가, 나 ② 나, 다
③ 가, 다 ④ 가, 나, 다

해설

모두 옳은 설명이다.
[통화옵션과 통화선물거래 비교]

구 분	옵션거래	선물거래
권리와 의무	옵션 매수자 : 권리 옵션 매도자 : 의무	선물 매수자 : 의무 선물 매도자 : 의무
가격의미	옵션가격은 매수자가 매도자에게 지불하는 프리미엄을 의미	선물가격은 만기에 결제되는 가격
증거금 납부의무	옵션 매수자 : 없음(프리미엄 지불) 옵션 매도자 : 있음	선물 매수자 : 있음 선물 매도자 : 있음
일일정산	옵션 매수자 : 없음 옵션 매도자 : 일일정산	선물 매수자 : 일일정산 선물 매도자 : 일일정산
Margin Call	옵션매도자만 해당 가능	선물매수자, 매도자 모두 해당 가능

정답 ④

Key Point 유럽형 옵션과 미국형 옵션 비교

04 유로피안옵션과 아메리칸옵션에 관한 다음 설명 중 옳지 않은 것은?

① 미국에서 거래되는 대부분의 옵션은 아메리칸옵션이다.
② 유럽에서 거래되는 대부분의 옵션은 유로피안옵션이다.
③ 옵션 기간 만기 전 아메리칸옵션의 권리를 행사하는 것은 그 옵션의 시간가치를 포기하는 것이다.
④ 유로피안옵션은 만기 전 권리를 행사할 수 없다.

해설
미국에서 거래되는 대부분의 옵션은 유로피안옵션이다.
[권리행사 가능시기에 따른 분류]
• European option : 권리행사가 만기에만 가능한 옵션
• American option : 만기일을 포함하여 만기일 이전에 언제라도 권리행사가 가능한 옵션
• Bermuda options : 유럽식 옵션과 미국식 옵션의 중간 형태로, 미리 정한 특정 일자들 중에서 한 번 행사가 가능한 옵션

 ①

> **Key Point** 내가격, 등가격, 외가격 옵션 이해

05
현재 외환시장에서 달러/원 현물환율이 1,350.0원이다. 수출기업이 달러옵션 행사가격이 1,360원인 풋옵션을 프리미엄 25원에 매수하였다. 이 옵션은 현재 어떤 상태에 있는 옵션인가?

① 외가격(out-of-the-money)옵션
② 심외가격(deep out-of-the-money)옵션
③ 내가격(in-the-money)옵션
④ 등가격(at-the-money)옵션

해설

현재 풋옵션의 경우 행사가격이 현물환율보다 높은 상황이므로 내가격 상태에 있는 옵션이다. 만일 콜옵션의 경우라면 행사가격이 현물환율보다 낮은 상황일 때 내가격 상태의 옵션이다.
옵션 상품은 내재가치 여부에 따라 다음과 같이 구분(Moneyness)된다.
① 내가격옵션(ITM : In-The-Money) : 옵션 보유자가 이득(payoff)이 나는 상태
② 등가격옵션(ATM : At-The-Money) : 기초자산가격과 행사가격이 일치하는 상태
③ 외가격옵션(OTM : Out-of-The-Money) : 옵션 보유자가 이득(payoff)이 나지 않는 상태

구 분	콜옵션	풋옵션
내가격옵션(ITM)	기초자산가격 > 행사가격	기초자산가격 < 행사가격
등가격옵션(ATM)	기초자산가격 = 행사가격	기초자산가격 = 행사가격
외가격옵션(OTM)	기초자산가격 < 행사가격	기초자산가격 > 행사가격

정답 ③

Key Point 옵션프리미엄 구성 이해

06 현재 미국달러옵션의 행사가격이 1,350원인 1개월 만기 풋옵션의 가격은 55원이다. 이 옵션에 대한 기초자산 환율이 1,330원일 때 이 풋옵션의 시간가치는 얼마인가?

① 0원　　　　　　　　　　　② 20원
③ 35원　　　　　　　　　　　④ 55원

해설

옵션프리미엄은 내재가치와 시간가치로 이루어져 있다.
문제에서 행사가격 1,350원, 풋옵션가격 55원, 기초자산 1,330원이므로 현재 이 옵션은 내가격옵션이다.
• 내재가치 = 행사가격(1,350원) - 기초자산(1,330원) = 20원
• 시간가치 = 옵션가격(55원) - 내재가치(20원) = 35원

[옵션프리미엄 구성]
① 내재가치(행사가치 = 본질가치, IV : Intrinsic Value)는 다음과 같다.
　• 콜옵션의 내재가치 = 기초자산가격(S) - 행사가격(X) (≥0)
　• 풋옵션의 내재가치 = 행사가격(X) - 기초자산가격(S) (≥0)
② 시간가치 결정(EV : extrinsic value)은 기초자산가격 변화로 옵션가격이 향후 보다 유리하게 진행될 가능성에 대한 기대치를 말하는데 다음과 같이 계산된다.
　• 콜옵션의 시간가치 = 프리미엄 - [기초자산가격(S) - 행사가격(X)] (≥0)
　• 풋옵션의 시간가치 = 프리미엄 - [행사가격(X) - 기초자산가격(S)] (≥0)

 정답 ③

Key Point 통화옵션 프리미엄 결정요인 이해

07 통화옵션의 프리미엄에 관한 설명으로 옳지 않은 것은?

① 콜옵션의 경우 행사가격이 낮을수록, 풋옵션의 경우 행사가격이 높을수록 옵션 프리미엄은 커진다.
② 외가격옵션의 경우 등가격옵션보다 옵션 프리미엄이 낮다.
③ 변동성이 커지면 콜옵션의 경우 옵션 프리미엄이 높아지고 풋옵션의 경우 옵션 프리미엄은 낮아진다.
④ 다른 모든 조건이 같다고 했을 때 옵션 잔존만기가 짧아질수록 옵션 프리미엄은 낮아진다.

해설
변동성이 커지면 콜옵션의 경우 옵션 프리미엄이 높아지고 풋옵션의 경우도 옵션 프리미엄은 높아진다.
통화옵션가격 결정요인은 다음과 같이 정리된다.
[옵션가격과 결정요인 관계]

변수			프리미엄 변화방향	
			Call	Put
행사가치	기초자산가격(S)	상승할수록	높아진다	낮아진다
	행사가격(X)	높을수록	싸다	비싸다
시간가치	잔존기간(t)	길수록	비싸다	비싸다
	가격변동성(σ)	커질수록	비싸다	비싸다
	무위험이자율(r)	높아질수록	비싸다	싸다

정답 ③

Key Point 옵션전략 손익분기점 이해

08 행사가격이 1,350원이고 프리미엄이 1%인 콜옵션 매입자의 손익분기점이 되는 현물환율 수준은?

① 1,325.00
② 1,336.50
③ 1,350.00
④ 1,363.50

해설

장외 통화옵션은 프리미엄을 %로 호가한다. 여기서 프리미엄은 13.5원(=1,350×1%)이다.
콜옵션의 손익분기점은 행사가격에서 프리미엄을 합한 가격이 된다.

- 콜옵션 매수포지션 : 손익(프리미엄 고려) = $\text{Max}(S_T - K, \ 0) - c$

만기 기초자산 가격 상황	권리행사 여부	수령액(내재가치)
만기 기초자산가격(S_T) > 행사가격(K)	권리행사	$S_T - K$
$S_T < K$	권리행사 포기	0

- 콜옵션 매도포지션 : 손익(프리미엄 고려) = $-\text{Max}(S_T - K, \ 0) + c$

향후 시장이 강세를 보이지 않을 것으로 예상될 때 유용한 투자전략으로 콜옵션 매수자의 권리행사 여부에 따라 손익이 결정

[콜옵션 매수(C)]   [콜옵션 매도(-C)]

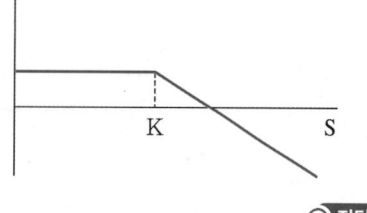

정답 ④

Key Point 옵션전략 손익분기점 이해

09 행사가격이 1,400원이고 프리미엄이 1%인 풋옵션 매입자의 손익분기점이 되는 현물환율 수준은?

① 1,386.00
② 1,395.50
③ 1,405.00
④ 1,414.00

해설

장외 통화옵션은 프리미엄을 %로 호가 한다. 여기서 프리미엄은 14.0원(= 1,400×1%)이다.
풋옵션의 손익분기점은 행사가격에서 프리미엄을 차감한 가격이 된다.
행사가격(1,400원) - 프리미엄(14원) = 1,386원

• 풋옵션 매수포지션 : 손익(프리미엄 고려) = $\text{Max}(K-S_T,\ 0)-p$

만기 상황	권리행사 여부	수령액(내재가치)
만기 기초자산가격(S_T) > 행사가격(K)	권리행사 포기	0
$S_T < K$	권리행사	$K-S_T$

• 풋옵션 매도포지션 : 프리미엄을 고려한 손익 = $-\text{Max}(K-S_T,\ 0)+p$

[풋옵션 매수(P)]   [풋옵션 매도(-P)]

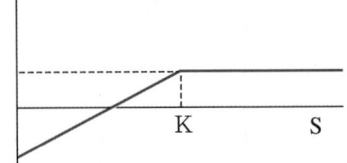

정답 ①

Key Point 통화옵션 매매손익 이해

10 투자자가 향후 미국달러 약세를 예상하여 거래소(KRX)에 상장되어 있는 행사가격 1,350원인 미국달러 풋옵션(프리미엄은 U$당 20원)을 10계약 매수하였다가 만기에 현물환율이 1,320원으로 종료되었다면 프리미엄을 고려한 손익은? (거래비용은 무시한다)

① 200만원 이익   ② 100만원 이익
③ 50만원 손실   ④ 50만원 이익

해설

통화옵션을 이용한 투기거래는 달러가치 상승 예상 시 달러 콜옵션 매수전략이 유효하고, 달러가치 하락 예상 시에는 달러 풋옵션 매수전략이 유효하다.
거래소 달러옵션의 거래단위는 계약당 U$10,000이다.
위의 거래에서 (1,350 - 1,320)이므로 1$당 30원 이익이나 프리미엄 지불 1$당 20원이다.
결국 1$당 10원 이익이므로 10×10,000×10계약 = 100만원 이익이 발생한다.
[투기거래 전략]
① 콜옵션 매수포지션 : $\pi = \text{Max}(S_T - K, 0) - c$
향후 기준통화 가치 상승이 확신하는 경우 + 변동성 확대 예상
② 콜옵션 매도포지션 : $\pi = -\text{Max}(S_T - K, 0) + c$
향후 기준통화 가치 하락이 예상 + 변동성 축소 예상
③ 풋옵션 매수포지션 : $\pi = \text{Max}(K - S_T, 0) - p$
향후 기준통화의 약세시장이 확신하는 경우 + 변동성 확대 예상
④ 풋옵션 매도포지션 : $\pi = -\text{Max}(K - S_T, 0) + p$
향후 시장이 약세를 보이지 않고 + 변동성 축소 예상

정답 ②

Key Point 통화옵션전략 이해

11 만기일까지 환율변동성이 확대되고 환율이 하락할 것으로 예상하고 있다. 적절한 투기 목적의 전략으로 특히 현재의 시장변동성이 낮다고 판단할 때 적절한 표준형 전략은 무엇인가?

① 콜매수
② 콜매도
③ 풋매수
④ 풋매도

해설
환율하락이 예상되면서 변동성이 확대될 것으로 예상될 때 풋매입전략이 유용하다.
[환율 방향성과 변동성에 따른 투자전략]

구분	변동성 확대 예상	변동성 축소 예상
환율상승 예상 (달러강세 예상)	달러 콜매입	달러 풋매도
환율하락 예상 (달러약세 예상)	달러 풋매입	달러 콜매도

정답 ②

Key Point 통화옵션을 이용한 환위험 헤지

12 미국에 물품을 수출하여 1개월 후 100만 달러를 수취 예정인 국내 기업이 있다. 환위험 헤지를 하기 위하여 할 수 있는 가장 적절한 전략은?

① 미국달러 콜옵션 매수 또는 미국달러 선물환 매수
② 미국달러 콜옵션 매수 또는 미국달러 선물환 매도
③ 미국달러 풋옵션 매수 또는 미국달러 선물환 매수
④ 미국달러 풋옵션 매수 또는 미국달러 선물환 매도

해설
환율하락위험에 대비해야 하므로 달러풋옵션 매수 또는 달러선물환 매도이다.
[수출입기업이 옵션을 이용한 환위험 헤지 전략]
1) 수출상(현물 매수포지션 상태와 동일)이 헤징을 위해 풋 매수 시
   현물 매수 + 풋 매수 = 콜 매수포지션 손익구조와 동일
2) 수입상(현물매도포지션 상태와 동일)이 헤징을 위해 콜 매수 시
   현물 매도 + 콜 매수 = 풋 매수포지션 손익구조와 동일

정답 ④

Key Point 수입기업 환위험 헤지 이해

13. 다음에서 설명하는 통화옵션전략으로 가장 적절한 것은?

> 숏 포지션(short position)이 있는 회사가 환율상승에 대한 환리스크를 관리하기 위해 선물환 매입을 통한 헤지방법 외에 대안으로 활용할 수 있는 전략을 고민하고 있다. 특히 환율하락에 따른 이득을 보면서 위험은 제한적으로 갖고 가기를 원하고 있다.

① 콜옵션 매수
② 콜옵션 매도
③ 풋옵션 매수
④ 풋옵션 매도

해설

숏 포지션이 있는 회사의 경우는 예를 들어 수입상이거나 외화채무를 갖고 있는 기업이다. 이 기업은 환율이 상승하면 환차손을 볼 수 있다. 그러므로 환헤지를 하는 경우는 선물환매수포지션을 취하는 방법이 있고 옵션을 이용하는 경우 콜옵션 매입을 통하여 헤지가 가능하다.

[헤지사례 결과 구분]
- 수입상 + 선물환매수하는 경우
  이 경우는 미래 환율을 선물환율로 고정하는 효과가 있다. 그러나 환율하락 시 혜택을 볼 수는 없다는 단점이 있다.
- 수입상 + 콜매수하는 경우
  이 경우는 환율 상승 시 권리행사에 따른 최고상한선을 제한하는 효과를 가져오고 만약 환율 하락 시 권리행사를 포기하는 대신에 환율하락에 따른 혜택을 볼 수는 있다. 그러나 초기 옵션 매입비용의 지출이 발생한다.

[환율변동위험 헤지]

구분	위험노출	헤지 포지션	비고
수출업자 외화채권자	외국통화가치 하락위험(환율하락)	통화선물(환) 매도포지션	매도헤지 (short hedge)
수입업자 외화채무자	외국통화가치 상승위험(환율상승)	통화선물(환) 매수포지션	매입헤지 (long hedge)

정답 ①

Key Point 옵션 스프레드 전략 이해

14 옵션을 이용한 스프레드 전략에 대한 다음 설명 중 옳지 않은 것은?

① 베어콜 스프레드는 낮은 행사가격의 콜옵션을 매도하고 높은 행사가격의 콜옵션을 매입하는 전략이며, 기초자산의 가격이 하락할 것으로 예상할 때 취하는 전략이다.
② 베어 풋스프레드는 초기에 옵션 프리미엄이 순유출이 발생한다.
③ 불콜 스프레드는 낮은 행사가격의 콜옵션을 매입하고 높은 행사가격의 콜옵션을 매도하여 구성하며 초기에 옵션 프리미엄 순유출이 발생한다.
④ 불풋 스프레드는 낮은 행사가격의 풋옵션을 매도하고 높은 행사가격의 풋옵션을 매입하는 전략이며, 기초자산의 가격이 상승할 것으로 예상할 때 취하는 전략이다.

해설

- 강세 스프레드(bull spread) 거래
  낮은 행사가격 옵션 매수 + 높은 행사가격 옵션 매도한 전략으로 기초자산이 강세를 예상할 때 취하는 전략이지만 강세에 대한 확신이 없는 경우에 취하는 전략이다. 콜옵션을 이용하거나 풋옵션을 이용한다.
- 강세 풋 스프레드
  낮은 행사가격의 풋옵션을 매입하고 높은 행사가격의 풋옵션을 매도하는 전략이며, 기초자산의 가격이 상승할 것으로 예상할 때 취하는 전략이다. 초기 포지션 구축 시 현금유입이 발생한다.

[옵션스프레드거래 분류]

수직스프레드
(Vertical spread)
	• 행사가격이 서로 다른 두 개 이상의 옵션에 대해 매수 및 매도를 동시에 취하는 경우(Bullish spread, Bearish spread, Butterfly spread, Sandwich spread)
	• 강세스프레드(Bullish spread, Bearish)
	  : 행사가격 낮은 옵션 매수 + 행사가격 높은 옵션 매도
	• 약세스프레드(Bearish spread)
	  : 행사가격 낮은 옵션 매도 + 행사가격 높은 옵션 매수

수평스프레드 (Horizontal spread)	• 만기가 서로 다른 두 개의 옵션에 대해 매수 및 매도가 동시에 취해지는 경우 Time spread, Calendar spread라고 함. • Long time spread : 근월물 옵션 매도 + 원월물 옵션 매수 • Short time spread : 근월물 옵션 매수 + 원월물 옵션 매도

정답 ④

Key Point 이색옵션 이해

15 이색옵션에 관한 다음 설명 중 옳은 것은?

① 정액수수옵션은 옵션이 얼마나 내가격에 있는지에 따라서 옵션의 수익이 달라진다.
② 베리어옵션은 표준형 옵션에 비하여 프리미엄이 저렴하다.
③ 평균가격옵션은 동일 조건의 표준적인 콜/풋옵션에 비해서 옵션 프리미엄이 높다.
④ Knock Out Call Option에서 옵션 프리미엄을 절감하기 위해서는 베리어가 언제나 행사가격보다 높아야 한다.

해설
① 정액수수옵션은 만기에 내가격 상태가 되면 사전에 정한 일정금액을 지급하고 외가격 상태이면 권리가 소멸되므로 얼마나 내가격 상태가 되는지가 중요한 것이 아니라 내가격 여부가 중요하다.
③ 평균가격옵션은 표준형 옵션에 비하여 변동성이 작으므로 프리미엄이 일반적으로 저렴하다.
④ knock-out 옵션은 베리어가 행사가격보다 높게 설정되는 up&out형과 베리어가 행사가격보다 낮게 설정되는 down&out형이 있다.

정답 ②

Key Point 배리어옵션 권리행사 이해

16 배리어옵션 가운데 Down and Out Call 옵션에 대한 설명으로 맞는 것은?

① 기초자산가격이 일정기간 내에 일정가격 이하 하락 시 옵션이 무효화되는 것
② 기초자산가격이 일정기간 내에 일정가격 이하 하락 시 옵션이 유효화되는 것
③ 기초자산가격이 일정기간 내에 일정가격 이상 상승 시 옵션이 무효화되는 것
④ 기초자산가격이 일정기간 내에 일정가격 이상 상승 시 옵션이 유효화되는 것

해설

배리어옵션은 옵션 계약기간 동안 사전에 일정한 가격(배리어가격, 촉발가격)을 정하여 두고 옵션계약기간 동안 기초자산가격이 이 가격에 도달하게 되면 권리가 소멸되거나(Knock - out) 또는 배리어 가격에 도달하여야 비로소 권리가 유효하게 되는 옵션(Knock - in)으로 통상적인 행사가격에 추가하여 배리어 가격(barrier price or trigger price)이 설정된다.
• Knock In Option → 배리어 가격에 도달하여야 옵션계약이 유효하게 되는 옵션
• Knock Out Option → 배리어 가격에 도달하면 옵션계약이 무효가 되는 옵션
이때, 사전에 정해둔 Rebate를 옵션매입자에게 지급하는 것이 일반적이다.

정답 ①

> **Key Point** 합성선물환 거래 이해

17 합성선물환에 대한 다음 설명 중 옳지 않은 것은?

① 합성선물환은 풋 - 콜 패리티식을 활용한 것이다.
② 등가격 콜옵션 매수와 등가격 풋옵션 매도로 합성선물환 매도를 만들 수 있다.
③ 행사가격을 다르게 하여 레인지 포워드전략을 수립할 수 있다.
④ 다소 복잡한 장외 통화옵션전략들은 매입 또는 매도하는 옵션의 비율을 달리하거나 이색옵션을 추가하여 수립할 수 있다.

해설
등가격 콜옵션 매수와 등가격 풋옵션 매도로 합성선물환 매수를 만들 수 있다.

[합성선물환 이해]

수출업자 헤지(zero cost) : 합성선물환 매도 = 풋매수(K) + 콜매도(K)	
수입업자 헤지(zero cost) : 합성선물환 매입 = 콜매수(K) + 풋매도(K)	

[통화관련 장외파생상품]

선물환거래	거래상대방(매수자와 매도자) 간에 미래에 일정 통화(기초자산 통화)에 대한 환율을 현재시점에서 미리 정하여 계약을 하고 미래에 가서 인수도가 이루어지는 장외선도거래의 일종
통화옵션	장외에서 거래되는 옵션으로 기본구조는 장내옵션과 동일 • 옵션 합성을 통한 합성선물환거래 • 범위선물환거래 • 목표선물환거래
외환스왑(FX swap)	외환거래 당사자 간에 현물환거래와 선물환거래 또는 선물환거래와 선물환거래, 현물환거래와 현물환거래를 동시에 매수와 매도포지션을 취하는 거래

정답 ②

Key Point 수입기업의 범위선물환전략 이해

18 국내 수입기업이 환율 상승을 대비하여 다음과 같이 헷지거래를 하였다. 3개월만기 달러/원 선물환율이 1,320원일 때 제로 코스트로 행사가격이 1,335원인 콜옵션을 매입하고 행사가격이 1,305원인 풋옵션을 매도하여 레인지포워드 전략을 수립한 수입기업에 대한 다음 설명 중 옳지 않은 것은?

① 만기일에 달러/원 환율이 1,300원이 되면 달러를 1,300원에 매입하여 결제할 수 있다.
② 만기일에 달러/원 환율이 1,330원이 되면 달러를 1,330원에 매입하여 결제할 수 있다.
③ 만기일에 달러/원 환율이 1,340원이 되면 달러를 1,335원에 매입하여 결제할 수 있다.
④ 만약 환율이 1,350원이 되는 경우 선물환을 이용한 헤지 경우보다 불리해진다.

해설

향후 환율이 일정 범위 내에서 움직일 것으로 기대하는 수출업체나 수입기업이 비용을 절감하여 헤지할 수 있는 전략이다.
만기일에 달러/원 환율이 1,300원이 되면 달러를 1,305원에 매입하여 결제할 수 있다.
① 수출상 : 외가격 통화 콜옵션 매도 + 외가격 통화 풋옵션 매수를 통해 합성선물환매도거래 손익을 얻을 수 있음. → 이때 두 옵션의 행사가격을 달리하여 결제 환율이 일정범위에서 정해지는 효과를 갖게 됨.
② 수입상 : 외가격 달러 콜옵션 매수 + 외가격 달러 풋옵션 매도를 통해 합성선물환매수거래 손익을 얻을 수 있음.

[범위선물환(Range Forward)]
서로 다른 행사가격의 콜옵션과 풋옵션을 동시에 매수하거나 매도하여 지불하고 수취하는 옵션프리미엄을 동일하게 함으로써 제로 코스트(zero cost) 전략을 취하고자 할 때 적절한 전략이며 환율이 일정 범위 내에서 결제
• 수출기업 헤지 사례 : 풋매입(행사가격 1,300) + 콜매도(행사가격 1,350)
• 수입기업 헤지 사례 : 콜매입(행사가격 1,335) + 풋매도(행사가격 1,305)

 ①

Key Point 수출기업의 범위선물환전략 이해

19 수출기업이 향후 환율하락에 따른 위험 헤지를 고민하고 있다. 현재 시장에서 3개월 만기 달러/원 선물환율이 1,330원인 상황에서 이 기업이 행사가격이 1,300원인 풋옵션을 매입(프리미엄은 U$당 10원)하고 행사가격이 1,350원인 콜옵션을 매도하여 제로코스트 형태의 레인지포워드 전략을 수립하여 환위험 헤지 전략을 취했다면 만기 환율에 따른 결과로 옳지 않은 것은?

① 만기일에 달러/원 환율이 1,380원이 되면 달러를 1,350원에 매도할 수 있다.
② 만기일에 달러/원 환율이 1,335원이 되면 달러를 1,335원에 매도할 수 있다.
③ 만기일에 달러/원 환율이 1,280원이 되면 달러를 1,280원에 매도할 수 있다.
④ 이 전략을 취한 경우 만기의 달러/원 환율이 1,270원 등과 같이 크게 하락하면 선물환 거래로 헤지한 경우보다는 불리한 상황이 된다.

해설

만기일에 달러/원 환율이 1,280원이 되면 달러를 1,300원에 매도할 수 있다.
수출기업의 범위선물환 전략은 달러 매각 환율을 일정한 범위에 놓이도록 하는 전략이다.
결국 콜옵션 행사가격과 풋옵션 행사가격 사이에서 매각 환율이 결정된다.
문제에서 환율이 하락하여 풋옵션 행사가격이 1,300원 이하가 되더라도 옵션 권리행사로 1,300원으로 달러를 매각할 수 있고 환율 상승으로 콜옵션 행사가격 1,350원을 초과하여 1,380원이 되더라도 1,350원에 달러를 매각하여야 할 의무가 발생한다.(콜옵션 매입자의 권리 행사가 이루어지므로)
결국 2가지 행사가격 1,300원~1,350원 사이에서 매각환율이 결정된다.

 ③

Key Point 타겟 포워드 전략 거래 이해

20 다음 설명은 장외통화옵션 전략 중 어느 것에 해당되는가?

> 국내 수입기업이 내가격 콜옵션 1단위 매입과 외가격 풋옵션 2단위 매도와 같은 포지션을 취하여 Zero Cost로 향후 환율이 상승할 것으로 예상하는 선물환을 숏포지션으로 헤지하는 것보다 더 유리한 환율로 거래할 수 있는 여지를 가지면서 환율이 예상과 달리 하락하면 손실이 크게 발생하는 장외통화옵션 전략

① Barrier forward ② Seagull
③ Target forward ④ Range forward

해설

[Target forward 전략]
수출기업의 경우 환위험 헤지를 위하여 풋매입과 콜매도를 취할 때 콜매도의 수량을 풋매입보다 더 크게 하여 선물환을 이용한 경우보다 더 유리한 조건을 취하는 전략
※ 수출업자 : 풋매입(k) 1계약 + 콜매도(k) x배 계약
→ 선물환율보다 유리한 계약환율로 일정금액을 거래할 수 있는 유리한 점이 있지만, 만약 반대로 만기 현물환율이 계약환율보다 유리할 경우에는 추가로 동일 금액을 동일한 계약환율로 거래해야 하므로 위험이 내재된 전략이다.
① 수출상 : 내가격 통화 풋옵션 매입(x) + 외가격 통화 콜옵션 매도(x2)를 통해 합성선물환매도 거래 손익을 얻을 수 있다.
② 수입상 : 내가격 통화 콜옵션 매입(x) + 외가격 통화 풋옵션 매도(x2)를 통해 합성선물환매도 거래 손익을 얻을 수 있다.

정답 ③

Key Point 타겟 포워드 전략 거래 사례

21 1개월 선물환율이 1,400원일 때 향후 달러/원 환율의 상승을 예상하는 수입기업인 A기업은 1개월 뒤에 1백만 달러의 수입대금을 결제해야 한다. A기업의 헤지 목표환율이 1,390원일 경우 제로코스트로 타겟 포워드 장외통화옵션 전략을 수립하려고 할 때 다음 설명 중 옳지 않은 것은?

① A기업이 매입하는 1,390원 콜옵션 금액이 1백만 달러이면 매도하는 1,390원 풋옵션의 금액은 1백만 달러보다 큰 금액 포지션을 취한다.
② ①과 같이 전략을 수립한 경우 만기일 현물환율이 1,380원일 때 1,390원에 1백만 달러를 결제하는 결과가 된다.
③ ①과 같이 전략을 수립한 경우 만기일 현물환율이 1,390원일 때 1,390원에 1백만 달러를 결제하는 결과가 된다.
④ ①과 같이 전략을 수립한 경우 만기일 현물환율이 1,450원일 때 1,390원에 1백만 달러를 결제하는 결과가 된다.

해설
타겟 포워드 전략은 합성선물환매입 포지션(=콜매입 + 풋매도)을 취할 때 매입포지션 금액보다 매도포지션 금액을 x배하여 취하게 된다.
만기일 현물환율이 1,380원일 때 풋매도에 따른 권리행사로 1,390원에 1백만 달러보다 큰 금액을 결제하는 결과가 된다. 결국 위와 같은 타겟 포워드 전략은 환율이 크게 하락하면 큰 손실이 발생할 수 있다.

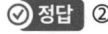 ②

Key Point 프로핏테이킹 전략 이해

22 선물환율이 1,400원일 때 수출기업이 달러 롱 포지션을 헤지하기 위해 제로코스트로 행사가격 1,385원 풋옵션 매도, 행사가격 1,410원인 콜옵션 매도와 풋옵션 매입을 하였을 때 다음 설명 가운데 옳지 않은 것은?

① 만기일 현물환율이 1,350원일 때 1,375원에 달러 매도하는 결과가 된다.
② 만기일 현물환율이 1,370원일 때 1,385원에 달러 매도하는 결과가 된다.
③ 만기일 현물환율이 1,400원일 때 1,410원에 달러 매도하는 결과가 된다.
④ 만기일 현물환율이 1,420원일 때 1,410원에 달러 매도하는 결과가 된다.

해설
만기일 현물환율이 1,370원일 때
행사가격 1,385원 풋매도 : 상대방의 권리행사로 1,385-1,370=15원 손실
행사가격 1,410원 콜매도 : 상대방의 권리행사 포기
행사가격 1,410원 풋매입 : 권리행사로 1,410-1,370=40원 이익
옵션포지션에서는 25원의 이익이 발생한다.
결국 수출기업은 현물환율 1,370원+25원=1,395원에 매도하는 결과가 된다.
결과적으로 옵션포지션 중 낮은 행사가격 이하로 현물환율이 종료 시 수출기업의 매도환율은 현물환율에 두 가지 행사가격 차이를 더한 값의 결과가 된다.
※ 프로핏테이킹 포워드전략
  [만기일 환율 상황]
  만기 환율은 아래 3가지 경우가 발생한다.
   • 낮은 행사가격 아래에서 환율이 종료 시 : 현물환율+행사가격 차이
   • 두 가지 행사가격 사이에서 환율 종료 시 : 높은 행사가격으로 매도 가능
   • 높은 행사가격 위에서 환율 종료 시 : 높은 행사가격으로 매도 가능

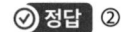 정답 ②

Key Point 합성선물환 사례 이해

23 수입기업이 달러 환율상승을 대비한 헤지를 희망하고 있다. 선물환율이 1,370원일 때 행사가격 1,385원 콜옵션 매도와 행사가격 1,360원 콜옵션 매수와 풋옵션 매도하여 제로코스트 프로핏테이킹 포워드전략을 취한 경우 다음 설명 가운데 옳지 않은 것은?

① 만기일 현물환율이 1,350원일 때 1,360원에 달러를 매입하는 결과가 된다.
② 만기일 현물환율이 1,385원일 때 1,360원에 달러를 매입하는 결과가 된다.
③ 만기일 현물환율이 1,400원일 때 1,385원에 달러를 매입하는 결과가 된다.
④ 만기일 현물환율이 1,420원일 때 선물환거래를 통한 헤지 경우보다 불리한 결과가 된다.

해설
현재 전략은 프로핏테이킹 포워드전략이다. 수입기업이 헤지하기 위하여 합성선물환매수(콜매수 + 풋매도)와 콜매도 추가 거래이다.
① 만기일 현물환율이 1,350원일 때 합성선물환 1,360원에 달러 매입하는 결과가 된다.
② 만기일 현물환율이 1,385원일 때 현물을 1,385원에 매입하지만 행사가격 차이(25원)만큼 이익이 발생하여 결국 1,360원에 달러 매입하는 결과가 된다.
③ 만기일 현물환율이 1,400원일 때 현물을 1,400원에 매입하지만 행사가격 차이(25원)만큼 이익이 발생하여 1,375원에 달러 매입하는 결과가 된다.
④ 만기일 현물환율이 1,420원일 때 선물환거래 1,370원을 통한 헤지 경우보다 불리한 결과가 된다.

 정답 ③

Chapter 04 출제예상 문제

중요도에 따라 Self 맞춤형 학습이 가능한 출제예상 문제입니다. 각자의 목표점수에 맞게 문제를 선별하여 풀어보세요!

▶ 중요도 : 상 중 하

01

달러 콜옵션을 보유한 자는 일정기간 동안 다음 중 어떠한 권리를 갖는가?

① 달러를 원하는 어떤 가격에라도 팔 수 있는 권리
② 달러를 일정한 가격에 팔 수 있는 권리
③ 달러를 원하는 어떤 가격에라도 살 수 있는 권리
④ 달러를 일정한 가격에 살 수 있는 권리

정답 및 해설

01 옵션거래는 계약시점에 옵션매수자가 옵션매도자에게 옵션가격(프리미엄)을 지불하고 그에 따른 대가로 일정한 자산(기초자산)을 일정가격(행사가격)으로 만기 또는 만기 이전에 기초자산을 살 수 있는 권리(콜옵션)나 팔 수 있는 권리(풋옵션)를 갖게 되는 거래이다. 결제방식별 결과는 다음과 같다.

구 분		권리행사에 따른 결과
콜옵션	매수자	• 인수도결제방식 : 매도자로부터 기초자산을 인도받고 대가(행사가격)를 매도자에게 지불 • 현금결제방식 : (기초자산가격 - 행사가격) 차액을 매도자로부터 수취
	매도자	매수자의 반대 상태
풋옵션	매수자	• 인수도결제방식 : 매도자에게 기초자산을 인도하고 대가(행사가격)를 매도자로부터 수취 • 현금결제방식 : (행사가격 - 기초자산가격) 차액을 매도자로부터 수취
	매도자	매수자의 반대 상태

정답 01 ④

02 🏅🏅

현재 USD/KRW 환율은 1,325원이다. 아래 제시된 옵션 중에서 내가격(ITM) 상태인 경우로 묶인 것은?

A. 행사가격 1,320원 풋옵션	B. 행사가격 1,330원 풋옵션
C. 행사가격 1,320원 콜옵션	D. 행사가격 1,330원 콜옵션

① A, C
② B, D
③ B, C
④ A, D

03 🏅🏅

현재 미국달러 환율이 1,363원에 거래되고 있다. 미국달러를 기초자산으로 하는 유럽형 콜옵션, 풋옵션을 거래하려고 한다. 옵션 만기는 1개월이 남았는데 다음 중 내재가치가 가장 큰 옵션은?

① 콜옵션 행사가격 1,360원
② 풋옵션 행사가격 1,360원
③ 콜옵션 행사가격 1,370원
④ 풋옵션 행사가격 1,370원

🔍 정답 및 해설

02 콜옵션의 경우 행사가격 환율이 기초자산 현물환율보다 낮을수록, 풋옵션의 경우 행사가격 환율이 기초자산 현물환율보다 높을수록 내가격(ITM) 상태가 된다.

[내재가치에 따른 옵션분류]

구분	콜옵션	풋옵션
내가격옵션(ITM)	기초자산가격 > 행사가격	기초자산가격 < 행사가격
등가격옵션(ATM)	기초자산가격 = 행사가격	기초자산가격 = 행사가격
외가격옵션(OTM)	기초자산가격 < 행사가격	기초자산가격 > 행사가격

03 옵션가격(프리미엄)은 내재가치와 시간가치의 합으로 구성되어 있다. 내가격옵션은 프리미엄이 내재가치와 시간가치로 이루어지지만 외가격옵션은 프리미엄이 모두 시간가치로 이루어진다.
① 1,363 - 1,360 = 내재가치 3
② 외가격 옵션으로 내재가치 0
③ 외가격 옵션으로 내재가치 0
④ 1,370 - 1,363 = 내재가치 7

정답 02 ③ 03 ④

04 ☆☆☆

1개월 만기의 행사가격이 1,300원인 달러 콜옵션에 대한 다음 설명 중 옳지 않은 것은?

① 만약 거래대상 환율이 1,295원인 경우 프리미엄은 시간가치만 존재한다.
② 만약 거래대상 환율이 1,320원인 경우 내재가치만 존재한다.
③ 거래대상 환율이 1,300원인 경우 등가격상태이며 내재가치는 존재하지 않는다.
④ 거래대상 환율이 1,300원에서 1,280원으로 하락한다면 동 옵션의 프리미엄은 하락할 것이다.
　　(다른 조건은 동일하다고 가정)

05 ☆☆☆

다음 주어진 옵션에 대한 설명 중 옳은 것은? (현재 기초대상 현물환율은 1,398원이다)

> A. 행사가격 1,400원 콜옵션(프리미엄 15원)
> B. 행사가격 1,420원 풋옵션(프리미엄 40원)

① A, B 두 옵션 모두 내가격옵션이다.
② A옵션의 프리미엄의 내재가치는 2원이다.
③ B옵션의 프리미엄의 내재가치는 22원이다.
④ B옵션의 프리미엄의 시간가치는 40원이다.

정답 및 해설

04 거래대상 환율이 1,320원인 경우 행사가격 1,300원 콜옵션은 내가격상태 옵션이므로 옵션가격은 내재가치와 시간가치로 이루어져 있다.

05 ① A옵션은 외가격옵션이고 B옵션은 내가격옵션이다.
② A옵션은 외가격옵션이므로 내재가치는 0원이다. 프리미엄 15원은 전부 시간가치이다.
④ B옵션은 내가격상태이므로 내재가치는 22원(= 1,420 - 1,398)이고 나머지 18원(= 40 - 22)이 시간가치이다.

정답　04 ②　05 ③

06

다음 옵션에 관한 설명 중 옳지 않은 것은?

① 환율의 변동성이 상승할수록 콜옵션과 풋옵션 모두 프리미엄은 높아지고, 변동성이 낮아지면 옵션 프리미엄은 낮아진다.
② 모든 조건이 동일하다면 일반적으로 미국형 옵션의 가격이 유럽형 옵션보다 더 비싸다.
③ 만기가 단축됨에 따라 미국형, 유럽형 옵션 모두 가격이 감소한다.
④ 행사가격이 높을수록 콜옵션 가격은 비싸진다.

07

옵션프리미엄의 구성 중 시간가치를 결정하는 요인으로 옳게 묶인 것은?

가. 기초자산 가격	나. 옵션 잔존기간
다. 옵션 행사가격	라. 기초자산 변동성

① 가, 나
② 나, 다
③ 나, 라
④ 가, 라

정답 및 해설

| 06 | 행사가격이 높을수록 콜옵션 가격은 싸지며, 풋옵션 가격은 비싸진다. |
| 07 | 시간가치를 결정하는 요인으로 변동성, 금리, 잔존기간 등이 있다. 기초자산 가격과 옵션 행사가격은 내재가치를 결정하는 요인이다. |

정답 06 ④ 07 ③

08 🏅🏅

통화옵션에 대한 다음 설명 중 옳지 않은 것은?

① 옵션에는 옵션 매수자가 옵션을 만기에만 행사할 수 있는 유로피안 타입과 옵션 만기까지 언제라도 행사할 수 있는 아메리칸 타입이 있다.
② 콜옵션은 매입자가 매도자로부터 대상자산을 약정된 기일에 약정된 가격으로 매입할 수 있는 권리를 가지는 상품이다.
③ 옵션은 만기에 대칭적인 손익결과를 가진다.
④ 행사가격이 1,120인 달러 콜옵션을 매입했는데 만기에 현물환율이 1,100원이면 콜옵션은 가치가 없다.

09 🏅

한국거래소(KRX)에 상장되어 있는 미국달러옵션에 관한 설명이다. 잘못된 것은?

① 계약단위는 U$10,000이다.
② 최종결제방식은 현금결제방식이다.
③ 최종거래일은 결제월 세 번째 월요일이다.
④ 미국형 옵션으로 만기이전에도 권리행사가 가능하다.

✓ 정답 및 해설

| 08 | 옵션은 만기에 비대칭적인 손익결과를 가진다. |
| 09 | 한국거래소 미국달러옵션은 유럽형옵션으로 만기에만 권리행사가 가능하다. |

정답 08 ③ 09 ④

10 ★★

다음에서 설명하는 적절한 통화옵션전략은 어느 것인가?

> 앞으로 환율이 현재의 현물환율 수준에서 횡보 국면 또는 약보합세를 보일 것으로 예상할 때 사용할 수 있는 전략이다. 만일 환율이 하락 시 유리하지만 예상과 달리 크게 상승하면 큰 손실이 발생할 수 있는 전략이다.

① 콜옵션 매수　　　　　　　② 콜옵션 매도
③ 풋옵션 매수　　　　　　　④ 풋옵션 매도

11 ★★

다음에서 설명하는 통화옵션전략은?

> 앞으로 환율이 현재의 현물환율 내외에서 횡보 국면 또는 강보합세를 보일 것으로 예상할 때 사용할 수 있는 전략이다. 만일 환율이 예상과 달리 크게 하락하면 큰 손실이 발생할 수 있는 전략이다. 현재 시장변동성이 낮다고 생각하는 경우 더욱 적절하다.

① 콜옵션 매수　　　　　　　② 콜옵션 매도
③ 풋옵션 매수　　　　　　　④ 풋옵션 매도

✓ 정답 및 해설

| 10 | 보합세를 유지하는 경우를 예상한다면 옵션 매도포지션이 유리하고 하락 시 유리한 포지션이므로 콜옵션 매도포지션이 된다. |
| 11 | 풋매도전략 : 환율상승을 예상하지만 낮은 변동성이 있을 때 적절한 전략 |

정답　10 ②　11 ④

12 ★★★

1개월 후 100만 달러를 수취예정인 수출기업이 있다. 환위험 헤지를 하기 위하여 할 수 있는 가장 적절한 전략은?

① 달러콜옵션 매수 또는 달러선물환 매수
② 달러콜옵션 매수 또는 달러선물환 매도
③ 달러풋옵션 매수 또는 달러선물환 매수
④ 달러풋옵션 매수 또는 달러선물환 매도

13 ★★

옵션거래전략과 관련한 설명이다. 옳지 않은 것은?

① 커버된 콜 발행(covered call writing)을 이용하여 포지션을 구축 시 프리미엄의 유입에 따른 이득을 볼 수 있다.
② 보호적 풋 매입(protective put buying)을 이용하여 환율이 하락에 따른 손실을 풋옵션의 이익으로 보전하여 손실을 한정시킬 수 있다.
③ 수직스프레드 전략은 이익은 제한적이나 손실은 무제한이다.
④ 옵션을 기초자산이나 다른 옵션과 결합하여 투자하면 자신이 원하는 형태의 이익을 실현할 수 있는 다양한 금융상품을 만들어낼 수 있다.

정답 및 해설

12	• 통화선물 이용 시 - 수출상(외환채권자, 외화수취예정자) : 환율하락위험 노출, 매도헤지 필요 - 수입상(외환채무자, 외화결제예정자) : 환율상승위험 노출, 매입헤지 필요 • 통화옵션 이용 시 - 수출상(외환채권자) : 환율하락위험 노출 → 풋 매수 또는 콜 매도 - 수입상(외환채무자) : 환율상승위험 노출 → 콜 매수 또는 풋 매도 → 수출상(현물 매수포지션 상태와 동일)이 헤징을 위해 풋 매입 시 현물 매수 + 풋 매수 = 콜 매수포지션 손익구조와 동일(최저매도수익 고정) → 수입상(현물매도포지션 상태와 동일)이 헤징을 위해 콜 매입 시 현물 매도 + 콜 매수 = 풋 매수포지션 손익구조와 동일(최고매입비용 고정)
13	스프레드 전략은 이익과 손실 모두 제한적이다.

정답 12 ④ 13 ③

14 ⭐⭐⭐

수출기업이 환율하락에 따른 위험을 헤지하고자 한다. 헤지비용을 제로코스트(zero cost)로 하고자 할 때 가장 적절한 합성선물환전략은?

① 콜매수 + 풋매도
② 콜매도 + 풋매수
③ 콜매수 + 풋매입
④ 콜매도 + 풋매도

15 ⭐⭐

투자자가 다음과 같은 합성포지션을 제로코스트로 취하였다. 만기에 환율이 얼마가 되면 가장 유리한가?

> 1,350원 행사가격의 콜옵션을 1백만 달러 매입하고 동시에 1,360원 행사가격의 콜옵션을 2백만 달러 매도

① 1,330원
② 1,350원
③ 1,360원
④ 1,380원

16 ⭐⭐

수입기업이 환율상승에 다른 환위험 헤지를 위하여 레인지 포워드전략을 아래와 같이 취하였다. 만약 만기에 환율이 1,380원으로 종료 시 1$당 결제비용은?

> 외가격(1,400원) 콜옵션 매입 + 외가격(1,370원) 풋옵션 매도하여 제로코스트로 전략

① 1,370원
② 1,380원
③ 1,400원
④ 1,420원

정답 및 해설

14	수출기업이 환율하락에 대비한 합성선물환매도거래는 콜매도 + 풋매수를 통하여 제로코스트 전략이 가능하다.
15	만기 환율이 1,360원인 경우 콜매도 포지션에 대하여는 상대방이 권리행사가 이루어지지 않고, 콜옵션 매입한(행사가격 1,350원) 것에 대하여 권리행사에 따른 이익이 가장 유리하다. 만약 1,330원인 경우와 1,350원인 경우 모두 권리행사가 없으므로 만기 손익은 0이고, 1,380원의 경우 모두 권리 행사가 이루어지므로 콜매도포지션에 따른 손실 규모가 콜매입포지션 이익 규모보다 크므로 결국 손실이 발생한다.
16	환율이 두 행사가격(1,400원, 1,370원) 사이에서 종료 시에는 만기환율(1,380원)이 결제비용이 된다.

정답 14 ② 15 ③ 16 ②

17 🏅🏅

국내 수입기업이 다음 달 예정되어 있는 달러 결제에 대하여 환리스크 헤지를 위해 달러 콜옵션을 매수하기로 하였다. 수입계약 체결 시 환율은 1,350원이었고, A기업은 행사가격 1,350원인 달러/원(USD/KRW) 콜옵션을 달러당 30원의 프리미엄을 지급하고 매수하였다. 만기일 환율에 따른 콜옵션의 만기손익(비용 옵션프리미엄 포함하고 결제비용의 변화는 고려하지 않는다.)이 잘못 연결된 것은?

① 만기일 환율 1,330원 / 달러당 30원 손실
② 만기일 환율 1,340원 / 달러당 20원 손실
③ 만기일 환율 1,350원 / 달러당 30원 손실
④ 만기일 환율 1,360원 / 달러당 20원 손실

18 🏅

일정한 금액의 달러를 1,350원/U$에 팔 수 있는 옵션으로서 만기가 되기 전에 환율이 1,300원/U$를 기록하거나, 그 이하로 내려갈 경우 무효화되어 버리는 옵션은 다음 중 어느 것인가?

① down & in 풋옵션
② down & out 풋옵션
③ down & in 콜옵션
④ down & out 콜옵션

정답 및 해설

17 만기일 환율이 1,340원인 경우 콜옵션 권리행사가 되지 않으므로 달러당 30원의 손실이 발생한다. 다만 이 문제의 경우 결제비용의 변화를 고려하는 경우는 환율변화에 따른 손익변화도 고려해야 한다.

18 경계옵션은 옵션 계약기간 동안 사전에 일정한 가격(배리어가격, 촉발가격)을 정하여 두고 옵션계약기간 동안 기초자산가격이 이 가격에 도달하게 되면 권리가 소멸되거나(knock-out) 또는 배리어 가격에 도달하여야 비로소 권리가 유효하게 되는 옵션(knock-in)이다.
일정가격에 팔 수 있는 풋옵션으로 배리어가격(1,300원)이 행사가격(1,350원)보다 낮은 상태일 경우 down & out 옵션이 된다.

정답 17 ② 18 ②

19

장외옵션에 대한 일반적인 설명으로 가장 거리가 먼 것은?

① Knock-in 옵션가격과 Knock-out 옵션가격을 합하면 표준형옵션 가격이 된다.
② 이색옵션은 주로 비용 절감 목적으로 사용된다.
③ 베리어옵션은 표준형옵션에 비하여 프리미엄이 비싸다.
④ 정액수수옵션을 디지털옵션이라고도 한다.

20

베리어옵션의 형태 중에서 아래에서 설명하는 내용에 가장 적절한 옵션은?

행사가격의 아래쪽에 있는 베리어를 터치하면 옵션이 소멸되는 옵션

① down & out 옵션　　　② down & in 옵션
③ up & out 옵션　　　④ up & in 옵션

정답 및 해설

19	베리어옵션은 표준형옵션에 비하여 프리미엄이 싸다. 디지털옵션은 옵션 만기일에 내가격 상태(ITM)이면 사전에 정한 일정금액을 받고 그렇지 않으면 0인 옵션으로 얼마만큼의 내재가치는 중요하지 않고 만기에 내가격(ITM)상태 여부가 중요한 옵션이다.
20	행사가격의 아래쪽에 있는 베리어를 터치하면 옵션이 소멸되는 베리어옵션은 down & out 옵션이고 행사가격의 위쪽에 있는 베리어를 터치하면 옵션이 소멸되는 베리어옵션은 up & out 옵션이다.

정답　19 ③　20 ①

21 ⭐

수출기업들에 의해 널리 사용된 KIKO 선도계약과 같은 통화파생상품에서는 환율이 일정 수준 이하로 내려가면 헤지 효과가 사라지는 down and out 풋옵션이 널리 활용되었다. 이와 같은 down and out 풋옵션의 특징으로 옳지 않은 것은?

① 경계옵션(barrier option)의 일종이다.
② 소멸 장벽(knock out barrier) 이하로 환율이 하락하면 옵션 계약이 소멸된다.
③ 다른 조건이 모두 동일하다면 표준(plain vanilla) 풋옵션보다 비싸다.
④ 만기 시점에 환율이 소멸 장벽(knock out barrier) 근처에 오게 되면 옵션의 델타가 매우 불안정해진다.

22 ⭐⭐⭐

통화 합성선물환거래에 관한 설명이다. 잘못된 것은?

① 수출상이 환위험 헤지를 위하여 콜매도과 풋매입을 통하여 합성 선물환매도 포지션이 가능하다.
② 등가격 콜매입과 풋매도를 통하여 합성 선물환매입 포지션이 가능하다.
③ 합성선물환거래를 통한 제로코스트 전략을 취할 경우 선물환율을 고려하여 의사결정이 필요하다.
④ 합성선물환거래를 취하는 경우 콜옵션과 풋옵션에 대하여 행사가격이 동일한 상품만을 이용해야 한다.

정답 및 해설

21	표준형 옵션에 비하여 저렴하다.
22	일반적인 합성선물환 전략을 취하는 경우 콜옵션과 풋옵션에 대하여 행사가격이 동일한 상품을 이용하지만 범위선물환 전략은 행사가격을 달리하여 포지션을 구축함으로써 외화 매각(결제) 환율을 일정 범위로 제한하는 전략을 취할 수도 있다.

정답 21 ③ 22 ④

23 ✪✪

다음 중 콜옵션과 풋옵션을 반대방향으로 거래하여 거래업체의 소요비용을 최소화하면서 보유자산에 대한 환율 하락/상승 시 일정부분의 손실을 방어할 수 있는 가장 기초적인 통화옵션 상품은 무엇인가?

① 타겟 포워드 ② 시걸옵션
③ 인핸스드 포워드 ④ 레인지 포워드

24 ✪✪

수출기업이 3개월 후에 달러화를 매도해야 한다. 달러화 옵션으로 구성하는 범위선물환(Range forward)으로 가장 적절한 것은?

① 행사가격이 낮은 풋 매수 및 행사가격이 높은 콜 매도
② 행사가격이 낮은 풋 매도 및 행사가격이 높은 콜 매수
③ 행사가격이 낮은 풋 매수 및 행사가격이 높은 풋 매도
④ 행사가격이 낮은 콜 매도 및 행사가격이 높은 콜 매수

정답 및 해설

23	범위선물환(Range Forward)은 서로 다른 행사가격의 콜옵션과 풋옵션을 동시에 매수하거나 매도하여 지불하고 수취하는 옵션프리미엄을 동일하게 함으로써 제로 코스트(zero cost) 전략을 취하고자 할 때 적절한 전략이고 환율이 일정 범위 내에서 결제된다.
24	범위선물환 전략은 수출기업이 환위험헤지를 위하여 풋 매입과 콜 매도를 동시에 취하여 프리미엄을 제로로 만들어 비용을 최소화하는 전략이다.

정답 23 ④ 24 ①

25

수출입기업이 헤지 전략을 취할 때 합성선물환포지션에서 콜옵션과 풋옵션에 대한 계약수비율을 동일하게 하지 않고 매도계약수를 X배하여 합성선물환을 이용한 경우, 결과적으로 보다 유리한 환율로 계약 체결이 되는 장점이 있지만 과대 헤지의 위험이 존재하는 옵션 투자전략은?

① 타겟 포워드
② 베리어 포워드
③ 레인지 포워드
④ 넉아웃 포워드

26

콜옵션을 이용한 강세스프레드 전략에 대한 다음 설명 중 옳은 설명으로 연결된 것은?

> 가. 콜옵션을 이용할 경우 행사가격이 낮은 콜옵션을 매입하고 행사가격이 높은 콜옵션을 매도하는 전략이다.
> 나. 손실과 이익의 규모가 모두 제한적이다.
> 다. 만기시점 환율이 하락하여 낮은 행사가격 이하로 종료 시 두 옵션 모두 권리행사가 이루어지지 않으므로 제한된 손실이 발생한다.
> 라. 포지션 구축 시 현금 순유입이 발생한다.

① 가, 나, 다
② 나, 다, 라
③ 가, 다, 라
④ 가, 다, 라

정답 및 해설

25 | 타겟 포워드 전략에 관한 문제이다. 수출기업의 경우 환위험 헤지를 위하여 풋매입과 콜매도를 취할 때 콜매도의 수량을 풋매입보다 더 크게 하여 선물환을 이용한 경우보다 더 유리한 조건을 만든다.

26 | 콜옵션을 이용한 강세스프레드 전략 시 포지션은 낮은 콜옵션을 매입(현금유출)하고 행사가격이 높은 콜옵션을 매도(현금유입)하는데, 매입하는 콜옵션이 매도하는 콜옵션에 비하여 상대적으로 비싸기 때문에 현금 순유출이 발생한다.

정답 24 ① 26 ①

27

향후 환율 상승이 예상되지만 확신은 없는 상태이다. 포지션을 취하여 초기에 현금 유입을 희망하고자 한다. 다음 중 가장 적절한 전략은?

① 콜 강세스프레드
② 풋 강세스프레드
③ 콜 약세스프레드
④ 풋 약세스프레드

정답 및 해설

27 | 상승을 예상하지만 확신이 없는 경우 강세스프레드(bull spread) 전략이 유효하다. 이는 낮은 행사가격의 옵션은 매수하고 높은 행사가격의 옵션을 매도하는 전략이다.
콜옵션을 이용하면 현금유출이 발생하며 풋옵션을 이용하면 현금유입이 발생한다.

정답 27 ②

Chapter 04 자가학습진단표
자신의 학습성취도를 스스로 진단하세요.

	진단 내용	Yes	No
01	옵션거래의 기본 구조를 이해하고 있습니까?		
02	옵션 프리미엄을 구성하는 내재가치와 시간가치를 구분할 수 있습니까?		
03	통화옵션의 가치 상태(Moneyness)에 대하여 구분하여 설명할 수 있습니까?		
04	옵션가격의 결정요인을 설명할 수 있습니까?		
05	옵션가격을 결정하는 요인 중 변동성에 대하여 구분하여 설명할 수 있습니까?		
06	옵션포지션에 대하여 시장 상황에 따른 적정 포지션을 구분하여 정리하고 있습니까?		
07	옵션을 이용한 스프레드 전략을 설명할 수 있습니까?		
08	수출입기업이 환위험 헤지를 위하여 옵션을 이용하는 경우에 대하여 설명할 수 있습니까?		
09	장외옵션(이색옵션)에 대하여도 상품별로 특징을 설명할 수 있습니까? 정액수수옵션의 특징에 대하여 설명할 수 있습니까?		
10	경로의존형 옵션에는 어떤 종류 상품이 있는지 설명할 수 있습니까?		
11	베리어옵션의 특징을 설명하고 넉인옵션과 넉아웃옵션의 발효기준과 소멸에 대하여 설명할 수 있습니까?		
12	레인지포워드 전략에 대하여 이해하고 있습니까? 수출기업이나 수입기업의 레인지포워드 환위험 헤지 전략을 설명하고 환율변화에 따른 결제환율에 대하여 이해하고 있습니까?		
13	타겟포워드 전략에 대하여 이해하고 있습니까?		
14	프로핏테이킹 전략에 대해 거래사례를 통해 이해하고 있습니까?		

Yes 개수별 진단결과

- 6개 이하 : 합격예상도는 40% ➔ 기본서로 관련 내용을 다시 한번 꼼꼼하게 학습하세요.
- 7~9개 : 합격예상도는 60% ➔ 길라잡이 문제를 통해 주요 내용을 다시 한번 체크하세요.
- 10개 이상 : 합격예상도는 80% ➔ 출제예상 문제를 통해 100% 합격에 도전하세요.

제5장

스 왑

출제경향분석

본 장은 2~3문제 출제되는 경향을 보이고 있는데 주로 통화스왑거래의 현금흐름과 환율적용에 대하여 정리가 필요합니다. 특히 통화스왑금리를 잘 이해하여야 하며, 통화스왑거래와 외환스왑거래의 차이점을 정리할 필요가 있습니다.
간헐적으로 이자율스왑에 대한 전반적인 이해를 묻는 문제도 출제되고 있습니다. 다만 이 부분은 비중이 작으므로 크게 염려하실 부분은 아니지만 통화스왑과 비교하여 거래 특징은 숙지하고 있어야 합니다.

Chapter 05 문제로 보는 출제경향

01

통화스왑(Currency Swap) 거래에 관한 다음 설명 중 적절치 않은 것은?

① 통화스왑에서는 초기원금 교환과 만기원금 교환의 환율은 다르다.
② 통화스왑을 거래할 때 초기원금 교환은 선택사항이다.
③ 통화스왑에서의 이자교환은 차액에 의한 결제가 아닌 것이 대부분이다.
④ 통화스왑에서 중간에 이자교환 시 가장 많이 거래되는 유형은 달러 변동금리이고 상대통화는 고정금리인 경우이다.

해설 통화스왑에서는 초기원금 교환과 만기원금 교환의 환율은 동일하게 적용된다.

정답 ①

02

달러 변동금리 차입을 가지고 있는 C기업이 헤지를 하기 위하여 통화스왑(CRS)을 체결하고자 하는 경우 스왑은행은 USD/KRW 통화스왑금리(CRS금리)를 2.55/52로 C기업에게 고시하였다. 다음 설명 중 옳지 않은 것은?

① 초기의 원금교환은 선택사항이다.
② C기업은 헤지를 위해 고정금리스왑이 필요한 상황이다.
③ 이자의 교환은 차액으로 하는 것이 일반적이다.
④ C기업이 적용받는 원화고정금리는 2.55%이다.

해설 통화스왑은 이자율스왑과는 달리 두 통화에 대한 금리를 전부 교환하는 것이 일반적이다.

정답 ③

대표문제로 선별했으니, 학습 전에 최근 출제경향을 파악하세요.

03

통화스왑거래동기로 가장 적절하지 않은 것은?

① 외화차입 시 환리스크 및 금리리스크 관리
② 달러/원 장기 선물환거래 가격 산정
③ 외화자산 운용관련 신용리스크 관리
④ 자금조달 비용 절감

해설   통화스왑은 환위험과 금리위험 헤지수단으로 이용되지만 신용리스크 관리수단으로는 적절치 않다.

정답 ③

04

통화스왑과 외환스왑에 관한 다음 설명 중 잘못된 것은?

① 통화스왑은 장기계약인 데 반하여 외환스왑은 1년 또는 2년 이하의 단기계약이다.
② 두 거래 모두 스왑계약기간 초기와 만기에 원금교환이 이루어진다는 점은 동일하다.
③ 통화스왑은 스왑계약기간 중간에 이자교환이 이루어지지만 외환스왑은 이자교환이 발생하지 않는다.
④ 외환스왑은 만기에 환율이 두 통화 금리차이에 따라 달라지는데 기준통화 금리가 비교통화 금리보다 높으면 환율은 초기환율에 비하여 프리미엄상태에 있다.

해설   외환스왑은 만기에 환율이 두 통화 금리차이에 따라 달라지는데 기준통화 금리가 비교통화 금리보다 높으면 환율은 초기환율에 비하여 디스카운트상태에 있다.

정답 ④

Chapter 05 길라잡이 문제

중요이론(Key Point)을 재정리할 수 있는 대표문제로 구성하였습니다.

Key Point 이자율스왑거래구조 이해

01 이자율스왑에 대한 설명 중 틀린 것은?

① 이자율스왑거래는 명목원금(nominal principal)의 교환이 발생한다.
② 달러 이자율스왑에서 만기 6개월의 LIBOR가 가장 일반적이지만, 3개월 LIBOR가 사용되기도 한다.
③ 고정금리의 이자계산은 장기채권시장 수익률을 사용한다.
④ 금리위험 헤지수단 이외에도 투기적 수단으로도 활용된다.

해설

이자율스왑은 일정금액(명목원금) 동일 통화에 대하여 두 가지 금리를(표준형스왑의 경우 → 고정금리와 변동금리 교환) 서로 주기적으로 교환하는 거래이다.
이때 원금의 교환은 발생하지 않고 주기적으로 이자교환만 이루어지는데 이자교환일에 두 금리의 차액(상계)만을 결제하는 것이 일반적이다.

정답 ①

Key Point 이자율스왑과 통화스왑거래비교

02 이자율스왑과 통화스왑에 관한 비교설명이다. 옳은 것으로 연결된 것은?

> 가. 이자율스왑에서 이자교환은 주로 상계로 이루어지는 데 반하여 통화스왑은 통상 상계가 이루어지지 않는다.
> 나. USD/KRW 통화스왑의 경우 U$변동금리와 원화 고정금리 간 교환이 대표적이다.
> 다. 달러이자율스왑의 금리교환은 두 가지 서로 다른 변동금리를 교환하는 것이 일반적이다.

① 가, 나 ② 나, 다
③ 가, 다 ④ 가, 나, 다

해설

다. 달러이자율스왑의 금리교환은 고정금리와 변동금리를 교환하는 것이 일반적이다.

[통화스왑과 이자율스왑 비교]
① 이자율스왑은 동일통화에 대한 현금흐름을 교환하는 데 반해, 통화스왑은 다른 통화에 대한 현금흐름을 교환한다.
② 이자율스왑은 동일통화에 대한 이자만을 교환하고 원금의 교환은 일어나지 않는 데 반해, 통화스왑은 원금교환뿐만 아니라 이자교환까지 일어난다.

[스왑거래 비교]

구 분	초 기	중 간	만 기	계약기간
이자율스왑	원금교환(X)	이자교환(O) 주로 상계	원금교환(X)	장기
통화스왑	원금교환(△)	이자교환(O) 상계 이루어지지 않음	원금교환(O)	장기
외환스왑	원금교환(O)	이자교환(X)	원금교환(O)	단기

정답 ①

Key Point 통화스왑과 외환스왑거래 비교

03 통화스왑과 외환스왑에 대한 다음 설명 중 옳은 것으로 연결된 것은?

> 가. 통화스왑거래나 외환스왑 모두 초기와 만기에 두 통화를 교환 시 적용되는 환율은 동일하다.
> 나. 두 거래 모두 스왑계약 기간 동안 거래 당사자끼리 한 나라 통화를 다른 통화로 바꾸어 사용한 후 만기에 원래의 통화로 다시 바꾸는 거래이다.
> 다. 통화스왑은 중간에 이자가 교환되지만 외환스왑은 이자교환이 발생하지 않는다.
> 라. 계약기간을 비교하면 통화스왑은 장기계약으로 이루어지나 외환스왑은 만기가 주로 1년 또는 2년 이하의 단기계약으로 이루어진다.

① 가, 나, 다, 라 ② 가, 나, 다
③ 가, 다, 라 ④ 나, 다, 라

해설
가. 외환스왑에서의 환율은 초기 교환 시 현물환율을 적용하고, 만기 반대 현금흐름 시 선물환율을 적용하는 데 반해, 통화스왑은 초기교환이나 만기교환 시 동일한 환율을 적용한다.
이자율스왑은 동일통화에 대한 현금흐름을 교환하는 데 반해, 통화스왑은 다른 통화에 대한 현금흐름을 교환되며, 이자율스왑은 동일통화에 대한 이자만을 교환하고 원금의 교환은 일어나지 않는 데 반해, 통화스왑은 원금교환뿐만 아니라 이자교환까지 일어나는 것이 다르다.
[통화스왑과 외환스왑 비교]
• 통화스왑은 원금교환(초기원금 교환은 선택 가능)과 이자교환이 일어나지만 외환스왑은 중도 이자교환 없이 원금의 교환(현물과 선물거래)만 일어나는 점이 차이이다.

정답 ④

Key Point 통화스왑의 거래동기 이해

04 아래 주어진 국내 ABC기업에 대한 상황 설명에 대하여 ( ) 안에 적절한 것으로 연결된 것은?

> 2년 전에 5년 만기로 1천만 달러를 차입(차입금리 SOFR + 1%)한 ABC기업의 위험 노출은 환율(가)위험과 금리(나)위험이다. 이를 헤지하려고 할 때 적절한 파생상품으로 (다) 거래가 있다.

	가	나	다		가	나	다
①	상승	하락	통화스왑	②	상승	상승	통화스왑
③	상승	상승	통화옵션	④	하락	하락	통화스왑

해설

ABC기업은 달러원금을 변동금리로 차입한 상황이므로 달러강세(환율상승)위험과 변동금리 상승에 따른 위험에 노출되어 있다.

통화스왑거래는 거래 당사자 간 서로 다른 통화로 표시된 원금을 교환하고, 그 이후에 일정기간에 걸쳐 미리 약정한대로 이자와 원리금을 지불하는 계약이다. 주로 환위험 및 금리노출 위험을 효과적으로 헤지가 가능하다.

[통화스왑 현금흐름]
- 초기 : 두 통화에 대한 원금 상호 교환이 됨.
- 중간 : 주기적으로 이자 교환(이자율스왑과는 달리 상계하지 않음)
  → 일반적으로 두 통화에 대한 고정금리 - 변동금리 교환, 예외적으로 고정금리 - 고정금리, 변동금리 - 변동금리로 적용하는 경우도 있음.
- 만기 : 초기 현금흐름의 반대 현금흐름 교환으로 만기 시점 환율 적용은 초기시점에 환율로 동일하게 적용하는 것이 특징

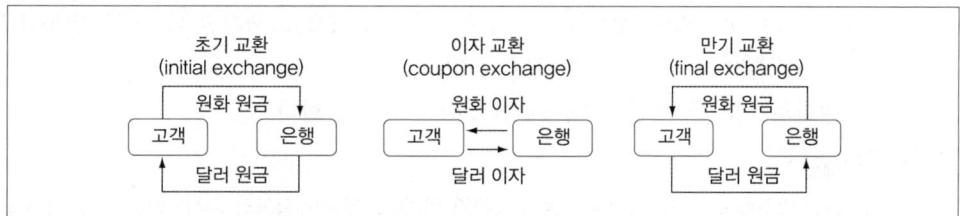

- 통화스왑금리(CRS) 호가방식
  ① 달러 변동금리와 교환되는 상대통화(원화) 고정금리(Offer rate - Bid rate)를 절대금리로 호가하는 방식
    → 보편적인 방식
  ② 달러 변동금리와 교환되는 상대통화 변동금리(offer rate - bid rate)에 대하여 베이시스 형식으로 고시
- 계약 효력 발생일 : 계약일로부터 2영업일 후에 효력 발생
- 거래 동기
  ① 비교우위에 의한 자금차입 조건이 유리
  ② 위험관리수단 : 환위험과 금리위험 헤지수단
    (사례 : 미국달러를 변동금리로 차입한 기업)
    - 위험노출 : 달러 강세위험(환위험) + 금리상승(금리위험)
    - 헤지 : 통화스왑거래 필요. 달러 변동금리 수취 + 원화고정금리 지급
    - 결과 : 원화고정금리 차입효과
  ③ 달러/원 장기 선물환거래 커버

정답 ②

Key Point 통화스왑거래 사례 이해

05 B은행이 A기업(달러 변동금리 채권 발행기업)에게 다음과 같이 3년 만기 통화스왑을 제시하였다. 이에 대한 설명 중 옳지 않은 것은?

> SEMI, ACT/365
> USD/KRW
> 1.25/1.22

① 이자교환은 6개월마다 한다.
② 1.25/1.22은 달러변동금리와 교환하는 원화고정금리로 CRS가격이라 한다.
③ 1.22%는 A기업이 발행한 달러채권을 통화스왑으로 헤지할 때, 달러 변동금리에 대하여 B은행에 지급하는 원화고정금리이다.
④ 원화의 이자를 계산할 때 1년을 365일로 계산한다.

해설

A기업이 발행할 변동금리 달러채권을 헤지하기 위하여는 달러변동금리 수취 + 원화고정금리 지급이 필요하다. 이 경우 적용되는 원화고정금리는 1.25%이다.

[달러 변동금리]
고정금리와 교환되는 변동금리
- 국제시장에서 주로 거래되고 있는 U$ 이자율스왑은 3개월 이자지급주기인 경우 3개월 SOFR 또는 6개월 이자지급주기인 경우 6개월 SOFR를 사용
  - 달러 변동금리는 주로 3개월 만기 LIBOR(런던 은행 간 금리)를 기준으로 사용되어 왔으나, LIBOR는 2023년 6월을 기점으로 단계적으로 폐지되었으며, 이에 따라 미국 달러화의 새로운 기준 금리로 SOFR(무담보 익일물 금리)이 도입되어, 현재 스왑 시장에서는 SOFR를 기반으로 한 변동금리가 사용되고 있다.
  - SOFR는 미국 재무부 채권을 담보로 한 익일물 금리로, LIBOR보다 시장 거래를 더 정확하게 반영하는 것으로 평가받고 있다. 통화스왑 계약에서 달러 변동금리는 이제 SOFR를 기준으로 산정하고 있다.
  - CME Term SOFR 지표금리 산정하여 뉴욕 연방준비은행이 산정 및 공개하는 SOFR를 기준으로 매일 산정하며, 1개월, 3개월, 6개월, 12개월 만기에 대해 산정 및 고시하는 선도적(forward-looking) 일일 금리 추정치

 ③

> **Key Point** 통화스왑을 이용한 환위험과 금리위험 헤지

06 국내 한 기업이 필요한 원화자금을 직접 자금조달보다 유리한 조건이라고 판단하고 거래은행으로부터 3년 만기, 6month SOFR+1.5%의 금리조건으로 100만 달러를 차입하였다. 환리스크와 금리리스크에 노출되어 있는 이 기업의 헤지에 관한 설명으로 옳은 것은?

① 외환시장과 자금시장이 불안정하면 이를 동시에 헤지하기 위해서 금리스왑을 고려할 수 있다.
② 헤지를 하지 않을 경우 이 기업의 위험은 원화 대비 미국달러 가치 하락과 변동금리 상승이다.
③ USD/KRW 통화스왑을 통해 원화차입으로 전환하는 효과를 가져올 수 있다.
④ 통화스왑에서의 이자율 교환 형태는 달러 변동금리-원화고정금리로 한정되어 있어 기업은 이자율에 대한 시장 전망이 반영된 선택을 하기 어렵다.

해설
① 금리스왑을 하는 경우 금리위험은 헤지가 가능하나 환위험 헤지는 불가하다.
② 현재 이 기업은 원화 대비 미국 달러 가치 상승과 금리 상승에 따른 위험에 노출되어 있다.
④ 통화스왑에서의 이자율 교환 형태는 다양한 형태의 금리가 교환되므로 기업은 이자율에 대한 시장 전망이 반영된 선택을 하기 쉽다.

정답 ③

> **Key Point** 통화스왑거래동기

07 다음 중 통화스왑을 실행하는 거래동기로 가장 적절하지 않은 것은?

① 외화차입 시 환리스크 및 금리리스크 헤지수단
② 달러/원 장기 선물환거래 커버
③ 외화자산 운용관련 신용리스크 관리
④ 자금조달비용 절감

해설
통화스왑은 주로 환리스크 및 금리리스크 관리 수단으로 이용되며 그 외에도 장기선물환거래 커버 수단으로 사용되며, 비교우위모형을 이용하여 자금조달비용을 절감할 수 있다.

정답 ③

Key Point 통화스왑 포지션 이해

08 달러 변동금리로 외화자금을 차입한 C기업이 향후 만기일까지의 달러 금리 상승과 달러/원 환율 상승에 따른 환리스크 및 금리리스크를 관리하기 위해 달러/원 통화스왑을 하는 경우 적절한 이자교환은 어느 것인가?

① 달러 고정금리 지급, 원화 고정금리 수취 통화스왑
② 달러 고정금리 수취, 원화 고정금리 지급 통화스왑
③ 달러 변동금리 수취, 원화 고정금리 지급 통화스왑
④ 달러 변동금리 지급, 원화 고정금리 지급 통화스왑

해설
달러 변동금리를 지급하는 외화차입이 있는 C기업은 달러강세와 변동금리 상승에 따른 2가지 위험을 갖고 있다.
그러므로 스왑은행과 달러 변동금리를 수취하고 원화 고정금리를 지급하는 통화스왑을 함으로써 환위험과 금리위험이 동시에 제거되고 C기업은 달러 변동금리 차입에서 원화 고정금리 차입효과를 볼 수 있다.

정답 ③

Key Point 통화스왑 사례 이해

09 달러표시 변동금리부 채권(FRN)에 투자하고 있는 글로벌기업 ㈜한국전자는 환리스크 및 금리리스크를 모두 헤지하여 고정적 수익을 얻고자 한다. 적절한 달러/원 통화스왑의 금리 조건은 어느 것인가?

① 달러 고정금리 수취, 원화 고정금리 지급 통화스왑
② 달러 고정금리 지급, 원화 고정금리 수취 통화스왑
③ 달러 변동금리 수취, 원화 고정금리 지급 통화스왑
④ 달러 변동금리 지급, 원화 고정금리 수취 통화스왑

해설
환위험과 금리위험을 동시에 헤지 가능한 상품이 통화스왑이다. 현재 한국전자는 달러 변동금리를 수취하는 상황이므로 스왑은행에 달러 변동금리를 지급하고 원화 고정금리를 수취하는 통화스왑을 체결해야 한다.

정답 ④

Key Point 통화스왑 현금흐름 사례 이해

10 A은행이 B은행과 1년 만기 통화스왑을 통하여 100만 달러를 수취하였고, 10억원을 지급하였다. 달러금리가 2%, 원화금리가 4%인 경우, 만기 시 자금교환에 대한 설명으로 옳은 것은?

① A은행이 100만 달러를 수취한다.
② B은행이 10억원을 수취한다.
③ A은행이 10억원 미만의 원화를 수취한다.
④ A은행이 10억원을 수취한다.

해설
통화스왑은 초기 교환환율과 만기 적용환율이 동일하며 만기 현금흐름은 초기 현금흐름과 반대로 나타난다. A은행이 초기에 100만 달러 수취+10억원 지급이므로 만기에는 100만 달러 지급+10억원 수취가 발생한다.

정답 ④

Key Point 외환스왑 현금흐름 사례 이해

11 ㈜한국기업은 서울은행과 1년 만기 외환스왑 계약을 체결하였다. 거래일에 500만 달러를 수취하고 50억원을 지급하였다. 미달러 금리가 1%, 원화 금리가 3%일 때 만기일 자금교환에 대한 다음 설명 중 옳은 것은?

① 한국기업 원화 지급+서울은행 달러 지급
② 한국기업은 50억원보다 적은 원화 수취
③ 한국기업은 50억원보다 많은 원화 수취
④ 서울은행이 500만 달러 지급

해설
한국기업은 달러현물 매수와 달러선물환 매도의 외환스왑거래를 한 것이다. 만기일에 가서는 초기 현금흐름과 반대로 한국기업은 달러지급+원화수취의 현금흐름이 발생한다. 미금리보다 원화금리가 높으므로 선물환율은 현물환율보다 높게 책정되며 한국기업이 수취하는 원화는 50억원보다 많게 된다.

정답 ③

Chapter 05 출제예상 문제

중요도에 따라 Self 맞춤형 학습이 가능한 출제예상 문제입니다. 각자의 목표점수에 맞게 문제를 선별하여 풀어보세요!

▶ 중요도 : 🏅🏅🏅 상 🏅🏅 중 🏅 하

01 🏅

다음은 이자율스왑(Interest Rate Swap)에 대한 설명이다. 가장 적절하지 않은 것은?

① 이자율스왑에서는 명목원금이 상호 교환되지 않고, 단지 이자계산에만 사용되는 것이 일반적이다.
② 이자율스왑에서 가장 중요한 변수는 고정금리이며, 이를 보통 스왑금리(Swap Rate) 혹은 스왑률이라고 한다.
③ 이자율스왑에서 고정금리 수취, 변동금리 지급의 포지션을 이자율스왑 매수포지션(Long swap position)이라고 부른다.
④ 이자율스왑에서 변동금리 이자계산에 사용되는 변동금리가 결정되는 날을 기준일(Reference date)이라고 부른다.

⊘ 정답 및 해설

| 01 | 이자율스왑에서 고정금리 수취, 변동금리 지급의 포지션을 이자율스왑 매도포지션(Short swap position)이라고 부른다. |

정답 01 ③

02

다음은 외환시장에서의 스왑금리(Swap Rate) 호가 상황이다. 고객이 3년 만기 달러 이자율스왑을 하고자 한다. 달러 변동금리를 지불하는 대가로 수취하게 되는 스왑금리는?

구분	USD/USD act/360	KRW/KRW act/365
1년	3.50/45	3.20/10
3년	3.70/55	3.25/15
4년	4.10/95	3.35/20
5년	4.25/10	3.55/40

① 달러고정금리 3.70%
② 달러고정금리 3.55%
③ 원화고정금리 3.25%
④ 원화고정금리 3.15%

03

달러 이자율스왑(Interest Rate Swap)의 표준적 계약조건에 따르는 Plain vanilla swap에 대한 일반적 내용으로 거리가 먼 것은?

① 고정금리와 변동금리를 교환한다.
② 스왑은행은 달러 변동금리와 교환되는 고정금리로 offer와 bid를 동시에 호가한다.
③ 스왑계약의 효력은 스왑계약일 이후 1영업일 후부터 발생한다.
④ 스왑계약의 명목원금은 계약기간 내에 일정하다.

정답 및 해설

02	달러 이자율스왑의 경우 표의 좌측 부분이고 고객입장에서 달러리보를 지불하고 수취하는 달러고정금리는 3.55%이고, 만약 고객입장에서 달러리보를 수취하고 지불해야 하는 달러고정금리는 3.70%이다.
03	스왑계약의 효력은 스왑계약일 이후 2영업일 후부터 발생한다.

정답 02 ② 03 ③

04

통화스왑(Currency Swap)에서 두 통화에 대한 변동금리를 상호 교환하는 스왑을 무엇이라 하는가?
① Basis 스왑
② 무이표채 스왑
③ 원금변동형 스왑
④ Step - up 스왑

05

통화스왑에 관한 다음 설명 중 옳지 않은 것은?
① 서로 다른 통화로 표시된 현금흐름을 갖는 양측이 미래의 정해진 만기까지 일정한 기간마다 서로의 현금흐름을 교환하기로 약정한 계약이다.
② 교환하는 금리에 따라 고정금리 - 고정금리, 고정금리 - 변동금리, 변동금리 - 변동금리로 분류할 수 있다.
③ 외환스왑과 비교했을 때 통화스왑 만기는 일반적으로 장기계약이다.
④ 만기원금의 교환되는 적용환율은 만기시점 시장환율로 적용되는 것이 보편적이다.

정답 및 해설

04	변동금리의 상호교환은 베이시스 스왑을 말한다.
05	만기원금의 교환환율은 만기환율과 관계없이 초기 거래시점의 환율이 동일하게 적용된다.

정답 04 ① 05 ④

06 ⭐⭐⭐

통화스왑거래에서 현금흐름에 관한 다음 설명 중 옳은 것은?

① 만기 원금교환은 초기 원금교환의 현금흐름과 반대로 일어난다.
② 이자율스왑거래에 비하여 상대적으로 신용위험이 적다.
③ 이자교환 시에 이자율스왑에서와 비슷하게 차액결제의 형태로 이루어진다.
④ 만기일에 원금 교환 시 적용되는 환율에 해당 통화의 이자율 차이가 적용된다.

정답 및 해설

06 ② 이자율스왑거래에 비하여 상계결제가 이루어지는 것이 아니므로 상대적으로 신용위험이 크다.
③ 통화스왑에서 이자교환 시에 이자율스왑과는 달리 차액결제가 이루어지지 않는다.
④ 만기일에 원금 교환 시 적용되는 환율에 초기의 환율이 그대로 적용된다.

정답 06 ①

07 ★★

다음은 스왑거래에 대한 설명이다. 옳은 것은?

① 통화스왑의 경우 환위험뿐만 아니라 금리위험을 모두 회피할 수 있는 거래수단이 된다.
② 이자율스왑(Interest rate swap)과 외환스왑(Foreign exchange swap)은 장기자본시장 스왑거래이다.
③ 통화스왑(Currency swap) 거래에서 만기 현금흐름은 선물환율에 의해 결정된다.
④ Parallel Loan은 Back - to - back Loan이 갖는 신용위험 문제를 상당히 개선했다.

08 ★★★

통화스왑과 외환스왑에 관한 다음 설명 중 잘못된 것은?

① 외환스왑과 통화스왑을 활용할 때 환리스크는 노출되지 않는다.
② 외환스왑은 통화스왑과 달리 주기적인 이자교환이 발생하지 않는다.
③ 통화스왑 이자교환은 고정금리와 변동금리가 일반적이다.
④ 외환스왑의 경우 초기 원금교환은 필수이고 통화스왑도 초기 원금교환은 필수이다.

정답 및 해설

07 ② 통화스왑은 장기자본시장 스왑거래이나 외환스왑은 대개 1년 미만의 단기시장이다.
　　③ 통화스왑(Currency swap) 거래에서 만기 현금흐름은 최초 현금흐름의 반대로 보통 이루어진다.
　　④ Back - to - back Loan은 Parallel Loan이 갖는 신용위험 문제를 상당히 개선했다.
08 외환스왑의 경우 초기 원금교환이 필수이지만 통화스왑은 초기 원금교환을 선택할 수 있다.

정답 07 ① 08 ④

09

다음과 같은 통화스왑거래 시 A기업의 시장상황에 대한 설명 중 옳은 것은?

> A기업 : 1천만 달러 외화차입, 잔존만기 3년, 금리 6M SOFR+100bp, 달러/원 환율 상승예상으로 통화스왑거래를 하고자 한다. (현재 USD/KRW Spot Rate : 1,300.00원)

[스왑금리 호가표]

Tenor	CRS Semi, Act/365	IRS Quarterly, Act/365
1Y	2.55% / 1.95%	3.86% / 3.83%
2Y	2.47% / 1.87%	3.96% / 3.93%
3Y	2.66% / 2.06%	3.99% / 3.96%
4Y	2.88% / 2.28%	4.02% / 3.9%
5Y	3.09% / 2.49%	4.05% / 3.02%

① A기업은 스왑개시일(effective date)에 외화대출원금 1천만 달러를 수취하고 130억원을 지급하는 원금교환을 반드시 이행해야 환리스크 헤지 효과를 얻을 수 있다.
② A기업은 스왑만기일(Maturity date)에 외화대출금 1천만 달러를 지급하고 130억원을 수취하는 원금교환을 이행할 것이다.
③ A기업은 3년의 계약기간 동안 달러 변동금리와 원화 고정금리를 교환할 것이며, 6개월 원화 고정금리는 2.06%이다(스프레드 교환 생략).
④ A기업은 통화스왑을 통하여 달러 외화대출금을 원화대출 원금 130억원의 고정금리 차입효과를 얻었다.

정답 및 해설

09
① A기업은 스왑개시일(effective date)에 외화대출원금 1천만 달러를 지급하고 130억원을 수취하는 원금교환을 반드시 이행해야 환리스크 헤지 효과를 얻을 수 있다.
② A기업은 스왑만기일(Maturity date)에 외화대출금 1천만 달러를 수취하고 130억원을 지급하는 원금교환을 이행할 것이다.
③ A기업은 3년의 계약기간 동안 달러 변동금리와 원화 고정금리를 교환하는데, U$변동금리 수취와 KRW고정금리 지불의 교환이 발생한다. 이때 6개월 지불해야 할 원화 고정금리는 2.66%이다(스프레드 교환 생략).

정답 09 ④

10 ✦✦✦

다음 국내 통화스왑(USD/KRW)에 관한 설명이다. 옳은 것으로 연결된 것은?

> 가. 현재 베이시스 스왑은 거래되지 않고 달러 변동금리와 원화 고정금리 통화스왑을 거래하고 있다.
> 나. CRS 가격은 보편적으로 국고채 금리보다 높게 이루어지고 있다.
> 다. 달러/원 베이시스 통화스왑의 스프레드는 CRS 가격과 원화 이자율스왑 가격에 따라 확대 또는 축소된다.
> 라. 국내 달러 유동성이 부족한 경우 CRS 가격은 상승한다.

① 가, 나
② 나, 다
③ 가, 다
④ 나, 라

정답 및 해설

10 | 나. CRS 가격은 보편적으로 국고채 금리보다 낮게 이루어지고 있다.
　　라. 국내 달러 유동성이 부족한 경우 달러 변동금리(Libor)와 교환되는 원화 고정금리인 CRS 가격은 하락한다.

정답 10 ③

11 ⭐⭐

달러/원 통화스왑시장에서 CRS가격에 영향을 주는 요인에 관한 설명이다. 잘못된 것은?

① 내국인이 원화차입을 위해 외화표시채권을 발행하는 경우 CRS가격을 receive한다.
② 외국인이 달러 차입을 하여 원화로 국내에서 차익거래 운용을 하는 경우 CRS가격을 pay한다.
③ 내국인이 해외자산에 투자하는 경우 보유한 원화를 근거로 달러/원 통화스왑을 하면 CRS가격을 receive한다.
④ 글로벌 금융위기로 달러 유동성이 부족한 경우 국내은행들이 달러 차입하는 효과를 갖기 위해 달러/원 통화스왑을 하면 CRS가격을 receive한다.

정답 및 해설

11 ① 내국인이 원화차입을 위해 외화표시채권을 발행하는 경우 수취한 외화를 스왑은행과 원화로 교환하는 통화스왑거래를 필요로 한다. 달러변동금리 수취 + 원화고정금리 지불의 이자교환이 이루어지므로 CRS가격을 pay한다.
② 외국인이 달러 차입을 하여 원화로 국내에서 차익거래 운용을 하는 경우, 외국인은 조달된 달러를 스왑은행에 주고 원화를 수취하는 통화스왑을 하므로 달러변동금리 수취 + 원화고정금리 지불이 이루어지므로 CRS가격을 pay한다.
③ 내국인이 해외자산에 투자하는 경우 보유한 원화를 근거로 달러/원 통화스왑을 하는 것은 스왑은행에 원화를 주고 달러자금을 수취하는 스왑거래이므로, 달러변동금리 지불 + 원화고정금리 수취하게 되어 CRS가격을 receive한다.
④ 글로벌 금융위기로 달러 유동성이 부족한 경우 국내은행들이 달러 차입하는 효과를 갖기 위해 달러/원 통화스왑을 하는 것은 스왑은행에 원화를 주고 달러를 수취하는 통화스왑거래를 하므로, 이자교환은 달러변동금리 지불 + 원화고정금리 수취 현금흐름이 발생하므로, CRS가격을 receive한다.

정답 11 ①

12 ★★

다음 중 국내 금융기관(calling party) 입장에서 CRS 가격에 대하여 pay하거나 receive하는 경우에 관한 설명 중 잘못된 것은?

① 국내 은행의 달러 차입 여건이 악화되어 신용경색이 되면 CRS 가격을 receive한다.
② 국내 수출기업들이 장기선물환을 매도하는 경우 은행이 이를 통화스왑으로 커버할 때 CRS 가격을 receive한다.
③ 외국인이 달러 차입과 원화 운용의 차익거래를 하고자 하는 경우 CRS 가격을 pay한다.
④ 국내 기업이 원화 차입을 위해 외화채권을 발행하는 경우 CRS 가격을 receive한다.

정답 및 해설

12
① 국내 은행의 달러 차입 여건이 악화되어 신용경색이 되면 달러 수요가 증가하게 되어, 달러 수요 증가는 달러 수취+원화지급의 통화스왑거래가 이루어진다. 즉 이런 경우 달러 변동금리 지급의 현금흐름으로 원화 고정금리 수취인 CRS 가격을 receive하는 거래가 발생한다.
② 국내 수출기업들이 장기선물환을 매도하는 경우 은행은 달러 선물환 매수거래(수동적 입장이므로)가 이루어져 있어서 over sold 상태가 된다. 이때 은행이 환위험 노출을 커버하는 거래가 필요하게 되어 달러 수취+원화지급의 통화스왑거래가 이루어진다. 즉 이런 경우 달러 변동금리 지급+원화 고정금리 수취인 CRS 가격을 receive하는 거래가 발생한다.
③ 외국인은 달러 차입자금을 국내에 갖고 와서 환위험와 금리 위험을 헤지하기 위하여 스왑은행(외국환은행)과 달러 지급+원화 수취 통화스왑이 발생한다.(이때 달러변동금리 수취+원화고정금리 지불 pay 현금흐름 발생)
④ 국내기업이 외화채권발행에 따라 달러 자금이 유입되어 이를 필요한 원화 자금으로 환전 시 환위험 발생하므로 통화스왑거래를 한다. 초기에 달러 지불+원화 수취하고, 중간 이자 현금흐름이 달러 변동금리 수취+원화 고정금리 지불의 CRS 가격을 pay하는 거래가 발생한다.

정답 12 ④

13 ☆☆

갑을기업과 한국전자의 자금조달 가능조건이 아래와 같고 스왑딜러가 달러 변동금리와 교환되는 스왑금리에 대하여 각각 6.3% ~ 6.1%로 고시되었을 때 비교우위모형을 이용한 통화스왑으로부터 두 회사의 이익은?

	고정금리시장	변동금리시장
갑을기업 :	EUR 5.5%,	USD SOFR
한국전자 :	EUR 6.6%,	USD SOFR + 0.20%

① 갑을기업 0.60%, 한국전자 0.10%
② 갑을기업 0.50%, 한국전자 0.40%
③ 갑을기업 0.30%, 한국전자 0.30%
④ 갑을기업 0.40%, 한국전자 0.50%

14 ☆☆☆

한국기업이 변동금리로 3년 만기 달러자금을 국제금융시장에서 조달하고자 한다. 그러나 현재 자금시장의 어려움으로 현재 발행 가능한 채권은 3년 만기 엔화 고정금리채권(Samurai bond)밖에 없다. 엔화채권 발행과 함께 필요한 스왑거래는 다음 중 어느 것인가?

① 달러화 변동금리 지급, 엔화 고정금리 수취
② 달러화 고정금리 지급, 엔화 변동금리 수취
③ 달러화 고정금리 지급, 엔화 고정금리 수취
④ 달러화 변동금리 지급, 엔화 변동금리 수취

정답 및 해설

| 13 | 고정금리에서는 1.1% 차이, 그리고 변동금리에서는 0.2% 차이가 나기 때문에 비교우위 모형에 의하여 0.9%가 스왑거래의 총이익이고, 중간에 딜러의 스프레드가 0.2%이므로 두 기업의 스왑을 통한 이자절감 효과의 합은 0.7%가 된다. |
| 14 | 엔화채권을 발행하여 통화스왑을 하면 된다. 초기에 엔화원금 지급 + 달러원금 수취, 중간에 이자교환 엔화 고정금리수취 + 달러 변동금리 지불, 만기에 초기원금 교환의 반대현금흐름을 통해 한국기업이 변동금리로 3년 만기 달러자금을 국제금융시장에서 조달하는 효과를 볼 수 있다. |

정답 13 ① 14 ①

15 ✮✮✮

아래 내용은 국내 ABC기업의 현재 상황이다. 노출된 위험을 통화스왑을 활용하여 헤지하려고 한다. 이에 대한 설명 중 옳지 않은 것은?

> - ABC기업은 1년 전에 5년 만기로 6개월 SOFR+0.8%에 1백만 달러를 차입한 뒤, 당시 현물환율인 1,350원에 매도하였다.
> - 현재 상환 만기까지 4년이 남은 상황에서 달러/원 현물환율은 1,380원이다.
> - ABC기업은 향후 노출된 위험을 통화스왑으로 제거하기를 원한다.

① ABC기업은 부채스왑을 활용하여 달러 환율상승과 금리 상승위험을 제거할 수 있다.
② 만일 ABC기업이 금일 통화스왑을 거래한다면 만기 원금교환 환율은 1,380원으로 적용된다.
③ 통화스왑을 활용하는 경우 초기 원금교환은 이루어지지 않는다.
④ 통화스왑을 이용할 경우 적절한 금리 조건은 달러 변동금리 지급, 원화 고정금리 수취이다.

16 ✮✮✮

아래 주어진 사례에서 갑을기업에 대한 설명 중 적절한 것은?

> 갑을기업은 2년 전에 A은행으로부터 미화 1천만 달러를 5년 만기로 '6Month SOFR + 1.5%'에 차입하였다. 차입금 만기까지 남은 기간 동안 달러 환율과 금리가 상승할 것으로 예상하여 통화스왑을 통한 헤지거래를 하였다.

① 갑을기업은 달러 변동금리를 수취하고 원화고정금리를 지급해야 한다.
② 5년 만기로 계약기간을 정해야 한다.
③ 3개월마다 이자교환을 하는 것이 편리하다.
④ 달러금리 상승과 달러 약세에 따른 위험에 노출되어 있다.

정답 및 해설

| 15 | 통화스왑을 이용할 경우 적절한 금리 조건은 달러 변동금리 수취, 원화 고정금리 지급이다. |
| 16 | ② 3년 만기로 계약기간을 정해야 한다.
③ 6개월마다 이자교환을 하는 것이 편리하다.
④ 달러금리 상승과 달러 강세에 따른 위험에 노출되어 있다. |

정답 15 ④ 16 ①

17 ♦♦♦

국내 ㈜갑을전자는 달러 1백만불을 변동금리로 만기 3년으로 차입하였다. 이에 대한 설명으로 잘못된 것은? (달러/원 통화스왑금리 2.5/2.3)

① 환율상승에 따른 위험에 노출되어 있다.
② 달러 금리상승에 따른 위험에 노출되어 있다.
③ 원화고정금리 2.3%를 스왑은행에 지급해야 한다.
④ 달러 변동금리 수취 + 원화고정금리 지급 스왑을 해야 한다.

18 ♦♦

아래 주어진 사례에서 거래기업 A조선사의 거래상대방 B은행의 필요한 환리스크관리에 관한 다음 설명 중 적절하지 않은 것은?

> 국내 A조선사가 선박 대금을 3년에 걸쳐 달러로 수취예정이다. 위험 헤지를 위하여 국내 B은행과 달러선물환 매도거래를 하였다.

① 달러/원 환리스크를 커버하기 위하여 현물환시장에서 달러를 매도한다.
② 3년 만기 통화스왑(달러 변동금리 수취 + 원화 고정금리 지급)으로 커버한다.
③ 통화스왑 커버 시 달러 변동금리 위험을 헤지하기 위하여 3년 만기 달러 이자율스왑으로 헤지한다.
④ 환리스크 관리 전 현재 B은행은 매입초과포지션(Over Bought Position) 상태이다.

정답 및 해설

| 17 | 원화고정금리 2.5%를 스왑은행에 지급해야 한다. |
| 18 | 3년 만기 통화스왑(달러 변동금리 지급 + 원화 고정금리 수취)으로 커버한다. |

정답 17 ③ 18 ②

Chapter 05 자가학습진단표
자신의 학습성취도를 스스로 진단하세요.

	진단 내용	Yes	No
01	통화스왑거래의 현금흐름과 환율적용에 대하여 이해하고 있습니까?		
02	통화스왑거래목적에 대하여 설명할 수 있습니까?		
03	통화스왑거래에서 적용되는 두 통화에 대한 적용금리를 잘 이해하고 있습니까?		
04	통화스왑거래와 외환스왑거래의 차이점을 정리하고 있습니까?		
05	통화스왑거래의 현금흐름을 설명할 수 있습니까? 특히 환율적용에 대하여 설명할 수 있습니까?		
06	통화스왑에서 적용되는 통화스왑금리에 대하여 스왑은행의 호가에 따른 적용금리를 이해하고 있습니까?		
07	통화스왑거래를 통한 환위험과 금리위험 헤지사례를 이해하고 있습니까?		
08	국내은행이나 기업이 CRS가격을 pay하거나 receive하는 사례를 설명할 수 있습니까?		

Yes 개수별 진단결과

- 3개 이하 : 합격예상도는 40% ➔ 기본서로 관련 내용을 다시 한번 꼼꼼하게 학습하세요.
- 4~6개 : 합격예상도는 60% ➔ 길라잡이 문제를 통해 주요 내용을 다시 한번 체크하세요.
- 7개 이상 : 합격예상도는 80% ➔ 출제예상 문제를 통해 100% 합격에 도전하세요.

부록

실전모의고사

제1회 실전모의고사

시험 직전, 실전처럼 풀어보고 학습을 마무리하세요.

| 제1과목 | 외환관리실무 |

001 다음 중 「외국환거래법」의 목적이 아닌 것은 무엇인가?
① 외국환거래의 자유 보장
② 대외거래의 자유보장을 통한 시장기능의 활성화
③ 국제수지의 균형 및 통화가치의 안정 도모
④ 외국환거래의 합리적 조정 또는 관리

002 다음 중 지급수단이 아닌 것은?
① 신용장 ② 상품권
③ 우편환 ④ 무기명양도성예금증서

003 다음 중 자본거래에 해당하는 것을 모두 고르시오.

| ㄱ. 보험 | ㄴ. 배당금 |
| ㄷ. 보증 | ㄹ. 금전대차 |

① ㄱ, ㄴ, ㄷ, ㄹ ② ㄴ, ㄷ, ㄹ
③ ㄷ, ㄹ   ④ ㄱ, ㄷ

004 다음 중 외국환거래법 시행령상 거주성에 대한 설명으로 옳은 것은? (2점)
① 국내에서 사업체를 운영하고 있는 외국인은 거주자이다.
② 한국주재 미국대사관에 근무하고 있는 외국인은 거주자이다.
③ 미국에서 3년째 유학생활을 하고 있는 대한민국 국민은 거주자이다.
④ 주한미군에 근무하고 있는 외국인은 거주자이다.

005 다음 중 외국환거래업무취급지침 총칙상 외국환 거래당사자의 신고와 외국환은행의 업무 처리에 관한 사항으로 옳지 않은 것은?
① 법인을 위해 해당법인 소속 임직원이 대리하여 신고하는 경우 대리위임장을 반드시 제출하여야 한다.
② 거래당사자의 신고는 당해 거래를 착수 또는 개시하기 이전에 이루어져야 한다.
③ 신고대상 외국환거래는 6개월 이내에서 유효기간 설정이 가능하며 부득이 하다고 인정되면 연장 가능하다.
④ 외국환은행 장의 신고업무는 2영업일 이내에 처리해야 한다.

006 다음 중 거주자로부터 외국환의 매입과 관련하여 동일자, 동일인, 동일점포 기준으로 취득경위 입증서류를 미제출한 경우 영수확인서 징구대상 거래인 것은?
① 미화 10만불 초과 외국통화 매입업무
② 수회에 걸친 미화 10만불 초과 외환수표 매입업무
③ 미화 10만불 초과 타발송금 매입업무
④ 원화를 재원으로 미화 10만불 초과 외화예금 입금업무

007 외국환의 매각에 관한 다음 설명 중 옳지 않은 것은? (2점)
① 비거주자가 비거주자 자유원계정을 처분하여 대외계정에 예치하기 위한 매각이 가능하다.
② 비거주자의 국내 소득 등의 대외지급을 위한 매각에 있어 제출증빙서류가 없다 하더라도 지정거래 외국환은행의 관리하에서 연간 미화 5만불 이내에서는 대외지급을 허용한다.
③ 외국인거주자에게는 국내에서 외국환을 매각한 실적 범위 내까지 매각이 가능하다.
④ 비거주자에게 일반해외여행경비로 1만불까지 매각이 가능하다.

008 소지목적의 외국환 매각에 대한 다음 설명 중 옳지 않은 것은?
① 국민인거주자(국내소재 법인 및 단체 포함)에게 적용된다.
② 지정거래 외국환은행에서 거래하여야 한다.
③ 외화현찰도 거래가 가능하다.
④ 동일자 1만불 초과 시 국세청 및 관세청에 통보된다.

009 다음 중 외국환은행의 비거주자에 대한 대출금액이 동일인 기준 100억원일 경우 신고내용으로 옳은 것은? (단, 거주자의 담보 또는 보증제공 없음) (2점)
① 신고 예외
② 외국환은행의 장 신고
③ 한국은행총재 신고
④ 기획재정부장관 신고

010 외국환은행의 대출에 대한 다음 설명 중 틀린 것은 무엇인가?
① 비거주자에 대한 외화대출은 원칙상 제한이 없으나, 다른 거주자의 보증이 있는 경우에는 비거주자가 한국은행총재에게 신고하여야 한다.
② 외국인거주자에 대한 원화대출은 원칙상 제한이 없다.
③ 외국인비거주자에 대한 원화대출 시 동일인 기준 10억원 초과 300억원 이하는 한국은행 신고사항이다.
④ 국민인비거주자에 대한 원화대출은 제한이 없다.

011 농협은행과 수협은행의 신용협동조합(지역별 단위농협, 수협)에 대한 사무위탁에 관한 다음 내용 중 동일인당 연간 미화 5만불 이하 거래에 한하여 위탁 가능한 업무를 모두 고르시오 (2점)

ㄱ. 건당 미화 5천불 이하 지급 등
ㄴ. 거주자의 증빙서류미제출 송금
ㄷ. 비거주자 및 외국인거주자의 국내 보수 소득 등의 지급

① ㄱ, ㄴ, ㄷ
② ㄴ, ㄷ
③ ㄱ, ㄷ
④ ㄱ

012 다음 거주자의 지급증빙서류미제출 송금에 대한 내용 중 옳지 않은 것은?
① 외국인거주자는 해당하지 않는다.
② 소액 경상대가 지급의 경우에도 적용이 가능하다.
③ 건당 미화 5천불 이하인 경우 연간 누계에 포함되지 않는다.
④ 건당 미화 5천불 초과 시에는 국세청에 통보된다.

013 사전지급(사전개산지급)에 대한 다음 설명 중 옳지 않은 것은? (2점)
① 지급신청서 우측상단에 사전지급임을 표시하여야 한다.
② 외국에서 영화 또는 광고물 제작 시 소요경비를 사전에 정확하게 예측할 수 없는 경우에 사용된다.
③ 지급신청일로부터 60일 이내에 지급금액을 증빙하는 서류를 징구하여 정산한다.
④ 정한 기간 이내에 정산자료를 제출하지 않는 경우 국세청에 통보된다.

014 외국인거주자의 지급에 관한 다음 설명 중 옳지 않은 것은? (2점)
① 해외여행경비로 매각 시는 미화 1만불 이내에서 가능하며 여권상에 환전사실을 기재하여야 한다.
② 급여입증서류를 제출하지 않은 경우라도 연간 미화 5만불 이내에서는 환전 또는 송금이 가능하다.
③ 인정된 거래에 따른 대외지급을 위한 경우에 가능하다.
④ 외국으로부터 송금 받은 자금을 외국환은행에 매각한 실적이 있는 경우 동 자금 범위내에서 송금 또는 재환전 가능하다.

015 해외체재자 및 해외유학생에 관한 다음 설명 중 옳지 않은 것은?
① 유학경비를 지급하는 부모가 영주권자가 아닌 국민인거주자의 경우 해외유학생 지정이 가능하다.
② 관련 경비의 지급 금액은 제한이 없다.
③ 해외체재자의 해외 체재기간은 30일을 초과하여야 한다.
④ 거래외국환은행은 해외체재비로 1만불을 초과하여 휴대출국하는 경우에는 외국환신고필증 발행의무가 없다.

016 해외여행경비에 관한 다음 설명 중 옳지 않은 것은? (2점)
① 법인명의 해외여행경비는 반드시 사업자등록증 명의로 환전하여야 하며 해외체재비 지급은 불가하다.
② 단체해외여행경비는 환전 또는 송금이 가능하며, 여행자 개개인 명의로 거래가 가능하다.
③ 법인명의 해외여행경비는 소속 임직원의 일반해외여행경비로만 환전 가능하며 송금은 불가하다.
④ 해외여행자가 해외에서 신용카드, 직불카드, 선불카드를 사용하여 해외여행경비를 지급할 수 있다.

017 다음은 해외이주비에 관한 설명이다. ( ) 안에 들어갈 숫자는?

> 해외이주신고확인서 발급일로부터 (가)년 이내까지 해외 이주비를 지급해야 하며, 해외이주신고확인서를 발급받고 (나)년 이내에 이주하지 아니한 경우 동 신고서는 무효이다. 또한 건당 미화 (다)만불 초과 지급 시 국세청, 관세청 및 금융감독원에 통보된다.

	가	나	다
①	3	2	3
②	3	1	1
③	1	3	1
④	1	1	1

018 재외동포 중 비거주자의 재산반출에 관한 다음 설명 중 옳지 않은 것은? (2점)
① 본인 명의 부동산의 임대보증금은 반출대상에 포함된다.
② 외화현찰로 휴대하여 지급이 가능하다.
③ 지급기한제한이 없다.
④ 예금 등의 개인별 총지급누계 미화 10만불 이하 시 통장 사본을 제출하여야 한다.

019 다음 중 국내출자 법인이 해외 법인과의 거래에서 발생한 채권 미화 1백만불과 채무 미화 1백만불을 상계하고자 하는 경우 신고행위로 옳은 것은? (2점)
① 신고할 필요 없음
② 외국환은행에 신고 또는 사후보고
③ 한국은행에 신고
④ 기획재정부에 신고

020 다음 제3자 지급 등에 대한 설명 중 신고대상 거래를 포함하고 있는 것은?
① 거주자 간 또는 거주자와 비거주자 간 거래의 결제를 위하여 당해 거래의 당사자인 거주자가 당해 거래의 당사자가 아닌 비거주자로부터 자금을 수령하는 경우
② 해외부동산취득 자금을 부동산 중개인에게 지급하는 경우
③ 주거용 해외부동산취득 자금을 배우자에게 지급하는 경우
④ 미화 5천불 초과 1만불 이내의 금액을 제3자에게 지급하는 경우

021 다음 중 관할세관장에게 신고예외대상에 관한 내용 중 틀린 것은? (2점)
① 미화 1만불 이하의 지급수단 등을 수입하는 경우. 다만 내국통화, 원화표시 자기앞수표 및 당좌수표 이외의 내국지급수단을 제외한다.
② 거주자가 미화 5만불 상당액 이내의 내외국통화를 수집용, 기념용으로 수출입하는 경우
③ 약속어음, 환어음, 신용장을 수입하는 경우 (금액과 무관)
④ 거주자가 수출대금 및 용역대금의 영수를 위하여 외국통화표시 수표를 휴대수입 이외의 방법으로 수입하는 경우

022 다음은 외화예금 계정에 관한 설명이다. 옳지 않은 것은?
① 국내에서 사업을 하고 있는 외국인 마이클이 개설한 외화예금은 대외계정이다.
② 미국에서 사업을 하고 있는 영주권자 김한국이 개설한 외화예금은 대외계정이다.
③ 미국에서 3년째 어학연수 중인 김사랑이 개설한 외화예금은 대외계정이다.
④ 미국 주재 한국대사관에서 근무하고 있는 박철수가 개설한 외화예금은 대외계정이다.

023 외국인 또는 비거주자가 개설하는 예금에 관한 다음 설명 중 옳지 않은 것은? (2점)
① 대외계정은 해외에서 송금된 자금을 일정기간 외화정기예금으로 예치 후 원리금을 해외로 재송금하고자 하는 경우 이용하면 좋은 예금이다.
② 대외계정에 원화를 대가로 외화금액을 입금하는 경우 입금사유를 반드시 확인하여야 한다.
③ 비거주자자유원 정기예금은 해외에서 송금된 자금을 일정기간 예치 후 원리금을 해외로 재송금하고자 하는 경우 이용하면 좋은 예금이다.
④ 비거주자자유원예금은 입출금 거래 시 특별한 제한이 없다.

024 다음 중 외국환은행의 대출에 관한 설명으로 옳지 않은 것은? (2점)
① 국민인거주자에게 실수요 목적의 외화대출을 하는 경우 신고예외대상이다.
② 외국인비거주자에게 거주자의 담보를 제공받아 외화대출을 하는 경우 한국은행 신고사항이다.
③ 외국인비거주자에게 300억원을 초과하여 원화대출을 하는 경우 한국은행 신고사항이다.
④ 국민인비거주자에게 300억원을 초과하여 원화대출을 하는 경우 한국은행 신고사항이다.

025 국내영리법인 A가 미국에서 미화 1천만불 상당의 외화증권을 발행하고자 할 때 신고 등의 절차로 옳은 것은?
① 신고예외
② 지정거래 외국환은행 신고
③ 한국은행총재 앞 신고
④ 기획재정부 장관 앞 신고

026 외화자금 차입에 관한 다음 설명 중 옳지 않은 것은?
① 차주와 차입금액 등에 따라 신고기관이 다를 수 있다.
② 영리법인의 차입기간은 제한이 없다.
③ 정유수입업자가 수입대금 결제를 위해 단기 외화자금을 차입하는 경우 차입금액에는 제한이 없이 외국환은행 신고로 가능하다.
④ 외국인투자기업 중 일반제조업이 단기 외화자금을 차입하는 경우 차입금액에는 제한이 없이 지정거래 외국환은행 신고로 가능하다.

027 거주자의 외국부동산 취득에 관한 다음 설명 중 옳지 않은 것은?
① 대상 부동산에 취득금액의 제한은 없다.
② 주거용 및 투자 등 부동산을 중복하여 취득할 수 없다.
③ 조세체납자의 경우에는 신고수리 신청이 제한된다.
④ 소유권을 인정하지 않는 특정 국가의 부동산 장기사용권은 소유권 취득으로 간주할 수 있다.

028 거주자의 해외부동산취득 중 취득부동산의 내용변경 신고(수리)대상이 아닌 것은?
① 건물의 신축, 증축, 개축 등으로 인한 금액변경
② 당초 신고한 부동산과 다른 부동산을 취득하기 위한 금액변경
③ 모기지론 상환 등 국내송금액 변경
④ 주거용 부동산을 주거 이외의 목적으로, 주거 이외의 용도 부동산을 주거용으로 변경

029 교포 등에 대한 여신에 관한 설명으로 옳은 것은? (2점)
① 차주 동일인 보증금액이 미화 50만불까지는 한국은행 신고사항이다.
② 국내에 있는 예금 또는 보증을 담보로 국내은행의 해외지점 또는 해외 현지법인으로부터 대출 받는 것을 말한다.
③ 국민인비거주자가 전액 출자하여 설립한 법인은 교포 등에 대한 여신 수혜자가 될 수 없다.
④ 영주권자 또는 시민권자, 해외유학생 등 해외교포가 수혜대상이다.

030 외국기업의 국내지사 영업기금으로 인정할 수 없는 것은?

> ㄱ. 지정거래 외국환은행을 통한 거래가 아닐 경우
> ㄴ. 휴대수입
> ㄷ. 원화자금
> ㄹ. 본사로의 송금 건이 아닌 경우

① ㄴ, ㄷ, ㄹ
② ㄱ, ㄴ
③ ㄱ, ㄴ, ㄷ, ㄹ
④ ㄱ, ㄷ, ㄹ

031 다음 중 해외직접투자의 투자수단에 해당하지 않는 것은?
① 현지법인의 이익유보금
② 부속품
③ 대외채권
④ 비상장주식

032 해외직접투자신고에 관한 다음 설명 중 옳지 않은 것은? (2점)
① 주채무계열 소속 기업체인 경우에는 당해 기업의 주채권은행을 지정거래외국환은행으로 지정하여야 한다.
② 금융기관이 해외직접투자를 하고자 하는 경우는 외국환은행신고대상이다.
③ 대부투자조건 변경이나 유효기간 연장은 해외직접투자에 있어 내용변경 신고대상이다.
④ 투자실행은 해외직접투자 신고한 지정거래은행에서 송금하여야 한다.

033 특정거래형태의 수출입에 관한 다음 내용 중 맞는 것을 모두 고르시오.

> ㄱ. 임대수출은 임대계약에 의해 수출하고 일정기간 후 다시 수입하거나 소유권을 이전한다.
> ㄴ. 연계무역은 물물교환 등의 형태에 의하여 수출, 수입이 연계된다.
> ㄷ. 수탁판매수입은 물품등을 무환으로 수입하여 판매된 범위 내에서 대금결제한다.
> ㄹ. 수출대금은 국내에서 받지만 물품은 외국에서 타국으로 제공하는 것을 외국인도수출이라고 한다.

① ㄱ, ㄴ, ㄷ, ㄹ　　② ㄴ, ㄷ, ㄹ
③ ㄱ, ㄷ, ㄹ　　　　④ ㄱ, ㄷ

034 다음 중 외국인투자자금 도입 단계에서 투자재원을 확인할 때 외자도입으로 볼 수 없는 것은?
① 대외계정예치자금
② 타발송금된 자금
③ 국내에서 대출받은 자금
④ 외국환신고필증을 소지한 휴대수입자금

035 현지금융에 관한 다음 설명 중 옳지 않은 것은? (2점)
① 거래외국환은행 지정대상이다.
② 현지금융신고자는 현지법인 또는 거주자의 현지금융 시에는 거주자가 신고하여야 한다.
③ 현지법인 등의 현지금융 시 신용차입의 경우 신고예외 사항이다.
④ 현지금융이 외화증권발행방식에 의한 미화 5천만불을 초과하는 경우 한국은행 신고대상이다.

제2과목 외국환거래실무

036 외국환거래를 원활하게 수행하기 위해서는 외신관리가 필요하다. SWIFT에 대한 다음 설명 중 옳지 않은 것은?
① SWIFT 메시지 타입은 3자리 수로 구성되어 있다.
② 환거래은행 간 교환된 AUTHENTICATION KEY에 의거 전문내용의 진위여부가 자동으로 확인되어 보안성이 우수하다.
③ 전문내용이 표준화되어 있어 전문내용 파악이 용이할 뿐만 아니라, 전문분류 등이 시스템에 의해 자동으로 분류 처리되어 별도로 관리할 필요가 없다.
④ Telex를 통한 전문 송수신보다 통신비용이 저렴하다.

037 외국환대사에 대한 다음 설명 중 옳지 않은 것은? (2점)
① 환대사를 종료한 후에도 정리가 되지 않고 남아있는 미정리환을 '미달환'이라 한다.
② 은행의 전일자 계정처리 내역으로 외화타점예치계좌의 원장(Shadow 계정)을 생성하여, 예치환거래은행이 송부해 온 Statement를 근거로 생성한 Actual 계정과 상호대사한다.
③ 발생 후 6개월이 경과하도록 정리되지 않은 장기미달환은 영업외수익 또는 영업외손실로 계정처리하여 환대사를 종료한다.
④ 환대사는 은행의 거래내역과 예치환거래은행의 거래내역을 일치시켜 나가는 과정으로, 예치환거래은행별, 통화별로 각각 수행한다.

038 A기업의 금일 현재 달러 외화예금 잔고는 2백만 달러이고, 내일 예정된 수입원자재 결제대금이 1백만 달러인 경우 A기업의 환리스크를 관리하기 위한 관리대상 포지션으로 옳은 것은?
① 환리스크 없음
② 1백만 달러 롱포지션
③ 2백만 달러 숏포지션
④ 3백만 달러 롱포지션

039 외화유동성 리스크에 관한 다음 설명 중 옳지 않은 것은?
① 역외계정과 유동성에 영향을 미치는 부외거래도 유동성 리스크관리 대상이다.
② 유동성과 수익성은 서로 보완관계에 있으므로 유동성이 개선될수록 수익성도 개선된다.
③ 유동성 수준에 대한 정기적인 측정과 분석을 통해 유동성 위기 시에도 안정적인 영업이 가능하도록 하는 것이 목적이다.
④ 국내본지점, 해외지점, 해외현지법인의 모든 외화자산과 부채를 대상으로 한다.

040 선방은행에서 수출환어음 매입 결제대금을 당방계정으로 입금하였으나, 관련 참조번호나 금액이 상이하여 당방은행의 외화타점예치금계정에서 출금을 못한 경우에 발생하는 미달환의 형태는?
① They credited but we didn't debit
② We debited but they didn't credit
③ They debited but we didn't credit
④ We credited but they didn't debit

041 다음 중 거래외국환은행 지정을 사전에 반드시 해야 하는 거래가 아닌 것은?
① 미국에 유학을 떠난 자녀에 대한 송금
② 해외이주예정자의 국내부동산 매각 대금 송금
③ 인도네시아 광산에 대한 해외직접투자 송금
④ 미국 친지에게 무증빙으로 3천불 송금

042 외화예금 업무 등에 대한 설명으로 틀린 것은?
① 대외계정은 대한민국 정부의 재외공관 근무자 및 그 동거가족이 개설할 수 있다.
② 외화예금을 원화 대가로 예수하는 경우에는 입금 당시의 대고객 전신환매도율(T/T selling)을 적용한다.
③ 거주자가 외화재원으로 동일자 2만불 초과 예치하고자 할 때 취득경위 입증서류를 제출해야 하며, 미제출하는 경우로 10만불 초과 시 영수확인서 제출이 필요하다.
④ 해외이주예정자가 자기 명의의 재산을 처분하여 취득한 내국지급수단을 대가로 외국환은행에 외화예금을 하고자 하는 경우 동일인 기준 미화 10만불 초과하는 경우 이주 예정자의 관할세무장이 발급하는 자금출처확인서를 제출하여야 한다.

043 다음 중 외화수표에 대한 설명으로 옳은 것으로 연결된 것은?

> 가. 환거래은행이 아닌 은행이 발행한 은행수표는 개인수표에 준해서 취급한다.
> 나. 미국 상법상 수표발행인은 앞면 위변조의 경우 지급일로부터 3년 이내에 이의제기를 하여 부도 처리할 수 있다.
> 다. 미재무성수표의 유효기일은 발행일부터 1년이다.
> 라. 수표상에 $로만 표시되어 있는 수표는 발행은행 소재지 국가의 통화로 본다.

① 가, 나, 다
② 나, 다, 라
③ 가, 다
④ 가, 나, 다, 라

044 당발송금에 대한 다음 설명 중 옳지 않은 것은?
① 당발송금의 종류는 전신송금, 우편송금, 송금수표 등이 있는데, 주로 전신송금방식으로 이루어지고 있다.
② 거래외국환은행 지정이 필요한 당발송금의 경우 거래외국환은행 지정(변경)신청서를 받아 전산에 등록하고, 향후 지정은행을 통해 거래해야 함을 송금의뢰인에게 안내해야 한다.
③ 원화를 대가로 송금하는 경우에는 송금시점의 전신환매도율을 적용한 원화대금을 받는다.
④ 해외로부터 되돌아온 송금을 의뢰인에게 원화로 지급할 때는 송금시점의 대고객전신환매입률을 적용한다.

045 타발송금에 관한 업무처리방법에 대한 다음 설명 중 옳지 않은 것은? (2점)
① 타발송금 지급지시서에 기재된 수취계좌의 예금주명과 수취인명이 다른 경우 송금은행에 조건변경을 요청하여 정당한 수취인명을 확인하여야 한다.
② 타발송금 회계처리 시 반드시 매입외환의 경과계정에 대기하였다가 수취인에게 지급이 일어나면 매입외환의 경과계정을 차기함으로써 완료한다.
③ 외국인거주자를 제외한 거주자가 미화 2만불 초과의 대외지급수단을 영수하는 경우로서 취득 경위를 입증하는 서류를 제출하지 않은 경우에는 이전거래로 간주하여 매입이 가능하다.
④ 외화표시 타발송금을 원화로 지급할 때는 지급시점의 전신환매입률이 적용된다.

046 외국통화 매도 시 국세청 통보기준이 나머지 셋과 다른 하나는? (2점)
① 일반 여행자에 대한 해외여행경비
② 해외유학생에 대한 유학경비
③ 국민인거주자에 대한 소지목적 매각
④ 법인명의 해외여행경비

047 다음 중 외국환거래법령상 외국통화 매매 시 외국환은행이 고객에게 외국환신고확인필증을 발행해야 하는 경우로 옳지 않은 것은?
① 국내법인 해외여행경비로 휴대반출하기 위해 미화 5만불을 매도 요청하는 경우
② 여행업자가 단체여행경비로 휴대반출하기 위해 미화 2만불을 매도 요청하는 경우
③ 재외동포가 휴대반출하기 위해 미화 10만불을 매도 요청하는 경우
④ 유학생이 해외로 휴대반출하기 위해 미화 1만불을 초과하여 매도 요청하는 경우

048 단기금융시장의 기능 중 옳지 않은 것은?
① 경제 내의 자금수요자에 대해서는 신속하게 자금을 제공하여 주고, 자금공급자에게는 지급 준비자산의 시장성을 확보해 금융효율을 높여준다.
② 이자율이 완전경쟁하에서 결정되기 때문에 자금의 효율적 배분 및 사용을 촉진해주고 금융의 자동조절기능이 발휘될 수 있는 여건을 마련해준다.
③ 단기금융시장은 크게 차관단 대출시장과 국제채권시장으로 나누어진다.
④ 단기금융시장은 일반 은행 주도하에 주로 간접금융 형태를 취하고 있다.

049 환율연동 정기예금 상품에 대한 다음 설명 중 옳지 않은 것은?
① 환율이 변동할 경우 원금 손실의 우려가 있다.
② 정기예금의 일정 이자를 환율 파생상품 등에 투자한다.
③ 환율변동에 따른 수익은 금리형태로 지급한다.
④ 환율연동상품은 수익구조에 따라 상승형, 하락형, 범위형이 있다.

050 수익증권과 뮤추얼펀드에 관한 설명 중 옳지 않은 것은?
① 수익증권은 수익계약에 따른 수익관계이며, 뮤추얼펀드는 법인성격을 가진 주식회사이다.
② 수익증권의 발행증권은 수익증권이며, 뮤추얼펀드의 발행증권은 주식이다.
③ 수익증권의 경우에는 운용사에 환매청구를 통해 환매를 하고 뮤추얼펀드는 투자자가 펀드 주식의 매도를 통해 환매를 할 수 있다.
④ 해외뮤추얼펀드의 경우 안정적인 자산운용을 위해 추가적인 모집에 제한이 있는 폐쇄형펀드가 대부분이다.

051 다음 중 은행창구에 내점한 고객에게 해외펀드 투자 시 고려사항에 대한 설명으로 옳지 않은 것은?

① 해외펀드 투자는 위험에 대한 노출이 심하므로 단기투자하여야 한다.
② 시장상황에 따라 소액으로 나누어 분산투자해야 한다.
③ 환차익이 목적은 아니지만 환율이 급등하면 환차익을 볼 수 있다.
④ 해외펀드 투자는 환율차익을 목적으로 하는 투자가 아니다.

052 다음 외국환회계 계정과목 중 경과계정에 해당하는 것이 아닌 것은?

① 매입외환　　　　　　　　② 매도외환
③ 미지급외환　　　　　　　④ 외화타점예치금

053 다음 중 외국환회계의 특성에 관한 설명으로 옳지 않은 것은?

① 외국환회계의 가장 기본적이고도 중요한 요소는 환율의 적용이다.
② 외국환은행은 회계처리 절차상 어떤 거래의 결제가 이루어질 때까지 과도기적으로 처리할 수 있는 경과계정을 가지고 있다.
③ 외국환거래에서 발생하는 손익은 발생 즉시 외화로 평가하여 외화로만 계산하도록 되어 있다.
④ 외국환 거래의 손익은 환가료, 매매손익, 수수료 등 복잡한 형태를 갖는다.

054 외국환계정 중 경과계정 과목에 관련된 설명이다. 괄호 안에 들어갈 용어로 옳은 것은? (2점)

> (　　)은 외국으로부터 내도된 타발송금 대금은 이미 외국환은행의 외화타점예치금계정에 입금되었으나 국내의 송금수취인에게 대금지급이 이루어지지 않은 경우 처리하는 (　　)의 대표적인 계정 과목이다.

① 미지급외환, 자산계정　　② 미지급외환, 부채계정
③ 미결제외환, 부채계정　　④ 미결제외환, 자산계정

055 다음 중 외화대차대조표상 외화부채계정이 아닌 것은?
① 외화예수금　　② 매도외환
③ 미지급외환　　④ 외화가지급금

056 외국환은행이 당발송금 취급 시 유의사항에 대한 설명으로 옳지 않은 것은? (2점)
① 국가코드는 지급(수취)은행 기준이 아니라 수취인 기준으로 입력한다.
② 반복송금 시에는 화면으로 조회된 내용과 신청서상의 내용을 먼저 확인 후에 취결해야 한다.
③ 송금인 정보 중 고객번호와 실명번호는 수정이 불가능하다.
④ 전문발신 완료 후에는 원칙적으로 취소거래가 불가능하다.

057 다음 중 거주자의 지급 절차 에 관한 다음 설명 중 적절치 않은 것으로 연결된 것은?

> 가. 전년도 수출실적이 미화 1천만불 이상인 기업의 송금방식의 지급의 경우 증빙서류를 제출하지 않고 지급이 가능하다.
> 나. 해외이주자의 경우 세대별 해외이주비 지급 누계금액이 미화 10만불을 초과하는 경우에 초과금액에 대하여 자금출처확인서를 제출받아야 한다.
> 다. 해외유학생의 경우 매 연도별로 재학 사실을 입증할 수 있는 서류를 제출받아야 한다.

① 가, 나, 다
② 가, 나
③ 나, 다
④ 가

058 외국환은행이 대고객 외국환업무를 처리함에 있어 각종 법규를 준수하는 올바른 업무처리 방법에 해당하지 않는 것은?

① 외국인 및 비거주자에 대하여 환전 시에는 금액에 상관없이 실명확인을 필수로 한다.
② 환전상이 임의로 제시한 명단에 의해 환전 요청할 경우 환전이 불가함을 안내한다.
③ 해외체재자 및 해외유학생에게 해외여행경비 지급 시 거래 외국환은행을 지정한다.
④ 일반여행자가 미화 1만불 초과 금액을 휴대, 수출하는 경우 세관에 신고하도록 안내한다.

059 지급수령의 절차에 대한 설명 중 옳은 것은?

① 재외동포 재산반출 시 부동산처분대금이 미화 10만불 이상인 경우에 한해 부동산매각 자금확인서를 지정거래 외국환은행장에게 제출하여야 한다.
② 해외유학생의 경우 외국교육기관의 장이 발급하는 재학증명서 등 재학사실 입증서류를 매 학기별로 지정거래 외국환은행에 제출하여야 한다.
③ 세대별 지급 누계금액이 미화 10만불 초과인 경우에 초과금액에 대하여 자금출처확인서를 지정거래 외국환은행장에게 제출하여야 한다.
④ 국민인거주자가 일반해외경비로 미화 1만불을 초과하여 휴대 수출하는 경우 관한세관장 신고사항이다.

060　다음 중 외국환거래법령상 외국통화 매각 시 외국환은행이 고객에게 외국환신고확인필증을 발행하는 것이 적절하지 않은 것은?

① 국민인거주자 A가 해외여행경비로 휴대반출하기 위해 미화 1만불을 초과 매도 요청하는 경우
② 재외동포가 휴대반출하기 위해 미화 1만불을 초과 매도 요청하는 경우
③ 여행업자가 단체여행경비로 휴대반출하기 위해 미화 1만불을 초과하여 매도 요청하는 경우
④ 유학생이 해외로 휴대반출하기 위해 미화 1만불을 초과하여 매도 요청하는 경우

제3과목　환리스크관리

061　다음 중 환포지션에 대한 설명으로 옳은 것은?

① 환포지션은 동일한 통화 간에도 발생한다.
② 매입초과 포지션인 경우 환율 상승 시 환차손이 발생한다.
③ 매도초과 포지션인 경우 환율 하락 시 환차익이 발생한다.
④ 은행은 고객과의 외화거래에 있어 능동적인 입장에 있다.

062　달러/엔 환율이 '150.10/20'인 상황에서 ABC기업이 미달러화를 대가로 1억엔을 매입하려고 외국환 은행에 two-way 가격을 요청하였다. ABC기업의 입장에서 아래에 제시된 호가를 봤을 때 어느 은행과 거래하는 것이 가장 유리한가?

① A은행 고시가격　150.45/55
② B은행 고시가격　150.48/58
③ C은행 고시가격　150.50/60
④ D은행 고시가격　150.52/62

063 환리스크를 관리하는 절차로 옳게 연결된 것은?

> 가. 환리스크 측정
> 나. 관리목표 설정
> 다. 각 한도대비 측정치 비교분석
> 라. 관리규정 제정 및 시스템 구축

① 가 → 나 → 다 → 라
② 나 → 가 → 다 → 라
③ 라 → 가 → 다 → 나
④ 라 → 나 → 가 → 다

064 환리스크 헤지에 대한 아래 설명에서 (   ) 안에 들어갈 내용으로 옳은 것은?

> 원유를 수입하는 국내기업은 달러 (가)이 발생하므로 달러, 원 환율이 (나)하면 원가 부담이 증가하여 외환차손을 볼 수 있다. 이에 대응하여 선물환거래나 통화선물 등으로 (다)포지션을 통해 동일한 금액의 달러화표시 자산을 동시해 보유하게 되면 (나) 위험을 상쇄시킬 수 있다.

	가	나	다
①	롱 포지션	하락	매도
②	롱 포지션	상승	매수
③	숏 포지션	하락	매도
④	숏 포지션	상승	매수

065 다음과 같은 상황이 외환거래에 신규로 발생하였다. 이에 대한 설명으로 잘못된 것은?

> A은행 외환딜러 B팀장은 달러/원 환율이 상승할 것으로 예상하여 2백만 달러를 매수하였다.

① 현재 원화(KRW) 롱포지션을 가지고 있다.
② 달러/원 환율이 상승하면 환차익이 발생한다.
③ 외화표시 자산이 외화표시 부채보다 많은 상태이다.
④ 위의 거래 이후 달러/원 외환거래에서 2백만 달러를 매도하면 스퀘어포지션이 된다.

066 환리스크에 관한 다음 설명 중 옳은 것은?
① 환리스크관리를 통해서 기업의 손익 변동의 폭은 더욱 커질 수 있다.
② 기업의 외환 익스포저가 작을수록 환리스크는 증가한다.
③ 기업의 외환 익스포저 보유기간이 짧을수록 환리스크가 증가할 가능성이 높다.
④ 환율 변동에 적극적 태도를 취하는 경우 위험노출한도가 증가한다.

067 수출기업의 해외 바이어와 계약시점의 환율과 실제로 수출대금을 수취하는 시점의 환율 차이에 따른 환위험을 무엇이라 하는가?
① 거래환리스크
② 환산환리스크
③ 경제적 환리스크
④ 영업환리스크

068 다음 재무적인 환위험관리 기법 중 기업 내부 자체적으로 실시할 수 있는 내부적 관리기법에 해당하는 것은 어느 것인가?
① 리딩과 래깅
② 선물환계약(선도환계약)
③ 통화스왑
④ 단기금융시장 헤지

069 다음 중 선물거래와 선도거래에 대한 설명으로 옳지 않은 것은?
① 선도거래는 거래규모가 작은 개인 또는 신용도가 떨어지는 중소기업들은 불가능하지만 선물거래는 증거금 납부만 하면 거래 참여에 제한을 두지 않는다.
② 선물거래는 공개호가(Open Outcry) 또는 전산거래 방식으로 거래된다.
③ 선도거래의 경우 대부분 일일정산이 이루어진다.
④ 선물거래를 하기 위해서 모든 거래자가 계약당 주문증거금을 적립해야 한다.

070 외환스왑(FX swap)에 관한 설명으로 옳지 않은 것은?
① 거래기간 동안 보유한 자금을 대가로 다른 통화의 자금을 차입하는 효과를 달성할 수 있다.
② 외환스왑에서 두 통화 간 이자율차이를 주기적으로 정산한다.
③ 수출기업이 외환수급기간 불일치를 해소하거나 선물환 만기를 연장하는 데 이용된다.
④ 외환매매 당사자가 동일 금액을 가까운 만기의 매매와 동시에 이에 대응하여 먼 만기의 매매를 하는 것이다.

071 은행 간 달러/원 현물환율, 3개월 원화금리, 3개월 달러금리는 다음과 같다. 고객이 3개월 만기로 달러를 매입하는 선물환율과 관련한 다음 설명 중 옳지 않은 것은?

- 달러/원 현물환율 : 1320.20/40
- 원화 3개월 금리 : 2.50/2.70
- 달러 3개월 금리 : 0.20/0.40

① 적용할 현물환율은 1320.20원이다.
② 적용할 달러 3개월 금리는 0.20%이다.
③ 적용할 원화 3개월 금리는 2.70%이다.
④ 위의 상황일 때 산출한 스왑포인트의 부호는 양수(+)이다.

072 선물환율에 대한 다음 설명 중 옳지 않은 것은?
① 선물환율과 현물환율의 차이를 스왑포인트라고 한다.
② 달러/원의 경우 FC인 달러의 이자율이 VC인 원화에 비해 이자율이 낮은 경우를 디스카운트라고 한다.
③ 선물환율 산출에 따라 고객은 은행과의 거래에서 시장가격을 추종하는 Calling party의 입장이 된다.
④ 선물환거래는 헤지 목적 외에도 투기 목적으로 거래가 활발히 이루어진다.

073 다음 중 선물거래에 대한 설명으로 옳지 않은 것은?

① 선물거래는 소액의 증거금만 예치하면 현물거래와 동일한 금액을 할 수 있어 레버리지 효과가 있다.
② 거래조건이 표준화되어 있다.
③ 거래소가 계약이행을 보증하므로 신용상의 위험이 없다.
④ 일일정산으로 투자자의 증거금 예탁총액이 유지증거금 수준보다 적은 경우 해당 투자자는 유지증거금 수준이 되도록 부족자금을 추가 예탁하여야 한다.

074 은행 간 현물환시장과 외환스왑시장이 다음과 같이 고시되고 있을 때 고객인 A기업이 은행으로부터 3개월 만기로 달러를 매입할 수 있는 선물환율은?

- USD/KRW 현물환율 : 1350.00/30
- USD/KRW 3개월 스왑포인트 : 150/200

① 1351.50
② 1352.00
③ 1352.30
④ 1353.30

075 통화스왑의 관한 다음 설명 중 사실과 다른 것은?

① 만기원금 교환은 초기원금 교환의 현금흐름과 반대로 일어난다.
② 초기와 만기에 적용환율은 일반적으로 동일하다.
③ 통화스왑에서의 이자교환은 차액결제가 일반적이다.
④ 헤지하려는 외화부채의 차입은 훨씬 이전에 이루어진 경우 환리스크를 통화스왑을 통해 헤지할 때 대부분의 경우 초기에 교환할 원금이 없는 때가 많다.

076 변동금리를 이자로 지급하는 달러 채권에 투자하고 있는 A국내은행이 달러/원 환리스크 및 금리 리스크를 모두 헤지하려고 하는 경우 적절한 달러/원 통화스왑의 금리 조건은 어느 것인가?

① 달러 고정금리 지급, 원화 고정금리 수취 통화스왑
② 달러 고정금리 수취, 원화 고정금리 지급 통화스왑
③ 달러 변동금리 지급, 원화 고정금리 수취 통화스왑
④ 달러 변동금리 수취, 원화 고정금리 지급 통화스왑

077 국내 A사는 미국에 반도체 장비를 수출하는 회사이다. 향후 달러/원 환율이 하락할 것으로 예상되어 이에 따른 위험을 헤지 하려고 고려하고 있다. 다음 중 적절하지 않은 환헤지 전략은?

① 달러 풋옵션 매수
② 달러선물환 매도
③ 달러선물 매도
④ 외가격 달러 콜옵션 매입과 외가격 달러 풋옵션 매도

078 국내 수출기업 ㈜A전자는 환율위험을 헤지하고자 한다. 3개월 만기 달러/원 선물환율이 1,180원일 때 행사가격이 1,150원인 풋옵션을 매입하고 행사가격이 1,210원인 콜옵션을 매도하여 제로코스트 형태의 레인지포워드 전략을 수립하였다. 다음 설명 중 옳지 않은 것은?

① 만기일에 달러/원 환율이 1,230원이 되면 달러를 1,230원에 매도할 수 있다.
② 만기일에 달러/원 환율이 1,200원이 되면 달러를 1,200원에 매도할 수 있다.
③ 만기일에 달러/원 환율이 1,120원이 되면 달러를 1,150원에 매도할 수 있다.
④ 이 전략을 취한 경우 만기의 달러/원 환율이 1,100원 등과 같이 크게 하락하면 선물환거래로 헤지한 것보다 불리하다.

079 통화옵션의 프리미엄 결정요인에 관한 설명으로 옳지 않은 것은?
① 콜옵션의 경우 행사가격이 낮을수록, 풋옵션의 경우 행사가격이 높을수록 옵션 프리미엄은 커진다.
② 변동성이 커지면 콜옵션의 경우 옵션 프리미엄이 높아지고 풋옵션의 경우 옵션 프리미엄은 낮아진다.
③ 다른 모든 조건이 같다고 했을 때 옵션 잔존기간이 길수록 옵션 프리미엄은 커진다.
④ 금리가 높을수록 콜옵션가격은 높아진다.

080 국내 수입업자가 3개월 후 1백만 달러의 수입대금을 결제 예정에 있다. 달러/원 환율이 큰 폭으로 상승할 것으로 예상하여 달러/원(USD/KRW) 통화옵션을 이용하여 환리스크를 헤지하고자 할 때 가장 적절한 옵션 전략은?
① 달러 콜옵션 매입
② 달러 콜옵션 매도
③ 달러 풋옵션 매입
④ 달러 풋옵션 매도

제2회 실전모의고사

시험 직전, 실전처럼 풀어보고 학습을 마무리하세요.

| 제1과목 | 외환관리실무 |

001 다음 중 한국은행의 업무가 아닌 것은?
① 외국환업무의 중개의뢰
② 외환시장개입 및 보유외화의 운용
③ 외환정보의 집중과 교환
④ 외국환평형기금의 운용 및 관리

002 다음 설명 중 거주자에 해당하는 것은?
① 외국에 있는 국제기구에서 근무하고 있는 대한민국 국민
② 2년 이상 외국에 체재하고 있는 자
③ 국내에 있는 외국정부의 공관에서 근무할 목적으로 국내에 파견되어 체재하고 있는 외교관
④ 외국인으로서 국내에 1년 이상 체재하고 있는 자

003 국내에서 사업체를 운영하고 있는 홍길동 고객님은 미국에 부동산을 구입하기 위해 거래은행에 해외부동산 취득에 관한 신고수리를 의뢰하였다. 다음 중 처리기간으로 옳은 것은?
① 2영업일 이내
② 5영업일 이내
③ 7영업일 이내
④ 10영업일 이내

004 외국환거래 관련 문서의 보존기간에 대한 설명으로 빈칸에 들어갈 말로 적절한 것은?

> • 외국환은행의 장은 외국환거래신고 관련문서를 신고일로부터 (가)간 보존해야 한다.
> • 상기 내용에 불구하고 지급신청서와 영수확인서는 (나)간 보존해야 한다.

① 1년, 2년
② 2년, 2년
③ 2년, 5년
④ 5년, 5년

005 외국환은행에서 비거주자의 신고예외대상 원화대출 한도액은 얼마인가? (2점)

① 동일인 1인당 10만불 한도
② 동일인 1인당 10억원 한도
③ 건당 10만불 한도
④ 건당 10억원 한도

006 외국환은행의 외국환 매입에 대한 설명으로 빈칸에 들어갈 말로 적절한 것은?

> • 외환현찰, 수표 금액이 (   ) 초과 시 취득경위 입증서류를 확인하여야 한다.
> • 외국인거주자로부터 외국환을 매입 시 (   )에 한하여 외국환 매입을 증명할 수 있는 서류를 발행하여야 한다.

① 1만불, 1회
② 1만불, 2회
③ 2만불, 1회
④ 2만불, 2회

007 외국환은행의 대출에 대한 설명으로 옳은 것은? (2점)
① 국내 거주자로부터 담보제공을 받는 비거주자에 대한 외화대출은 담보제공자인 국내 거주자가 한국은행에 신고하여야 한다.
② 동일인 기준 20억원의 비거주자에 대한 원화신용대출은 한국은행 신고사항이다.
③ 외국인거주자에 대한 원화대출은 한국은행 신고사항이다.
④ 국민인비거주자에 대한 원화대출은 신고예외사항이다.

008 외국환은행의 보증에 관한 다음 내용 중 신고예외사항을 모두 고르시오. (2점)

> ㄱ. 거주자(채권자)와 비거주자(채무자)의 인정된 거래에 관하여 거주자(채권자)에 대하여 보증을 하는 경우로서 비거주자가 보증 또는 담보를 제공하는 경우
> ㄴ. 비거주자 간 거래에 관하여 비거주자로부터 국내재산을 담보로 제공받아 보증하는 경우
> ㄷ. 거주자 간 거래 시 보증하는 경우
> ㄹ. 거주자(채무자)와 비거주자(채권자)의 인정된 거래에 관하여 비거주자(채권자)에 대하여 보증을 하는 경우

① ㄱ, ㄴ, ㄷ, ㄹ
② ㄴ, ㄷ, ㄹ
③ ㄱ, ㄷ, ㄹ
④ ㄱ, ㄷ

009 다음 중 일반환전영업자가 취급할 수 있는 대고객 업무가 아닌 것은?
① 거주자에 대한 2천불 초과 외국통화 매각
② 거주자에 대한 외국통화 매입
③ 비거주자에 대한 외국통화 매입
④ 비거주자의 당초 매각한 실적 범위 내 재환전

010 A여행사는 단체여행을 준비하기 위하여 은행을 찾았다. 다음 중 김과장의 업무처리방법으로 옳지 않은 것은? (2점)

① 여행사는 단체해외여행경비를 외국의 숙박업자나 여행사 등에 외국환 은행을 통하여 송금 및 휴대반출이 가능하다.
② 소요경비명세서에 여행자명, 생년월일이 표시된 실명번호 및 금액이 나와 있어야 한다.
③ 여행자별 개별환전도 가능하다.
④ 단체여행에 필요한 경비범위 내에서는 지급한도에 제한이 없다.

011 다음 중 해외이주비와 재외동포재산반출의 공통점에 해당하지 않는 것은?

① 외화현찰 또는 여행자수표로 휴대반출이 가능하다.
② 거래외국환은행을 지정한 후 지급해야 한다.
③ 지급금액에 제한이 없다.
④ 자금원천에 대해 세대별 지급금액을 합산하여 관리한다.

012 다음은 해외여행경비지급에 관한 설명이다. 휴대반출 및 송금이 모두 가능한 항목 중 옳은 것은? (2점)

① 단체 해외여행경비, 법인 명의의 여행경비
② 일반 해외여행경비(증빙서류가 없는 경우), 해외체재비
③ 법인 명의의 여행경비, 일반 해외여행경비(증빙서류가 없는 경우)
④ 해외체재비, 단체 해외여행경비

013 거주성별 지급 등의 절차에 있어 증빙서류제출이 면제되는 지급 등에 대한 설명이다. 다음 중 틀린 것은 무엇인가?
① 대상자는 외국인거주자를 포함한 개인, 법인, 단체 등이다.
② 지급금액이 건당 5천불 초과송금 연간누계가 1만불 초과 시 국세청, 금감원에 통보된다.
③ 연간은 1월 1일부터 12월 31일까지이다.
④ 해외직접투자 및 해외부동산 취득에는 동 제도를 적용할 수 없다.

014 다음 중 "해외이주비"에 대한 설명으로 틀린 것은? (2점)
① 세대별 지급누계총액이 미화 10만불을 초과하는 경우 해외이주비 전체금액에 대하여 자금출처확인서를 징구하여야 한다.
② 해외이주자에게는 해외여행경비를 지급할 수 없다.
③ 해외이주비의 지급은 재외동포의 국내재산반출과 중복하여 적용할 수 없다.
④ 해외이주비 지급기간은 현지이주 시 거래외국환은행을 지정한 날로부터 3년 이내이다.

015 외국환은행이 거주자로부터 외국환을 매입할 때 징구하는 영수확인서 제도에 관한 다음 설명 중 옳지 않은 것은? (2점)
① 외국통화 또는 외화수표의 매입인 경우 영수 확인서 징구대상이 아니다.
② 신고의무를 이행하지 아니한 거래의 자금을 영수하는 것으로 확인되는 경우에는 영수 확인서 징구방식으로 매입할 수 없다.
③ 외국으로부터 타발송금된 자금의 영수자가 외국인거주자인 경우 영수확인서를 징구한다.
④ 영수자금 수취인의 소재불명으로 송금된 날로부터 3영업일 이내에 영수사유를 알 수 없는 경우에는 영수 확인서의 징구를 생략할 수 있다.

016 국내 장난감 제조사인 A사는 일본으로 부터 원료를 수입하고, 그 대가로 10만불을 A사 직원이 휴대반출하여 직접 결제하려고 한다. 필요한 신고 절차는?

① 신고예외
② 외국환은행의 장에게 신고
③ 한국은행총재에게 신고
④ 기획재정부장관에게 신고

017 거래외국환은행 지정등록대상 거래에 해당하는 것을 모두 고르시오

> ㄱ. 거주자의 자본거래 영수(연간 10만불)
> ㄴ. 정유(원유)/액화 천연가스 수입업자의 1년 이내 수입대금 결제용 단기외화차입
> ㄷ. 외국기업 국내지사 설치
> ㄹ. 현지금융신고

① ㄱ, ㄴ, ㄷ, ㄹ
② ㄴ, ㄷ, ㄹ
③ ㄱ, ㄷ, ㄹ
④ ㄴ, ㄷ

018 다음의 사례를 읽고 외국환거래규정상 거쳐야 하는 신고 등의 절차로 옳은 것은? (2점)

> **사례** 테슬라사의 한국지사는 미국 본사 및 중국 지사와의 수출입 거래에 대한 대금의 지급과 영수를 싱가폴에 있는 테슬라사를 통해 그 차액만 주고받으려고 한다.

① 신고예외사항이다.
② 외국환은행의장에게 신고하여야 한다.
③ 한국은행총재에게 신고하여야 한다.
④ 기획재정부장관에게 신고하여야 한다.

019 출입국 시 관할세관장에게 신고에 관한 다음 내용 중 틀린 것은? (2점)
① 외국인거주자와 비거주자는 미화 1만불 초과하는 원화현찰 및 원화자기앞수표를 휴대출국할 수 없다.
② 국민인거주자가 미화 1만불을 초과하는 지급수단(대외 지급수단, 내국통화, 원화표시 자기앞 및 여행자수표)을 휴대수출하는 경우 관할세관장에게 신고해야 한다.
③ 모든 입국자는 원화, 외화를 합산하여 미화 1만불 초과 수입 시 관할세관장에게 신고해야 한다.
④ 외국인거주자와 비거주자는 미화 1만불 초과하는 외화 휴대출국 시 관할세관장에게 신고해야 한다.

020 다음 중 예금의 계정에 대한 설명으로 옳지 않은 것은? (2점)
① 대외계정과 비거주자 자유원계정의 성격은 매우 유사하다.
② 외국인의 외화예금은 대외계정으로 개설하여야 한다.
③ 비거주자 원화신탁계정의 예치 및 처분기준은 비거주자 원화계정과 동일하다.
④ 대외계정은 대외송금이나 국내 타인명의 대외계정으로 이체 시 특별한 제한을 두지 않고 있다.

021 다음은 거주자의 해외예금거래의 신고에 관한 설명이다. 다음 중 예치한도에 제한이 없는 자를 모두 고른 것은?

> ㉠ 기관투자가
> ㉡ 전년도 수출입 실적이 미화 3백만불 이상인 자
> ㉢ 해외건설촉진법에 의한 해외건설업자
> ㉣ 원양어업자

① ㉠, ㉡, ㉢, ㉣   ② ㉠, ㉡, ㉢
③ ㉠, ㉢, ㉣   ④ ㉡, ㉢, ㉣

022 거주자가 해외에 페이퍼컴퍼니 형태인 역외금융회사(역외펀드)를 설립하여 증권 또는 파생상품 등에 투자하고자 하는 경우 신고기관은?

① 외국환은행의 장
② 한국은행총재
③ 금융감독원장
④ 기획재정부장관

023 외국인투자자의 국내 원화증권 투자절차에 관한 다음 내용 중 맞는 것을 모두 고르시오

ㄱ. 외국인투자자에는 외국인비거주자, 외국인거주자, 해외영주권자인 재외국민이 포함된다.
ㄴ. 영주권자인 국민인비거주자 및 외국인거주자는 신고할 필요가 없다.
ㄷ. 투자등록을 하지 않은 외국법인의 외국인투자자 식별수단은 'ISO(국제표준화기구)가 부여한 법인식별번호'이다.
ㄹ. 외국인 투자자의 투자전용계정은 여러 은행에 개설할 수 있다.

① ㄱ, ㄴ, ㄷ, ㄹ
② ㄴ, ㄷ, ㄹ
③ ㄱ, ㄷ, ㄹ
④ ㄱ, ㄷ

024 증권의 발행과 관련된 신고절차에 대한 다음 설명 중 가장 옳지 않은 것은 무엇인가?

① 거주자가 국내에서 외화증권을 발행하고자 하는 경우에는 신고를 요하지 아니한다.
② 거주자가 외국에서 외화증권을 발행(1천만불)하고자 하는 경우에는 지정거래외국환은행의 장에게 신고하여야 한다.
③ 비거주자가 국내에서 외화증권을 발행하고자 하는 경우에는 신고를 요하지 아니한다.
④ 비거주자가 외국에서 외화증권을 발행하는 것은 「외국환거래법」의 적용과 거리가 멀다.

025 거주자의 외국부동산 취득과 관련하여 취득부동산의 변경에 관한 다음 내용 중 틀린 것은?
① 기 취득 부동산을 처분 후 타 부동산을 취득할 경우에는 신규 신고수리 절차에 의해야 하며 잔여재산이 있는 경우 국내로 회수하여야 한다.
② 거주자가 다른 거주자에게 취득부동산 소유권을 양도하는 경우 양수인은 신규 신고수리 절차에 준하여 신고하여야 한다.
③ 최초 주택취득 시 배우자명의인 경우 당초 신고자인 거주자로 변경코자 하는 경우에는 신규 신고수리 절차에 준하여 신고하여야 한다.
④ 취득 부동산을 비거주자에게 증여하는 경우 한은에 기타자본거래신고 후 사후관리 외은에 처분(변경)보고서를 제출해야 한다.

026 다음은 거주자의 해외 골프회원권 취득금액에 대한 금융감독원 통보기준이다. 괄호 안의 숫자가 순서대로 짝지어진 보기로 옳은 것은?

> 외국환은행은 취득금액에 건당 미화 (   )만불을 초과하는 경우 금융감독원장에게 회원권 매매내용을 익월 (   )일까지 통보하여야 한다.

① 5 - 10   ② 5 - 20
③ 10 - 10 ④ 10 - 20

027 다음 중 해당 외국환 거래의 신고기관이 나머지 세 개와 다른 하나는? (2점)
① 비영리법인의 외화자금 차입
② 영리법인의 미화 5천만불 이하 외화자금 차입
③ 영리법인의 비거주자에 대한 단기외화자금 대출
④ 미화 50만불 초과의 교포 등에 대한 여신

028 다음 중 외국기업 국내지사 설치에 대한 설명으로 옳지 않은 것은? (2점)
① 거래외국환은행 지정 대상이다.
② 휴대수입한 자금은 영업기금으로 인정할 수 없다.
③ 보험 관련 업무를 하고자 하는 자는 한국은행총재 신고 대상이다.
④ 설치만으로 지점과 동일하게 업무를 영위할 수 있는 알선업은 사무소 신고가 불가하다.

029 현지금융에 대한 설명이다. 다음 중 틀린 것은 무엇인가?
① 해외사무소는 현지금융을 수혜받을 수 없다.
② 거주자(개인 및 개인사업자 제외)의 현지법인이 50% 출자한 자회사는 현지금융을 수혜받을 수 있다.
③ 개인사업자의 현지법인은 현지금융을 수혜받을 수 있다.
④ 해외건설 및 용역업자의 비독립채산제지점은 현지금융을 수혜받을 수 없다.

030 다음 중 해외직접투자의 투자수단에 해당하지 않는 것은?
① 기술
② 현지법인의 자본잉여금
③ 수익증권
④ 수출채권

031 해외직접투자 사후관리와 관련한 투자자 보고서 징구시기에 관한 다음 내용 중 맞는 것을 모두 고르시오. (2점)

> ㄱ. 해외직접투자보고서 : 송금 시
> ㄴ. 외화증권취득보고서 : 투자 후 6월 이내
> ㄷ. 연간사업실적보고서 : 회계종료 후 6월 이내
> ㄹ. 해외직접투자사업청산 및 대부채권회수 보고서 : 청산자금 수령 또는 원리금 회수 후 즉시

① ㄱ, ㄴ, ㄹ
② ㄱ, ㄴ, ㄷ, ㄹ
③ ㄱ, ㄷ, ㄹ
④ ㄱ, ㄷ

032 해외지사 설치·운영·확장에 필요한 자금(경비) 지급에 관한 다음 내용 중 (   )에 맞는 숫자는? (2점)

> '신고 전에 (   )만불 이내에서 증빙서류미제출송금절차에 따라 지급하였거나 건당 1만불 이하로 휴대지급한 경우 계약성립일로부터 1년 이내에 사후신고 가능하다'

① 10
② 5
③ 2
④ 1

033 다음 중 외국환거래법규 위반자에 대해 과태료를 부과할 수 있는 기관은?
① 외국환은행의 장
② 한국은행총재
③ 국세청장
④ 관세청장

034 '외국인투자촉진법상의 외국인투자자'에 해당하지 않는 것은?

① 미국시민권을 취득한 자
② 대한민국 국민으로서 미국 영주권을 취득한 재외동포
③ 대한민국 국민으로서 해외에 3년 동안 유학 중인 학생
④ 캐나다 소재 법인

035 다음 특정거래형태 수출입에 대한 설명 중 옳은 것은? (2점)

> 수입대금은 국내에서 지급하지만 수입물품은 국내에 수입되지 않고 외국(제3국, 현지)에서 인수하거나 제공되는 형태의 무역거래

① 연계무역
② 외국인수수입
③ 중계무역
④ 위탁가공무역

제2과목　외국환거래실무

036 외국환은행 환거래계약에 대한 설명이다. 잘못된 것은?

① 환거래은행은 자기명의로 상대방은행에 계좌를 개설한 예치환거래은행을 말하며 계좌개설이 없는 경우는 환거래은행 계약이 불가하다.
② SWIFT 통신망을 통해 진정성 있는 전신문(Authenticated Message)을 주고 받을 수 있도록 하는 환거래계약 체결 방식을 RMA(Relationship Management Application) 방식이라고 한다.
③ 신용등급 검토 결과 적정하나 자금세탁 방지기구(FATE)에 가입이 안 된 경우에도 은행이 자율적으로 판단하에 계약 체결이 가능하다.
④ 중복계좌(Nested Account)는 제3기업이 이를 이용할 수 있다는 취약점으로 자금세탁에 쉽게 이용이 될 수 있다.

037 다음에서 제시한 경우 중 외화자금의 운용대상에 해당하지 않는 것은?
① Call Money　　　　　　② 외화대출금
③ 매입외환　　　　　　　④ 외화예치금

038 외국환은행은 수시로 외국환대사 절차를 통하여 자금의 불일치를 확인해야 한다. 다음 중 외국환 대사 절차를 바르게 나열한 것은?

> 가. 당방은행의 대변과 당방은행의 차변 거래내역을 통한 shadow 생성
> 나. 환대사 작업 후에도 거래내역 불일치(미달환 : pending list) 확인 및 사후관리
> 다. 상대방 예치환은행 Statement를 기준으로 Actual 계정 생성
> 라. Shadow 계정과 Actual 계정을 대사(reconcile)

① 가 → 나 → 다 → 라　　　　② 가 → 다 → 나 → 라
③ 가 → 다 → 라 → 나　　　　④ 나 → 가 → 다 → 라

039 다음 외국환은행의 환포지션에 대한 설명 중 옳지 않은 것은?
① 외국환 매입거래는 외화자산의 증가로, 매도거래는 외화부채의 증가로 표시되는데 환포지션이란 외화자산과 외화부채의 차액을 의미한다.
② 환포지션은 동일한 통화 간의 매매에서는 발생하지 않는다.
③ 당발송금, 외화수표대금 원화 지급은 매도초과 포지션에 해당된다.
④ 매입초과 포지션은 환율상승 시 환차익을 얻을 수 있다.

040 외국환은행의 외화예금 업무처리 기준에 대한 다음 설명 중 옳은 것은?
① 외화예금의 이자를 계산할 때 지급단위는 예수통화의 보조단위까지로 하며, 보조단위 미만은 절상한다.
② 외화예금을 원화로 입금하는 경우에는 입금 당시 대고객 전신환매입률을 적용하고, 외화예금의 원리금을 지급하는 경우에는 지급 당시 대고객 전신환매도율을 적용한다.
③ 순수 개인인 외국인 거주자로 외화예금 거래를 할 때 대외계정으로 개설하여야 한다.
④ 외화예금별 소멸시효의 기산일 산정 시 입출금이 자유로운 외화예금은 최종 이자지급일, 거치식 예금은 만기일을 기산일로 한다.

041 외화송금의 특징에 대한 다음의 설명 중 옳은 것은? (2점)
① 모든 해외송금에 대하여 금융실명거래 및 비밀보장에 관한 법률에 따라 송금의뢰인의 실명을 확인하고 거래외국환은행을 지정한 후 거래해야 한다.
② 송금방식 중에서 가장 일반적으로 이용되는 방식은 우편송금방식이다.
③ 원화를 대가로 송금하는 경우 적용환율은 전신환매입율이다.
④ 송금대금이 수취인에게 지급되기 전에 송금의뢰인이 송금 취소를 요청하는 경우에는 중개은행과 지급은행 앞으로 퇴결 처리 승인 전문을 받고 퇴결한다.

042 국내에서 해외로 송금하는 당발송금업무 취급 유의사항으로 옳지 않은 것은?
① 국가코드의 입력은 수취인 기준이다.
② 반복 송금 시 신청자 내용을 먼저 확인하여야 한다.
③ 송금인 고객번호와 실명번호는 수정이 불가하다.
④ 거래 완료 후에는 취소가 불가하다.

043 다음은 주요 국가별 은행코드이다. 연결이 잘못된 것은?
① 미국 : ABA NO
② 캐나다 : TRANSIT NO
③ 호주 : SORT CODE
④ 유럽 : IBAN CODE

044 외국환은행의 외국환신고(확인)필증 발행 교부 대상 거래가 아닌 것은?
① 해외유학생 경비 목적으로 미화 1만불을 초과하여 외국통화를 매도한 경우
② 해외이주비 지급을 위해 미화 1만불을 초과하여 여행자수표를 매각한 경우
③ 국민인거주자에게 일반 해외여행 경비 목적으로 미화 1만불을 초과하여 외국통화를 매각한 경우
④ 재외동포 국내재산반출 지급을 위해 미화 1만불을 초과하여 외국통화를 매도한 경우

045 다음 중 외국환은행의 타발송금 업무처리 절차에 대한 내용으로 옳지 않은 것은? (2점)
① 타발송금 도착여부를 수시로 확인하여 수취인에게 타발송금 도착사실을 통지한다.
② 수취인 계좌번호가 일치하더라도 수취인명이 상이한 경우에는 지급할 수 없다.
③ 동일자에 동일인이 동일점포에서 2회 이상 처리하는 경우에는 이를 합산한 금액으로 규정 적용을 하여야 한다.
④ 거주자(외국인제외)인 수취인의 소재불명으로 인하여 송금된 날로부터 2영업일 이내에 영수사유를 알 수 없는 경우에는 다음 영업일에 이전거래로 간주하여 처리할 수 있다.

046 외국환은행 외국통화 매도 업무에 대한 설명으로 옳지 않은 것은?
① 외국인비거주의 경우 최근 입국일 이후 매각범위 내에 재환전이 가능하며 증빙이 없는 경우 환전이 불가능하다.
② 재환전 증빙서류에 의한 재환전의 경우 재환전 증빙서류는 회수하여야 하나 일부금액의 재환전의 경우에는 서류여백에 환전사실을 표기한 후 고객에게 다시 교부한다.
③ 외국인에게 1백만원 이하에 상당하는 외국통화를 매각하는 경우에는 여권에 매각사실 기재를 생략할 수 있다.
④ 외국인거주자의 경우 국민인거주자와 달리 실명확인증표는 여권이나 외국인등록증에 의한다.

047 다음 중 환전영업자의 외국환 업무에 대한 설명으로 옳지 않은 것은?
① 환전영업자는 사전에 관세청에 등록절차를 거쳐야 한다.
② 환전영업자는 거주자에게는 원화를 대가로 외국통화를 매입할 수 없다.
③ 환전영업자는 외국통화 등을 매입할 때 반드시 지정거래외국환은행으로부터 공급받은 환전증명서를 사용하여야 한다.
④ 환전영업자는 외국환거래의 신고 및 사후관리를 위해 거래외국환은행을 지정하여야 한다.

048 외화수표 매입 시 유의사항에 대한 설명으로 옳지 않은 것은? (2점)
① 외화수표상 지정수취인(PAY TO THE ORDER OF~)으로부터 매입 또는 추심신청을 받아야 한다.
② 여행자수표 매입 시는 발행회사로 사고신고 조회 후 업무 처리하도록 해야 한다.
③ 수표상에 통화가 $로 표시되어 있는 수표는 지급은행 소재지 국가 통화로 본다.
④ 외화수표의 유효기간은 지급은행에 제시되는 일자 기준이 아니라 매입은행의 매입일자를 기준으로 한다.

049 다음 괄호 안에 순서대로 들어갈 용어로 옳은 것은?

> - (가)는 우리나라의 당좌수표와 유사한 수표로 은행에 예금을 가지고 있는 예금주가 은행을 지급인으로 발행한 수표로서, (나)을 원칙으로 한다.
> - 환거래 체결이 되지 않은 은행수표의 경우 (가)에 준하여 처리한다.

보기	가	나
①	Personal Check	추심 전 지급
②	Personal Check	추심 후 지급
③	Banker's Check	추심 전 지급
④	Banker's Check	추심 후 지급

050 해외펀드 상품에 관한 다음 설명 중 옳지 않은 것은?
① 주식형펀드는 주식시장 상승 추세일 때 가입하는 것이 유리하지만 채권형펀드에 비하여 상대적으로 위험이 높다.
② 채권형펀드는 금리상승 추세 시 가입하면 채권가격 상승으로 유리하다.
③ 수익증권의 형태는 신탁계약에 의한 펀드상품이지만 뮤추얼펀드는 펀드 자체가 법인 성격을 가진 주식회사 성격의 펀드상품이다.
④ MMF는 투자신탁회사가 고객의 돈을 모아 단기금융시장에 투자하여 수익을 얻는 단기금융상품을 말한다.

051 다음 중 해외펀드 투자 시 고려사항에 대한 설명으로 옳은 것은?
① 해외펀드 투자는 위험에 대한 노출이 심하므로 단기투자여야 한다.
② 정기적인 적립식 투자는 주식의 평균 매입 단가를 안정적으로 유지함으로써 위험을 회피하는 투자 방법이 된다.
③ 해외펀드 투자는 환율차익을 목적으로 하는 투자이다.
④ 해외펀드는 예금자보호대상이나 원본손실의 가능성이 있다.

052 외국환 회계의 특성에 대한 다음 설명 중 옳지 않은 것은? (2점)
① 외화재무상태표는 통화별로 작성하나 손익계산서는 원화로만 작성된다.
② 외국환거래의 결제가 이루어질 때까지 과도기적으로 처리하는 경과계정(Tunnel A/C)을 가지고 있다.
③ 당방계정과 선방계정의 잔액은 상호 일치하지 않는 것이 일반적이므로 환대사를 통해 그 차이를 규명하여야 한다.
④ 외화대출금에 대한 당초 취급 원금이 중도상환 없이 만기까지 간다고 할 경우 외화대출금의 대등 원화금액은 변동되지 않는다.

053 다음 계정과목 중 금융감독원 '외국환계정 회계처리기준'상의 외국환 계정과목 중에서 외화자산계정에 해당하는 것은?

① 외화가지급금
② 매도외환
③ 미지급외환
④ 외화선수수익

054 외국환은행의 매입외환 계정에 관한 설명 중 옳은 것은?

① 일반적인 계정처리는 수출환어음 등의 외국환을 매입하면 이 계정의 대변에 기입하고, 동 대금의 추심이 완료되어 당방계정 등에 입금되면 차변에 기입한다.
② 고객의 요청에 따라 외국 통화로 표시된 수출환어음, 외화표시 내국신용장의 매입, 외화수표의 추심 및 발행시에 처리하는 계정이다.
③ 고객으로부터 외국환을 매입하여 당방계정이나 국외 본지점 계정에 입금될 때까지 일시적으로 처리하는 결제계정이다.
④ 계정의 잔액은 자기계산으로 매입한 외국환이 자금화되지 아니한 미추심금액을 나타낸다.

055 외국환 회계에 대한 다음 설명 중 옳지 않은 것은?

① 외환평가손익은 외화표시자산 부채의 취득가액과 현재 환율에 따른 평가가액과의 원화가치 변동액을 의미한다.
② 우편기간, 시차 등의 이유로 당방계정과 선방계정의 잔액은 일치하지 않을 수 있으므로 환대사(Reconcilement)를 통해 그 차이를 규명하게 된다.
③ 외국환거래에서 발생하는 손익은 발생 즉시 원화로 평가하여 원화로만 계산하도록 되어있다.
④ 외화대출금에 대한 이자를 외화로 수취하는 경우에는 매월 말 최종 회차 환율을 적용하여 원화손익으로 반영된다.

056 다음 외환거래 중 매입초과포지션을 유발하는 외환거래로 옳게 묶인 것은? (2점)

> 가. 수출환어음 추심 후 지급
> 나. 수출환어음 부도 후 입금대금 지급
> 다. 타발송금 대금 지급
> 라. 외국통화 매입

① 가, 나, 다 ② 가, 다, 라
③ 나, 다, 라 ④ 가, 나, 다, 라

057 외국환업무 취급에 따른 위험관리에 대한 다음 설명 중 옳지 않은 것은?
① 외국환업무 취급기관의 잔존만기 3개월 이내 부채에 대한 잔존만기 3개월 이상 자산의 비율은 100분의 85 이상이어야 한다.
② 외국환업무 취급기관은 외국환매입과 매각 초과액의 한도준수 여부를 매 월말 잔액을 기준으로 확인하여야 한다.
③ 외국환포지션 한도를 위반한 경우 위반한 날로부터 3영업일 이내에 금융감독원장에게 이를 보고 하여야 한다.
④ 외국환 업무 취급기관은 국가별 위험, 신용위험 파생금융거래위험 등 외국환 거래에 따르는 위험의 종류별로 관리기준을 자체적으로 설정, 운용하여야 한다.

058 다음 중 무역금융업무에 대한 설명으로 잘못된 것은?
① 무역금융의 취급과 수출대금 영수는 동일한 은행에서 처리해야 한다.
② 과거 1년간 수출대금실적이 5억불 이하인 경우 포괄금융지원을 받을 수 있다.
③ 내국신용장의 유통기한은 물품인도기일에 10거래일 이내이여야 한다.
④ 내국신용장 개설 후 동 내국신용장을 근거로 또 다른 내국신용장 발행은 차수와 관계없이 발행할 수 있다.

059 다음 ( ) 들어갈 적절한 금액은?

> 가. 무증빙 송금의 경우 국세청 통보 대상 기준금액은 연간누계 (가)이다.
> 나. 해외유학생의 경우 국세청 통보 대상 기준금액은 연간누계 (나)이다.

	가	나
①	1만불	1만불
②	1만불	5만불
③	2만불	10만불
④	1만불	10만불

060 다음 중 해외 또는 국내 부동산 취득과 관련하여 '신고예외사항'인 경우로 옳게 연결된 거래는?

> 가. 해외유학생이 본인 거주 목적으로 해외부동산 소유권을 취득하는 경우
> 나. 국민비거주자가 국내부동산을 거주자로부터 증여에 의해 취득하게 되는 경우
> 다. 거주자가 비거주자로부터 상속에 의해 외국부동산을 취득하게 되는 경우
> 라. 외국인 비거주가 상속으로 국내부동산을 취득하는 경우

① 가, 나, 다　　　　　② 가, 다, 라
③ 나, 다　　　　　　　④ 다, 라

제3과목　환리스크관리

061 외환거래에 대한 다음 설명 중 적절하지 않은 것은?

① 외환거래시 기준이 되는 통화를 Fixed Currency(FC), 그에 상대되는 통화를 Variable Currency(VC) 라고 한다.
② Two - way Quotation은 매입호가와 매도호가를 동시에 고시하는 것으로, 고객이 은행에 외화를 매도 시 적용되는 환율을 매입호가라 한다.
③ A은행이 달러/엔 환율을 110.20/30으로 고시한 경우 B기업이 달러를 대가로 1억엔을 매입하려는 경우 110.30을 적용받는다.
④ AUD/USD는 올바른 환율표시이다.

062 다음 중 외환시장에 대한 설명으로 옳지 않은 것은?
① 은행 간 현물환거래의 결제일은 대부분의 통화 거래일로부터 두 통화 해당국이 모두 2영업일 후 날짜로 한다.
② 미국 달러화는 국제외환시장에서 대부분의 통화에 대한 환율표시 기준통화이다.
③ 대부분의 외환거래는 지정된 장소인 거래소를 통해서 이루어진다.
④ Calling party는 스프레드가 좁을수록 유리하다.

063 아래의 시장뉴스 중 국내 외환시장에서 달러/원 환율이 하락하는 경우로 옳은 것은?
① 외국인 보유한 국고채를 대량 매도하고 있다.
② 전월에 비해 국내거주자 외화예금이 크게 감소했다.
③ 외국인들의 국내 주식시장에서 우량주에 대한 집중적인 매수세가 뚜렷해졌다.
④ 전월대비 우리나라 경상수지 흑자폭이 크게 감소했다.

064 향후 달러/원 환율이 하락할 것으로 예상되는 상황에서 국내기업이 택할 수 있는 전략으로 적절치 않은 것은?
① 수출기업은 가능한 범위 내에서 시기를 앞당겨 수취통화를 매각한다.
② 외화자금의 흐름을 통화별, 만기별로 일치시켜 관리한다.
③ 환변동보험에 가입한다.
④ 수출통화를 다양한 통화로 거래하기보다는 달러 위주로 거래한다.

065 다음 중 VaR를 이용한 환리스크 관리에 대한 설명으로 옳지 않은 것은?
① 정상적인 시장 조건하에서 주어진 신뢰수준과 해당 기간 동안에 시장리스크로 인하여 발생할 수 있는 최소 손실예상액을 말한다.
② 시장 움직임이 안정적이라는 가정하에 산출된다는 한계가 있다.
③ 환율변동성이 커지면 VaR는 커진다.
④ 과거의 가격변동 정보를 가지고 미래의 손실예상액을 산출한 것이다.

066 다음 중 달러/원 환율 변동요인 및 영향에 대한 설명으로 옳지 않은 것은?
① 국내 정치적 상황이 불안정하고 불확실성이 커지면 환율 변동성이 커지는 요인으로 작용한다.
② 차액결제·선물환거래(NDF)로 인해 외환시장의 변동성이 높아지는 경우가 있다.
③ 환율이 상승하면 보편적으로 수출채산성이 안 좋아져 수출이 감소한다.
④ 환율이 상승하면 국내 외화차입기업의 원금상환부담은 증가한다.

067 아래 A기업의 환위험 관리기법에 대한 설명 중 (　) 안에 적절한 것으로 연결된 것은?

중국에서 상품을 수입하여 같은 상품을 일본으로 수출하는 국내에 있는 A기업이 환리스크를 관리하기 위하여 통화별 및 만기별로 현금유입과 유출을 일치시키는 (　가　)기법으로 이는 (　나　) 환위험관리기법의 하나이다.

	가	나		가	나
①	매칭	내부적	②	매칭	외부적
③	상계	내부적	④	상계	외부적

068 선물환거래에 관한 다음 설명 중 옳지 않은 것은?
① 선물환거래 목적은 투기거래 또는 헤지거래 목적으로 구별한다.
② 선물환거래에 적용하는 환율을 선물환율이라 말하며, 이는 거래되는 두 통화간 이자율의 차이를 반영한 스왑포인트를 가감하여 산출한다.
③ 선물환거래는 오직 정형화된 역월 만기(even date forward)형태로 거래된다.
④ USD/KRW의 경우 FC(기준통화)인 달러의 이자율이 VC(가변통화)인 원화에 비해 이자율이 높은 경우를 달러 선물환율은 디스카운트(discount)상태에 있다.

069 현물환시장과 선물환시장에서 고시되고 있는 가격이 다음과 같고 수출기업이 3개월 만기 선물환으로 매도하고자 할 때 적용되는 선물환율로 적절한 것은?

현물환	1,120.00/20
3개월 스왑포인트	650/700
6개월 스왑포인트	850/930

① 1126.50   ② 1129.20
③ 1970.00   ④ 2020.20

070 차액결제선물환(NDF) 거래에 대한 다음 설명 중 옳지 않은 것은?
① 만기에 결정되는 결제환율과 NDF거래의 계약환율과의 차이를 주로 달러로 차액 결제하는 선물환거래를 말한다.
② 장점의 하나는 차액결제(Netting)하므로 결제위험이 상대적으로 작다.
③ 역내시장에서는 거래되지 않고 역외시장에서만 환투기 목적으로만 거래된다.
④ 결제환율은 통상 만기 1영업일 전 환율을 사용한다.

071 외환스왑에 관한 다음 설명 중 옳지 않은 것은?
① 대부분의 경우 Near date와 Far date에 각각 반대방향으로 거래되는 기준통화의 금액은 동일하다.
② 은행 간 외환스왑을 거래할 때 near date의 환율은 주로 거래시점의 mid - rate를 사용하는 것이 일반적이다.
③ Near date와 Far date의 거래상대방은 항상 동일하여야 한다.
④ 현물환거래와 선물환거래가 외환스왑 계약시점에 동시에 체결한다.

072 ABC기업은 오늘 수출대금이 1백만 달러 입금되었고, 2일 뒤에 같은 금액의 달러 수입결제가 예정되어 있다. 이에 대한 다음 설명 중 옳지 않은 것은?
① 외화당좌계좌에 입금된 달러는 무수익자산이므로 이에 대한 관리가 필요하다.
② 이때 2일 뒤에 있을 수입결제를 위해 달러를 2일 동안 예금하고 만기에 달러를 인출하여 수입결제 자금으로 충당하면 된다.
③ ABC기업은 환리스크가 회피가 가능하다.
④ 수출대금 입금 시 달러금액 상당의 원화가 필요하면 USD buy & sell against KRW swap을 하면 된다.

073 선물거래에 대한 다음 설명 중 옳지 않은 것은?
① 투자자의 증거금 예탁총액이 유지증거금 수준보다 적은 경우 해당 투자자는 유지증거금 수준이 되도록 부족 자금을 추가 예탁하여야 한다.
② 선물계약이 만기가 되어 실물의 인수도가 이루어지는 달을 결제월이라고 한다.
③ 마진콜을 받고 난 뒤 추가로 예치하는 증거금을 추가증거금이라고 한다.
④ 선물거래는 증거금만 있으면 신용에 관계없이 누구나 거래에 참가할 수 있으며 선도거래는 증거금이 없으므로 신용도를 확인할 수 있는 개인 또는 기업 등으로 제한된다.

074 다음 ( ) 안에 적절한 것으로 연결된 것은?

> 1개월 후 100만 달러를 수취 예정인 국내 수출기업은 환율(가)위험에 노출되어 있다. 이를 헤지하기 위하여 선물거래를 이용하는 경우 (나) 헤지거래가 필요하다.

	가	나		가	나
①	상승	매도	②	상승	매수
③	하락	매도	④	하락	매수

075 수입기업이 환위험 헤지를 위하여 외가격 콜옵션을 매입하고 외가격 풋옵션을 매도하여 제로 코스트로 헤지 전략을 수립하여 결제비용을 일정 범위에 있게 하는 전략은?

① 레인지 포워드 전략
② 타겟 포워드 전략
③ 베리어 포워드 전략
④ 프로핏테이킹 포워드 전략

076 만기가 3개월인 행사가격 1,150원 달러 풋 옵션이 25원에 거래되고 있다면 내재가치와 시간가치로 적절한 것은? (옵션에 대한 기초자산 환율(USD/KRW)은 1,160원)

보기	내재가치	시간가치
①	0	25
②	10	15
③	25	0
④	15	10

077 현재 달러 선물환율이 1,380원인 상황에서 국내 수입기업 ABC사는 통화옵션을 이용하여 레인지 포워드 전략을 사용해서 환율상승위험에 대비하기로 하였다. 이를 위해 ABC사가 선택할 전략으로 옳은 것은?

① 콜옵션(행사가격 1,390원) 매입 / 풋옵션(행사가격 1,360원) 매도
② 콜옵션(행사가격 1,390원) 매도 / 풋옵션(행사가격 1,360원) 매입
③ 콜옵션(행사가격 1,350원) 매입 / 풋옵션(행사가격 1,350원) 매도
④ 콜옵션(행사가격 1,400원) 매도 / 풋옵션(행사가격 1,350원) 매입

078 다음에서 설명하는 통화옵션전략은 무엇인가?

> 앞으로 환율이 현재의 현물환율 수준에서 강보합세를 보일 것으로 예상할 때 사용할 수 있는 전략이다. 만일 환율이 예상과 달리 크게 하락하면 큰 손실이 발생할 수 있는 전략이다. 현재 시장변동성이 낮다고 생각하는 경우 더욱 적절하다.

① 콜옵션 매입
② 콜옵션 매도
③ 풋옵션 매입
④ 풋옵션 매도

079 통화스왑에 대한 다음 설명 중 옳지 않은 것은?
① 통화스왑은 두 가지 통화에 대해 두 가지 이자의 조합이 가능하여 변동금리 대 변동금리, 고정금리 대 변동금리 및 고정금리 대 고정금리의 형태를 지닌다.
② 두 계약당사자가 정해진 일정기간 동안 서로 다른 통화에 대한 이자와 원금을 교환하기로 합의하는 계약이다.
③ 통화스왑을 통해 외화부채의 환율위험과 금리변동위험을 함께 관리할 수 있다.
④ 통화스왑에서의 이자교환은 차액결제가 일반적이다.

080 국내 한 기업이 원화 직접 자금조달보다 유리한 조건이라고 판단하고 거래은행으로부터 3년 만기, 6month Libor+1.5%의 금리조건으로 100만 달러를 차입하였다. 환리스크와 금리리스크에 노출되어 있는 이 기업의 헤지에 관한 설명으로 옳은 것은?

① 외환과 이자율 시장이 불안정하면 이를 동시에 헤지하기 위해서 금리스왑을 고려할 수 있다.
② 헤지를 하지 않을 경우 이 기업의 위험은 원화 대비 미국 달러 가치 하락과 Libor 상승이다.
③ USD/KRW 통화스왑을 통해 원화차입 효과로 전환할 수 있다.
④ 통화스왑에서의 이자율 교환 형태는 달러변동금리 - 원화고정금리로 한정되어 있어 기업은 이자율에 대한 시장관이 반영된 선택을 하기 어렵다.

제1회 실전모의고사 정답 및 해설

| 정답 |

001	④	002	④	003	③	004	①	005	①	006	③	007	④	008	②	009	②	010	③
011	①	012	④	013	④	014	②	015	④	016	②	017	②	018	④	019	②	020	④
021	①	022	①	023	④	024	④	025	②	026	④	027	②	028	②	029	②	030	③
031	④	032	②	033	①	034	③	035	④	036	③	037	③	038	②	039	②	040	①
041	①	042	②	043	②	044	④	045	②	046	②	047	①	048	②	049	①	050	②
051	①	052	④	053	②	054	②	055	④	056	①	057	②	058	②	059	②	060	①
061	③	062	④	063	④	064	④	065	①	066	④	067	①	068	①	069	③	070	②
071	①	072	②	073	④	074	③	075	③	076	③	077	④	078	①	079	②	080	①

| 해설 |

제1과목 외환관리실무

001 외국환거래법은 외국환거래와 그 밖의 대외거래의 자유를 보장하고 시장기능을 활성화하여 대외 거래의 원활화 및 국제수지의 균형과 통화가치의 안정을 도모함으로써 국민경제의 건전한 발전에 이바지함을 목적으로 한다.

002 외화증권에 해당한다.

003 보험과 배당금은 경상거래이고, 보증과 금전대차는 자본거래이다.

004 ② 한국주재 미국대사관에 근무하고 있는 외국인은 비거주자이다.
   ③ 2년 이상 외국에 체재하고 있는 자는 비거주자이다.
   ④ 주한미군은 비거주자이다.

005 ① 법인을 위하여 해당 소속 임직원이 대리하여 신고인이 되는 경우에는 그 대리인이 대리위임장 을 제출할 필요가 없다.
   ④ 처리기간

구분	처리기간
외국환은행의 장의 신고수리업무	7영업일 이내
외국환은행의 장의 신고업무	2영업일 이내

006 외국통화 또는 외화수표의 매입인 경우 영수확인서 징구대상이 아니며, 외국으로부터 송금된 타발송금의 매입 및 외화예치(외화예금)업무에 적용한다.

007 외국인거주자에게 일반해외여행경비로 1만불까지 매각이 가능하다.

008 지정거래 외국환은행 거래대상이 아니며, 외화현찰은 물론 여행자수표도 거래가 가능하다.

009 동일인 기준 10억원 초과 300억원 이하의 경우에는 외국환은행신고사항이다. 다만, 거주자가 담보 또는 보증제공 시에는 한국은행신고사항이다.

010 10억원 초과 300억원 이하는 외국환은행장 신고사항이며, 300억원 초과 시에는 한국은행 신고사항이다.

011 모두 가능하다.

012 건당 미화 5천불 초과 시에는 관세청에 통보된다.
건당 5천불 초과 송금 연간누계가 1만불 초과 시 국세청 및 금융감독원 통보 대상이다.

013 정한 기간 이내에 정산자료를 제출하지 아니한 경우에는 익월 10일까지 당해 사실을 금융감독원장에게 보고하여야 한다.

014 급여입증서류를 제출하지 않은 경우에도 지정거래은행 등록만으로 대외지급이 가능하다. 그러나 송금과 대외계정 예치는 허용되지만 환전지급은 불가하다.

015 거래외국환은행은 1만불 초과하여 휴대출국하는 경우 외국환신고(확인)필증을 발행 및 교부하여야 한다. 연간 지급누계가 10만불 초과 시에는 국세청 및 금융감독원에 통보하고 있다.

016 단체해외여행경비는 여행사 명의로만 지급이 가능하며 여행자별 개별환전은 불가하다.

017 해외이주신고확인서 발급일로부터 3년 이내까지 해외 이주비를 지급해야 하며, 해외이주신고확인서를 발급받고 1년 이내에 이주하지 아니한 경우 동 신고서는 무효이다. 또한 건당 미화 1만불 초과 지급 시 국세청, 관세청 및 금융감독원에 통보된다.

018 예금 등은 금액에 관계없이 자금출처 확인서(세무서발행)가 필요하다.

019 양당사자 간의 상계는 외국환은행 신고 또는 사후보고 대상이다.

020 미화 5천불 초과 1만불 이내의 금액을 제3자에게 지급하는 경우에는 외국환은행에 신고하여야 한다(분할지급은 합산한 금액임). 일방의 금액이 미화 5천불 이하의 소액상계는 신고예외 대상이다.

021 미화 1만불 이하의 지급수단 등을 수입하는 경우. 다만 내국통화, 원화표시 자기앞수표 및 여행자수표(당좌수표×) 이외의 내국지급수단을 제외한다.

022 거주자(외국인거주자의 개인사업자 계정 포함)가 개설하는 외화예금계정은 거주자계정이다. 대외계정은 비거주자, 외국인거주자 및 재외공관 직원이 개설하는 외화예금계정이다.

023 비거주자가 개설하는 비거주자 자유원계정은 대외계정처럼 대외송금에는 제약이 없는 대신 예치 시 제한이 있으므로 예치재원은 취득경위가 입증된 자금에 한한다.

024 국민인비거주자에게 원화대출을 하는 경우 신고예외대상이다.

025 거주자가 외국에서 외화증권을 발행하였고 금액이 5천만불 이하이므로 지정거래 외국환은행 신고이다.

026 외국인투자기업 중 일반제조업의 경우에는 외국인투자금액의 50% 범위 내에서 단기차입이 가능하다.

027 개인뿐만 아니라 법인도 해외 투자용 또는 단수 보유용 해외 부동산 취득을 전면 허용하였다.

028 당초 신고한 부동산과 다른 타 부동산 변경취득의 경우 신규 신고수리 절차에 준하여 신고하여야 한다.

029 ① 차주 동일인 보증금액이 미화 50만불까지는 외국환은행 신고사항이다.
③ 국민인비거주자가 전액 출자하여 설립한 법인은 교포 등에 대한 여신 수혜자가 될 수 있다.
④ 국민이어야 하므로 시민권자는 수혜대상이 아니다.

030 영업기금은 반드시 본사로부터 지정거래은행 앞 직접 송금한 외화자금만 영업기금으로 인정한다. 보기의 경우 모두 영업기금으로 인정할 수 없다.

031 비상장주식은 해당하지 않으며 상대방인 외국의 상장, 등록주식은 해당한다.

032 금융기관이 해외직접투자를 하고자 하는 경우는 모두 금융위원회 또는 금융감독원장의 신고(수리) 대상이다.

033 모두 맞는 내용이다.

034 '국내에서 대출받은 자금'은 외자도입으로 볼 수 없다.

035 거주자의 외화증권발행방식에 의한 미화 5천만불을 초과하는 현지금융은 기획재정부에 신고하여야 한다.

제2과목 외국환거래실무

036 전문내용이 표준화되어 있어 전문내용 파악이 용이하지만, 전신문이 지정된 형식이 아닌 경우는 분류 처리하여 별도 관리가 필요하다.

037 미달환 발생일로부터 1개월, 3개월, 6개월 매월 말 미달환보고서를 작성하여 부서장에게 보고하고 미달환 정리를 위해 적극적인 대응책을 마련하도록 해야 한다.

038 2백만 달러 롱포지션 + 1백만 달러 숏포지션이므로 결국 1백만 달러 롱 포지션이다.

039 유동성과 수익성은 서로 상충관계에 있다.

040 문제 내용은 상대방 은행에서 대기(credit)하였으나 당방은행에서 차기(debit)하지 못한 경우를 나타낸 것

041 미화 5천불 이하의 소액송금이나, 용역대가, 수입대금 송금 등은 거래은행 지정 없이 송금이 가능하다. 지급증빙 없이 보내는 송금, 해외유학생 송금, 재외동포국내재산 반출송금, 해외이주비 송금, 해외직접투자를 위한 송금 등 지급사유가 「외국환거래법」에서 정한 23개 항목에 해당하는 경우 관리목적상 하나의 은행을 송금은행으로 지정하고 향후 송금은 지정한 은행에서만 가능한 '거래외국환은행 지정거래'를 운용하고 있다.

042 해외이주예정자의 세대별 해외이주비 예수금 합계가 미화 10만불을 초과하는 경우 관할세무서장이 발급하는 자금출처확인서를 제출하여야 한다.

043 나. 미국 상법상 수표발행인은 앞면 위변조의 경우 지급일로부터 1년 이내에 이의제기를 하여 부도 처리할 수 있다.
라. 수표상에 $로만 표시되어 있는 수표는 지급은행 소재지 국가의 통화로 본다.

044 해외로부터 되돌아온 송금을 의뢰인에게 원화로 지급할 때는 지급시점의 대고객 전신환매입률을 적용한다.

045 타발송금의 회계처리 시 수취인에게 최종 지급되기 전까지의 경과계정은 미지급외환이고, 타발송금 금액이 고객에게 통지와 더불어 수취인이 인출하는 경우에는 미지급외환의 경과계정이 필요 없을 수도 있기 때문에 반드시 경과계정을 두어야 하는 것은 아니다.

046 해외유학생에 대한 유학경비는 연간 10만불 초과 시 국세청 통보대상이며 나머지는 1만불 초과 시 통보대상이다.

047 법인 명의 1만불 초과에 대한 외국환신고필증은 발행 불가하다.

048 차관단 대출시장과 국제채권시장은 장기금융시장에 해당한다.

049 환율연동 정기예금은 원금보장상품이다.

050 뮤추얼펀드의 경우 추가적인 모집이 가능한 개방형펀드가 대부분이다.

051 해외펀드 투자는 위험에 대한 노출이 심하므로 장기투자여야 하며 환차익 목적의 투자는 위험이 매우 크다.

052 외화타점예치금(예수금), 외화본지점계정은 결제계정이다.

053 외국환거래에서 발생하는 손익은 발생 즉시 원화로 평가하여 원화로만 계산하도록 되어 있다.

054 미지급외환계정에 해당하며 부채계정이다. 이에 반해 미결제외환계정은 자산계정이다.

055 외화가지급금은 외화자산계정이고 나머지는 외화부채계정이다.

056 국가코드는 지급(수취)은행 기준으로 입력한다.

057 가. 전년도 수출실적이 미화 3천만불 이상인 기업의 송금방식의 지급의 경우 증빙서류를 제출하지 않고 지급이 가능하다.
나. 세대별 해외이주비 지급 누계금액이 미화 10만불을 초과하는 경우에 전체금액에 대하여 자금출처확인서를 제출받아야 한다.

058 100만원 상당 이하의 환전 시 실명확인을 생략한다.

059 ① 재외동포 재산반출 시 부동산처분대금은 금액에 관계없이 부동산매각 자금확인서를 지정거래 외국환은행장에게 제출하여야 한다.
② 해외유학생의 경우 외국교육기관의 장이 발급하는 재학증명서 등 재학사실 입증서류를 매연도별로 지정거래 외국환은행에 제출하여야 한다.
③ 세대별 지급 누계금액이 미화 10만불 이상인 경우에 해외이주비 전체금액에 대해 지정거래 외국환은행장에게 제출하여야 한다.

060 국민인거주자 개인이나 국내법인명의 해외여행경비로 휴대반출하기 위해 미화 1만불을 초과 매도 요청하는 경우는 외국환신고필증 발행 불가 사항이다.

제3과목 | 환리스크관리

061 ① 환포지션은 동일한 통화 간에는 발생하지 않는다.
② 매입초과 포지션인 경우 환율 상승 시 환차익이 발생한다.
④ 은행은 고객과의 외화거래에 있어 수동적인 입장에 있다.

062 ABC기업은 미달러를 매도하고 엔화를 매입하려는 상황이다. 이 경우 호가은행입장에서는 달러를 매입하는 경우이므로 bid rate에서 가장 높게 호가하는 은행과 거래하는 것이 ABC기업 입장에서는 가장 유리하다. D은행이 150.52로 가장 높은 상황이므로 ABC기업은 D은행과 거래하는 것이 유리하다.

063 관리규정 제정 및 시스템 구축 → 관리목표 설정 → 환위험 측정 → 각 한도 대비 측정치 비교분석

064 수입기업은 숏포지션 상태이고 환율상승 시 환차손이 발생하므로 매수헤지가 필요하다.

065 B팀장은 달러(USD) 롱포지션을 가지고 있는 상황이다. 외화자산이 외화부채 보다 많은 매입초과 포지션 상태로 환율이 상승하는 경우 환차익이 발생한다. 현재 상태에서 동일금액 매도포지션을 취하는 경우 스퀘어포지션 상태가 된다.

066 ① 환리스크관리를 통해서 기업의 손익 변동의 폭은 작아진다.
② 기업의 외환 익스포저가 작을수록 환리스크는 감소한다.
③ 기업의 외환 익스포저 보유기간이 길수록 환리스크가 증가할 가능성이 높다.

067 거래환위험에 관한 설명이다.

068 나머지는 외부적 환위험관리기법에 해당한다.

069 선물거래는 일일정산이 이루어지지만 선도거래는 일일정산이 이루어지지 않고 별도의 계약에 의한다.

070 외환스왑거래는 통화스왑거래와는 달리 중간에 이자교환을 하지 않고 만기 선물환율에 두 통화의 금리차이가 반영된다.

071 고객이 달러선물환 매입거래 시 선물환율 Offer rate가 적용되므로 현물환율 1,020.40이 적용된다. 달러금리는 Bid rate, 원화금리는 Offer rate가 적용된다. 기준통화금리가 비교통화금리보다 낮으므로 선물환율은 할증상태에 있으므로 스왑포인트 부호는 양수(+)가 된다.

072 달러/원의 경우 FC통화인 달러의 이자율이 VC통화인 원화에 비해 이자율이 높은 경우를 디스카운트라고 한다.

073 일일정산으로 투자자의 증거금 예탁총액이 유지증거금 수준보다 적은 경우 해당 투자자는 개시증거금(초기증거금) 수준이 되도록 부족자금을 추가 예탁하여야 한다.

074 고객이 선물환을 매입하고자 하는 경우 호가은행의 선물환매도율이 적용된다.
1,350.3+2원=1,352.3

075 통화스왑거래에서 이자교환은 차액결제가 이루어지지 않는다. 이에 반해 이자율스왑은 이자교환 시 보편적으로 차액결제가 이루어지므로 신용위험이 상대적으로 낮다.

076 현재 달러 변동금리 수취 상태이므로 이를 스왑은행에 지급하고 원화 고정금리 수취 통화스왑이 필요하다.

077 A기업은 현재 환율 하락위험에 노출되어 있다. 환율 하락위험을 헤지하는 방법으로 달러 선물(환) 매도, 달러 풋옵션 매수, 풋매수+콜매도를 통해 합성선물환 매도포지션을 취할 수 있다.

078 만기일에 달러/원 환율이 1,230원이 되면 달러를 1,210원에 매도할 수 있다.

079 변동성 증가 시 콜옵션, 풋옵션 가격 모두 상승한다.

080 수입기업은 환율 상승위험에 노출되어 있으므로 일정 행사가격으로 달러를 매입할 수 있는 권리인 달러 콜옵션 매입을 통하여 헤지가 가능하다.

제2회 실전모의고사 정답 및 해설

| 정답 |

001	④	002	④	003	③	004	③	005	②	006	③	007	④	008	③	009	①	010	③
011	④	012	④	013	①	014	④	015	③	016	③	017	③	018	③	019	④	020	③
021	③	022	②	023	①	024	③	025	③	026	①	027	②	028	③	029	③	030	③
031	①	032	①	033	④	034	③	035	②	036	③	037	①	038	③	039	③	040	③
041	④	042	③	043	③	044	③	045	③	046	③	047	②	048	④	049	③	050	②
051	②	052	③	053	③	054	④	055	④	056	④	057	②	058	③	059	③	060	③
061	③	062	③	063	③	064	④	065	③	066	③	067	①	068	③	069	③	070	③
071	③	072	④	073	①	074	③	075	①	076	①	077	①	078	④	079	④	080	③

| 해설 |

제1과목 외환관리실무

001 '외국환평형기금의 운용 및 관리'는 기획재정부업무이다.

002 외국인으로서 국내에 6월 이상 체재하고 있는 자는 거주자로 본다.
외국인으로서 국내에 있는 영업소 기타의 사무소에 근무하고 있거나 국내에서 영업활동에 종사하고 있는 자와 거주자이었던 외국인으로서 출국 후 6월 이내에 국내에 6월 이상 체재할 목적으로 다시 입국하여 체재하고 있는 자의 경우는 거주자로 본다.

003 외국환은행은 신고수리업무를 7영업일 이내에 처리하여야 한다.

004 지급신청서와 영수확인서는 5년간 보존해야 한다.

005 외국환은행에서 비거주자의 신고예외대상 원화대출 한도액은 '동일인 1인당 10억원 한도'이다.

006 - 외환현찰, 수표 금액이 2만불 초과 시 취득경위 입증서류를 확인하여야 한다.
 - 외국인거주자로부터 외국환을 매입 시 1회에 한하여 외국환 매입을 증명할 수 있는 서류를 발행하여야 한다.

007 ① 국내 거주자로부터 담보제공을 받는 비거주자에 대한 외화대출은 차주(비거주자)가 한국은행에 신고하여야 한다.
② 동일인 기준 20억원의 비거주자에 대한 원화신용대출은 외국환은행 신고사항이다.

③ 외국인거주자에 대한 원화대출은 신고예외사항이다.

008 비거주자 간 거래에 관하여 비거주자로부터 국내재산을 담보로 제공받아 보증하는 경우는 국부유출이 발생할 수 있어 한국은행신고사항이다.

009 환전영업자는, 외국환 매각은 동일자 2천불 이하로 제한적이며, 동일자 2천불 초과의 외국환 매각은 비거주자에게만 한하고 또 이 비거주자가 당초 매각한 실적범위 내에서 재환전만 가능하도록 제한하고 있다.

010 여행사 명의로만 지급이 가능하며 여행자별 개별환전은 안 된다.

011 해외이주비는 자금원천에 대해 세대별 지급금액을 합산하여 관리하지만 재외동포재산반출은 본인 명의여야 한다.

012 일반 해외여행경비(증빙서류가 없는 경우)와 법인 명의의 여행경비는 휴대반출은 가능하나 송금이 불가하다.

013 외국인은 제외된다.

014 해외이주비 지급기간은 현지이주시 해외이주신고확인서 발급일로부터 3년 이내이다.

015 ① 외국통화 또는 외화수표의 매입인 경우 영수확인서 징구대상이 아니며, 외국으로부터 송금된 타발송금의 매입 및 외화예치(외화예금)업무에 적용한다.
② 영수사유의 원인거래가 신고대상임에도 불구하고 당초 신고의무를 이행하지 아니한 거래의 자금을 영수하는 것으로 확인되는 경우에는 법규를 위반하였기 때문에 영수확인서 징구방식으로 매입할 수 없으며, 외국환거래법위반사실보고서에 의거 금융감독원장에게 보고하여 적정조치 후 매입이 가능하다.
③ 외국인거주자 및 비거주자는 영수확인서의 징구대상이 아니다.
④ 영수자금 수취인의 소재불명 또는 연락두절로 인하여 송금된 날로부터 3영업일 이내에 영수사유를 알 수 없는 경우에는 징구를 생략하고 역시 단순이전거래로 간주하여 매입처리가 가능하다.

016 거주자가 외국환은행을 통하지 않고 지급하는 경우로서 한국은행 신고대상이다.
다만, 거주자와 비거주자 간 또는 거주자와 다른 거주자 간의 건당 미화 1만불 이하의 경상거래에 따른 대가를 대외지급수단으로 직접 지급하는 경우는 신고예외사항이다.

017 '정유(원유)/액화 천연가스 수입업자의 1년 이내 수입대금 결제용 단기외화차입'은 거래외국환은행 지정등록대상이 아니다.

018 다자간상계이므로 한국은행총재에게 신고하여야 한다.

019 외국인거주자와 비거주자가 정당하게 소지한 외화는 1만불 초과 시 외국환신고필증을 휴대하고 있을 것이기 때문에 별도의 신고절차는 필요 없다.

020 비거주자 원화신탁계정은 모든 금전신탁이 허용되어 있고 신탁기간에 제한 없이 계약이 가능하다. 예치 및 처분기준은 비거주자 자유원계정과 동일하다.

021 전년도 수출입 실적이 미화 5백만불 이상인 자가 예치한도에 제한이 없다.

022 거주자가 해외에 페이퍼컴퍼니 형태인 역외금융회사(역외펀드)를 설립하여 증권 또는 파생상품 등에 투자하고자 하는 경우 한국은행 신고사항이다.

023 모두 맞는 내용이다.

024 비거주자가 국내에서 외화증권을 발행하고자 하는 경우에는 기획재정부장관에게 신고하여야 한다.

025 최초 주택취득 시 배우자명의인 경우 당초 신고인 거주자로 변경코자 하는 경우에는 변경보고 하면 된다.

026 외국환은행은 해외 골프회원권 등의 취득금액이 건당 미화 10만불을 초과하는 경우에는 국세청장 및 관세청장에게, 건당 미화 5만불을 초과하는 경우에는 금융감독원장에게 회원권 등의 매매내용을 익월 10일까지 통보하여야 한다.

027 영리법인의 미화 5천만불 이하 외화자금차입은 외국환은행 보고대상이며, 나머지는 한국은행총재 신고대상이다.

028 은행업 이외의 금융관련 업무와 증권, 보험 관련 업무를 하고자 하는 자는 기획재정부장관 신고대상이다.

029 개인(개인사업자 포함)인 거주자이거나, 개인(개인사업자 포함)이 설치하거나 설립한 해외지점 및 현지법인인 경우에는 현지금융을 수혜받을 수 없다.

030 수익증권은 해당하지 않는다.

031 ㄷ. 연간사업실적보고서 : 회계종료 후 5월 이내

032 신고 전에 10만불 이내에서 증빙서류미제출송금절차에 따라 지급하였거나 건당 1만불 이하로 휴대지급한 경우 계약성립일로부터 1년 이내에 사후신고 가능하다.

033 금융위원회(금융감독원)과 관세청이 외국환거래법규 위반자에 대해 과태료를 부과할 수 있다.

034 외국국적의 개인, 대한민국 국민 중 외국의 영주권과 이에 준하는 자격을 취득한 자, 외국의 법인(SPC 제외)

제2과목 　 외국환거래실무

036 　자기명의로 상대방은행에 계좌를 개설한 은행에 대해서는 예치환거래은행이라고 하며, 자기명의로 계좌를 개설하지 않고 환거래계약만 체결한 은행에 대해서는 무예치환거래은행이라고 한다.

037 　대표적인 외화자금차입과 운용수단은 다음과 같다.
　　　외화자금 차입 : 외화예금, 콜머니, 단기차입, Credit Line
　　　외화자금 운용 : 외국통화, 외화예치금, 외화대출, 콜론 등

038 　외국환대사 절차는 다음과 같다.
　　　가. 당방은행의 대변과 당방은행의 차변 거래내역을 확인하여 Shadow 계정 생성
　　　다. 상대방 예치환은행 보고서를 기준으로 Actual 계정 생성
　　　라. Shadow 계정과 Actual 계정을 대사(reconcile)
　　　나. 환대사 작업 후에도 거래내역 불일치를 미달환명세표(pending list)를 통하여 확인 및 사후관리

039 　당발송금은 매도초과 포지션이 발생하지만, 외화수표대금 원화 지급은 매입초과 포지션에 해당된다.

040 　① 외화예금의 이자를 계산할 때 지급단위는 예수통화의 보조단위까지로 하며, 보조단위 미만은 절사한다.
　　　② 외화예금을 원화로 입금하는 경우에는 입금 당시 대고객 전신환매도율을 적용하고, 외화예금의 원리금을 지급하는 경우에는 지급 당시 대고객 전신환매입률을 적용한다.
　　　④ 외화예금별 소멸시효의 기산일 산정 시 입출금이 자유로운 외화예금은 최종 거래일, 거치식 예금은 만기일을 기산일로 한다.

041 　① 외국환거래법에서 정하는 "인정된 거래"에 대해서만 송금이 가능하며 거래 외국환은행으로 지정대상에 대하여 지정거래외국환은행을 통해 송금해야 한다.
　　　② 송금방식 중에서 가장 일반적으로 이용되는 방식은 전신환(Telegraphic Transfer) 송금방식이다.
　　　③ 원화를 대가로 송금하는 경우 적용환율은 전신환매도율이다.

042 　• 국가코드의 입력 : 수취은행(지급은행) 기준으로 입력한다.
　　　• 실명확인 원칙 : 송금업무는 실명확인 대상(예외 : 100만원 이하의 송금의 경우 생략)이다.
　　　• 실시간 입금이 되지는 않는다. 인정된거래에 한해 송금 가능하다.

043 　호주 BSB CODE
　　　영국 SORT CODE

044 　국민인거주자에게 일반 해외여행 경비 목적으로 미화 1만불을 초과하여 외국통화를 매각한 경우는 본인이 세관에 신고해야 한다.

045 거주자(외국인 제외)인 수취인의 소재불명으로 인하여 송금된 날로부터 3영업일 이내에 영수사유를 알 수 없는 경우에는 다음 영업일에 이전거래로 간주하여 처리할 수 있다.

046 재환전증빙서류는 다음과 같다.
▶ 비거주자 : 반드시 최근 입국일 이후에 발행된 것이어야 한다.
▶ 외국인 거주자 : 발행일자 기간에 제한 없다.
[비거주자 재환전 증빙서류 없이 환전하는 경우]
- 1만불까지 가능, 여권에 기재(1백만원 이하 기재 생략)
- 외국인거주자에게 최근 환전사실 여부 확인하여야 함.

047 환전영업자는 거주자에게는 외국통화 매입은 가능하고 매도할 수 없다. 다만 비거주자에게는 최근 입국일 이후의 매각 범위 내에서 외국통화를 매도할 수 있다.

048 외화수표의 유효기간은 은행의 매입일자 기준이 아니라 지급은행에 제시되는 일자를 기준으로 한다. 은행수표는 6개월, 미재무성수표는 1년이다.

049 개인수표에 대한 설명으로 이 경우 부도위험에 매우 크므로 원칙적으로 추심 후 지급을 처리 원칙으로 한다.

050 채권형펀드는 금리하락 추세 시 가입하면 채권가격 상승으로 유리하다.

051 ① 해외펀드 투자는 위험에 대한 노출이 심하므로 장기투자여야 한다.
③ 해외펀드 투자는 환율 차익 목적으로 투자하는 것이 부적절하다.
④ 해외펀드는 예금자비보호대상이다.

052 외화대출금을 평가하는 시점에 따라 환율변동에 따라 달라진다.

053 외화자산과 외화부채 계정을 다음과 같이 나누어 볼 수 있다.

구분	계정
외화부채	외화예수금, 매도외환, 미지급외환, 외화콜머니, 외화차입금, 외화본지점, 화미지급금, 외화가수금, 외화선수수익
외화자산	외국통화, 외화예치금, 매입외환, 미결제외환, 외화지급보증대지급금, 외화본지점, 국내본지점, 외화미수수익, 외화가지급금

054 ① 일반적인 계정처리는 수출환어음 등의 외국환을 매입하면 이 계정의 차변에 기입하고, 동 대금의 추심이 완료되어 당방계정 등에 입금되면 대변에 기입한다.
② 외화 발행시에는 매도외환 계정이다.
③ 고객으로부터 외국환을 매입하여 당방계정이나 국외 본지점 계정에 입금될 때까지 일시적으로 처리하는 경과계정이다.

055 외화대출에 대한 이자를 외화로 수취하는 경우에는 당시 환율을 적용하여 원화손익으로 반영된다.

056 매입초과포지션 사례는 다음과 같다.
수출환어음 매입, 수출환어음 추심 후 지급, 수출환어음 부도 후 입금대금 지급, 타발송금 대금 지급, 외국통화 매입, 외화예금 지급

057 외국환업무 취급기관은 외국환 매입, 매각 초과액의 한도준수 여부를 매 영업일 잔액을 기준으로 확인하여야 한다.

058 과거 1년간 수출대금실적이 2억불 이하인 경우 포괄금융지원을 받을 수 있다.

059 가. 무증빙 송금의 경우 국세청 통보 대상 기준금액은 1만불이다.
나. 해외유학생의 경우 연간누계 국세청 통보 대상 기준금액은 10만불이다.

060 가. 해외유학생이 본인 거주 목적으로 해외부동산을 임차하는 경우는 신고예외사항이나, 소유권을 취득은 신고예외사항이 아니라 외국환은행 신고대상이다.
나. 국민비거주자가 국내부동산을 거주자로부터 증여에 의해 취득하게 되는 경우 한국은행 총재 신고대상이다.

제3과목 환리스크관리

061 고객(B기업) 입장에서 엔화매입(달러매도)하는 것이므로 은행입장에서는 달러를 매입하는 것이 된다. 그러므로 환율적용은 매입율(bid rate)이 적용되므로 110.20을 적용받는다.

062 대부분의 외환거래는 장외거래를 통해서 이루어진다.

063 ① 외국인 보유한 국고채를 대량 매도하면 매도자금에 대한 달러 수요 증가로 환율상승요인
② 전월대비 국내거주자 외화예금이 크게 감소한 경우 달러 공급 부족으로 환율상승 요인
④ 전월대비 우리나라 경상수지 흑자폭이 크게 감소한 경우 달러 공급 부족으로 환율상승 요인

064 국내기업은 가급적 수출통화를 달러 이외의 다양한 통화로 다변화한다.

065 환리스크 측정 방법에 대표적인 수단인 VaR는 정상시장에서 일정수준하에 일정기간 동안 최대손실 가능금액을 의미한다.
→ 외환손실가능액(VaR)이 총외환손실금액을 초과하는 경우 환리스크는 목표대로 잘 관리되고 있다고 볼 수 있다.

066 환율이 상승하면 보편적으로 수출채산성이 좋아져 수출이 증가한다.

067 매칭(Matching)은 외화자산의 유입과 유출시점을 일치시키는 현금흐름 일치방법(주로 수출과 수입을 동시에 하는 기업이 이용)으로 내부적 환위험관리기법이다.
상계 : 지급할 금액과 수취할 금액을 상계

리딩 : 수출대금 수취예정기업이 환율하락 예상 시, 수입대금결제기업이 환율상승 예상 시
래깅 : 수출대금 수취예정기업이 환율상승 예상 시, 수입대금결제기업이 환율하락 예상 시
→ 현실적으로 리딩과 래깅을 임의적으로 하는데 한계를 가짐

068 선물환거래는 정형화된 역월 만기(even date forward)형태와 비정형 만기 거래도 이루어진다.

069 고객입장에서 선물환매도는 은행입장에서 선물환매입환율 적용 스왑포인트의 bid < offer 상황이므로 선물환율 = 현물환율 + 스왑포인트 1,120.00 + 6.50 = 1,126.50

070 차액결제선물환(NDF) 거래는 역내시장뿐만 아니라 역외시장에서도 거래되며 헤지 목적이나 투기목적으로 주로 거래된다.

071 외환스왑의 거래상대방은 일반적으로는 동일하지만 예외적으로 다른 경우도 있다. 이를 engineered swap라고 한다.

072 수출대금 입금 시 달러금액 상당의 원화가 필요하면 USD sell & buy against KRW swap을 하면 된다..

073 투자자의 증거금 예탁총액이 유지증거금 수준보다 적은 경우 해당 투자자는 개시증거금 수준이 되도록 부족 자금을 추가 예탁하여야 한다.

074 환율변동에 따른 헤지거래시 다음과 같은 전략이 필요하다.
환위험 헤지 사례는 다음과 같다.
▶ 수출기업 : 환율하락위험 대비→달러선물 매도, 달러 풋옵션 매입
▶ 수입기업 : 환율상승위험 대비→달러선물 매입, 달러 콜옵션 매입

075 [합성선물환 거래 이해]
 - 수출기업 : 합성선물환 매도헤지→풋매입 + 콜매도
 - 수입기업 : 합성선물환 매입헤지→콜매입 + 풋매도
프로핏테이킹 포워드 전략 : 일정 환율 수준까지는 선물환율보다 유리한 조건, 벗어나면 손실 일정부분 보전 받을 수 있는 전략이다.

076 현재 이 옵션은 외가격옵션이다. 내재가치는 없고 프리미엄이 전부 시간가치이다. 만약 옵션이 내가격옵션 상태인 경우는 옵션프리미엄이 내재가치와 시간가치로 구성된다.

077 수입기업은 환율 상승위험에 노출되어 있다. 이 경우 합성선물환 전략은 콜매입+풋매도 전략이다. 이때 레인지 포워드 전략을 위해서는 낮은 행사가격 풋매도+높은 행사가격 콜매입 포지션이 필요하다.

078 환율 변화예상에 따른 적절한 전략은 다음과 같다.
환율상승 예상 : 달러 콜매입(변동성 클 경우), 달러 풋매도(변동성이 작을 경우)
환율하락 예상 : 달러 풋매입(변동성 클 경우), 달러 콜매도(변동성이 작을 경우)

▶ 콜옵션 매수 손익분기점 = 행사가격 + 프리미엄
▶ 풋옵션 매수 손익분기점 = 행사가격 - 프리미엄

079 통화스왑은 이자교환 시 상계가 이루어지지 않으며, 이에 반해 이자율스왑은 주로 상계가 이루어지므로 차액결제가 이루어진다.

080 ① 외환과 이자율 시장이 불안정하면 이를 동시에 헤지하기 위해서 통화스왑을 고려할 수 있다.
② 헤지를 하지 않을 경우 이 기업의 위험은 원화 대비 미국 달러 가치 상승과 Libor 상승이다.
④ 통화스왑에서의 이자율 교환 형태는 주로 달러 변동금리 - 원화 고정금리이지만 고정금리 - 고정금리, 변동금리 - 변동금리 교환도 가능하다.

외환전문역 Ⅰ종 최종정리문제집	

발 행 일	2025년 10월 1일 개정판 1쇄
저　　자	와우패스 교수진
발 행 인	임재환
발 행 처	와우패스
등　　록	제12 - 563호(2008.1.28.)
주　　소	서울시 구로구 디지털로34길 27 대륭포스트타워 3차 601호
전　　화	1600 - 0072 (학습 및 교재 문의) / 02 - 2023 - 8788 (현매거래 문의)
팩　　스	02 - 6020 - 8590 (위탁 및 현매거래)
I S B N	978 - 89 - 6613 - 881 - 4(13320)

※ 정가는 뒤표지에 있습니다.
※ 낙장이나 파본은 교환해 드립니다.
※ 문의 : www.wowpass.com